INSURANCE ACCOUNTING
保险会计学

王艳◎编著

清华大学出版社
北京

本书封面贴有清华大学出版社防伪标签，无标签者不得销售。
版权所有，侵权必究。举报：010-62782989，beiqinquan@tup.tsinghua.edu.cn。

图书在版编目（CIP）数据

保险会计学 / 王艳编著. -- 北京：清华大学出版社，2025.4.
ISBN 978-7-302-68996-6

Ⅰ. F840.43

中国国家版本馆 CIP 数据核字第 2025QX0299 号

责任编辑：陆浥晨
封面设计：李召霞
责任校对：宋玉莲
责任印制：宋　林

出版发行：清华大学出版社
网　　址：https://www.tup.com.cn，https://www.wqxuetang.com
地　　址：北京清华大学学研大厦 A 座　　邮　编：100084
社 总 机：010-83470000　　邮　购：010-62786544
投稿与读者服务：010-62776969，c-service@tup.tsinghua.edu.cn
质 量 反 馈：010-62772015，zhiliang@tup.tsinghua.edu.cn
课 件 下 载：https://www.tup.com.cn，010-83470332

印 装 者：三河市人民印务有限公司
经　　销：全国新华书店
开　　本：185mm×260mm　　印　张：20.75　　字　数：476 千字
版　　次：2025 年 4 月第 1 版　　印　次：2025 年 4 月第 1 次印刷
定　　价：59.00 元

产品编号：104874-01

序言

保险会计是一门重要的会计学专业课程，是财务会计理论和方法在保险领域的进一步深化。与财务会计相同，保险会计行为也必须接受会计准则的制约。2006年3月，财政部颁布了《企业会计准则第25号——原保险合同》和《企业会计准则第26号——再保险合同》。2020年12月，我国又颁布了新的保险会计准则——《企业会计准则第25号——保险合同》。目前，2006年颁布的保险会计准则仍在非上市保险公司中发挥重要作用，同时，2020年颁布的新保险合同准则正逐步对我国保险会计实务产生重大影响。

面对新旧保险会计准则并存、新保险合同准则较为复杂的局面，保险会计人才的培养是关键。党的二十大报告提出，我们要坚持教育优先发展、科技自立自强、人才引领驱动，加快建设教育强国、科技强国、人才强国。坚持为党育人、为国育才，全面提高人才自主培养质量，着力造就拔尖创新人才、聚天下英才而用之。在人才培养过程中，教材具有非常重要的作用。我国《教育强国建设规划纲要（2024—2035年）》提出，打造培根铸魂、启智增慧的高质量教材。教材是教学内容的主要载体，是教学的主要依据、培养人才的重要保障。为满足当前风险管理、保险学、精算学等专业的人才培养和教学需要，笔者将自身保险会计实务工作经验与多年保险会计教学工作经验相结合，编著此教材。

本教材在编写过程中突出了以下特点。首先，融入课程思政。笔者在本教材相应章节的专业知识中，有机融入了党的二十大精神，旨在引导学生思考当前的会计实践与理论，培养学生辩证思维和独立思考的能力，塑造学生成为具有家国情怀的建设者和接班人。其次，体现新保险合同准则的最新成果。本教材在现行准则的基础上，合理地融合了新准则的重要内容，以更好地面对当前新旧准则可能较长时间并行的局面。再次，注重理论与实践结合。笔者进入保险会计教学领域之前，一直在业内全职从事保险会计实务工作，从事教学工作后，也密切关注保险会计实务工作的最新发展，故笔者努力将保险会计实践活动融入教材。最后，强化立体化数字资源建设。本教材提供与纸质教材配套的教学课件、练习题库等多种教学资源及多元学习渠道，初步建成立体化数字资源库，以最大限度地满足教师教学需要和学生学习需要，提高教学与学习质量，促进教学改革向纵深发展。本教材适用于高等院校保险学、风险管理、精算学、会计学及财务管理等相关专业本科生和研究生的教学，同时也可供企业经济管理人员尤其是保险会计人员培训和自学之用。

本教材为对外经济贸易大学"十四五"规划教材建设项目的研究成果。同时，教材的编写也得到了对外经济贸易大学保险学院的资助。本教材在编写过程中参考了大量相关教材、论著、期刊文章、权威专业网站的信息资料以及财政部发布的会计准则、准则指南与解释、职业道德规范等，在此向相关作者、编者及机构深表谢意，引用若有疏漏之处，文责由编者自负。本教材的出版得到了清华大学出版社及编辑的大力支持和热心帮助，教材编写过程中得到对外经济贸易大学保险学院研究生申博慧、闫旭、陈天任、王珊、白舸和宋茜颖等同学的帮助，在此一并感谢。由于编著者水平有限，教材中难免有不足甚至错误之处，恳请读者和同行批评指正，以便日后进一步完善。

王 艳

2025 年 1 月

第一章	保险会计概论	1
第一节	保险会计的本质与特点	1
第二节	保险会计的基本假设与会计目标	4
第三节	保险会计要素及保险会计科目	9
第四节	保险会计运行模式	15
思考题		18

第二章	我国保险会计与国际保险合同准则的发展	19
第一节	我国保险会计的发展历程	19
第二节	国际保险合同准则的发展历程	25
思考题		28

第三章	保险合同的确认	29
第一节	保险合同概述	29
第二节	保险合同的识别、合并和分拆	36
第三节	保险合同的分组和确认	47
思考题		48

第四章	保险合同计量的基本原则	49
第一节	会计计量概述	49
第二节	保险合同负债的计量	52
第三节	保险合同收益的计量	58
思考题		62

第五章	非寿险合同的会计核算	63
第一节	非寿险业务概述及会计核算特点	63
第二节	非寿险合同保费收入的会计核算	64
第三节	非寿险合同赔款支出的会计核算	69
第四节	非寿险合同准备金的会计核算	75
第五节	特殊非寿险保险业务的会计核算	84

思考题 98

第六章 寿险合同的会计核算 99

第一节 寿险业务分类及核算要求 99
第二节 寿险合同保费收入的核算 100
第三节 寿险合同赔付支出的核算 108
第四节 寿险合同其他业务的核算 110
第五节 寿险合同责任准备金的核算 114
第六节 特殊保险渠道寿险合同的核算 117
思考题 119

第七章 再保险合同的会计核算 120

第一节 再保险概述 120
第二节 再保险合同会计核算的基本要求 124
第三节 分出业务的会计核算 129
第四节 分入业务的会计核算 137
思考题 145

第八章 保险公司费用的核算 146

第一节 保险公司费用分类 146
第二节 费用的会计核算 146
第三节 保险公司费用分摊核算 157
思考题 162

第九章 新准则下保险合同的计量 163

第一节 保险合同计量的通用模型 163
第二节 保费分配法 188
第三节 浮动收费法 195
第四节 亏损合同和具有相机参与分红特征的投资合同的特殊规定 201
第五节 分出再保险合同组的计量 210
思考题 223

第十章 金融工具的会计处理 224

第一节 金融工具概述 224
第二节 金融资产和金融负债的确认和分类 227
第三节 金融工具的计量 238
第四节 金融资产和金融负债的终止确认 251
思考题 252

第十一章 保险合同和金融工具的列报 253
第一节 保险合同的列报 253
第二节 金融工具列报 266
思考题 275

第十二章 保险公司财务报告 276
第一节 财务报告概述 276
第二节 现行实务下保险公司财务报表 280
第三节 新准则下保险公司财务报表 314
思考题 323

第一章 保险会计概论

本章我们主要围绕保险会计的本质、保险会计的基本假设、保险会计目标和保险会计要素及会计科目等基本问题展开，以期使读者更好地理解保险会计概念。

第一节 保险会计的本质与特点

保险会计是为保险公司经营活动服务的，保险公司经营活动的特殊性决定了保险会计呈现出其他行业会计所不具有的特点。

一、保险公司的经营活动

（一）保险公司经营的产品具有特殊性

与其他企业不同，保险公司是提供风险保障的企业，它经营的产品是风险。根据合同约定，投保人向保险公司支付保险费，保险公司对于合同约定的可能发生的事故因其发生所造成的财产损失承担赔偿保险金责任，或者当被保险人死亡、伤残、疾病或者达到合同约定的年龄、期限等条件时承担给付保险金责任。在经营过程中，保险公司销售的是对投保人未来可能的损失予以赔偿或给付的信用承诺。因此，保险公司经营的产品是无形的，这是与一般工商业企业不同的。

（二）投资业务在保险公司经营中占据重要地位

除承保业务外，投资业务是保险公司经营活动的另一主要业务。为应对未来需承担的保险责任，保险公司需要提取不同种类的准备金，这些准备金会使保险公司内部积聚大量的长期资金。如何充分利用这些资金进行资金运用，并取得投资收益对保险公司而言十分重要，投资活动取得的收益也是保险公司的重要利润来源之一。因此，投资业务在保险公司经营活动中占据了非常重要的地位。

（三）保险公司保费收入的取得先于赔付成本的支出

对于工业企业而言，企业经营活动是先支付成本再取得销售收入，即先购买原材料，投入人工生产产品、销售产品，再出售产品取得销售收入。而对于保险公司来说则是先收到保费（取得收入补偿），再支出各项赔付与给付（发生成本），其发生顺序正好与一般行业相反。因此，在计算保险公司利润时，需要使用特殊的程序、方法和假设，有较大的预计性，其利润计算的准确性与计算时所用到的假设和方法有极大的关系。另外，对于寿险业而言，在收入补偿与发生成本之间有很长的时间差，这也使得这个问题更加突出[①]。

---

① 杨华良. 保险业会计问题研究[M]. 北京：中国财政经济出版社，2002.

(四)保险公司产品定价依赖于复杂的精算技术

保险公司产品定价的技术要求比较复杂,这是由保险产品定价的特殊性所决定的。一般企业是在产品制造完成之后才定价出售,其售价是依据已发生原材料、人工和相关费用等的实际成本所决定,而保险产品的价格需要在其赔付成本发生之前就予以确定,没有实际成本可以参照。因此,保险经营是通过集合足够多的保险标的,以大数法则为其数理基础,借助精算技术来合理为保险产品定价。

(五)保险公司经营活动具有较大的不确定性

保险公司是按大数法则预测和评估经营风险提供经济保障的企业,保险公司通过对特定风险的识别和分类,将特定风险在众多被保险人之间进行分散。同时,保险公司向投保人收取保险费,接受众多被保险人转移的风险,向被保险人提供数倍于保险费的保险金额保障。由于保险对象产生的风险具有不确定性,赔款支出也具有不确定性,这就使得保险公司在其经营过程中会面临较大的不确定性。另外,保险公司投资活动受资本市场影响较大,这也使得保险公司所面临的风险更加复杂。

正因为保险公司经营活动存在以上特点,所以,服务于保险公司经营活动的保险会计也具有鲜明的特点。

二、保险会计的本质

保险会计是会计学的一个分支,是会计学在保险行业中的具体运用。保险会计是把会计学的基本原理和方法运用于保险公司,用来反映和监督保险公司的各种经济业务活动。保险会计应该在如实反映经济活动的真实情况的同时,对特定经济主体经济业务的真实性、合法性和合理性进行审查。

作为会计学的分支,保险会计从遵守的会计的基本概念、基本假设等基本原理到具体会计计量和编制财务报表的程序及方法的规定与其他行业会计基本一致。例如,保险会计同样要求遵循权责发生制原则。但是,由于保险公司经营活动在收入成本补偿顺序等方面与一般行业相反,使得保险会计在遵循权责发生制等会计学基本原则时需要借助一些特殊的技术(例如精算技术)才能实现。

从本质上看,保险会计的复杂性源于保险业务的特殊性和保险合同相关现金流量的不确定性,保险会计是针对未来保险事件的会计,是基于预期现金流量的会计,是对风险和不确定性的会计,它与传统会计相比存在诸多显著的特点。

三、保险会计的特点

受保险公司经营活动的影响,保险会计主要具有以下几个特点。

(一)保险合同成为重要的会计核算对象

企业会计准则颁布之前,我国各阶段的保险会计制度是以保险公司业务类型或者公司类型为对象进行核算的。例如,我国1999年颁布的《保险公司会计制度》中规定,保险公司应对保险业务按险种进行分类核算,分为财产保险公司业务、人寿保险公司业务和再保险公司的业务;2001年颁布的《金融企业会计制度》是以保险公司为会计对象进行核算。但这种按公司类别进行分类核算的方式,在现实中往往难以执行。主要是因为在直接承保业务中财产保险公司与人寿保险公司各自经营的一些险种在核算上有着共性,不必视为两类,如财产保险与意外伤害保险两种保险业务都是损失保险业务。且由于创新型险种的出现,原有的核算分类受到挑战。2006年,我国颁布了新的企业会计准则,对保险合同按国际标准进行了重新分类。2006年颁布的《企业会计准则第25号——原保险合同》和《企业会计准则第26号——再保险合同》是以保险合同(包含再保险合同)为会计核算对象的。国际会计准则委员会发布的《财务报告准则第17号》(IFRS17)的核算对象也是保险合同。虽然,2020年12月财政部颁布的《企业会计准则第25号——原保险合同》取代了2006年颁布的《企业会计准则第25号——原保险合同》和《企业会计准则第26号——再保险合同》,但是,以保险合同作为核算对象这一点并没有变化。

(二)保险会计借助精算评估确定保险公司负债[①]

对于未接到报告或者未能确定的潜在的、已经承担的保险责任,保险公司要在责任期间借助精算方法评估责任的大小,进而确认计量准备金负债,所以,通过精算方法科学地评估保险负债是保险会计的重要特点之一。

保险精算是运用数学、统计学、金融学、保险学及人口学等学科的知识和原理,去解决商业保险与各种社会保障业务中需要精确计算的项目,如死亡率的测定、生命表的构造、费率的厘定、准备金的计提以及业务盈余分配等。通常,保险精算的结果直接决定了资产负债表中披露的负债金额和损益表中提取准备金的金额,对保险企业的财务状况与经营成果有决定性影响。因此,保险会计与保险精算相辅相成,互为补充,关系密切。

(三)资金运用结果严重影响保险公司利润

由于要在支付前提取出大量准备金应对未来的赔付责任,保险公司聚集了较为充足的资金。为提高资金收益,这些资金大部分都被用于投资活动,因此,投资资产运用的结果对保险公司利润的影响极大。从行业数据来看,大部分保险公司的投资收益在绝大多数年份高于其承保利润,在保险公司利润中占据主导地位。而且,这部分较大的利润组成成分受资本市场影响波动性相对较大,因此,保险公司资金运用结果严重地影响着保险公司利润的大小及波动。

(四)偿付能力充足率指标预警保险公司偿债能力

偿付能力充足率指标是保险业具有的特殊指标,它揭示了保险公司偿还到期债务的能力。偿付能力充足率指标包括综合偿付能力充足率和核心资本偿付能力充足率等指标,其中,

综合偿付能力充足率=实际资本/最低资本×100%

[①] 王艳,等.保险会计词条[OL]. https://www.zgbk.com/ecph/words?SiteID=1&ID=169296&Type=bkzyb&SubID=125976.

核心资本偿付能力充足率 = 核心资本/最低资本 × 100%

实际资本是指保险公司在持续经营或破产清算状态下可以吸收损失的财务资源。实际资本等于认可资产减去认可负债后的余额。最低资本是指基于审慎监管目的，为使保险公司具有适当的财务资源以应对各类可资本化风险对偿付能力的不利影响，监管机构要求保险公司应当具有的资本数额。

通过监控偿付能力充足率指标，可以发现保险公司偿付能力不足、无法偿还保单持有人到期债务的风险。当偿付能力充足率指标低于监管要求时，保单持有人、监管者、投资者及管理层等各利益关系人都应慎重对待偿付能力预警信号，采取进一步措施提升保险公司的偿付能力，进而促进保险公司保持良性发展。

第二节　保险会计的基本假设与会计目标

一、保险会计的基本假设

保险会计的基本假设是指组织保险会计工作必须具备的前提条件，离开了这些条件，就不能有效地开展会计工作。保险会计以这些基本假设对财务报表的时空界限和计量范围做出总的规范。保险会计的基本假设包括会计主体、持续经营、会计期间、货币计量与权责发生制。[①]

（一）会计主体

会计主体假设即以企业为边界的假设，要求把会计建立在每一个经营主体的基础上，要求会计只反映涉及该主体的资产、负债、业主权益、收入、费用和盈利（或亏损）的交易或事项，要把该主体的经济活动与其他主体的经济活动、企业的经济活动与企业所有者的私人经济活动严格分开。

会计主体不同于法律主体。一般来说，法律主体必然是一个会计主体。例如，一家保险公司作为一个法律主体，应当独立反映其财务状况、经营成果和现金流量。但是，会计主体不一定是法律主体。例如，保险公司分支机构不是法律主体，但是为反映其财务状况，该分支机构应作为会计主体核算其所发生的经济业务。

（二）持续经营

持续经营是指在可以预见的将来，企业将会按当前的规模和状态继续经营下去，不会停业，也不会大规模削减业务。在持续经营前提下，保险公司会计确认、计量和报告应当以其持续、正常的经营活动为前提。如果保险公司不能持续经营，也就没有必要再进行会计核算了，即使进行核算，会计信息也会误导会计信息使用者。

（三）会计期间

会计分期是指将一个企业持续经营的生产经营活动划分为一个个连续的、长短相同的

---

① 财政部会计准则委员会. 企业会计准则——基本准则（2014）[EB/OL]. (2018-08-15)[2024-05-25]. https://www.casc.org.cn/2018/0815/202818.shtml.

期间。会计分期的目的，在于通过会计期间的划分，将持续经营的生产经营活动划分成连续、相等的期间，据以结算盈亏，按期编制财务报告，从而及时向财务报告使用者提供有关企业财务状况、经营成果和现金流量的信息。在会计分期假设下，保险公司应当划分会计期间，分期结算账目和编制财务报告。

（四）货币计量

货币计量是指会计主体在会计确认、计量和报告时以货币计量，反映会计主体的生产经营活动。在会计的确认、计量和报告过程中之所以选择货币为基础进行计量，是由货币的本身属性决定的。货币是商品的一般等价物，是衡量一般商品价值的共同尺度，具有价值尺度、流通手段、贮藏手段和支付手段等特点。其他计量单位，如重量、长度等，只能从一个侧面反映企业的生产经营情况，无法在量上进行汇总和比较，不便于会计计量和经营管理，只有选择货币尺度进行计量，才能充分反映企业的生产经营情况，所以，保险公司会计确认、计量和报告选择货币作为计量单位。

（五）权责发生制

权责发生制也称为应计制，它要求对会计主体在一定期间内发生的各项业务，凡符合收入确认标准的本期收入，不论其款项是否收到，均应作为本期收入处理；凡符合费用确认标准的本期费用，不论其款项是否支出，均应作为本期费用处理。反之，凡不符合收入确认标准的款项，即使在本期收到，也不能作为本期收入处理；凡不符合费用确认标准的款项，即使在本期支出，也不能作为本期费用处理。我国《企业会计准则——基本准则（2014）》规定，企业应当以权责发生制为基础进行会计确认、计量和报告。保险会计也是以权责发生制为前提或基本假设的。

二、保险会计的目标

关于财务会计目标[①]存在两种不同的观点：受托责任观与决策有用观。根据委托代理理论，在委托代理关系下，受托方接受资源投入方的委托，将承担起合理管理和运用受托资源、使之在保值基础上实现增值的责任。受托方承担如实向委托方报告的说明履行受托资源的过程及其结果的义务。随着公司治理内涵的丰富和外延的扩大，公司的受托者还承担着向企业的利益相关者报告社会责任情况的信息。在受托责任观下，会计信息使用者主要是投资人，他们更关注资本保全以及经营业绩和现金流量等信息。通过财务报告提供的信息，应能帮助投资人通过决策，促进其投资的增值和投资回报的最大化。

决策有用观是美国财务会计准则委员会（FASB）在其财务会计概念框架中得到创新的。财务报告应提供对投资者、债权人以及其他使用者作出合理的投资、信贷及类似决策有用的信息；财务报告应提供有助于投资者、债权人以及其他使用者评估来自销售、偿付到期证券或借款等的实得收入的金额、时间分布和不确定的信息；财务报告应能提供关于企业

---

① 财务会计目标等同于财务报表的目标。见：葛家澍，杜兴强. 中级财务会计学[M]. 3 版. 北京：中国人民大学出版社，2007.

的经济资源、对这些经济资源的要求权（企业把资源转移给其他主体的责任及业主权益）以及使资源和对这些资源要求权发生变动的交易、事项和情况影响的信息。在决策有用观下，投资人、债权人、职工、政府有关部门等都会利用财务报告信息作出各自的决策。

受托责任观和决策有用观并不是矛盾的或排斥的，相反两者之间具有某些交集。受托责任观下，根据代理人提供的财务报告决定是否继续聘任或就此解聘本身就是一项决策；而决策有用观下通过股票市场持有或抛售特定公司的股票本身也可以看作一种受托责任决策，是一种间接行使受托责任关系权利的体现。我国《企业会计准则——基本准则（2014）》基本上既体现了受托责任观与决策有用观的融合，又考虑了我国财务会计目标和我国国情，在第四条指出，企业应当编制财务会计报告（又称财务报告）。财务会计报告的目标是向财务会计报告使用者提供与企业财务状况、经营成果和现金流量等有关的会计信息，反映企业管理层受托责任履行情况，有助于财务会计报告使用者作出经济决策。财务会计报告使用者包括投资者、债权人、政府及其有关部门和社会公众等。

三、保险会计信息的质量要求

我国《企业会计准则——基本准则（2014）》规定：企业应当以实际发生的交易或者事项为依据进行会计确认、计量和报告，如实反映符合确认和计量要求的各项会计要素及其他相关信息，保证会计信息真实可靠、内容完整。企业提供的会计信息应当与财务会计报告使用者的经济决策需要相关，有助于财务会计报告使用者对企业过去、现在或者未来的情况作出评价或者预测；企业提供的会计信息应当清晰明了，便于财务会计报告使用者理解和使用；企业提供的会计信息应当具有可比性。同一企业不同时期发生的相同或者相似的交易或者事项，应当采用一致的会计政策，不得随意变更。确需变更的，应当在附注中说明。不同企业发生的相同或者相似的交易或者事项，应当采用规定的会计政策，确保会计信息口径一致、相互可比。企业应当按照交易或者事项的经济实质进行会计确认、计量和报告，不应仅以交易或者事项的法律形式为依据。企业提供的会计信息应当反映与企业财务状况、经营成果和现金流量等有关的所有重要交易或者事项。企业对交易或者事项进行会计确认、计量和报告应当保持应有的谨慎，不应高估资产或者收益、低估负债或者费用。企业对于已经发生的交易或者事项，应当及时进行会计确认、计量和报告，不得提前或者延后。会计信息质量要求是对企业财务报告中所提供的会计信息质量的基本要求，是财务报告中所提供的对投资者等使用者决策有用的会计信息应具备的基本特征，主要包括可靠性、相关性、可理解性、可比性、实质重于形式、重要性、谨慎性和及时性等。

（一）可靠性

可靠性要求企业应当以实际发生的交易或者事项为依据进行确认、计量和报告，如实反映符合确认和计量要求的各项会计要素及其他相关信息，保证会计信息真实可靠、内容完整。

会计信息要有用，必须以可靠为基础，如果财务报告所提供的会计信息是不可靠的，就会给投资者等使用者的决策产生误导甚至损失。为了贯彻可靠性要求，企业应当做到以下几点。

（1）以实际发生的交易或者事项为依据进行确认、计量，将符合会计要素定义及其确认条件的资产、负债、所有者权益、收入、费用和利润等如实反映在财务报表中，不得根据虚构的、没有发生的或者尚未发生的交易或者事项进行确认、计量和报告。

（2）在符合重要性和成本效益原则的前提下，保证会计信息的完整性，其中包括编报的报表及其附注内容等应当保持完整，不能随意遗漏或者减少应予披露的信息，与使用者决策相关的有用信息都应当充分披露。

（3）包括在财务报告中的会计信息应当是中立的，无偏的。如果企业在财务报告中为了达到事先设定的结果或效果，通过选择或列示有关会计信息以影响决策和判断的，这样的财务报告信息就不是中立的。

（二）相关性

相关性要求企业提供的会计信息应当与投资者等财务报告使用者的经济决策需要相关，有助于投资者等财务报告使用者对企业过去、现在或者未来的情况作出评价或者预测。

会计信息是否有用，是否具有价值，关键是看其与使用者的决策需要是否相关，是否有助于决策或者提高决策水平。相关的会计信息应当能够有助于使用者评价企业过去的决策，证实或者修正过去的有关预测，因而具有反馈价值。相关的会计信息还应当具有预测价值，有助于使用者根据财务报告所提供的会计信息预测企业未来的财务状况、经营成果和现金流量。例如，区分收入和利得、费用和损失，区分流动资产和非流动资产、流动负债和非流动负债，以及适度引入公允价值等，都可以提高会计信息的预测价值，进而提升会计信息的相关性。

会计信息质量的相关性要求，需要企业在确认、计量和报告会计信息的过程中，充分考虑使用者的决策模式和信息需要。但是，相关性是以可靠性为基础的，两者之间并不矛盾，不应将两者对立起来。也就是说，会计信息在可靠性前提下，尽可能地做到相关性，以满足投资者等财务报告使用者的决策需要。

（三）可理解性

可理解性要求企业提供的会计信息应当清晰明了，便于投资者等财务报告使用者理解和使用。

企业编制财务报告、提供会计信息的目的在于使用，而要让使用者有效地使用会计信息，应当能让其了解会计信息的内涵，弄懂会计信息的内容，这就要求财务报告所提供的会计信息应当清晰明了，易于理解。只有这样，才能提高会计信息的有用性，实现财务报告的目标，满足向投资者等财务报告使用者提供决策有用信息的要求。会计信息毕竟是一种专业性较强的信息产品，在强调会计信息的可理解性要求的同时，还应假定使用者具有一定的有关企业经营活动和会计方面的知识，并且愿意付出努力去研究这些信息。对于某些复杂的信息，如交易本身较为复杂或者会计处理较为复杂，但与使用者的经济决策相关的，企业就应当在财务报告中予以充分披露。

(四)可比性

可比性要求企业提供的会计信息应当相互可比。可比性主要包括以下两层含义。

1. 同一企业不同时期可比

为了便于投资者等财务报告使用者了解企业财务状况、经营成果和现金流量的变化趋势,比较企业在不同时期的财务报告信息,全面、客观地评价过去、预测未来,从而作出决策,会计信息应当可比。会计信息质量的可比性要求同一企业不同时期发生的相同或者相似的交易或者事项,应当采用一致的会计政策,不得随意变更。但是,满足会计信息可比性要求,并非表明企业不得变更会计政策,如果按照规定或者在会计政策变更后可以提供更可靠、更相关的会计信息的,可以变更会计政策。有关会计政策变更的情况,应当在附注中予以说明。

2. 不同企业相同会计期间可比

为了便于投资者等财务报告使用者评价不同企业的财务状况、经营成果和现金流量及其变动情况,会计信息质量的可比性要求不同企业同一会计期间发生的相同或者相似的交易或者事项,应当采用相同或相似的会计政策,确保会计信息口径一致、相互可比,以使不同企业按照一致的确认、计量和报告要求提供有关会计信息。

(五)实质重于形式

实质重于形式要求企业应当按照交易或者事项的经济实质进行会计确认、计量和报告,而不仅仅以交易或者事项的法律形式为依据。

在多数情况下,企业发生的交易或事项的经济实质和法律形式是一致的,但在某些特定情况下,会出现不一致。例如,商品已经售出,但企业为确保到期收回债款而暂时保留商品的法定所有权时,该权利通常不会对客户取得对该商品的控制权构成障碍,在满足收入确认的其他条件时,企业才确认相应的收入。在保险业,有些符合法律形式的保险合同并没有转移重大保险风险,也不能确认保费收入,也是这一原则的体现。

(六)重要性

重要性要求企业提供的会计信息应当反映与企业财务状况、经营成果和现金流量有关的所有重要交易或者事项。在实务中,如果会计信息的省略或者错报会影响投资者等财务报告使用者的决策判断,该信息就具有重要性。重要性的应用需要依赖职业判断,企业应当根据其所处环境和实际情况,从项目的性质和金额大小两方面加以判断。

(七)谨慎性

谨慎性要求企业对交易或者事项进行会计确认、计量和报告应当保持应有的谨慎,不应高估资产或者收益、低估负债或者费用。

在市场经济环境下,企业的生产经营活动面临着许多风险和不确定性,如应收款项的可收回性、固定资产的使用寿命、无形资产的使用寿命、售出存货可能发生的退货或者返修等。会计信息质量的谨慎性要求就是企业在面临不确定性因素的情况下作出职业判断时,应当保持应有的谨慎,充分估计到各种风险和损失,既不高估资产或者收益,也不低估负债或者费用。例如，要求企业对可能发生的资产减值损失计提资产减值准备、对售出商品可能发生的保修义务等确认预计负债等。

谨慎性的应用不允许企业设置秘密准备。如果企业故意低估资产或者收益，或者故意高估负债或者费用，则不符合会计信息的可靠性和相关性要求，损害会计信息质量，扭曲企业实际的财务状况和经营成果，从而对使用者的决策产生误导，也不符合会计准则要求。

（八）及时性

及时性要求企业对于已经发生的交易或者事项，应当及时进行确认、计量和报告，不得提前或者延后。会计信息的价值在于帮助所有者或者其他方面作出经济决策，具有时效性。即使是可靠、相关的会计信息，如果不及时提供，就失去了时效性，对于使用者的效用就大大降低，甚至不再具有实际意义。在会计确认、计量和报告过程中贯彻及时性，一是要求及时收集会计信息，即在经济交易或者事项发生后，及时收集整理各种原始单据或者凭证；二是要求及时处理会计信息，即按照会计准则的规定，及时对经济交易或者事项进行确认或者计量，并编制财务报告；三是要求及时传递会计信息，即按照国家规定的有关时限，及时地将编制的财务报告传递给财务报告使用者，便于其及时使用和决策。

在实务中，为了及时提供会计信息，可能需要在有关交易或者事项的信息全部获得之前即进行会计处理，这样虽然满足了会计信息的及时性要求，但可能会影响会计信息的可靠性；反之，如果企业等到与交易或者事项有关的全部信息获得之后再进行会计处理，这样的信息披露虽然提高了信息的可靠性，但可能会由于时效性问题，对于投资者等财务报告使用者决策的有用性将大大降低。这就需要在及时性和可靠性之间作相应权衡，以投资者等财务报告使用者的经济决策需要为判断标准。

第三节 保险会计要素及保险会计科目

一、保险会计要素

会计所要反映的经济活动内容的基本分类项目，称为财务会计的基本要素，简称会计要素。当前会计要素仅限于资产负债表和损益表（利润表或收益表），国际流行的基本会计要素主要反映这两张表的基本组成，包括：资产、负债、所有者权益、收入、费用、收益（利润）。其中，资产、负债和所有者权益直接关系到财务状况计量的要素；收入、费用、收益（利润）与利润计量直接相关。我国《企业会计准则——基本准则》指出会计要素包括资产、负债、所有者权益、收入、费用和利润。

1. 资产

资产是指企业过去的交易或者事项形成的、由企业拥有或者控制的、预期会给企业带来经济利益的资源。根据资产的定义，资产具有以下几个方面的特征。

（1）资产预期会给企业带来经济利益。资产预期会给企业带来经济利益，是指资产直接或者间接导致现金和现金等价物流入企业的潜力。这种潜力可以来自企业日常的生产经营活动，也可以是非日常活动；带来的经济利益可以是现金或者现金等价物，或者是可以转化为现金或者现金等价物，或者是可以减少现金或者现金等价物流出。

（2）资产应为企业拥有或者控制的资源。资产作为一项资源，应当由企业拥有或者控制，具体是指企业享有某项资源的所有权，或者虽然不享有某项资源的所有权，但该资源能被企业所控制。

（3）资产是由企业过去的交易或者事项形成的。资产应当由企业过去的交易或者事项所形成，过去的交易或者事项包括购买、生产、建造行为或者其他交易或事项。换句话说，只有过去的交易或者事项才能产生资产，企业预期在未来发生的交易或者事项不形成资产。

符合资产定义的资源，在同时满足以下两个条件时，确认为资产。一是与该资源有关的经济利益很可能流入企业；二是该资源的成本或者价值能够可靠地计量。符合资产定义和资产确认条件的项目，应当列入资产负债表；符合资产定义、但不符合资产确认条件的项目，不应当列入资产负债表。

保险会计中资产要素具有鲜明的行业特点。首先，保险公司经营的保险产品是一种无形产品，不需要加工生产，因此，保险公司资产项目中并没有包括原材料、在产品、半成品、产成品、在途物资、周转材料等存货项目，这是与工业企业完全不同的；其次，保险公司经营活动中为履行赔付责任在公司内聚集大量资金，为保值增值，这些资金多被用于投资，所以，保险公司资产项目中保险投资类资产的金额占比非常大。

2. 负债

负债是指企业过去的交易或者事项形成的、预期会导致经济利益流出企业的现时义务。

（1）负债是<u>企业承担的现时义务</u>。负债必须是<u>企业承担的现时义务</u>，它是负债的一个基本特征。其中，现时义务是指企业在现行条件下已承担的义务。未来发生的交易或者事项形成的义务，不属于现时义务，不应当确认为负债。

（2）负债预期会导致经济利益流出企业。预期会导致经济利益流出企业也是负债的一个本质特征，只有企业在履行义务时会导致经济利益流出企业的，才符合负债的定义，如果不会导致企业经济利益流出的，就不符合负债的定义。

（3）负债是由企业过去的交易或者事项形成的。负债应当由企业过去的交易或者事项所形成。

符合负债定义的义务，在同时满足以下条件时，确认为负债。一是与该义务有关的经济利益很可能流出企业；二是未来流出的经济利益的金额能够可靠地计量。符合负债定义和负债确认条件的项目，应当列入资产负债表；符合负债定义、但不符合负债确认条件的项目，不应当列入资产负债表。

保险会计中负债要素的突出特点是准备金负债在总负债中占比很大。例如，有些寿险公司准备金负债能占到负债总额80%以上。保险公司按照保险合同的约定收取保费后，一方面增加了保险公司资产，另一方面也增加了保险负债，这些准备金负债绝大多数是对未来保险赔付的准备，因此，准备金负债占比高说明对未来赔付责任有较充分的保障，这并不是传统意义上的"资不抵债"。此外，准备金负债是在一定的假设条件下使用精算的方法计算得出，具有一定的估计性质，因此保险负债具有一定的不确定性，这也是保险负债的另一个重要特点。

3. 所有者权益

所有者权益是指企业资产扣除负债后由所有者享有的剩余权益。公司的所有者权益又称为股东权益。所有者权益的来源包括所有者投入的资本、直接计入所有者权益的利得和损失、留存收益等。

所有者投入的资本是指所有者投入企业的所有资本，它既包括构成企业注册资本或者股本部分的金额，也包括投入资本超过注册资本或者股本部分的金额，即资本溢价或者股本溢价，这部分投入资本在我国企业会计准则体系中被计入了资本公积，并在资产负债表中的资本公积项目下反映。直接计入所有者权益的利得和损失，是指不应计入当期损益、会导致所有者权益发生增减变动的、与所有者投入资本或者向所有者分配利润无关的利得或者损失。利得是指由企业非日常活动所形成的、会引起所有者权益增加的、与所有者投入资本无关的经济利益的流入。损失是指由企业非日常活动所发生的、会引起所有者权益减少的、与向所有者分配利润无关的经济利益的流出。所有者权益金额取决于资产和负债的计量。所有者权益项目应当列入资产负债表。

保险公司所有者权益强调保证保险公司偿付能力的重要性。因此，与非金融企业所有者权益不同，保险公司被要求按照净利润的一定比例计提风险准备金列示在所有者权益中，用于巨灾风险的补偿或弥补亏损，这部分准备金不得用于分红、转增资本。具体地，根据财政部的有关规定，从事保险业务的金融企业须要按净利润的 10% 提取一般风险准备金，用于补偿巨灾风险或弥补亏损，一般风险准备金不得用于分红或转增资本。

4. 收入

收入是指企业在日常活动中形成的、会引起所有者权益增加的、与所有者投入资本无关的经济利益的总流入。根据收入的定义，收入具有以下几个方面的特征。

（1）收入是企业在日常活动中形成的。日常活动是指企业为完成其经营目标所从事的经常性活动以及与之相关的活动。

（2）收入是与所有者投入资本无关的经济利益的总流入。

（3）收入应当会引起经济利益的流入，从而引起资产的增加。收入会引起所有者权益的增加。与收入相关的经济利益的流入应当会引起所有者权益的增加，不会引起所有者权益增加的经济利益的流入不符合收入的定义，不应确认为收入。

只有在经济利益很可能流入从而引起企业资产增加或者导致负债减少，且经济利益的流入额能够可靠计量时才能确认为收入。符合收入定义和收入确认条件的项目，应当列入利润表。

保费收入是保险公司按照保险合同的约定向投保人收取保费形式的收入，是保险公司最主要的收入来源。保险公司保险合同收入的取得是先于主要成本（费用）的支付的，因而，与其他行业相匹配的，保险公司收入是利润表中的项目——已赚保费。由于保单年度和会计年度并不完全一致，会计年度末进行核算时，根据权责发生制，往往要区分属于当期会计年度和下一期会计年度的保费收入。保险人所收保费中在当期会计年度已负了责任或已终止契约的那一部分保险收入称为已赚保费。已赚保费等于上年度转回的未赚保费加上本年度入账保费减去本年度未赚保费。由此可知,已赚保费才是保险公司的实际保费收入。具体公式为

$$已赚保费 = 保费收入 + 分保费收入 - 分出保费 - 提取未到期责任准备金$$

5. 费用

费用是指企业在日常活动中发生的、会导致所有者权益减少的、与向所有者分配利润无关的经济利益的总流出。根据费用的定义,费用具有以下几个特征。

(1)费用是企业在日常活动中形成的。费用必须是企业在其日常活动中所形成的,企业非日常活动所形成的经济利益的流出不能确认为费用,而应当计入损失。

(2)费用是与向所有者分配利润无关的经济利益的总流出。费用的发生应当会导致经济利益的流出,从而导致资产的减少或者负债的增加(最终也会导致资产的减少)。其表现形式包括现金或者现金等价物的流出,存货、固定资产和无形资产等的流出或者消耗等。

(3)费用会导致所有者权益的减少。与费用相关的经济利益的流出应当会导致所有者权益的减少,不会导致所有者权益减少的经济利益的流出不符合费用的定义,不应确认为费用。

只有在经济利益很可能流出从而导致企业资产减少或者负债增加且经济利益的流出额能够可靠计量时才能确认为费用。企业为生产产品、提供劳务等发生的可归属于产品成本、劳务成本等的费用,应当在确认产品销售收入、劳务收入等时,将已销售产品、已提供劳务的成本等计入当期损益。企业发生的支出不产生经济利益的,或者尽管能够产生经济利益但不符合或者不再符合资产确认条件的,应当在发生时确认为费用,计入当期损益。企业发生的交易或者事项导致其承担了一项负债而又不确认为一项资产的,应当在发生时确认为费用,计入当期损益。符合费用定义和费用确认条件的项目,应当列入利润表。

保险公司的费用主要包括保险赔付支出、保单获取成本、业务及管理费等。就单个保险合同而言,未来保险事故是否发生、何时发生具有很大的不确定性,从而使得相应的费用在取得保费收入之前较难确定,需要根据精算方法对大量同质保单未来的费用进行估计,所以,保险公司的费用具有估计性。属于所有者权益的抵减项目,不应确认为费用,应当将其排除在费用的定义之外。

6. 利润

利润是指企业在一定会计期间的经营成果。利润包括收入减去费用后的净额、直接计入当期利润的利得和损失等。因此,利润的确认主要依赖于收入和费用以及利得和损失的确认,其金额的确定也主要取决于收入、费用、利得和损失金额的计量。

保险公司的利润有两个特点。一是保险公司的承保利润具有预估性。与一般企业相反,保险行业保费收取在先,成本支付在后,只能估计这些保单的未来变化。因此,确认承保业务的利润有其固有困难,必须依赖于估计,这期间需要专门的方法与大量的职业判断。而各种准备金的估计与调整难以完全精准,其估计的变动会对年度利润产生较大影响。二是保险公司的投资利润在利润构成中占比较高,往往高于其承保利润占比。由于保险公司

在成本支出之前就收取了保费,公司资金相对充足,这些资金的投资运用也会给保险公司带来较高的投资利润,其往往大于保险公司承保业务取得的利润。

二、保险会计科目

保险公司应当正确记录和反映保险合同负债或资产及其产生的保险服务业绩和投资业绩等。保险公司在不违反会计准则有关确认、计量和列报规定的前提下,可以根据本公司的实际情况自行增设、分拆、合并或简化会计科目。

(一)2006年准则会计科目

保险公司一般需要设置如下会计科目进行会计核算,其中有些科目是处理保险合同所需的特有科目,剩下大部分科目是与其他行业一致的科目。在表 1.1 中将保险合同特有的科目标黑以示区别。

表 1.1　2006 年准则会计科目

序号	编号	名称	序号	编号	名称
1	1001	库存现金	24	1241	坏账准备
2	1002	银行存款	25	1411	低值易耗品
3	1015	其他货币资金	26	1451	**损余物资**
4	1031	存出保证金	27	1452	**损余物资减值准备**
5	1032	存出分保保证金	28	1521	持有至到期投资
6	1051	拆出资金	29		持有至到期投资减值准备
7	1070	备用金	30	1503	可供出售金融资产
8	1101	交易性金融资产	31	1504	可供出售金融资产减值准备
9	1111	买入返售金融资产	32	1524	长期股权投资
10		衍生金融资产	33	1525	长期股权投资减值准备
11	1121	应收票据	34	1526	投资性房地产
12	1122	**应收保费**	35	1541	存出资本保证金
13	1123	预付赔付款	36	1601	固定资产
14	1124	预付手续费	37	1602	累计折旧
15	1131	应收股利	38	1603	固定资产减值准备
16	1132	应收利息	39	1604	在建工程
17	1221	**应收代位追偿款**	40	1606	固定资产清理
18	1222	**应收分保账款**	41	1607	在建工程减值准备
19	1223	应收分保未到期责任准备金	42	1701	无形资产
20	1224	应收分保未决赔款准备金	43	1702	无形资产累计摊销
21	1229	**代付手续费**	44	1703	无形资产减值准备
22	1230	**代付赔付款**	45	1801	长期待摊费用
23	1231	其他应收款	46	1811	递延所得税资产

续表

序号	编号	名称	序号	编号	名称
47	1901	其他资产	80	4103	本年利润
48	1902	其他资产减值准备	81	4104	利润分配
49		拆入资金	82	5301	研发支出
50		卖出回购金融资产款	83	6011	利息收入
51		衍生金融负债	84	6031	保费收入
52	2002	存入保证金	85	6032	分保费收入
53	2112	应付赔付款	86	6051	其他业务收入
54	2126	系统往来	87	6061	汇兑损益
55	2128	预计负债	88	6101	公允价值变动损益
56	2131	存入分保保证金	89	6111	投资收益
57	2201	应付手续费	90	6201	提取分保未决赔款准备金
58	2206	预收保费	91	6202	摊回赔付支出
59	2211	应付职工薪酬	92	6203	摊回分保费用
60	2221	应交税费	93	6204	提取分保未到期责任准备金
61	2231	应付股利	94	6301	营业外收入
62	2232	应付利息	95	6402	其他业务支出
63	2241	其他应付款	96	6403	营业税金及附加
64	2251	应付保单红利	97	6411	利息支出
65	2261	应付分保账款	98	6421	手续费支出
66	2271	应付保费	99	6501	提取未到期责任准备金
67	2501	长期借款	100	6502	提取未决赔款准备金
68	2502	应付债券	101	6504	提取农险大灾准备金
69	2601	未到期责任准备金	102	6505	提取保险保障基金
70	2603	未决赔款准备金	103	6506	提取交强险救助基金
71	2604	农险大灾准备金	104	6511	赔付支出
72	2611	保户储金及投资金	105	6541	分出保费
73	2701	长期应付款	106	6542	分保费用支出
74	2901	递延所得税负债	107	6543	分保赔付支出
75	3002	货币兑换	108	6601	业务及管理费
76	4001	股本	109	6701	资产减值损失
77	4002	资本公积	110	6711	营业外支出
78	4101	盈余公积	111	6801	所得税费用
79	4102	一般风险准备	112	6901	以前年度损益调整

（二）2020年准则新增会计科目

根据财政部2020年12月的《企业会计准则第25条——保险合同》（以下简称"新保险合同准则"），为核算保险合同相关活动，保险公司需要新设如下会计科目（见表1.2）。

表 1.2　2020 年准则新增会计科目

序号	会计科目	核算内容
1	未到期责任负债	核算企业签发的保险合同的未到期责任负债或资产
2	已发生赔款负债	核算企业签发的保险合同的已发生赔款负债或资产
3	分保摊回未到期责任资产	核算企业（再保险分出人）应从再保险分入人处摊回的未到期责任资产或负债
4	分保摊回已发生赔款资产	核算企业（再保险分出人）应从再保险分入人处摊回的赔款和费用所形成的资产或负债
5	保险获取现金流量资产	核算企业在保险合同组初始确认前已付或应付的、分摊至相关保险合同组的保险获取现金流量
6	保险服务收入	核算企业确认的保险服务收入
7	保险合同赔付和费用	核算企业签发的保险合同已付或应付的给付款项和相关费用
8	亏损保险合同损益	核算企业签发的亏损保险合同产生的损益
9	分出保费的分摊	核算企业（再保险分出人）因取得再保险分入人提供的保险合同服务而承担的成本
10	摊回保险服务费用	核算企业（再保险分出人）从再保险分入人摊回的赔付款项以及相关费用
11	待结转支出	核算与保险合同履约直接或不直接相关的已付或应付各项待结转支出
12	承保财务损益	核算企业签发的保险合同所产生的与货币时间价值及金融风险的影响相关的损益
13	分出再保险财务损益	核算企业分出的再保险合同所产生的与货币时间价值及金融风险的影响相关的损益

第四节　保险会计运行模式

与一般行业相比，保险公司会计行为不但要遵循一般公认会计原则，还须遵循法定会计原则。

一、保险会计规范

1. 公认会计原则

一般公认会计原则（generally accepted accounting principle，GAAP）是为会计界普遍接受并有相当权威支持的，用以指导和规范企业财务会计行为的各项原则的总称。它指会计实务中普遍运用的基本指导思想和约束条件的概括，是体现会计规律、基本特征的原理性规范。它既包括普遍应用的一般指南，又包括明细的实务与程序，这些惯例、规则和程序，提供了一个用于披露财务报表信息的准则。一般公认会计原则是会计核算的基本前提和会计原则，对会计行业的发展具有重要作用。一般公认会计原则主要目的在于向非特定的会计信息使用者提供真实、公允的，反映保险公司会计期间内的经营成果和资产负债表日的财务状况的信息，要求保险公司的财务信息与其他行业保持可比性。本书前面谈及的会计基本假设、会计目标等内容都是一般公认会计原则的范畴。

2. 法定会计原则

保险公司的主要债权人——被保险人人数众多且分散，与保险公司之间存在严重的信息不对称，债权人面临很大的道德风险。由于存在搭便车和成本收益不匹配问题，被保险人不能对保险公司进行有效的监督。因此,绝大多数国家都有专门的或综合的保险监管机构代表债权人(被保险人)的利益,防范保险公司偿付能力不足的风险。为了对保险公司进行有效的监管,有些国家保险监管机构制定了专门的会计准则,要求保险公司提供专门的财务报表。这套用于监管目的的会计准则被称为法定会计原则。

法定会计原则(statutory accounting principles,SAP)是保险监管部门要求保险公司必须遵循的会计确认、计量等方面的标准。与一般公认会计原则相比,法定会计原则以更谨慎的态度去要求保险公司监控其偿付能力,进而实现保护保单持有人的目的。例如,美国法定会计原则由美国保险监督官协会(National Association of Insurance Commissioners,NAIC)制定颁布。美国保险监督官协会就认为:稳健的计价程序在保险公司财务状况以及经营成果出现不利波动时能够为投保人提供保护。法定会计要求在一个较长的经济周期里合理地采用稳健原则,这是监管保险公司财务偿付能力这一首要目标的要求。并声称:法定会计原则在某些方面是稳健的,在一定的经济周期里,持这种稳健态度是合乎情理的。[1]

3. GAAP 和 SAP 的区别[2]

由于不同国家政治、经济环境方面存在差异,GAAP 与 SAP 在制定组织、服务对象、编制目的、服务对象与目的以及内容标准等方面都存在着差异。保险业中 GAAP 与 SAP 的主要差异体现在以下四个方面。

1)服务对象不同

保险业中,GAAP 的服务对象是一般意义上的非特定的会计信息使用者,包括投资者、债权人、保单持有人、监管部门等,其目的是满足这些会计信息使用者的决策需要。保险会计信息使用者是多个不同的主体,不同的会计信息使用者对财务信息的要求和关心的重点不同,这些要求与关注点,有些是交叠的,有些则是不相容的。所以,GAAP 要求企业提供会计信息保持不偏不倚的态度,不会仅仅从某一个特定信息使用者角度出发提供会计信息。

保险业中,SAP 主要服务于保险监管的需要。保险监管的主要目的是保证保险公司有足够的偿付能力来履行保险合同所约定的责任,即维护保单持有人的利益。为了能够满足这个要求,保险监管机构要求保险公司运用法定会计原则提供会计信息以保证其具有足够的偿付能力。因而,为了使保险公司的财务状况在债务偿付时有一个足额的缓冲,同时也为了使监管部门更好地免除监管责任,在不用考虑其他信息使用者的前提下,保险监管部门在制定法定会计原则时往往会采取一种更为稳健的态度。[3]

2)报表编制目的不同

保险业在 GAAP 下编制财务报表的主要目的在于报告跟其他公司或与本公司前期相比较的财务状况与经营成果。为兼顾不同会计信息使用者各方面的要求,它只能在对资产负债表、利润表和现金流量表之间取得一个平衡,任何一张报表都不能偏废。

---

[1] 彭玉龙,李荣林. 保险业的审慎监管与会计稳健性——来自国际非寿险公司的经验证据[J]. 金融研究,2007(1).

[2][3] 杨华良. 保险业会计问题研究[M]. 北京:中国财政经济出版社,2002.

保险业 SAP 下的财务报表是以法律的观点报告保险公司的财务状况，主要目的在于提出保险公司偿付能力与能够履行保险合同的证明。偿付能力是企业财务状况的一个方面，因此，法定会计原则服务的对象与目的决定了它把资产负债表作为监管的重点。

3）会计假设差异

保险业中，GAAP 下假设保险公司能够正常生产经营下去，采用持续经营假设，即会计核算以公司持续、正常的经营活动为前提。保险业中，SAP 重视保险公司目前经营情况，采用准清算观念，虚拟停业清算。准清算假设是介于持续经营假设和清算（liquidation）假设之间的一种会计假设。它是指假设保险监管机构对保险公司采取包括停止新业务在内的整顿措施后对会计要素进行的确认、计量。它又称为停止新业务基础（run off basis）[①]，也就是假设保险公司出于可能的各种原因停止销售新保单，兑付所有现有保单责任，是非持续经营理念。

4）资产和负债的确认方法不同

保险业 GAAP 下的资产为财务报表中的全部资产，在货币计量币值不变假设下，承认历史成本，坚持谨慎性；保险业 SAP 下的资产仅为认可资产，因为在准清算观念下，仅承认净变现价值，不良资产净变现价值低于成本的差额作为非认可资产，不包括在法定资产负债表上。

认可资产是监管会计中的一个重要概念。所谓认可资产是指监管机构接受的，可以在法定资产负债表上列示的资产。在法定会计体系中，定义可接受资产这一概念的目的是确定可用于赔付的高质量资产。如果一种资产不能保证做到这点，或者监管机构没有足够的信息来判定这种资产确定的变现价值，那么监管会计就不把这种资产列为认可资产。如果一种资产不符合以上两个标准，那么这种资产就称为非认可资产。这类资产列示在一般公认会计下的资产负债表中，并编入一般公认会计财务报表、报告中。但是，有些资产虽然符合这些标准，也不能列入法定会计报告中。这是因为监管机构如果没有足够的信息来判定一种资产必要时可用于赔付，即使这种资产是高质量的、高流动性的，而且肯定能够兑现的，也不能作为认可资产。

保险业中 SAP 与 GAAP 在负债评价处理的主要差异表现在责任准备金的问题上。GAAP 下准备金的提取由公司根据本身和业界的经验而定；SAP 下准备金的提取由法律强制规定利率和死亡率的假设而决定，这些假设不反映公司的承保以及投资经验，同时也忽略了今后预计的保单退保等所导致的损益。通常 GAAP 下，公司的资产价值比 SAP 下高，准备金和其他负债价值比 SAP 下低，因此，GAAP 下公司的资本和盈余项的价值要比 SAP 下的高。

4. GAAP 和 SAP 的联系

保险业中 GAAP 和 SAP 联系紧密，通常，GAAP 是 SAP 的基础，SAP 是在 GAAP 的基础上进行的调整。

目前我国没有单独制定法定保险会计规则。但是，在保险监管机构制定的"偿二代"监管规则《保险公司偿付能力监管规则第 1 号：实际资本》中对认可资产、认可负债等方

[①] 李荣林. 中国保险企业法定会计概念框架研究[J]. 财经研究，2003(7).

面进行了规范。本书后面所讲内容都属于公认会计原则范畴。

二、保险会计运行的三种模式[①]

保险会计行为规范的内容主要包括GAAP和SAP;保险会计运行模式主要有主辅相成、合二为一和两者并行三种模式。

下面,就对这三种模式予以介绍并简单评价。

1. 主辅相成模式

在主辅相成模式下,会计核算日常按GAAP运行,只是在会计期末按SAP方法对GAAP核算的结果作出一些调整以填制特定的监管报表,或附加保险监管方面更详细的特殊会计要求或精算指南等,即以GAAP为主,以SAP为辅。采用主辅相成模式的国家有英国、美国、澳大利亚、德国、印度尼西亚、意大利、荷兰、西班牙、瑞典、瑞士等。

2. 合二为一模式

合二为一模式是按照GAAP和SAP的要求制定不同于非保险公司所采用的会计政策,形成一套特有的会计规则。采用合二为一模式的有日本等国。

3. 两者并行模式

两者并行即保险监管者颁布了一系列不同于GAAP的保险原则,保险公司在实际操作与运行会计系统时采取两者并行的方式。采用两者并行模式的有巴西等国。

对于第二种模式来说,虽然具有运行成本低、节省人力资源等特点,但由于GAAP和SAP在服务对象和目的、侧重点、对风险的认识以及会计假设等方面存在固有的区别,把两者强行揉进一套体系中进行操作十分困难,难以兼顾GAAP和SAP使用者各自的要求,最终运行的结果必然是在GAAP和SAP两者之中有所偏废。因此,第二种模式并不可取。而第一种模式,由于主辅混合,披露的会计信息并不利于满足各种会计信息使用者的需要。因此,第三种模式虽然成本较高,但可以满足各利益相关者对信息的需求,应该成为现代保险业会计运行的主要模式。

我国保险监管部门尚未建立明确的SAP,但是,在我国保险公司偿付能力监管规则下,保险监管机构要求保险公司按照2006年颁布的《企业会计准则第25号——原保险合同》和《企业会计准则第26号——再保险合同》和2009年发布的《保险合同相关会计处理规定》确认和计量保险合同的资产和负债的账面价值。[②]

思考题

1. 保险会计受保险经营活动的影响呈现出哪些特点?
2. 保险会计要素有哪些?
3. 一般公认会计与监管会计的区别在哪里?我国保险会计运行的模式是怎样的?

[①] 杨华良. 保险业会计问题研究[M]. 北京:中国财政经济出版社,2002.

[②] 原中国银保监会. 保险公司偿付能力监管规则第1号:实际资本[EB/OL]. (2021-12-30) [2024-06-01]. https://www.nfra.gov.cn/cn/view/pages/governmentDetail.html?docId=1027892&itemId=861&generaltype=1.

第二章 我国保险会计与国际保险合同准则的发展

随着我国社会经济的快速发展，我国保险主体迅速增加，保险市场竞争也越发激烈，这对保险会计提出了更高的要求。另外，国际保险合同准则也在持续发展变化，极大地推动了我国保险会计的发展。

第一节 我国保险会计的发展历程

会计准则是国际通用准则，是约束会计行为的重要标准，因此，以我国保险业公布指导行业会计行为的会计准则为标志，将我国保险会计的发展大致分为两个阶段：一是保险会计准则颁布之前的阶段，这一阶段规范保险业会计行为的主要是有关会计制度；二是保险会计准则颁布之后的阶段，我国于2006年和2020年两次颁布了保险业有关的会计准则。

一、保险会计制度阶段[①]

（一）中国人民保险公司会计制度时期（1982—1993年）

1978年以前，我国的金融体系基本上是中国人民银行统一管理的格局。1982年中国人民保险公司独立出来，在1984年2月颁布了《中国人民保险公司会计制度》。由于当时我国的体制还是计划体制，而且保险公司还处于"拓荒"阶段，许多保险企业独有的特性尚未发挥出来，财会制度上缺乏相应细化的规定。因此，1989年12月中国人民保险总公司对此制度进行了修订，重新颁布了《中国人民保险公司会计制度》，并于1990年1月1日起施行。修订后的保险公司会计制度，其适用性和规范性均增强了。总的来看，这个时期的保险会计制度有以下几个特点。

（1）财务管理采用计划管理原则。保险公司实行统一计划、分户经营、以收抵支、按盈提奖的财务管理体制，会计制度采用"统一领导，分级管理"的原则。

（2）在核算体制上，按照不同性质的保险业务分别确定会计核算体制，如按国内财产险、涉外财产险、出口信用险和人寿保险业务分别单独核算。

（3）会计恒等式采用资金平衡，即资金占用总额＝资金来源总额。

（4）会计科目分为资产类、负债类、资产负债共同类和损益类。另外，鉴于当时的核算体制是按四大险种分别核算，因此，设置了国内、涉外、信用、寿险四套会计科目。

（5）记账允许从资金收付记账法、借贷记账法中任选一种。在货币计价上国内业务（包

[①] 栗利玲，赵刚，王艳. 改革开放三十年我国保险会计改革的回顾、启示与展望[J]. 金融会计，2009(5).

括财产险与寿险业务）以人民币为记账符号；涉外财产险、信用险业务则采用外币分账制，直接以原币入账，年终时将外币业务损益按决算日牌价折算为人民币核算。

（二）保险企业会计制度时期（1993—1998年）

1993年2月24日，财政部结合保险行业经营特点及管理要求，在《企业会计准则》的基础上颁布了《保险企业会计制度》，于1993年7月1日起施行。这次改革是一项重大的举措，其重点主要体现在以下几个方面。

（1）首次确立了资产、负债、所有者权益、收入、费用和利润会计要素体系，规范了会计核算的基本前提和基本原则，实行了权责发生制的核算原则，提高了企业财务核算的真实性和准确性。

（2）在核算体制上将非人身险业务与人身险业务分别进行会计核算，即分别建账、分别核算损益。再保险业务，可区别为分入业务与分出业务进行核算，也可将分出业务并入直接业务核算。信用险业务可实行三年结算损益的核算办法。

（3）建立了资本金制度，实行资本保全原则。制度采用了与市场经济体制相适应的"资产＝负债＋所有者权益"的会计恒等式，明确了产权关系，并在此基础上建立了一套资本金核算体系。

（4）会计科目分为资产类、负债类、所有者权益和损益类，规范了各类科目的设计。

（5）采用了国际通用的借贷记账法和国际通行的会计报表体系，即对外报表为资产负债表、损益表、财务状况变动表和利润分配表。

（6）扩大了保险企业使用会计科目和会计报表的自主权。允许保险公司根据实际情况增减、合并某些会计科目。

（7）规范了保险企业基本业务的会计核算标准和损益。

（8）制度规定保险企业应根据国家有关规定计提坏账准备、贷款呆账准备、投资风险准备，允许企业采用加速折旧法。

（9）对有外汇业务的企业规定既可采用外汇分账制，也可采用外汇统账制。

（三）保险公司制度时期（1998—2001年）

1998年12月8日，财政部对原制度进行了修改，颁布了《保险公司会计制度》，于1999年1月1日起施行，这次改革的主要内容如下。

（1）改变了会计制度名称。制度考虑到当时保险企业都已是公司制企业，因此将《保险企业会计制度》改名为《保险公司会计制度》，这样更加符合我国保险公司实际情况。

（2）重新确定了保险业务的分类，并实行按险种分类核算。

（3）完善了保险业务损益结算办法。制度规定除长期工程险、再保险业务按业务年度结算损益外，其他各类保险应按会计年度结算损益。

（4）增加了确认保费收入的原则。关于保费收入的确认，制度对保险业务规定了统一的保费收入确认原则，明确规定应同时满足保险合同成立并承担相应保险责任、与保险合同相关的经济利益能够流入公司和与保险合同相关的收入能够可靠地计量的条件。

（5）增加了存出资本保证金和提取保险保障基金的会计处理。按《中华人民共和国保险法》（以下简称《保险法》）规定，保险公司成立后，应按其注册资本总额的20%提取保证金。

（6）调整了贷款和股权投资业务的会计处理。按照《保险法》及其他有关保险监管法规规定，新会计制度相应取消了除保户质押贷款以外的其他各类贷款业务的会计处理，取消了股票投资及其他股权投资业务的会计处理。

（7）增加了抵债物资的会计处理，修改了长期待摊费用的会计处理。

（8）规范了会计报表体系。该制度将原"损益表"名称改为"利润表"，用现金流量表取代财务状况变动表。

（四）金融企业会计制度时期（2001—2006年）

2001年11月27日，财政部颁布了《金融企业会计制度》，于2002年1月1日起施行。其主要内容如下。

（1）实现了会计要素的重新界定以及相关的确认和计量。新制度对六个会计要素进行了严格界定，并对其确认、计量、记录和报告全过程作出规定，和原制度相比较，更加全面、严谨、规范，反映的会计信息更加符合事实。

（2）首次将国际上普遍遵循的实质重于形式原则纳入新制度。例如，对于保费收入的确认，强调的是"保险合同成立并承担相应的保险责任"这一经济实质，并不以"保险合同成立"这一法律形式作为唯一标准。

（3）在某些会计原则和会计处理上实现了与国际会计惯例相协调。这次新制度所规定的会计政策和会计确认、计量标准，与国际会计准则中所规定的基本相同。

（4）谨慎性原则体现更充分。保险公司是经营风险的特殊行业，新制度在会计要素的确认和会计方法的处理以及会计信息的披露等方面都遵循了谨慎性原则。

（5）明确了新业务和疑难问题的处理方法。新制度对所得税的会计、或有事项、会计调整、关联方关系以及交易、证券投资基金等方面都作出了明确的规定。

（6）增加了对外提供的会计报表，完善了会计信息披露。新制度增加了所有者权益变动表，充分考虑了上市公司投资者日益增长的信息需求。此外，对会计报表附注进行了详细、严密的规范，提高了财务会计报告的信息含量和可理解性。

（7）明确了会计政策的审批权限。保险公司采用的会计政策、会计估计、财产损失处理的批准权限为股东大会、董事会、经理会议或类似机构。

二、保险会计准则阶段

为适应加入WTO、融入全球经济的形势，实现保险会计准则的国际趋同，根据国际保险会计准则的发展，我国于2006年颁布了会计准则，其中包含了两项针对保险业的会计准则。之后，在国际保险会计准则第二阶段成果出台的大背景下，我国于2020年12月颁布了新的保险合同会计准则替代2006年的两项准则。保险合同会计准则的目的是希望从保险合同的实质和会计基本原则出发，打开保险合同这一"黑匣子"，以如实展示保险业务的利润来源及其结构，充分揭示保险合同所包含的保险风险和金融风险，减少信息不对称，从而提升保险透明度，维持保险和金融市场的长期健康稳定发展。

（一）现行保险合同会计准则时期（2006—2020 年）

2006 年 2 月 15 日，财政部发布了一项基本会计准则和三十八项具体会计准则，宣布自 2007 年 1 月 1 日起在上市公司范围内施行，鼓励其他企业执行。在三十八项具体会计准则中，《企业会计准则第 25 号——原保险合同》和《企业会计准则第 26 号——再保险合同》是针对保险行业的，这两项准则在确认、计量、报告方面与国际财务报告准则第四号（IFRS4）具有较多一致性。与旧的会计制度相比，2006 年保险合同准则在许多方面实现了重大突破，更加科学地衡量公司财务状况和经营成果。保险会计准则的颁布，标志着我国保险会计建设进入一个新阶段，同时也意味着我国保险会计核算政策和实践行为的一次重大变革。这次变革主要内容如下。

（1）明确了保险合同的概念及确定方法。承担被保险人的保险风险，是保险合同区别于其他合同的主要特征。准则在借鉴国际惯例、考虑我国现行保险会计实务的基础上，引入保险风险概念，作为判断和确定保险合同的依据。对于既有保险风险又有其他风险的合同，准则提出了分拆的要求，并分别对保险风险部分和其他风险部分的会计处理作出规定。

（2）规定了保险合同的分类标准。不同种类的保险合同性质不同，其会计处理也有差异。准则借鉴美国会计准则，同时考虑我国现行保险会计实务，规定按照保险人在保险合同延长期内是否承担赔付保险金责任，将保险合同分类为非寿险保险合同和寿险保险合同，并分别规定了不同的会计处理方法。

（3）规定了保费收入的计量方法。不同种类的保险合同性质不同，其保费收入的计量方法也不相同。准则规定，非寿险保险合同的保费收入金额，应当根据约定的保费总额确定；分期收取保费的寿险保险合同保费收入金额，应当根据当期应收取的保费确定；一次性收取保费的寿险保险合同保费收入金额，应当根据一次性收取的保费确定。

（4）规定了保险合同准备金的确认时点和计量方法。不同种类的保险合同，其准备金的性质不同。准则规定，在确认非寿险保费收入时，保险人应当按照保险精算确定的金额，提取未到期责任准备金，作为保费收入的调整项目；在非寿险保险事故发生时，保险人应当按照保险精算确定的金额，提取未决赔款准备金，计入当期损益；在确认寿险保费收入时，保险人应当按照保险精算确定的金额，提取寿险责任准备金、长期健康险责任准备金，计入当期损益。

（5）引入准备金充足性测试概念。为真实反映保险人承担的赔付保险金责任，准则要求保险公司应当在会计期末对准备金进行充足性测试，并按照其差额补提相关准备金。这也是对我国保险会计的重大突破。

（6）准则规定按照权责发生制原则确认分出业务产生的资产、负债及相关收支。分保分出人应当于确认原保险合同保费收入的当期确认分出保费和摊回分保费用，于提取原保险合同准备金的当期确认应收分保准备金和摊回分保赔付费用，突破了目前实务中分保分出人根据分保业务账单确认分出业务相关收支的做法，基本消除了与国际惯例的差异。

（7）准则明确了再保险合同产生的资产、负债及相关收支应单独确认的原则。分保分出人不得将再保险合同产生的资产直接冲减有关的原保险合同产生的负债，也不应将再保险合同产生的费用或收入直接冲减有关的原保险合同产生的收入或费用。这一原则要求分保分出人在资产负债表中单独列示分出业务相关责任准备金，以充分揭示分出业务引起的信用风险；在利润表中单独列示分出保费、摊回分保手续费、摊回分保赔付费用等项目。

（二）新保险合同会计准则时期（2020年至今）

1. 新保险合同准则修订的主要内容

在国际保险会计准则改革的大背景下，结合经济环境变化及中国保险合同准则实施十几年来的经验，2020年12月财政部修订发布了新保险合同准则。新保险合同准则主要在以下几个方面进行了修订。

（1）完善保险合同定义和合同合并分拆。新准则完善了保险合同的定义，明确规定只有在特定保险事项对保单持有人产生"不利影响"且转移了"重大保险风险"时，才符合保险合同的定义。此外，新准则还对原准则未予明确的保险合同合并和分拆作出了规范，以反映保险合同的商业实质。

（2）引入保险合同组概念。为更好地反映保险合同风险及盈亏水平等相关信息，新准则引入了保险合同组合和合同组的概念，要求保险公司将具有相似风险且统一管理的保险合同归类为一个保险合同组合，并以盈利水平等为基础，将合同组合细分为合同组，确认和计量均以合同组为基础单元。

（3）完善保险合同计量模型。新准则不再区分保险业务类型，而是以保险合同组基于组内各合同权利和义务估计的未来现金流量按照当前可观察折现率折现后的现值为基础，考虑非金融风险影响和未赚利润，计量保险合同负债，作为保险合同计量的一般模型。

此外，针对具有直接参与分红特征的保险合同，新准则考虑其合同实质，提供了浮动收费法的特殊计量要求；针对亏损合同，新准则提供了亏损部分的特殊处理规定；针对一年以内的短期险合同或满足其他规定条件的保险合同，新准则提供了保费分配法的简化处理；针对分出再保险合同，新准则提出了减少分出再保险合同与对应的保险合同会计错配的相关处理规定。

（4）调整保险服务收入确认原则。新准则要求，保险公司必须分拆保险合同中可明确区分的投资成分和其他非保险服务成分，对于不可分拆的投资成分，其对应的保费也不得计入保险服务收入。新准则关于保险服务收入确认原则的调整将更真实地反映保险公司的经营成果，更好地体现"保险姓保"，同时也与银行等其他金融机构确认收入的原则保持一致。

（5）改进合同服务边际计量方式。新准则要求保险公司在保险合同组初始确认时确定合同服务边际，且合同服务边际应在每个资产负债表日根据未来提供服务的变化进行调整，在后续提供服务的期间内摊销。新准则的这一改进将更真实地反映合同服务边际在后续期间的变化，有利于降低利润操纵的空间，为财务报表使用者提供决策有用信息。

（6）新增具有直接参与分红特征的保险合同计量方法。新准则规定，对于具有直接参与分红特征的保险合同，因投资收益率变动等金融假设变化引起的与未来服务相关的浮动收费现金流量变动额，应当调整合同服务边际。这一特殊计量要求不同于新准则对不具有直接参与分红特征的保险合同的相关会计处理规定，更能体现具有直接参与分红特征的保险合同的实质,避免此类合同因金融假设变动导致保险公司当期利润和净资产的大幅波动。

(7)规范分出再保险合同的会计处理。新准则统一了原保险合同和再保险合同的会计处理,明确规定除了准则特别规定的关于合同服务边际确认等少数差异外,再保险合同适用与原保险合同相同的会计处理原则。同时,为保持分出再保险合同与对应的保险合同的会计匹配,新准则规定在计量分出再保险合同的履约现金流量和合同服务边际时,需要考虑与对应的保险合同的关联性,以更好地体现分出再保险合同用于弥补对应的保险合同未来赔付的商业实质。

(8)优化财务报表列报。一是新准则简化了资产负债表项目,要求保险公司按照保险合同组合的余额分别列示保险合同负债和保险合同资产、分出再保险合同资产和分出再保险合同负债,更好地体现了保险合同的权利和义务。二是根据利润驱动因素区分保险公司的保险服务业绩和投资业绩,并在利润表中予以反映。三是新准则进一步强化了披露要求,使得保险公司的风险敞口、盈利能力和利润来源等信息更加清晰透明。

2. 新保险合同准则的积极影响

新保险合同准则的发布实施将对保险行业产生以下积极影响。

(1)有利于促进保险行业高质量发展,更好体现"保险姓保"。新准则对保险公司收入确认原则的调整,合理挤出了保费收入中含有的较大"水分",将有效抑制保险公司盲目扩大收入规模的短期冲动,有助于保险公司重新聚焦可带来长期收益的保障型保险产品,促进保险行业高质量发展,真正体现"保险姓保"的保险本源。

(2)有利于抑制保险公司粉饰财务业绩,提高会计信息质量。新保险合同准则下,精算假设调整对未来利润的有利影响不允许计入当期损益,而必须在未来提供服务的期间逐步确认,使得保险公司利用调整精算假设来调节当期利润的目的落空,一定程度上抑制了利润操纵行为,有助于提高会计信息质量。

(3)有利于增强我国保险公司综合实力,提升我国保险行业国际形象。准则的发布实施,特别是保险合同负债的计量、保险服务收入和保险服务费用的确认等,需要保险公司的财务部门、精算部门、业务部门、销售部门、信息技术部门等的精诚合作、协同发力,有利于促进提升保险公司精细化管理水平和综合竞争实力,有利于锻造一批优秀的复合型保险会计专业人才。同时,实施新保险合同准则也有利于我国保险公司与国际同行对标,提升我国保险行业的国际形象和国际影响力。

3. 新保险合同准则的实施

准则制定机构为兼顾我国市场环境和企业实际能力,在实施范围和实施时间上规定采取分步到位的办法。具体包括:在境内外同时上市的企业以及在境外上市并采用国际财务报告准则或企业会计准则编制财务报表的企业自 2023 年 1 月 1 日起实施,以避免出现境内外报表会计准则适用差异;其他执行企业会计准则的企业(包括境内上市公司)自 2026 年 1 月 1 日起实施。

值得注意的是,根据中国保险监管机构"偿二代"二期工程的相关规定,2026 年新的保险合同会计准则在保险业全面执行后,各保险公司编制偿付能力报告(实际资本的计算)仍将以 2006 年保险合同会计准则为基础。因此,2006 年和 2020 年保险合同会计准则对于保险业而言将在较长一段时间共同规范保险行业的会计行为。

第二节　国际保险合同准则的发展历程

在保险会计的发展过程中，国际会计准则理事会（International Accounting Standards Board，IASB）制定的国际财务报告准则具有举足轻重的地位。IASB制定国际保险合同准则的项目分为两阶段，第一阶段的研究成果是2004年颁布的《国际财务报告准则第4号——保险合同》（International Financial Reporting Standards 4—Insurance Contracts，IFRS4），IFRS4在2017年被第二阶段成果——《国际财务报告准则第17号—保险合同》（International Financial Reporting Standards 17—Insurance Contracts，IFRS17）所替代。国际保险合同准则的制定与修订整整历时20年，可见保险会计问题之复杂与特殊。本节首先对国际保险合同准则的发展历程进行回顾，然后简要总结IFRS17的主要内容，最后分析IFRS17的主要影响。

一、国际保险合同准则的发展历程

由于保险业务的复杂性及各国保险合同准则的差异性，保险公司会计信息的相关性、可靠性和可比性得不到保证，也使会计信息使用者解读保险公司财务报表存在较大困难。为增强保险行业会计处理的可比性及减少会计错配，针对保险合同制定一个通用的、可行的、高质量的会计准则势在必行。

（一）IASB第一阶段成果：IFRS4（2004年3月）

IASB的前身国际会计准则委员会（International Accounting Standards Committee，IASC）于1997年便开始对保险会计项目进行研究，启动了保险合同会计准则项目，并成立了保险会计指导委员会（Insurance Accounting Steering Committee），进行保险合同会计处理问题的研究和讨论。保险会计指导委员会于1999年11月发布了保险合同会计的《问题报告》（Issues Paper），其目的在于确定该准则项目涉及的主要问题，评价用于解决这些问题的各种备选方法及其优缺点。该报告正文以问题形式提出，共讨论了二十个主题，主要涉及保险合同会计准则的范围、保险合同会计处理中的确认、计量原则以及报告与披露等内容[①]。

IASC在2000年重组和更名为IASB。2001年6月，指导委员会在分析了《问题报告》的反馈意见后，向IASB递交了《原则公告草案》（Draft Statements of Principles），阐述关于保险合同定义、保险合同计量的基本原则等内容。自2001年12月起，IASB针对搜集回来的关于《原则公告草案》的意见进行了大量的讨论和研究。尽管国际会计准则理事会目标明确地致力于发布一套以资产负债基本原则为指导的保险合同会计制度，但是基于保险合同本身的复杂性，IASB无法在2005年——欧盟决定针对所有上市公司采用IFRS的时间以前完成所有关于保险合同的准则的问题研究，因此，IASB决定将保险合同准则项目分为两个阶段进行，并于2003年7月发布了保险合同准则项目第一阶段的征求意见稿（ED5）。

---

① 陆剑桥，杨海松. 保险合同会计：国际动态与对策研究[J]. 会计研究，2009(7): 22-29.

在 ED5 的基础上，2004 年 3 月 IASB 正式发布了第一阶段的成果《国际财务报告准则第 4 号——保险合同》。IFRS4 重点对保险合同定义、保险合同确认与计量的最低要求、保险合同信息披露等做出探索性规定。因此，IFRS4 的执行影响着具体保险合同业务的会计行为，进而影响到财务报告及公司经营业绩的表现，也在一定程度上引起了保险公司产品设计和保险资金运用等深层次的经营管理行为。但是，由于 IFRS4 是第一阶段成果的过渡性规定，并未对保险资产与保险负债等具体的计量方法做明确规定，实践中仍允许各国家灵活选择保险会计处理方式。

（二）IASB 第二阶段成果：IFRS17（2017 年）

在 IFRS4 完成后，IASB 立即开始了第二阶段的研究工作，并于 2004 年 9 月成立了新的保险工作组（IASB Insurance Working Group）。IASB 保险工作组于 2007 年 5 月推出了一份关于其研究的阶段性成果的讨论稿——《讨论稿——保险合同初步意见》（Discussion Paper—Preliminary Views on Insurance Contracts），并公开征集反馈意见。该讨论稿初步建议保险负债使用"三要素法"计量，即现金流量、折现率和边际。2008 年 10 月，FASB 加入了 IASB 第二阶段的研究，并提出了现行履约价值。2009 年 6 月，IASB 保险工作组提议按修订后的 IAS37 中的准备金计量方式来计量保险合同负债。历经 3 年左右，IASB 和 FASB 对保险合同会计准则的适用范围、分拆、重大保险风险测试、计量模型、利润表的列表以及再保险等诸多问题进行讨论和研究，最终，IASB 于 2010 年 7 月发布了征求意见稿（Exposure Draft Insurance Contracts——ED/2010/8 保险合同），规定保险负债采用模块法计量。为了减少保险合同在会计处理上的差异并提高会计信息的可靠性和可比性，IASB 于 2013 年 6 月 21 日发布了修改版征求意见稿（ED/2013/7 保险合同），该意见稿就合同服务边际调整、要求主体持有基准项目并规定与基准项目回报挂钩的合同、保险合同收入和费用列报、损益中的利息费用及过渡办法等问题进行修订和意见征求。为改进保险合同对主体财务状况和财务业绩产生影响的透明度、减少保险合同会计处理中存在的差异问题。IFRS4 第二阶段制定过程中最大的争议在于其建议采用现值计量保险负债，以体现保险合同的市场价值，这对注重审慎经营与递延匹配原则的保险会计传统构成重大挑战。在两轮征求意见和广泛听取相关会计主体的意见后，IASB 于 2017 年 2 月完成最后阶段修订，并于 2017 年 5 月 18 日正式发布《国际财务报告准则第 17 号——保险合同》（IFRS17）最终版本。IASB 同时宣布 IFRS17 将按照前期工作规划部署从 2021 年 1 月 1 日开始生效执行。但后来由于考虑到世界各国切换时间准备的实际困难，IASB 于 2019 年 6 月将官方生效时间往后延迟到 2022 年 1 月 1 日。另外，鉴于试行过程中普遍反映的执行成本过高以及可能出现会计错配等问题，IASB 在 2019 年 9 月又启动了对 IFRS17 的修订。2020 年 6 月，IASB 再次发布修订后的最终版 IFRS17[①]，并且将生效时间推迟至 2023 年 1 月 1 日。至此，IASB 最终完成了保险合同准则的项目。

---

① 相对于 2018 年的最终版，2020 年的修订主要包括完善保险获取现金流量的计量、完善分出的再保险合同的摊回、降低资产负债表的列报难度、完善中期财务报表中的会计估计处理、简化新旧准则过渡的相关处理。刘长青，李伟. 我国保险会计准则的最新修订及其后续完善——基于与新版 IFRS 17 的比较研究[J]. 会计之友，2022(13).

二、国际保险合同准则的主要内容

相比 IFRS4 以及现行绝大多数国家或地区的保险会计实务，IFRS17 主要实现了以下几个方面的突破。

（1）建立了明确的保险合同认定标准和分拆要求。IFRS17 要求企业签发的合同只有在承担重大保险风险时才能认定为保险合同。

（2）明确了保险合同汇总水平的要求。为了如实反映保险合同的这种特殊性，IFRS17 要求企业将单项保险合同进行汇总并以汇总的保险合同水平为基础进行会计确认和计量。

（3）建立了基于保险合同组的保险合同负债计量的基本模型。

（4）规范了保险合同收益确认的原则。IFRS17 规定了保险合同签发人只有在提供保险服务时才能确认收益。

（5）明确区分了保险服务成果和金融成果。

（6）强化了保险合同相关信息披露要求。

三、国际保险合同准则的影响[①]

IFRS17 的颁布对保险业影响较大，主要体现在以下几个方面。

1. 产品设计与定价

IFRS17 实施后，保险公司的保险服务确认将发生大幅变化，因此，不同的产品设计直接影响保险服务收入的确认，并影响保险公司的利润。准则实施初期主要会对寿险公司的保险合同收入产生明显的影响，后续影响的程度则取决于公司的产品结构和产品类型。

2. 准备金评估

IFRS17 中关于负债的计量将更加复杂。未来，保险公司在准备金计量方面，由于准备金评估和核算难度加大，因而对保险公司精算相关人员的要求有一定的提升，并且公司在精算相关部门人员的数量以及精算模型精度方面都需要有所提升。

3. 资产负债的会计匹配

在 IFRS17 执行的同时，保险公司也将需要采用规范金融工具会计处理的 IFRS9。根据其他行业的经验，IFRS9 的实施将增加保险公司财务表现的波动性，使得资产负债的管理显得更为重要。

4. 会计核算

随着 IFRS17 的实施，未来对于保险收入的核算将不再由财务部进行主导，而是更多依赖于精算部门的模型与假设得出，因此，财务部与精算部应共同明确在未来的核算流程中各自的职责分工及流程流转与节点设置。此外，新准则要求将准备金的计算过程公开，将不同驱动因素、精算假设对公司准备金、经营业绩的影响全部公开，履约现金流、风险边际、合同服务边际等准备金组成部分将从年初到年末的金额变化解析，这也将大大提高对

[①] 文启斯. IFRS 17 影响保险业[J]. 新理财，2019(8).

精算数据的披露要求。

5. 绩效考核与经营分析

各保险公司应以内部管理目标为原则，对标 IFRS17 的最新要求，调整公司现有绩效考核与经营分析体系的相应指标因子，建立直观易懂的指标分析体系，以形成有助于管理层决策的绩效考核和经营分析体系。

6. 风险管理

IFRS17 将促使保险公司改善其风险管理系统。IFRS17 能帮助保险公司更好地改善内部控制，增加风险管理部门的责任。

思考题

1. 我国保险会计的发展经历了哪 12 个阶段？
2. 国际保险合同准则的颁布对保险业有哪些重要影响？

第三章 保险合同的确认

对企业经济活动及其所产生的经济数据进行分析、识别与判断,以明确它们是否对会计要素产生影响以及影响什么会计要素[①],这一过程通常称为会计确认。会计确认的过程也是作为一项资产、负债、收入、费用正式记入财务报表的过程。会计确认主要解决应否确认、何时确认和如何确认三个关键性问题。本章保险合同的确认主要解决保险合同是否应该确认的问题。保险合同何时确认和如何确认将在后面章节中学习。

第一节 保险合同概述

在我国保险会计准则出台之前(2006年以前),我国的《保险企业会计制度》或《金融企业会计制度》是先将准则适用范围限定在保险公司或金融企业,然后将保险公司或金融企业订立的所有合同及从事的有关业务认定为保险合同或金融业务,最后做出相关财务规定约束这些会计行为。而保险会计准则阶段(2006版 CAS25 阶段和 2020 版 CAS25 阶段)强调的不是保险公司的会计行为,而是保险合同的会计处理。这主要是因为除了保险公司之外,银行、其他金融或非金融机构也可能签发和销售保险合同,如果要求保险公司以某种方式对某项交易进行会计处理,而要求非保险公司采用其他方式对一类型的交易进行会计处理,会造成同类业务的会计处理缺乏可比性。所以,我国保险会计准则目前针对保险合同进行规范,只要签发了保险合同,不论签发主体是哪类公司,都要受到保险合同准则的约束。也正因为如此,保险合同的定义较为重要,是判断一项保险合同是否属于会计界定的保险合同的标准,若该业务属于保险合同,则按照保险合同准则进行会计处理。

一、保险合同的定义

(一)定义

保险合同是指企业(合同签发人)与保单持有人约定,在特定保险事项对保单持有人产生不利影响时给予其赔偿,并因此承担源于保单持有人重大保险风险的合同。

在该定义中,有合同签发人、保单持有人、保险赔偿、保险事项及保险风险等几个要点需要说明。

1. 合同签发人、保单持有人和保险赔偿

(1)保险合同的合同签发人通常是保险机构。例如,甲保险公司作为合同签发人向丙销售一份车险合同;乙再保险公司作为再保险合同签发人按照 80% 的分保比例承保甲保险

[①] 戴德明,林钢,赵西卜. 财务会计学[M]. 5 版. 北京:中国人民大学出版社,2009.

公司当年承保的全部车险合同。这里的甲保险公司和乙再保险公司即是合同签发人。

值得注意的是,保险合同的签发人虽然主要是保险企业,但是,非保险机构在一些情形下同样可能成为保险合同签发人。例如,某银行在其签发的信用卡合同中约定,如果持卡人死亡,银行将豁免其剩余还款额,该信用卡合同如果符合保险合同的定义,该银行即为保险合同的签发人。

因此,虽然保险合同准则规范的是保险合同的会计处理,会主要约束保险公司的会计行为,但是同样签发了保险合同的其他类型企业也可能按照CAS25进行会计处理。

(2)定义中的保单持有人,包括投保人、被保险人或者受益人。投保人是指与合同签发人订立保险合同,并按照合同约定负有支付保费义务的人。被保险人是指其财产或者人身受保险合同保障,享有保险金请求权的人。投保人可以为被保险人。受益人是指人身保险合同中由被保险人或者投保人指定的享有保险金请求权的人。投保人、被保险人可以为受益人。

(3)保险赔偿可能是现金赔付或非现金赔付。保险合同条款约定以非现金方式赔付的情形下,企业向保单持有人提供商品或服务,以履行因保险事项的发生而需要对保单持有人进行赔偿的义务。例如,甲公司签发一份保险合同,约定当承保标的设备在约定期间被盗时,甲保险公司应提供与标的设备相同型号的设备,以补偿保单持有人的实物损失,即为非现金赔付。再如,乙保险公司签发一份保险合同,约定当被保险人在合同约定的期间生病且该疾病为合同承保范围内的疾病时,乙保险公司可安排符合资格的医院向被保险人提供约定的医疗服务,或以现金方式向被保险人赔付其进行相关治疗所产生的费用,则乙公司的赔偿包括现金赔付或非现金赔付。

2. 保险事项

保险事项,是指保险合同所承保的、产生保险风险的不确定未来事项。在保险合同开始日主要体现在保险事项的发生概率不确定、保险事项的发生时间不确定,或者一旦保险事项发生,合同签发人的赔付金额不确定。

在某些保险合同中,损失在合同期间内发生,但该损失是由保险合同开始前发生的事项所引起的。在另一些保险合同中,保险事项是在合同期间内发生的事项,但该事项所导致的损失在合同期满后才会被发现。还有一些保险合同承保的是已经发生但其财务影响尚不确定的事项,例如,为已发生事项的不利发展提供保险保障的保险合同,其约定的保险事项是确定最终赔付成本。

例 3-1 保单持有人李某购买了甲公司签发的一份意外险保险合同,约定就被保险人在2023年1月1日至2023年12月31日期间发生的人身意外保险事项进行赔付。2023年5月1日,被保险人张某遭遇意外车祸,预计需要长期卧床治疗。甲公司须按约定支付被保险人因此所产生的治疗费用,但是治疗的总费用尚无法确定。2024年3月1日,由于被保险人仍在治疗中,甲公司将其未来仍需承担的赔偿责任分保给乙公司。请分析乙公司签发的保险合同所承保的保险事项。

本例中,乙公司签发的保险合同(即分入的再保险合同)承保的保险事项是甲公司未来赔付的不确定性事项,即未来需要支付给张某的赔款尚不确定,因此该再保险合同是乙公司为因车祸导致甲公司需要赔付金额的不确定性向甲公司提供保险保障服务。

3. 保险风险

保险合同的认定关键在于合同签发人是否承担源于保单持有人的重大保险风险。首先，要判断合同签发人承担的是不是保险风险，其次，要看其承担的保险风险是否重大。本章先来了解什么是保险风险，在后面章节来学习如何判断保险风险是否重大。

保险风险，是指从保单持有人转移至合同签发人的除金融风险之外的风险。在保险风险的定义中，需要重点理解以下两个方面内容。

（1）保险风险源于不确定未来事项对合同持有人产生的不利影响，并将由持有人转移至签发人。

①一些合同要求在特定不确定的未来事项发生时进行赔付，但并不要求将对保单持有人产生不利影响作为赔付的前提条件，即使合同持有人使用该合同缓释潜在风险敞口，这样的合同也不是保险合同。例如，合同持有人使用一项衍生工具对某项资产的现金流量变动风险敞口进行套期，这项衍生工具不是保险合同，因为合同持有人是否因该项资产的现金流量减少而受到不利影响不是赔付的前提条件。

②在保险合同中，不利影响是合同签发人进行赔付的合约性前提条件，这种合约性前提条件不要求合同签发人对保险事项造成的不利影响进行调查，但允许合同签发人在不能确定保险事项是否造成不利影响时拒绝赔付。

例3-2 甲银行发行信用风险缓释凭证，该凭证担保的标的为某公司发行的债券。合同条款约定，凭证认购方无须持有对应数量的标的债券。债券认购方在认购债券时同时购买信用风险缓释凭证。如果债券发行方到期未支付利息或偿还本金，即使凭证持有方并不持有标的债券因而最终没有遭受损失，甲银行仍将支付给凭证持有方约定的款项。

本例中该信用风险缓释凭证对应的款项支付并不以违约事项对持有人造成不利影响为前提，因此该合同不是保险合同。

③保险风险是企业必须从保单持有人处接受的、保单持有人已面临的风险。任何由合同给企业或保单持有人带来的新的风险都不是保险风险。例如，失效风险或续保风险、费用风险等并不是保险风险。

失效风险或续保风险由保单持有人取消合同的时间早于或晚于合同签发人在定价时预计的时间所引起，其导致的向保单持有人支付款项的变动并非取决于对保单持有人造成不利影响的不确定未来事项，因此该类风险不是保险风险。

费用风险与合同签发人提供合同服务有关的管理成本意外增加相关，而非与保险事项有关的赔付成本意外增加相关，合同签发人管理成本增加并未对保单持有人造成不利影响，因此费用风险不是保险风险。例如，甲保险公司签发了一项车险合同，车辆在使用过程中可能因发生交通事故而产生车损是保单持有人已经面临的现实风险，属于保险风险；甲公司后续管理车险合同发生的费用可能超过其预计的金额，由此产生的费用风险不是保险风险。

综上，仅使企业面临失效风险、续保风险或费用风险的合同不是保险合同。但是，如果企业通过分出再保险合同将自身面临的上述失效风险、续保风险或费用风险转移至另一方以降低自身承担的上述风险,那么,该再保险合同使分入人面临了保险风险,即该再保险合同转移了保险风险。

(2)仅使签发人承担金融风险而不承担重大保险风险的合同不是保险合同。

金融风险是指一项或多项特定利率、金融工具价格、商品价格、汇率、物价或利率指数、信用等级或信用指数或者其他变量在未来可能发生变化的风险,变量为非金融变量的,该变量不应与合同的任何一方存在特定关系。

非金融变量可能与合同一方存在或者不存在特定关系。金融风险不包括与合同一方特定相关的非金融变量在未来可能发生变化的风险。例如,合同一方所持有的一项特定非金融资产的公允价值不仅取决于同类资产市场价格(金融变量),还取决于该项资产的实际状况(非金融变量),因此该项非金融资产公允价值变动的风险不是金融风险。例如,某公司签发了一份合同,约定公司需要对合同持有人拥有的某辆车的残值进行担保。该车的残值因其物理状况(与该合同持有人特定相关的非金融变量)变化而变化,因此,该公司承担的合同持有人转移的风险不是金融风险。

例 3-3 甲公司签发了一份合同,约定如果未来乙公司持有的某项资产因火灾而损坏,则甲公司应按照合同约定就乙公司的相关损失进行赔偿。

本例中,火灾对该保单持有人特定资产造成的损害为与合同一方存在特定关系的非金融变量,因此,该非金融变量在未来发生变化的风险不是金融风险。

某些合同除了使签发人面临重大保险风险外,还面临金融风险,此类合同是保险合同。某些合同中保险事项引发的赔付金额与价格指数挂钩,如果保险事项引发的额外赔付金额重大,此类合同是保险合同。

例 3-4 甲公司与保单持有人乙签订了一份终身寿险合同,约定甲公司根据乙所缴保费的 90% 为乙设置一个账户,并保证每年结算给乙的最低投资收益率为年初该账户余额的 1%。当乙退保时,可以领取对应时点的账户余额;当乙身故时,甲支付给乙指定受益人的金额为对应时点账户余额的 130%。

本例中,甲公司不仅因保证该账户的最低收益率水平而面临金融风险,还面临重大保险风险,即当乙身故时,甲公司在支付保单持有人账户余额之外,还要额外支付重大的金额,所以该合同为保险合同。

例 3-5 甲公司签发了一份养老年金保险合同,约定在年金领受人退休以后直至其身故,甲公司每月支付的养老年金金额与全国居民消费价格指数挂钩。

本例中,该消费价格指数为金融变量,但是由于每一笔挂钩该指数的赔付还取决于年金领受人在该笔赔付对应的期间是否生存,该合同同时包含金融风险和保险风险,如果转移的保险风险是重大的,那么该合同为保险合同。

(二)举例

1. 保险合同举例

如果以下合同所转移的保险风险是重大的,那么可视为保险合同。

(1)实物失窃或者损坏的保险。例如,个人电子产品财产保险、机动车损失保险、财产盗窃、抢劫保险等。

（2）产品责任、民事责任、职业责任的保险。例如，董事、监事及高级管理人员职业责任保险、监护人责任保险等。

（3）人寿保险和预付殡葬服务合同。例如，终身人寿保险、定期人寿保险等。

（4）年金和养老金保险，即在保单持有人生存（不确定未来事项）的期间内，合同签发人定期向保单持有人支付约定金额的款项，以防保单持有人在长寿情况下出现经济风险。例如，即期年金保险。但是，根据保险合同准则，离职后福利计划中的雇主责任不属于保险合同准则的适用范围。

（5）伤残及医疗保险。例如，个人住院医疗保险、收入失能保险、护理保险、团体意外伤害保险等。

（6）履约保证和投标保证等担保，即合同签发人在第三方不履行合同义务时补偿保单持有人损失的合同。例如，建设工程完工履约保证保险、投标履约保证保险等。

（7）质量保证。例如，产品质量保证保险、船舶建造质量保证保险、汽车产品三包质量保证保险等。其中，第三方对生产商、经销商或零售商所售商品或服务签发的质量保证属于保险合同准则的适用范围；由生产商、经销商或零售商对其所售商品或服务提供的质量保证不属于保险合同准则的适用范围。

（8）知识产权保险。例如，侵犯专利权责任保险、知识产权许可保险等。

（9）旅游保险，即对保单持有人旅行过程中所遭受的损失进行赔偿。例如，旅游观光景点意外伤害险、娱乐场所意外伤害保险等。

（10）当发生保险事项导致发行人遭受一定损失时，将视损失大小免除债券发行方偿还全部或部分债券本金和未付利息义务的债券合同。

（11）要求对于与合同一方特定相关的气候、地质或其他物理变量的变化而导致损失进行赔付的合同。

2. 非保险合同举例

下列合同不是保险合同。

（1）具有保险合同的法律形式，但合同持有人未向企业（合同签发人）转移重大保险风险的投资合同。

（2）具有保险合同的法律形式，但通过不可撤销并强制执行的机制，使保单持有人未来支付金额因保险损失作出调整，从而将所有重大保险风险转回给保单持有人。

（3）集团或企业内部保险。例如，企业向其子公司签发保险合同，在该企业合并财务报表层面，不存在与合并范围外另一方的合同，因此不存在保险合同。又如，企业分支机构向其总部签发保险合同，在该企业财务报表层面，不存在与企业外另一方的合同，因此不存在保险合同。

（4）要求在特定的不确定未来事项发生时进行付款，但不以该事项对合同持有人造成不利影响作为付款的合约性前提条件的合同。

（5）在第三方债务人到期未偿还债务时，即使合同持有人并未遭受损失仍要求合同签发人支付款项的、与信用相关的担保。

（6）要求基于不与合同一方特定相关的气候、地质或其他物理变量确定付款的合同，例如，天气衍生工具。

（7）签发人基于不与合同一方特定相关的气候、地质或其他物理变量，减额支付本金、利息或本息的合同。

二、保险合同的分类

根据我国保险法的规定，原保险合同被分为两类，即人身保险合同和财产保险合同。人身保险是以人的寿命和身体为保险标的的保险。财产保险是以财产及其有关利益为保险标的的保险。

通常情况下，人身保险又可以分为人寿保险、健康保险、意外伤害险和新型寿险（投资型寿险）等。人寿保险是以人的寿命为标的的保险，包括定期寿险、终身寿险、生存保险和两全保险等。健康保险是指在被保险人身体出现疾病时，由保险人向其支付保险金的保险，包括重疾险、医疗费用保险、失能收入保险等。意外伤害险是以被保险人因遭受意外伤害造成死亡、残疾为给付保险金条件的保险，包括航空意外伤害保险等。新型寿险与传统寿险的区别在于其具有一定的投资功能，包括分红险、万能险及投资连结险等。

财产保险又可以分为财产损失保险、责任保险、信用保险和保证保险。财产损失保险以有形的物质财产为保险标的，包括火灾保险、机器损失险、货物运输保险、农业保险等。责任保险是以被保险人依法应承担的民事赔偿责任或经过特别约定的合同责任为保险标的，包括雇主责任保险、产品责任保险等。信用保险以债务人的信用为保险标的，包括出口信用保险等。保证保险指保险人作为被保险人的保证人提供担保而成立的保险合同，包括雇主忠诚保证保险等。

保险合同的分类将会影响到保险公司分部报告披露的口径。

三、其他适用保险合同准则的合同

除了保险合同之外，还有一些合同的会计处理也有可能受到保险合同准则的规范，也就是说在一定情况下，这些合同的确认计量原则与保险合同相同。

（一）财务担保合同

财务担保合同，是指当特定债务人到期不能按照最初或修改后的债务工具条款偿付债务时，要求发行方向蒙受损失的合同持有人赔付特定金额的合同。保险合同准则从实务角度出发规定，财务担保合同的发行方可以作出如下会计政策选择。

（1）企业之前明确表明将此类合同视作保险合同，并且已按照保险合同相关会计准则进行会计处理的，可以选择适用保险合同准则或金融工具相关会计准则。该选择应当基于单项合同，选择一经作出，不得撤销。

（2）其他情形下，财务担保合同适用金融工具相关会计准则。

（二）以固定收费方式提供服务的合同

符合保险合同定义但主要以固定收费方式提供服务的合同，同时符合下列三个条件时，企业可以选择对其签发的此类合同适用《企业会计准则第 14 号——收入》（以下简称收入准则）或保险合同准则，该选择应当基于单项合同，选择一经作出，不得撤销。这些条件包括：第一，合同定价不反映对单个保单持有人的风险评估；第二，合同通过提供服务而非支付现金补偿保单持有人；第三，合同转移的保险风险主要源于保单持有人对服务的使用而非服务成本的不确定性。当无法同时符合上述三个条件时，该合同应适用保险合同准则。

例 3-6 甲公司签发的一份符合保险合同定义的合同约定，甲公司向保单持有人收取固定费用后，将在一年内为保单持有人约定的车辆提供不限次数的道路救援服务。

本例中，企业在合同定价时并未针对不同的客户进行单独风险评估，且合同通过向保单持有人提供道路救援服务的方式对其进行补偿，同时，该合同转移的保险风险主要是保单持有人在合同期内是否会使用道路救援服务这一不确定未来事项所带来的风险，而非服务成本的不确定性。该合同符合保险合同的定义，属于同时符合上述三个条件的以固定收费方式提供服务的合同，可以选择适用收入准则或保险合同准则。

（三）赔偿仅限于保单持有人支付义务的合同

符合保险合同定义但对保险事项的赔偿金额仅限于清算保单持有人因该合同而产生的支付义务的合同，企业可以选择适用金融工具相关会计准则或保险合同准则。该选择应当基于保险合同组合，选择一经作出，不得撤销。

例 3-7 甲银行发放了一项贷款，贷款合同约定，如果借款人在合同期内因意外身故，则无须再偿还该贷款合同尚未偿还的本金和利息。

本例中，该贷款合同转移的保险风险是借款人是否会意外身故这一不确定未来事项所带来的风险，当保险事项发生后，基于该事项赔偿的金额仅限于贷款合同剩余的本息。因此，甲银行可以选择对该贷款合同所属的保险合同组合适用金融工具相关会计准则或保险合同准则。

（四）具有相机参与分红特征的投资合同

具有相机参与分红特征的投资合同是指赋予特定投资者合同权利以收取保证金额和附加金额的金融工具。其中，保证金额的支付时间和具体金额不受合同签发人相机抉择制约；附加金额的支付时间或具体金额由合同签发人基于特定项目回报相机决定，且预计构成整个合同利益的重要部分。特定项目回报可以基于特定合同组合或特定类型合同的回报、签发人所持有特定资产组合的已实现或未实现投资收益，或者签发该合同的企业的盈利或亏损。具有相机参与分红特征的投资合同通常与一些保险合同共享基础项目，基础项目是指用于确定某些应付保单持有人金额的项目，基础项目可能包含资产组合、企业的净资产或者企业净资产中的特定部分。

具有相机参与分红特征的投资合同属于金融工具，可以为投资者提供收取附加金额的合同利益，该附加金额是对保证金额的补充。这些合同不转移重大保险风险，因此不符合保险合同的定义。但是，具有相机参与分红特征的投资合同通常与一些保险合同共享基础项目，且具有相机参与分红特征的投资合同的条款与一些保险合同条款类似，因此保险合同准则要求，如果签发保险合同的企业同时签发具有相机参与分红特征的投资合同，则该类投资合同应当适用保险合同准则，不得适用金融工具相关会计准则。不签发保险合同的企业签发的具有相机参与分红特征的投资合同，应当适用金融工具相关会计准则。

例 3-8 甲保险公司在签发其他符合保险合同准则定义的保险合同的同时签发一份万能型人寿保单，条款约定最低保证结算利率为年利率 1.0%，每月实际结算利率由该保险公司根据其特定的万能险产品账户的实际投资回报相机决定，且预计构成整个合同利益的重要部分，保险金额和退保时的现金价值相等，均为保单对应的账户价值。

本例中，该万能型人寿保单未转移保险风险，符合具有相机参与分红特征的投资合同定义。由于该保险公司同时签发其他保险合同，该万能型人寿保单应当适用保险合同准则。

第二节 保险合同的识别、合并和分拆

一、保险合同的识别

企业应当评估各单项合同的保险风险是否重大，并据此判断该合同是否为保险合同。企业在应用保险合同准则时，应当考虑其实质性权利义务，这些权利义务可能源于合同，也可能源于法律法规，但企业应忽略合同中无商业实质的条款。

（一）保险合同识别的要求

企业应当评估各单项合同的保险风险是否重大，即进行重大保险风险测试，据此判断该合同是否为保险合同，只有转移了重大保险风险的合同才是保险合同。

即使合同组合或者合同组发生重大损失的可能性很小，单项合同的保险风险仍然可能是重大的，企业必须以单项合同为基础识别保险合同。对于合同开始日经评估符合保险合同定义的合同，后续不再重新评估，除非该合同因修改而终止确认并被确认为一项新合同。

（二）重大保险风险测试

从 2009 年我国《保险合同相关会计处理规定》（财会〔2009〕15 号）颁布之后，保险合同就被要求进行重大保险风险测试，这一测试工作主要由保险公司精算部门承担。2020年底，新保险合同准则颁布，2022 年财政部会计司发布了《〈企业会计准则第 25 号——原保险合同〉应用指南 2022》，指南中也对重大保险风险测试进行了新的规定。

1. 新准则中对重大保险风险测试的规定

保险合同准则要求，企业在进行重大保险风险测试时，应当认定同时符合下列条件的合同转移了重大保险风险。

（1）至少在一个具有商业实质的情形下，发生合同约定的保险事项可能导致签发人支付重大额外金额，即使保险事项发生的可能性极小，或者或有现金流量按概率加权计算所得的预期现值占保险合同剩余现金流量的预期现值的比例很小。其中，对交易没有经济上的可辨认影响的，表明不具有商业实质。

一般情况下，企业在判断上述额外金额是否重大时，可以计算额外金额占保险事项不

发生的情形下企业支付金额现值的比例，如果上述比例超过一定百分比（如5%），则可认为转移的保险风险是重大的，否则转移的保险风险不重大。

用公式表达即

$$\frac{额外金额}{保险事故不发生情形下保险公司支付金额的现值} \times 100\% \quad (3-1)$$

额外金额是保险事项发生时比不发生时多支付金额（包括索赔处理费和理赔估损费）的现值，例如，一项寿险合同赔付的死亡给付金额的现值大于保单持有人生存时应付金额的现值，该多支付的现值为额外金额。额外金额应当按现值计算。如果某合同约定签发人在某一发生时间不确定的事项发生时进行赔付，而该赔付金额不按货币时间价值进行调整，则可能出现即使赔付的名义金额是固定的，其现值仍会增加的情形。企业应当根据新保险合同准则第二十五条要求的折现率确定额外金额的现值。

例3-9 甲公司签发一份固定金额的终身寿险合同，该合同无到期日，当保单持有人身故时，甲公司支付固定死亡给付。甲公司根据新保险合同准则第二十五条要求确定的折现率大于零。

本例中，保单持有人的死亡是确定事项，但死亡的日期是不确定的。如果保单持有人早于预期身故，则甲公司需要比预期死亡时间提前支付死亡给付，在此情形下，尽管赔付的名义金额是固定的，但其现值大于预期，从而可能产生重大的保险风险。

额外金额不包括以下几种。①因未能向保单持有人提供未来服务而少收取的管理费。例如，在一项投资连接人寿保险合同中，当保单持有人死亡时企业无法继续履行投资管理服务并进行收费，但是由于企业的经济损失并非由保险风险所致，在评估合同转移保险风险是否重大时，不应考虑未来投资管理费的潜在损失。②因保单持有人死亡而免除撤销合同或退保应收取的手续费。这些手续费因合同而产生，免除手续费并不能补偿保单持有人在取得合同前已存在的风险，因此在评估合同转移保险风险是否重大时不予考虑。③针对未导致保单持有人重大损失的事项而支付的款项。④通过分出再保险合同摊回的金额。企业对分出的再保险合同摊回的金额应当单独进行会计处理。

例3-10 甲公司签发一份合同，根据合同条款，如果一项资产遭到物理损坏，对合同持有人造成1元的不重大经济损失，则合同签发人应当赔付10万元。

本例中，合同持有人将损失1元的不重大风险转移给了签发人。签发人可能赔付的10万元是针对未导致保单持有人重大损失的事项而支付的款项，因此不应作为额外金额。本例中，签发人并未从持有人处接受重大保险风险，因此，该合同不是保险合同。

（2）至少在一个具有商业实质的情形下，发生合同约定的保险事项可能导致签发人按现值计算遭受的损失。

一般情况下，企业判断是否因上述保险事项遭受损失的标准是在保险事项发生的情形下企业的未来现金流出现值是否大于流入现值。但是，即使一项再保险合同可能不会使其签发人遭受重大损失，只要该再保险合同将对应的保险合同分出部分中几乎所有的保险风险转移给了再保险分入人，那么该再保险合同仍被视为转移了重大保险风险。

在进行重大保险风险测试时，企业不应考虑合同边界外的现金流量。保险合同边界内的现金流量,是与该合同履约直接相关的现金流量,包括企业可相机确定其金额和时间的现金流量。企业有权要求保单持有人支付保费或者有实质性义务向保单持有人提供保险合同服务的,该权利或义务所产生的现金流量在保险合同边界内。

存在下列情形之一时,表明企业无实质性义务向保单持有人提供保险合同服务。①企业有实际能力重新评估该保单持有人的风险,并据此可重新设定价格或承诺利益水平以充分反映该风险。②企业有实际能力重新评估该合同所属合同组合的风险,并据此可重新设定价格或承诺利益水平以充分反映该风险,且重新评估日前对应保费在定价时未考虑重新评估日后的风险。

企业有实际能力重新设定价格或承诺利益水平以充分反映保险合同的风险,指的是在重新评估日企业能够不受约束地进行定价,使该保险合同与在该日签发的、与其特征相同的新合同的价格相同,或者企业可以修改合同利益水平,使其与收取的保费相称。如果企业能给一项保险合同重新定价以反映其所属合同组合的整体风险变化,即使对每个保单持有人设定的价格无法反映该保单持有人的风险变化,仍然表明企业有实际能力重新定价以充分反映该项合同所属合同组合的风险。在评估企业是否有实际能力对尚未提供的服务部分重新设定价格或承诺利益水平以充分反映保险合同风险时,企业应当考虑在续约日核保与尚未提供服务部分具有相同条款的合同时将会考虑的所有风险。

对于某些合同,保险风险在一段时间后才向合同签发人转移。例如,甲合同提供特定投资收益,同时给予合同持有人使用到期投资收益购买年金险保单的选择权,选择购买年金险保单时的定价与届时签发人为新的年金险保单所设定的价格相同。因为签发人可以重新评估合同持有人的风险并据此设定年金险保单的价格以充分反映该风险,所以行使选择权而将发生的现金流量不在甲合同的边界内,包含在甲合同的边界内的行使选择权之前的现金流量未转移重大保险风险,甲合同在其签发时不是保险合同。只有当持有人行使上述选择权购买年金险保单时,企业才能在对年金险保单进行的重大保险风险测试中,考虑该年金险保单所产生的现金流量。但是,如果甲合同在其签发时就设定了年金险保单的价格,则该合同向签发人转移了保险风险,因为如果合同持有人行使选择权,可能使签发人面临长寿风险,此时因行使选择权而产生的现金流量在甲合同的边界内,在进行重大保险风险测试时,应考虑该部分现金流量。

2. 精算实务中重大保险风险测试的方法

如果测试结果表明,发生合同约定的保险事故可能导致保险人支付重大附加利益的,即认定该保险风险重大,但不具有商业实质的除外。合同的签发对交易双方的经济利益没有可辨认的影响的,表明保险人与投保人签订的合同不具有商业实质。

商业实质,指交易在经济意义上产生可辨认的影响。附加利益是指保险人在发生保险事故时的支付额,超过不发生保险事故时的支付额的金额。

进行重大保险风险测试包括以下三个步骤。

第一步:判断原保险保单是否转移保险风险。

原保险保单转移的保险风险是被保险人已经存在的风险,其表现形式有多种。例如,可能对被保险财产造成损害或毁坏的火灾的发生或不发生;被保险人是否能生存到保单约定的年龄；被保险人是否会患上保单约定的重大疾病等。

如果保险人没有转移被保险人的保险风险，而是其他风险，例如金融工具价格、商品价格、汇率、费用指数、信用等级、信用指数等可能发生变化的风险，则双方签订的不是保险合同。

如果一份保单在转移了保险风险的基础上，又转移了其他风险，这类保险合同就属于混合合同。如果该混合合同承保的各类风险能够被区分并独立计量，则要对该合同进行分拆后再核算（具体内容详见本章保险合同的分拆）；如果不能被区分并独立计量，则该混合合同不能被认定为保险合同。

第二步：判断原保险保单的保险风险转移是否具有商业实质。

如果保单中约定的保险事故发生后，可能会导致保险人承担赔付保险金责任，则认为该保险风险的转移具有商业实质。对于商业实质的判断必须考虑以下情形：

（1）如果某些情形发生的可能性非常微小，以至于保险公司在定价或承保时都不会考虑，则这种情形不被认为具有商业实质。

（2）概率小的收入并不一定不具有商业实质，如巨灾保险。

（3）如果原保险保单包含多项互斥的保险事故，保险人应根据合同设计的条款和经验数据等进行判断，选择合理的具有商业实质的保险事故进行重大保险风险测试。

第三步：判断原保险保单转移的保险风险是否重大。

判断保险风险是否重大的一般标准如下。

（1）非年金保单。对于非年金保单，以原保险保单保险风险比例衡量保险风险转移的显著程度。原保险保单保险风险比例的计算公式为

$$\left(\frac{\text{保险事故发生情形下保险公司支付的金额}}{\text{保险事故不发生情形下保险公司支付的金额}}-1\right)\times 100\% \qquad (3-2)$$

其中，分子为保险事故发生情形下保险公司支付的保险金；分母是保险事故不发生情形下保险公司支付的保险金，即保险人支付给被保险人的退保金或满期给付金；对于非寿险保单来说，退保金或保险合同终止时保险人支付的金额。

当这一比例在保单存续期间的一个或多个时点大于等于5%时，则该保单可以确认为转移了重大保险风险。实务中，非寿险保单通常显而易见地满足转移重大保险风险的条件，因此保险人往往可以不计算原保险保单保险风险比例，直接将大多数非寿险保单判定为保险合同。

（2）年金保单。对于年金保单，转移的保险风险是否重大的判断较为复杂。通常情况下，长寿风险的转移是重大的。因此，在实务中可以简化处理，将转移了长寿风险的合同确认为保险合同。

（3）保单组。对于一组保单，保险人可以采取以下步骤判断是否转移重大保险风险。

第一步：对保单进行合理分组，将风险同质的保单归为一组。

第二步：从保单组合中选取足够数量的具有代表性的保单样本，保单样本的选取应当考虑保单分布状况和风险特征，如投保年龄、性别、缴费方式和缴费期限等。

第三步：如果所取样本中大多数保单（如50%以上）都转移了重大保险风险，则该组

合中的所有保单均应确认为保险合同。

例 3-11 趸缴两全保险（分红型）重大风险测试。

2024 年 1 月 1 日，A 保险公司与王先生签订了一份趸缴 10 年期两全保险（分红型）原保险保单，被保险人为王先生自己，当年 33 岁。保单主要条款规定如下。

①如果被保险人生存至保险期限届满的年生效对应日，A 保险公司按基本保险金额给付满期保险金。

②如果被保险人于本保单生效之日起一年内因疾病身故，A 保险公司按所交保险费给付身故保险金；如果被保险人于本保单生效之日起一年后因疾病身故，A 保险公司按照基本保险金额给付身故保险金。

③如果被保险人因意外伤害身故，A 保险公司按基本保险金额的 300% 给付身故保险金。

④根据被保险人的性别和年龄特征，该保单趸缴保险费 1 000 元对应的基本保险金额为 1 175 元。保单各年度的现金价值如表 3.1 所示。

表 3.1　保单各年度现金价值

保单年度	1	2	3	4	5	6	7	8	9	10
现金价值/元	0	944	970	997	1 024	1 053	1 082	1 112	1 143	1 175

分析：

在本例中，A 保险公司采取以下步骤进行重大风险保险测试。

①第一步：识别保险风险。

本例中，A 保险公司承担了被保险人因意外、疾病导致其身故的保险风险。

②第二步：判断保险风险是否转移，是否具有商业实质。

本例中，被保险人因意外、疾病导致身故的，保险公司按照保险约定支付保险金，因此该保险风险的转移具有商业实质。在意外、疾病身故两种互斥的给付情况下，保险公司在综合考虑发生概率和赔付金额后，判断疾病身故的保险风险转移更具商业实质。

③第三步：计算保单各年度的保险风险比例。

本例中，保险事故发生的情况下（即被保险人因疾病身故的），保险公司支付一倍基本保险金额的保险金；保险事故未发生的情况下（例如，被保险人在保单期间内选择退保的），保险公司按照保单现金价值支付退保金；如果被保险人持有至保单到期日的，保险公司按基本保险金额支付满期给付金。计算各保单年度的保险风险比例如表 3.2 及表 3.3 所示。

表 3.2　保单各年度保险风险比例的计算

保险年度	1	2	3	…	10
保险风险比例/%	$\left(\dfrac{1\,000}{0}-1\right)\times 100\%$	$\left(\dfrac{1\,175}{944}-1\right)\times 100\%$	$\left(\dfrac{1\,175}{970}-1\right)\times 100\%$	…	$\left(\dfrac{1\,175}{1\,175}-1\right)\times 100\%$

表 3.3　保单各年度保险风险比例

保险年度	1	2	3	4	5	6	7	8	9	10
保险风险比例/%	∞	24	21	18	15	12	9	6	3	0

因为本保单中有 8 个年度的保险风险比例大于 5%，满足转移重大保险风险的条件，所以该合同可以确认为保险合同。

例 3-12　定期寿险保单重大风险测试。

2024 年 1 月 1 日，A 保险公司与李女士签订一份年缴 5 年期定期寿险原保险保单，被保险人为李女士当年 33 岁的女儿，年缴保费 1 500 元，保险金额为 50 万元，保单主要条款如下。

①如果被保险人于本保单生效之日起一年内因疾病身故，A 保险公司按所交保险费给付身故保险金。

②如果被保险人因意外疾病、伤害或于本保单生效之日起一年后因疾病身故，A 保险公司按保险金额给付身故保险金。

分析：

本例为年缴定期寿险保单，如果发生保单约定的保险事故，则保险公司将支付 50 万元的保险金；如果未发生保单约定的保险事故，则保险公司无须支付；由于该保单为年缴定期寿险，保险期内现金价值很小甚至为 0。

因此可以判断，A 保险公司在保险事故发生的情况下的支付金额将大大超过保险事故未发生情况下的支付金额，该保单满足转移重大保险风险的条件，应当确认为保险合同。

例 3-13　不保证费率的期缴年金保单的重大风险测试。

2024 年 1 月 1 日，B 寿险公司与张先生签订了一份不保证费率的期缴年金保单，年缴保费 1 000 元，被保险人为张先生自己，当年张先生 35 岁。保单主要条款如下。

①被保险人生存至约定的养老保险金领取年龄（60 岁）的保单周年日，B 寿险公司按照被保险人选择的领取方式给付养老保险金。

A. 选择一次性领取养老保险金的，B 寿险公司按被保险人养老保险金开始领取日的缴费账户累积金额一次性给付养老保险金，同时终止对被保险人的保险责任。

B. 选择按照转换日的年金费率将缴费账户累积金额转换为 10 年固定年金。

C. 选择按照转换日的年金费率将缴费账户累积金额转换为生存年金。

②身故保险金。

如果被保险人于约定养老保险金领取年龄的保单周年日前身故，B 寿险公司按缴费账户累积金额给付身故保险金，并且终止对该被保险人的保险责任。

分析：

本例为不保证年金费率的递延年金保单，保险公司在累积期间内未承担长寿风险，因此不确认该保单为保险合同。

在未来转换日，如果被保险人选择 C 项转换方式将该保单转换为即期年金（即保险公司开始承担长寿风险），则在转换日应将该保单确认为保险合同。

例 3-14 趸缴 10 年期两全保险（分红型）保单组重大风险测试。

2024 年，C 保险公司销售一款趸缴 10 年期两全保险（分红型）产品，收到保费共 5 000 万元，产品主要条款规定如下。

①如果被保险人生存至保险期届满的年生效对应日，C 保险公司按照基本保险金额给付满期保险金。

②如果被保险人于保单生效之日起一年内因疾病身故，C 保险公司按照所缴保险费给付身故保险金；如果被保险人于保单生效之日起一年后因疾病身故，C 保险公司按照基本保险金额给付身故保险金。

③如果被保险人因意外伤害身故的，C 保险公司按照基本保险金额的 300%给付身故保险金。

分析：

C 保险公司在资产负债表日对该产品的重大保险风险测试步骤如下。

第一步：将该产品下的所有保单归为一组。

第二步：从保单组中抽取保单样本进行测试。

根据 2021 年该产品的实际销售分布，按照被保险人的投保年龄（20~40 岁）、性别（男或女）、缴费方式（期缴或趸缴）和缴费期限（5 年期或 10 年期）等不同风险特征，选取 200 个保单样本，并对每张保单单独进行重大保险风险测试。

第三步：如果抽取测试的样本中通过重大保险风险测试的保单件数大于 100 个，则可以认为该保单组的保单均转移重大保险风险，将所有保单均确认为保险合同。

二、保险合同的合并

与相同或相关联的合同对方订立的一个保险合同集合或一系列保险合同，可能实现或旨在实现某一整体商业目的，企业应当将这些保险合同合并为一个整体进行会计处理，以反映此类合同的商业实质。例如，如果一项合同中的权利或义务仅是完全抵销在同一时间与相同的合同对方订立的另一项合同中的权利或义务，则两项合同合并的结果不存在任何权利或义务。又如，如果在同一时间与相同的合同对方订立的两项保险合同中的权利或义务互为前提、互相依赖，则企业应当将两项保险合同合并为一个整体进行会计处理。

如果保单持有人同时购买多份保单或者购买一份保单后再购买保单以获得价格折扣，不足以表明这些合同旨在实现某一整体商业目的。

三、保险合同的分拆

实务中，保险合同可能包含一系列产生现金流入和流出的权利和义务。一些保险合同只提供保险保障服务，另一些保险合同可能还包含一个或多个不同的非保险成分，如嵌入衍生工具、投资成分及商品或非保险合同服务的承诺成分。

（一）合同成分分拆

保险合同分拆的第一步即为识别合同中各类单独的成分，如果投资成分、商品和非保险合同服务成分以及嵌入衍生工具成分可以被明确区分并且单独计量的，必须将这些部分从保险合同中分拆出来，并且分别用与其相适应的会计准则进行处理。

1. 嵌入衍生工具

衍生工具通常是独立存在的，但也可能被嵌入到非衍生金融工具或其他合同（主合同）中，称为嵌入衍生工具。嵌入衍生工具与主合同构成混合合同（如企业持有的可转换公司债券）。嵌入衍生工具对混合合同的现金流量产生影响的方式，应当与单独存在的衍生工具类似，且该混合合同的全部或部分现金流量随特定利率、汇率、金融工具价格、商品价格、价格指数、费率指数、信用等级、信用指数或其他变量变动而变动，变量为非金融变量的，该变量不应与合同的任何一方存在特定关系。

保险合同中通常包含嵌入衍生工具，如退保选择权。根据《企业会计准则第 22 号——金融工具确认和计量》，如果同时符合下列条件，即嵌入衍生工具的经济特征和风险与主合同的经济特征和风险不紧密相关，与嵌入衍生工具具有相同条款的单独工具符合衍生工具的定义，且该混合合同不以公允价值计量且其变动计入当期损益进行会计处理，企业应当分拆嵌入衍生工具。分拆出的嵌入衍生工具应当适用金融工具相关会计准则，但嵌入衍生工具本身是保险合同且适用 CAS25 的除外。

2. 投资成分

投资成分指无论保险事项是否发生，企业均须根据保险合同要求偿还给保单持有人的金额。若保险合同中包含的投资成分是可明确区分的投资成分，企业应当将其分拆，并根据金融工具相关会计准则对该投资成分进行会计处理，但如果该投资成分为适用保险合同准则的、具有相机参与分红特征的投资合同，应当根据保险合同准则进行会计处理。

如果投资成分同时符合下列条件，则视为可明确区分的投资成分。

（1）投资成分和保险成分非高度关联。如果符合下列条件之一，投资成分和保险成分高度关联：①投资成分和保险成分不可单独计量，即无法在不考虑另一个成分的情况下计量其中一个成分。如果一个成分的价值随另一个成分的价值变动而变动，则两个成分高度关联。②保单持有人无法从其中一个成分单独获益，只能在两个成分同时存在时获益。如果合同中一个成分的失效或到期会造成另一个成分的失效或到期，则两个成分高度关联。

（2）签发该保险合同的企业或其他方可以在相同的市场或地区单独出售与投资成分具有相同条款的合同。企业在进行以上判断时应考虑所有可合理获得的信息，但在判断某投资成分是否可单独出售时，无须对市场上所有合同进行全面识别。

例 3-15 甲公司签发了一份含有账户价值的人寿保险合同。甲公司在合同签发时收到保费 1 200 元。账户价值每年随保单持有人自愿支付的金额增加而增加，随特定资产投资回报金额而变化，并因甲公司根据合同约定从账户中扣取费用而减少。合同约定，如果被保险人在责任期内死亡，则甲公司支付的死亡给付为当时的账户价值加上 6 000 元；如果保单持有人退保，则甲公司将支付账户价值。该合同提供的保险保障服务与账户价值只能同时存在，也将同时失效或满期。假设该人寿保险合同符合转移重大保险风险的条件。

甲公司理赔部门负责处理收到的赔案，资产管理部门负责管理投资。同时，市场上有另一个金融机构在销售一款具有与账户价值条款相同但不提供保险保障服务的投资产品。

本例中，虽然市场上存在一款与账户价值条款相同的投资产品，但是由于该合同的保险保障服务与账户价值同时失效或满期，表明保险成分与账户价值高度关联，所以该账户价值不符合可明确区分的投资成分的条件，不应从该保险合同中分拆。

例3-16 2024年1月1日，甲公司与乙市政府机构签订了《乙市城镇居民大病医疗保险协议》，责任期为2024年1月1日至2024年12月31日。假设该协议除是否转移重大保险风险尚待测试之外，符合以该政府机构为保单持有人的保险合同的定义。

协议条款约定，如果针对大病医疗的最终赔付率不足95%，甲公司在正常支付赔款的基础上，还应另行向该政府机构支付保费×（95% − 最终赔付率）计算所得的金额，但该另行支付的金额最高不超过保费的15%（由于根据历史数据和经验，该类大病医疗保险的最终赔付率低于80%的概率非常低，因而合同双方商定将另行支付的最高比例设定为15%）；如果最终赔付率高于95%，甲公司在正常支付赔款之外，无须另行支付任何金额，但如果最终赔付率高于110%，甲公司在正常支付赔款之后，该政府机构应向甲公司支付保费×（最终赔付率 − 110%）计算所得的金额。假设本例无其他履约现金流量，也不考虑货币时间价值等其他因素。

本例中，发生保险事项时甲公司支付的净赔付金额的上限为保费的110%，超过不发生保险事项时甲公司支付的金额，即保费的15%，该额外金额与不发生保险事项时甲公司支付金额的比例[（110% − 15%）/15% = 633%]较大，即甲公司要支付重大额外金额。此外，因发生保险事项产生的净赔付金额可能达到保费的110%，从而导致甲公司因保险事项而遭受损失（按现值计算）。因此，此协议符合转移重大保险风险的条件。

无论保险事项是否发生，甲公司必须支付的最低金额（即甲公司须偿还给保单持有人的金额）为保费的15%，即该保险合同中的投资成分为保费的15%。该保险合同中的投资成分与保险成分一起失效或到期，两个成分高度关联，因此该投资成分为不可明确区分的投资成分。

本例中的协议条款在一定程度上体现了城镇居民大病医疗保险收支平衡、保本微利的原则。当最终赔付率较低时，甲公司适当向该政府机构返还金额，假定本例中最终赔付率为77%，甲公司支付的净赔付金额仍达到保费的92%（77% + 15%），体现了"微利"原则。协议中约定的最低返还金额比例（如本例中的15%）越大，该合同的不可明确区分的投资成分占保费的比例也越高。当最终赔付率较高时，政府机构向甲公司支付一定金额，以使甲公司支付的净赔付金额不超过保费的110%，体现了"保本"的原则。如果协议中约定的该比例（即本例中的110%）小于或等于100%时，该协议不符合转移重大保险风险的条件。

3. 商品或非保险合同服务的承诺

企业应当在分拆符合《企业会计准则第22号——金融工具确认和计量》分拆条件的嵌入衍生工具和可明确区分的投资成分后，再考虑分拆可明确区分的商品或非保险合同服务的承诺，并适用收入准则。

保险合同服务是指企业为保险事项提供的保险保障服务，为不具有直接参与分红特征的保险合同持有人提供的投资回报服务，以及代具有直接参与分红特征的保险合同持有人管理基础项目的投资相关服务。

企业应当分拆可明确区分的商品或非保险合同服务，不应考虑其为履行合同义务而必须实施的其他活动，除非企业在该活动发生时向保单持有人提供了保险合同服务之外的商品或服务。例如，为了做好订立合同的准备，企业可能需要完成若干行政管理性质的工作，企业在执行该活动时并未向保单持有人提供服务，所以不存在需要拆分的可明确区分的非保险合同服务。

对于企业向保单持有人承诺的商品或非保险合同服务，如果保单持有人能够从单独使用或与其他易于获得的资源一起使用该商品或非保险合同服务中受益，则应当将其作为可明确区分的商品或非保险合同服务的承诺。易于获得的资源是指企业或其他企业单独销售的商品或服务，或者保单持有人已经从企业获得的资源（包括企业按照合同将会转让给保单持有人的商品）或从其他交易或事项中获得的资源。

如果同时符合下列条件，商品或非保险合同服务的承诺不可明确区分。①该商品或非保险合同服务承诺的相关现金流量及风险与合同中保险成分的相关现金流量及风险高度关联。②企业提供了重大的服务以将该商品或非保险合同服务承诺与保险成分进行整合。

例 3-17 沿用例 3-15，对于甲公司而言，理赔活动和资产管理活动都是甲公司为了履行合同而必须实施的活动，而且甲公司没有因为执行这些活动而向保单持有人转让商品或非保险合同服务，因此不应从保险合同中分拆理赔服务成分和资产管理服务成分。

例 3-18 2024 年，甲保险公司与乙公司签订了一份保险合同，约定以 250 万元作为起赔点，由乙公司自行承担其雇员当年在 250 万元以下的医疗费用，超过 250 万元的部分，甲公司提供 100%的保险保障服务。同时，甲公司于 2024 年内为乙公司的雇员提供理赔服务，无论乙公司员工医疗赔付是否超过起赔点 250 万元，甲公司均负责代表乙公司处理雇员的医疗赔付，且对该理赔服务单独收费。甲公司注意到市场上有企业单独提供类似的代表客户处理理赔事务的服务，但不含任何保险保障成分。甲公司对理赔服务的收费与市场价格一致。

本例中，甲公司在判断是否应当将该理赔服务作为可明确区分的服务进行分拆时，考虑了如下因素。

（1）乙公司从甲公司提供的理赔服务中获得的利益独立于保险保障服务。如果甲公司不提供该项服务，乙公司需要自行处理雇员的医疗赔付或者雇佣其他服务供应商提供该项服务。

（2）理赔服务的相关现金流量与保险保障服务的现金流量不是高度关联的，且甲公司未提供整合理赔服务和保险成分的重大服务。

综合分析上述因素，甲公司提供的理赔服务是可明确区分的服务，甲公司应当从该保险合同中分拆出该项理赔服务，并根据收入准则进行会计处理。

（二）保险成分

企业在识别并分拆出符合上述分拆条件的非保险成分后，剩余的保险成分应当按照保险合同准则进行会计处理。值得一提的是，保险成分中还包含了未分拆的嵌入衍生工具、不可明确区分的投资成分和不可明确区分的商品或非保险合同服务的承诺。

通常情况下，如果单项合同的剩余组成部分在法律形式上的权利和义务实质体现为一个整体，则企业不应进一步分拆单项合同中剩余的组成部分，而应当将该剩余组成部分作为一个整体并按照保险合同准则进行会计处理。单项合同中包含不同类型的保险保障服务本身并不足以表明其可以分拆为多个成分分别进行会计处理。即使单项再保险合同的保障范围同时覆盖多项对应的保险合同，也并不足以表明该再保险合同可以分拆为多个成分分别进行会计处理。

实务中也可能存在一些其他情形，例如，一项合同中包含的多项保险成分仅是为了简化保单持有人的操作手续，且该合同的定价也仅是多项保险成分各自价格的简单相加，此时企业不应当将单项合同的剩余组成部分作为整体进行会计处理。

例 3-19 某银行与甲保险公司签署的一项合同约定，从签署日起一年内，该银行发放按揭贷款的所有借款人可自行选择购买该合同提供给借款人在相关按揭贷款存续期内的人身保险保障服务，甲公司根据每个借款人的情况单独确定了人身保险保障服务的价格。如果借款人选择购买该服务，那么当其身故或伤残导致无法履行还款义务时，由甲公司直接向银行偿还相关按揭贷款未偿还本金和利息。除了向该银行申请按揭贷款外，这些借款人之间没有其他关联关系。

本例中，虽然在法律形式上，甲公司与银行已签署的团体保险合同是一项合同，但是甲公司应考虑下列因素。①每个借款人的保险保障服务单独定价和出售。②借款人之间互相不关联。③每个借款人都可以自主选择是否购买保险保障服务。综上，当不存在表明该合同的权利和义务实质是一个整体的其他因素时，甲公司与银行签署的团体保险合同应当分拆为多项保险合同进行会计处理，即每项与该银行借款人的保险保障服务约定都视作单项保险合同。

对于一项包括主险和附加险的保险合同，企业应当根据该合同条款的约定和其他事实情况，考虑以下因素以决定主险和附加险是否应当分拆为多个成分。①主险和附加险是否可以分开销售和定价。②主险和附加险是否同时失效。③主险和附加险的风险是否相互依赖。

运用保险合同合并规定和保险合同分拆规定，应当得出关于合并、分拆的相同判断结果。例如，根据保险合同分拆规定判断应当分拆出的不同成分，企业不应当再根据保险合同合并规定判断将其合并；反之亦然。

初始确认时，企业应当根据保险合同分拆情况分摊合同现金流量，合同现金流量扣除已分拆的嵌入衍生工具和可明确区分的投资成分的现金流量后，在保险成分和可明确区分的商品或非保险合同服务的承诺之间进行分摊。具体来说，企业应当根据收入准则，将现金流入分摊至保险成分和可明确区分的商品或非保险合同服务承诺成分；将与保险成分和可明确区分的商品或非保险合同服务承诺成分直接相关的现金流出分摊至该成分，将与保险成分和可明确区分的商品或非保险合同服务承诺成分不直接相关的现金流出，在系统合理的、反映若该成分为一个单独合同时企业预计将产生的现金流出的基础上进行分摊。分摊至保险成分的现金流量适用保险合同准则。

第三节 保险合同的分组和确认

大多数保险活动的基本模式是企业签发大量类似的合同并预期部分合同将导致赔款，而部分合同则不会。签发大量合同可能减少所有合同产生的结果与企业预期间的差异率，因此，企业基于合同分组确认和计量保险合同是反映企业财务状况和经营成果的重要方式。

一、保险合同组合

企业应当将具有相似风险且统一管理的保险合同归为一个保险合同组合（portfolio）。同一产品线的保险合同一般具有相似风险，如果企业将其统一管理，这些合同就属于一个保险合同组合。例如，企业财产保险合同组合、家庭财产保险合同组合、货物运输保险合同组合等。

不同产品线的保险合同一般不具有相似风险，因此，通常归为不同的保险合同组合，例如趸缴年金险与期缴定期寿险。

二、保险合同组

1. 一般规定

企业应当将保险合同组合进一步细分形成保险合同组（group），并将保险合同组作为计量单元。保险合同组由一项或多项各自签发日之间间隔不超过 1 年且预计获利水平相似的保险合同组成。企业应当以合同组合中单项合同为基础，逐项评估其归属的合同组。但有合理可靠的信息表明多项合同属于同一合同组的，企业可以多项合同为基础评估其归属的合同组。

企业应当至少将同一合同组合分为下列合同组。①初始确认时存在亏损的合同组。②初始确认时无显著可能性在未来发生亏损的合同组。③该组合中剩余合同组成的合同组。在此基础上，企业可以按照获利能力、亏损程度或初始确认后在未来发生亏损的可能性等，对合同组作进一步细分。例如，企业可以基于内部报告中有关保险合同在初始确认时的亏损程度的更详细信息，细分更多个初始确认时存在亏损的合同组。

对于不采用保费分配法的合同，企业在评估初始确认时未发生亏损的合同有无显著可能性在未来发生亏损时，应当考虑以下两个因素。①足以导致这些合同变为亏损合同的假设发生变化的可能性。②内部报告所提供的关于假设变化对这些合同变为亏损合同的可能性产生影响的信息，但企业不必考虑内部报告以外的信息来源。

2. 特殊规定

如果企业针对具有不同特征的保单持有人设定不同价格或承诺不同利益水平的实际能力因法律法规或监管要求而受到限制，并将因此限制而导致合同组合中的合同被归入不同合同组，企业可以不考虑相关限制的影响，仍将这些合同归入同一合同组。例如，对于属于同一个保险合同组合的机动车辆保险，根据历史理赔情况的统计，不同性别的驾驶员出险概率存在差异，但根据该国家或地区法律规定，不得对不同性别驾驶员区别对待，因此，保险公司在对该款机动车辆保险定价时未考虑性别因素差异。对于此类合同，保险公司可以不考虑因该限制导致不同性别驾驶员投保的保险合同的获利水平不同，将这些合同归入同一合同组。

企业不应当将该项特殊规定类推至其他情形，即该项特殊规定不应适用于企业针对具有不同特征的保单持有人设定不同价格或承诺不同利益水平的实际能力因法律法规或监管要求而受到限制之外的其他情形，因为在这些其他情形下，不同的获利水平是各保险合同组的重要经济差异，据此分组将提供更有用的财务信息。例如，企业出于对自身品牌声誉等考虑，在合同定价时未考虑地域的差异，从而导致某特定地域内的合同是亏损的，但其他地域内的合同是盈利的。如果法律法规或监管要求并未禁止企业将地域作为定价因素，则该种情形不得适用上述特殊规定，即企业不得将该特定地域的合同与其他地域合同归入同一保险合同组。

思考题

1. 简述重大保险风险测试的步骤。
2. 保险合同是如何分类的？
3. 试述保险合同组合与保险合同组的区别。

第四章 保险合同计量的基本原则

在明确了企业经济活动所影响的会计要素之后,要进一步确定其影响的程度,即对有关会计要素的数量增减变化产生多大的影响。这一过程通常称为会计计量。会计计量主要是货币计量,因而也可称为货币计价。会计计量与会计确认是紧密联系的。财务会计信息是一种定量化信息,资产、负债、所有者权益、收入、费用和净收益等会计要素,都要经过计量才能在财务报表中得到反映。例如,编制记账凭证既是会计确认的过程,也是会计计量的过程。

与我国现行会计实务相比,我国新保险合同准则在保险合同计量方面做了较大改变,尤其是在保险合同负债计量及收益确定等方面进行了重大改进。本章先从总体上学习理解保险合同负债计量及收益确定的原则,新会计准则内容详细讲解见第九、十章。

第一节 会计计量概述

一、会计计量目标

为会计计量提供概念基础,首先要解决会计计量的目标问题,即会计计量的目的是什么,是为了满足什么样的信息需要。只有会计计量目标解决了,才能从基本概念上厘清为了达到目的应当采用的计量基础,或者在什么情况下应当采用何种计量基础的问题。

现阶段对于会计的目标主要有决策有用观和受托责任观两种观点。其中受托责任观着重强调会计信息的可靠,主张采用历史成本计量模式;而决策有用观则更倾向于信息相关性的表现,主张采用公允价值计量模式。目前,国际会计准则理事会认为,财务报告的目标应同时满足两个方面的需求:一是提供对决策有用的信息;二是反映管理当局受托责任的履行情况,即"决策有用观"与"受托责任观"并存。事实上,受托责任观和决策有用观并不互相排斥,委托人通过财务报告评价受托责任的履行情况,目的在于作出是否继续维持和终止受托责任关系的决策。可以把会计确认受托责任的作用看作从属于决策作用,它构成决策作用的一部分,即决策有用观包含投资、信贷等决策,也包含对委托和受托关系应否维持或终止的决策。在双目标下,会计计量属性也不再只是坚持历史成本这一单一计量属性。

二、会计计量属性

会计计量的两个组成部分是计量单位(即货币)和计量属性。所谓计量属性,是指被计量客体的特性或外在表现形式。在财务会计中,计量属性是指资产、负债等要素可用财务形式定量化的方面,即能用货币单位计量的方面。企业在将符合确认条件的会计要素登记入账并列报于财务报表及其附注时,应当按照规定的会计计量属性对其进行计量,确定其金额。经济交易或事项同样可以从多个方面予以货币计量,从而有不同的计量属性。把这些计量属性分类,可以分为历史成本和现行价值两类,其中现行价值包括公允价值、资产的使用价值和负债的履约价值现行成本。

(一)历史成本

历史成本法侧重从投入的角度,以实际发生的成本进行计量。在历史成本计量下,资产按照购置时支付的现金或者现金等价物的金额,或者按照购置资产时所付出的对价的公允价值计量。负债按照因承担现时义务而实际收到的款项或者资产的金额,或者承担现时义务的合同金额,或者按照日常活动中为偿还负债预期需要支付的现金或者现金等价物的金额计量。

在多数情况下,与计量现行价值相比,计量历史成本更为简单易行、代价更小。而且,运用历史成本计量基础的计量值通常更好理解,且在大部分情况下可以验证,符合如实反映的信息质量特征。但是,在历史成本法下估计消耗情况、识别并计量减值损失或超支负债具有主观性。而且,一项资产或负债的历史成本,有时像现行价值一样难以计量或验证。使用历史成本计量基础,对于取得的相同资产或产生的相同负债,不同时间的财务报表所报告的金额不同,既降低了同一报告主体不同期间的可比性,也降低了不同报告主体同一期间的可比性。

(二)现行价值

1. 公允价值

公允价值是指市场参与者在计量日发生的有序交易中,出售一项资产所能收到或者转移一项负债所需支付的价格。在公允价值计量下,资产和负债按照在公平交易中,熟悉情况的交易双方自愿进行资产交换或者债务清偿的金额计量。公允价值是在计量日的有序交易中,市场参与者之间出售一项资产所能收到或转移一项负债将会支付的价格。公允价值反映市场参与者的视角。(主体)计量资产或负债应使用与市场参与者相同的假设,即市场参与者为实现最大经济利益对资产或负债进行估价所使用的假设。

企业以公允价值计量相关资产或负债,应当采用在当前情况下适用并且有足够可利用数据和其他信息支持的估值技术。企业使用估值技术的目的是估计在计量日当前市场条件下,市场参与者在有序交易中出售一项资产或者转移一项负债的价格。企业以公允价值计量相关资产或负债,使用的估值技术主要包括收益法、市场法和成本法。企业应当使用与其中一种或多种估值技术相一致的方法计量公允价值。

收益法是企业将未来金额转换为单一现值的估值技术。企业使用收益法时,应当反映市场参与者在计量日对未来现金流量或者收入费用等金额的预期。企业使用的收益法包括现金流量折现法、多期超额收益折现法、期权定价模型等估值方法。

市场法是利用相同或类似的资产、负债或资产和负债组合的价格以及其他相关市场交易信息进行估值的技术。企业应用市场法估计相关资产或负债公允价值的,可利用相同或类似的资产、负债或资产和负债的组合(例如,一项业务)的价格和其他相关市场交易信息进行估值。企业在使用市场法时，应当以市场参与者在相同或类似资产出售中能够收到或者转移相同或类似负债需要支付的公开报价为基础。企业在市场价格或其他相关市场交易信息基础上，应当根据该资产或负债的特征，例如，当前时间、地理位置的出售和使用的限制等，对相同或类似资产或负债的市场价格进行调整，以确定该资产或负债的公允价值。

成本法是反映当前要求重置相关资产服务能力所需金额的估值技术，通常是指现行重置成本法。在成本法下，企业应当根据折旧贬值情况，对市场参与者获得或构建具有相同服务能力的替代资产的成本进行调整。折旧贬值包括实体性损耗、功能性贬值以及经济性贬值。企业主要使用现行重置成本法估计与其他资产或其他资产和负债一起使用的有形资产的公允价值。

企业在某些情况下使用单项估值技术是恰当的，如企业使用相同资产或负债在活跃市场上的公开报价计量该资产或负债的公允价值。但在有些情况下，企业可能需要使用多种估值技术，如企业对未上市企业股权投资的估值，采用市场法和收益法。企业应当运用更多职业判断，确定恰当的估值技术。

2. 资产的使用价值和负债的履约价值

使用价值提供的是因资产使用和最终处置的估计现金流量现值方面信息。使用这一信息可以评估未来现金净流入的前景，因而该信息具有预测价值。履约价值提供的是因履行负债估计所需现金流量现值方面的信息。履约价值具有预测价值，特别是必须履行负债而非通过谈判转移或结算负债时。使用价值或履约价值的更新以及估计未来现金流量金额、时间和不确定性方面的信息，对使用价值或履约价值的先前估计提供了反馈，因此它们也具有确认价值。

使用价值是主体预期从资产使用和最终处置获取的现金流量或其他经济利益的现值。履约价值是主体履行负债时预计有义务转移的现金或其他经济资源的现值。现金或其他经济资源的金额，不仅包括转移给债权人的金额，还包括主体履行负债预计须转移给其他方的金额。

FASB 在 2018 年发布的《财务报告概念框架》，将针对负债的履约价值作为一项新的现行价值计量基础，保险合同计量的履约现金流模型可以说与该计量基础一脉相承。它丰富和拓宽了负债的计量基础，也是针对保险合同的特性在负债计量理论和方法上的探索。

3. 现行成本

由于现行成本反映了在计量日取得或创制对等资产的成本，或者发生或承接对等负债将收取的对价，以现行成本计量的资产和负债信息具有相关性。

像历史成本一样，现行成本也提供资产消耗成本信息或负债履约收益信息。这些信息可用于推论现行盈利状况，也可以作为预测未来盈利的输入变量。与历史成本不同的是，现行价格反映的是消耗（资产）或履行（负债）时的主导价格。当价格发生重大变化时，要预测未来盈利，基于现行成本的盈利比基于历史成本的盈利更为有用。

为报告（资产）消耗的现行成本（或履行负债的现行收益），必须将报告期的账面金额变动拆分为（资产）消耗现行成本（或履行负债的现行收益）和价格变动影响。有时，价格变动影响被称作持有利得或持有损失。

第二节　保险合同负债的计量

保险合同负债的计量是保险合同会计准则的核心内容，也是保险合同会计的复杂性所在。传统财务会计下的金融负债或者非金融负债通常以历史成本计量或者在一些特殊情况下以公允价值计量，但是对于保险合同而言，未来保险事项是否发生以及保险事项发生后的赔付金额均具有较大的不确定性，因此显然无法使用历史成本来计量保险合同负债。同时，保险合同又鲜有活跃的交易市场，因此使用公允价值对其进行计量也并不现实。在这种情况下，只能探索新的计量基础来解决保险合同负债的计量问题。我国财政部早在2009年发布的《保险合同相关会计处理规定》中就引入了IFRS17保险合同会计处理一般模型的基本理念，为执行我国新保险合同准则的实施打下了良好基础。可以说，我国现行会计实务下保险合同准备金负债的计量与新保险合同准则中准备金负债的计量是一脉相承的。

一、现行会计实务下保险合同负债计量

（一）保险合同准备金计量的基本要求

非寿险保险合同准备金包括未到期责任准备金和未决赔款准备金。寿险保险合同准备金包括寿险责任准备金和长期健康险责任准备金，分别由未到期责任准备金和未决赔款准备金组成。保险人应当在资产负债表日计量保险合同准备金，以如实反映保险合同负债。

现行会计实务下，对于保险合同准备金采用"三要素"的计量原则，即在未来负债现金流无偏估计现值的基础上再根据波动性附加风险调整。三要素具体指：一是未来现金流的无偏估计；二是反映货币的时间价值；三是明确的边际，包括显性的风险边际和剩余边际。

1. 对未来现金流的无偏估计

保险合同准备金应当以保险人履行保险合同相关义务所需支出的合理估计金额为基础进行计量。保险人履行保险合同相关义务所需支出是指由保险合同产生的预期未来现金流出与预期未来现金流入的差额，即预期未来净现金流出。其中，预期未来现金流出是指保险人为履行保险合同相关义务所必需的合理现金流出，主要包括：①根据保险合同承诺的保证利益，包括死亡给付、残疾给付、疾病给付、生存给付、满期给付等；②根据保险合同构成推定义务的非保证利益，包括保单红利给付等；③管理保险合同或处理相关赔付必需的合理费用，包括保单维持费用、理赔费用等。预期未来现金流入是指保险人为承担保险合同相关义务而获得的现金流入，包括保险费和其他收费。

预期未来净现金流出的合理估计金额，应当以资产负债表日可获取的当前信息为基础，按照各种情形的可能结果及相关概率计算确定。对所有可能出现结果进行的概率加权平均就是无偏估计，无偏估计不同于最佳估计。

2. 考虑货币时间价值

保险人在确定保险合同准备金时，应当考虑货币时间价值的影响。货币时间价值影响

重大的,应当对相关未来现金流量进行折现。计量货币时间价值所采用的折现率,应当以资产负债表日可获取的当前信息为基础确定,不得锁定。

根据 2017 年《中国保监会关于优化保险合同负债评估所适用折现率曲线有关事项的通知》(23 号文)对于未来保险利益不受对应资产组合投资收益影响的保险合同,用于计量财务报告未到期责任准备金的折现率曲线,由基础利率曲线附加综合溢价组成。财务报告目的下保险合同未到期责任准备金计量所适用的折现率曲线,其基础利率曲线应与偿付能力监管目的下未到期责任准备金计量所适用的基础利率曲线保持一致。目前,基础利率曲线分为三段。

750 日移动平均国债收益率曲线　　　　　$0 < t \leq 20$ 年
终极利率过渡曲线　　　　　　　　　　　20 年 $< t \leq 40$ 年
终极利率　　　　　　　　　　　　　　　$t > 40$ 年

其中,t 表示时间;750 日移动平均国债收益率曲线详见中国债券信息网(http://www.chinabond.com.cn);终极利率过渡曲线采用二次插值方法计算得到;终极利率暂定为 4.5%。

对于未来保险利益随对应资产组合投资收益变化的保险合同,用于计量未到期责任准备金的折现率,仍然根据对应资产组合预期产生的未来投资收益率确定。

3. 考虑边际因素(包括风险边际和剩余边际)

保险人在确定保险合同准备金时,应当考虑边际因素,并单独计量。边际包括风险边际和剩余边际。风险边际是为了补偿市场参与者承担风险所需付出的机会成本(或者风险对价),主要反映未来现金流的不确定。剩余边际是在已考虑其他边际的基础上为达到首日不确认利得目的而存在的边际。

保险人应当在保险期间内,采用系统、合理的方法,将边际计入当期损益。财产保险公司与再保险公司可以根据自身的数据测算并确定非寿险业务准备金的风险边际,但测算风险边际的方法限定为资本成本法和 75%分位数法,风险边际与未来现金流现值的无偏估计的比例不得超出 2.5%~15.0%,同时测算风险边际的方法和假设应在报表附注中详细披露。不具备数据基础进行测算的财产保险公司与再保险公司,非寿险业务准备金的风险边际应采用行业比例,未到期责任准备金的风险边际按照未来现金流现值的无偏估计的 3.0%确定,未决赔款准备金的风险边际按照未来现金流现值无偏估计的 2.5%确定。

当可观察的保险合同负债的市场价值大于未来合理估计负债和风险边际之和时,存在首日利得,反之存在首日损失。可观察的保险合同负债的市场价值是指保费收入减去市场一致的获取成本后的金额。根据谨慎性原则,保险人在保险合同初始确认日不应当确认首日利得,发生首日损失的,应当予以确认并计入当期损益。

保险人在确定保险合同准备金时,应当将单项保险合同作为一个计量单元,也可以将具有同质保险风险的保险合同组合作为一个计量单元。计量单元的确定标准应当在各个会计期间保持一致,不得随意变更。可以概括如下。

(1)目前倾向于包括明确的风险边际,即:边际 = 风险边际 + 剩余边际。

(2)当可观察的保险合同负债的市场价值大于(未来合理估计负债 + 风险边际)时,

存在首日利得。

（3）当可观察的保险合同负债的市场价值小于（未来合理估计负债+风险边际）时，存在首日损失。

（4）可观察的保险合同负债的市场价值=保费收入-市场一致的获取成本。

（5）保险人应该在保险期间内，采用系统、合理的方法将边际的摊销计入当期损益。风险边际比例按照监管部门规定的标准和方法计提，评估主要方法为75%分位数法、资本成本法等。

综上，保险合同准备金三要素法可以用图4.1表示，保险合同准备金=合理估计负债+风险边际+剩余边际。

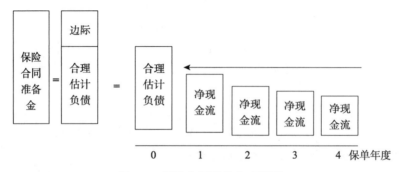

图4.1 保险合同准备金三要素

（二）保险合同准备金计量的具体要求

1. 未到期责任准备金的计量假设和期间

（1）未到期责任准备金计量假设应当以资产负债表日可获取的当前信息为基础确定。

①对于未来保险利益不受对应资产组合投资收益影响的保险合同，用于计算未到期责任准备金的折现率，应当根据与负债现金流出期限和风险相当的市场利率确定；对于未来保险利益随对应资产组合投资收益变化的保险合同，用于计算未到期责任准备金的折现率，应当根据对应资产组合预期产生的未来投资收益率确定。

②保险人应当根据实际经验和未来的发展变化趋势，确定合理估计值，作为保险事故发生率假设，如死亡发生率、疾病发生率、伤残率等。

③保险人应当根据实际经验和未来的发展变化趋势，确定合理估计值，作为退保率假设。

④保险人应当根据费用分析结果和未来的发展变化趋势，确定合理估计值，作为费用假设。

未来费用水平对通货膨胀反应敏感的，保险人在确定费用假设时应当考虑通货膨胀因素的影响。保险人确定的通货膨胀率假设，应当与确定折现率假设时采用的通货膨胀率假设保持一致。

⑤保险人应当根据分红保险账户的预期投资收益率、管理层的红利政策、保单持有人的合理预期等因素，确定合理估计值，作为保单红利假设。

（2）保险人在计量未到期责任准备金时，预测未来净现金流出的期间为整个保险期间。对于包含可续保选择权的保险合同，如果保单持有人很可能执行续保选择权并且保险人不具有重新厘定保险费的权利，保险人应当将预测期间延长至续保选择权终止的期间。

2. 未决赔款准备金的计量方法

未决赔款准备金包括已发生已报案未决赔款准备金、已发生未报案未决赔款准备金和理赔费用准备金等。保险人应当采用逐案估损法、案均赔款法等方法，以最终赔付的合理估计金额为基础，同时考虑边际因素，计量已发生已报案未决赔款准备金。

保险人应当根据保险风险的性质和分布、赔款发展模式、经验数据等因素，采用链梯法、案均赔款法、准备金进展法、B—F法等方法，以最终赔付的合理估计金额为基础，同时考虑边际因素，计量已发生未报案未决赔款准备金。

保险人应当以未来必需发生的理赔费用的合理估计金额为基础，计量理赔费用准备金。

二、新准则下保险合同负债计量

新保险合同准则下保险合同负债的计量与我国现行会计实务中负债计量原理一脉相承。

（一）保险合同负债计量的一般模型简介

保险合同计量的一般模型，要求保险合同的签发人在其资产负债表上采用现时计量反映保险合同负债。保险合同负债的计量包括基于保险合同组的履约现金流量和合同服务边际，其中履约现金流量由未来现金流量现值和风险调整两部分组成，因此，保险合同负债实际由未来现金流量现值、风险调整和合同服务边际三部分构成。其中，未来现金流量现值反映所签发保险合同预期保费收入、预期赔付支出、预期利益和费用等折现后的金额，风险调整反映保险合同签发人因承担保险合同非金融风险所产生的现金流量金额和时间的不确定性而要求的补偿，合同服务边际反映保险合同的未赚取利润。

初始计量是指对资产、负债和所有者权益在首次确认时所采用的计量方法，通常基于交易时的价格或价值，而后续计量则是指在初始计量之后，对已确认的资产和负债的价值变动进行的重新计量，以反映其价值的变化。

1. 初始计量

初始计量时，保险合同负债等于未到期责任负债。未到期责任负债即未到期责任准备金，指的是主体对保险责任期间未到期部分的保险所承担的义务。此时，衡量未到期责任负债须考虑的是履约现金流量和合同服务边际。其中，履约现金流量包括与履行保险合同直接相关的未来现金流量的估计、货币时间价值及金融风险调整和非金融风险调整。合同服务边际是指企业因在未来提供保险合同服务而将于未来确认的未赚利润。具体如图 4.2 所示。

初始计量时的保险合同负债＝未到期责任负债
　　　　　　　　　　　＝履约现金流量＋合同服务边际
　　　　　　　　　　　＝未来现金流量现值＋非金融风险调整＋合同服务边际

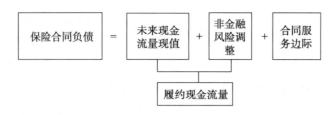

图 4.2　保险合同负债计量——初始计量

1）未来现金流量现值

计算未来现金流量现值需要考虑的因素包括未来现金流量、折现率和保险获取现金流量资产及其他相关资产或负债。其中，金融风险调整反映在折现率因素中。

（1）未来现金流量是指合同组内每一项合同边界范围内的所有未来现金流量，企业可以在高于合同组或合同组合的汇总层面估计未来现金流量，并采用系统合理的方法分摊至合同组。企业应当基于无须付出不必要的额外成本或努力即可获得的、合理可靠的、与未来现金流量金额、时间及不确定性有关的信息估计未来现金流量。

（2）折现率。计量保险合同负债时，企业应当采用适当的折现率对履约现金流量进行货币时间价值及金融风险调整，以反映货币时间价值及未包含在未来现金流量估计中的有关金融风险。折现率应当基于与保险合同具有一致现金流量特征（例如期限、币种和流动性等）的金融工具当前的可观察市场数据（如有）确定，且不考虑与保险合同现金流量无关但影响可观察市场数据的其他因素。

（3）保险获取现金流量资产及其他相关资产或负债。合同组合中的合同归入其所属合同组时，企业应当采用系统合理的方法终止确认该合同对应的保险获取现金流量资产，并将对应金额用于其所属合同组的计量。当企业将不同保险合同归入其所属合同组的时间分属不同报告期间时，企业应当终止确认当期归入所属合同组的合同对应的保险获取现金流量资产，并继续确认预计在未来期间归入该合同组的合同对应的保险获取现金流量资产。

2）非金融风险调整

企业在估计履约现金流量时应当考虑非金融风险调整，以反映非金融风险对履约现金流量的影响。非金融风险调整是指企业在履行保险合同时，因承担非金融风险导致的未来现金流量在金额和时间方面的不确定性而要求得到的补偿。非金融风险调整也反映了企业在确定因承担该风险而要求的补偿时所包含的、因风险分散而获益的程度，及有利和不利的结果，以体现企业的风险厌恶程度。非金融风险调整应当包含保险风险和其他非金融风险，例如失效风险和费用风险，不包括并非由保险合同产生的风险，例如一般操作风险。

3）合同服务边际

合同服务边际是指企业因在未来提供保险合同服务而将于未来确认的未赚利润。初始确认时，履约现金流量、在该确认日终止确认的保险获取现金流量资产以及其他相关资产或负债对应的现金流量及合同组内合同在该日产生的现金流量之和反映为现金净流入的，就确认为合同服务边际[①]。

2. 后续计量

企业在每个资产负债表日，采用与市场信息相一致的现时估计，更新保险合同的履约现金流量，以及时反映保险合同的义务和风险状况。保险合同负债现时计量的理念，可以大大改进现行保险会计实务中有些参数估计过时的状况（比如现行保险会计实务中，许多保险公司采用历史利率计算折现值），同时有助于实时观测保险合同负债的构成、变动及其对财务状况和财务业绩的影响。

在资产负债表日，企业通过未到期责任负债与已发生赔款负债对保险合同组进行后续计量，即后续计量日的保险合同负债等于保险合同组的未到期责任负债和已发生赔款负债之和。

$$后续计量日的保险合同负债 = 未到期责任负债 + 已发生赔款负债$$

其中，未到期责任负债包括资产负债表日分摊至保险合同组的、与未到期责任有关的履约现金流量和当日该合同组的合同服务边际。已发生赔款负债包括资产负债表日分摊至保险合同组的、与已发生赔案及其他相关费用有关的履约现金流量。

在每个资产负债表日，企业须采用与市场信息相一致的现时估计，更新保险合同的履约现金流量，以及时反映保险合同的义务和风险状况。

未到期责任负债和已发生赔款负债这两个项目的概念及具体包含的内容如下。

（1）未到期责任负债。未到期责任负债具体包括两个部分：当日分摊到该合同组的与未来服务有关的履约现金流；该合同组当日的合同服务边际。

（2）已发生赔款负债。已发生赔款负债指的是主体对于已发生保险事项承担调查、支付赔款的义务，包括已发生但尚未报告的赔案和其他已经发生的保险费用。已发生赔款负债的构成成分为计量当日分摊到该合同组的与过去服务有关的履约现金流。

（二）其他特殊保险合同负债计量模型

新准则以保险合同组基于组内各合同权利和义务估计的未来现金流量按照当前可观察折现率折现后的现值为基础，考虑非金融风险影响和未赚利润，计量保险合同负债，作为保险合同计量的一般模型。

除一般模型之外，针对具有直接参与分红特征的保险合同，新准则考虑其合同实质，提供了浮动收费法（即可变费用法）的特殊计量要求；针对亏损合同，新准则提供亏损部分的特殊处理规定；针对一年以内的短期险合同或满足其他规定条件的保险合同，新准则提供了保费分配法的简化处理；针对分出再保险合同，新准则提出了减少分出再保险合同与对应的保险合同会计错配的相关处理规定。这几种计量模型总结如表 4.1 所示。另外，再保险合同和亏损保险合同在计量上应遵从特殊规定。

[①] 反映为现金净流出的，即为首日亏损，按照亏损合同处理。合同组在初始确认时发生首日亏损的，企业应当将上述各项之和计入当期损益，即亏损保险合同损益，同时，将该亏损部分增加未到期责任负债账面价值。初始确认时，亏损合同组的保险合同负债账面价值等于其履约现金流量，合同服务边际为零。

表 4.1　四种保险合同负债计量模型

模型	适用范围
一般计量模型	不具有直接分红特征的保险合同
修正的一般计量模型	具有相机参与分红特征的投资合同
保费分配法	保险合同责任期不超过一年或能够合理预计采用与否对结果无重大差异的保险合同
浮动收费法	具有直接分红特征的保险合同

第三节　保险合同收益的计量

保险合同收益的计量是保险合同计量的重要内容。如果说在保险合同负债的计量方面，现行会计实务与新准则是一脉相承的，那么，在保险合同收益（损益）的计量方面，两套体系却是相差甚远的，因此，本节来阐明现行会计实务与新准则下保险合同收益计量方式的不同。

一、收入费用观与资产负债观

确认和计量收益时有两种观点：收入费用观和资产负债观。这两种观点在收益计量发展历史上都曾起到重要作用，目前普遍接受的是资产负债观。

收入费用观是指直接根据收入和费用来确认与计量企业收益，其认为收益是收入与费用直接配比所得出的结果，这种计量收益的方法又被称为利润表法。它主张以交易为核心，强调收益的确定要符合权责发生制原则、配比原则、历史成本原则和稳健性原则。

资产负债观则是直接从资产和负债的角度来确认与计量企业收益，其认为收益是企业期初净资产和期末净资产比较的结果，这种计量收益的方法又称为资产负债表法。该方法强调经济交易的实质，它要求在交易发生时必须先弄清因该项交易产生的相关资产和负债或者该项交易对相关资产和负债所造成的影响，然后再根据资产和负债的变化来确认和计量企业收益。资产负债观认为收益的实质是企业在某一会计期间净资产的增加，只要引起净资产变动就确认收益（所有者的投资及对其分配利润除外），非常关注信息的相关性，不主张采用历史成本，强调财务会计理论与实务应当着眼于资产和负债的定义、确认和计量。

简而言之，资产负债观是根据资产和负债的变动来计量收益的，而收入费用观则先计算收益，然后再采用适当的方法将其分摊到相应的资产和负债中去。

二、现行会计实务中保险合同收益的计量

我国现行会计实务中保险合同收入和费用的计量基本还是沿用了收入费用观，但是也有资产负债观的体现。现行会计实务中根据传统会计中配比的概念将一定时期的保险合同的成本和保费收入配比予以确定利润。这种做法强调谨慎与稳健的会计原则，很好地保护了保险合同债权人的利益。另外，在现行实务中，各项准备金的提取金额是以期末准备金与期初准备金金额之差计算的，在这一点上也有资产负债法的踪迹可寻。

在现行实务中,保险公司在收到保险费或者取得收款权利时,如果符合保费收入的确认条件,就立即确认为保费收入(报表中的保险业务收入)。但是这种保费收入并不是符合收入"已赚"的界定,此时确认的保费收入大部分属于未赚得的。一般情况下保险合同的年度与会计年度不一致,保险期限也长短不一,因此在会计期末仍有很多当年的保单并没有到期,在下一会计年度中,保险公司仍需承担这些保单的保险风险及退保风险。基于权责发生制原则,保险公司不应将为尚未承担的风险收取的保费确认为当期的保费收入,所以保险公司应通过提取未到期责任准备金的方式对保费收入进行调整。保费收入减去当期提取的未到期责任准备金等于已赚保费,已赚保费是现行实务中的会计收入。提取的未到期责任准备金等于期末未到期责任准备金与期初未到期责任准备金之差。已赚保费简单示例见表4.2。

表4.2 现行会计实务中已赚保费简例

项目	金额/元
保险业务收入	10 000
减:提取未到期责任准备金	8 000
已赚保费(收入)	2 000

注:本表忽略了再保险的因素。

已赚保费 = 保险业务收入(含分入保费) - 分出保费 - 提取未到期责任准备金

现行会计实务中保险公司的利润是在一个会计期间内通过对保险营业支出和保险营业收入的确认得以动态实现。保险公司取得保费收入后扣除掉相应的赔付成本以及期间的营业费用,然后还必须扣除计提的各项保险准备金后才能得到承保利润。从会计角度看,未决赔款准备金是根据权责发生制原则要求确认的保险合同项下的全部赔付责任中已经发生事故未报案或者已报案但理赔尚未结束的保险合同项下的赔付责任。值得一提的是对未决赔款准备金的计算主要依靠精算技术,计算出来的未决赔款准备金与未来实际赔付还是可能存在一定的偏差。如果未决赔款准备金提取过多,则会造成保险公司的当期利润降低;如果未决赔款准备金提取过少,则会造成保险公司的当期利润提高。因此各种保险准备金的确定是否准确,影响着保险公司财务报表中所反映的利润是否准确和具备说服力。保险公司利润的简单示例见表4.3。

表4.3 现行会计实务中保险公司利润简例

项目	金额/元
保险业务收入	10 000
减:提取未到期责任准备金	8 000
已赚保费(收入)	2 000
减:赔付支出	500
减:提取未决赔款准备金	300
减:业务及管理费	200
承保利润	1 000

注:本表忽略了再保险的因素。

三、新准则下保险合同收益的计量

新准则下我国保险合同收益的计量是依据资产负债观的。资产负债观的运用原理是通过对资产负债表中资产和负债的计量、资产和负债的变化情况确认保险公司的期间收益。保险资产与保险负债的确认必须严格依照会计准则中关于资产与负债确认的统一标准。不符合资产和负债定义的项目不能够确认为资产和负债,而且保险公司财务报表中的利润表所反映的收入和费用根据保险资产和保险负债计量的变化而定,利润是基于资产负债科目对损益类科目的影响变化而确定的。

(一)保险服务收入

企业确认保险服务收入的方式应当反映其向保单持有人提供保险合同服务的模式,保险服务收入的确认金额应当反映企业因提供这些服务而预计有权收取的对价金额。对于每一组保险合同,企业确认的保险服务收入总额应当等于企业因提供保险合同服务而有权取得的总对价,考虑货币时间价值及金融风险的影响,并扣除投资成分后的金额。

通用模型下,保险企业确认的当期保险服务收入由下列部分组成:

1. 未到期责任负债账面价值当期减少额中因当期提供保险合同服务而预计取得的对价金额

具体包括:①期初预计在当期发生的、与提供保险合同服务有关的保险服务费用;②非金融风险调整的减少;③合同服务边际的摊销;④其他,如与未来服务不相关的保费经验调整等。

下列未到期责任负债账面价值的当期变动不应确认为保险服务收入:①与当期提供保险合同服务不相关的变动,包括收取保费的现金流入、与当期投资成分相关的变动、保单贷款相关现金流量、代扣代缴流转税(如增值税)、保险合同金融变动额、保险获取现金流量,以及因合同转让终止确认保险合同;②分摊至未到期责任负债亏损部分的金额。由于企业预计对亏损部分无权取得对价,所以不应将其确认为保险服务收入。

2. 保险获取现金流量摊销的金额

企业应当将合同组内的保险获取现金流量随时间流逝进行系统摊销,确认责任期内各个期间的保险服务收入,以反映该类现金流量所对应的保费的收回。

(二)保险服务费用

当期保险服务费用应当包括当期发生赔款及其他相关费用、保险获取现金流量的摊销、亏损部分的确认及转回和已发生赔款负债相关履约现金流量变动,不得包含保险合同中的投资成分。

(三)保险服务业绩

保险服务业绩等于保险服务收入减去保险服务费用。

保险服务收入 = 与提供当期保险合同服务相关的未到期责任负债减少额 +
保险获取现金流量摊销额

=期初预计的当期会发生的保险服务费用+当期非金融调整释放额+
当期合同服务边际摊销额+保险获取现金流量摊销额

保险服务费用=当期发生赔款及其他相关费用（不含投资成分）+
保险获取现金流量的摊销+已发生赔款负债相关履约现金流量变动+
亏损部分的确认和转回

（四）现行实务和新会计准则中收入和费用的主要区别

1. 已赚保费与保险服务收入的区别

（1）保险服务收入是严格按照权责发生制核算的，仅将对应于当期保险合同责任的未到期责任负债释放额（不包括保险获取现金流量）与保险获取现金流量之和作为当期保险服务收入；但已赚保费未严格按照权责发生制核算，直接将当期原保费收入扣除"针对短期保险的提取未到期责任准备金"后，作为当期的已赚保费。

（2）保险服务收入不包含任何投资成分，但只要原保险业务有储蓄性，已赚保费中就一定包含投资成分。

（3）核算保险服务收入时，未扣减其中的分出保费对应的部分（分出保费的分摊）；但在核算已赚保费时，扣减了分出保费。

（4）保险服务收入是未到期责任负债中释放出来的，包含未到期责任负债中计息部分的释放；但在核算已赚保费时，不考虑长险准备金的提取，自然也不包括未到期责任负债计息部分的释放。

2. 营业成本的主要区别

（1）在新保险会计准则下，保险服务费用已经包含了赔付支出，而且，保险服务费用中不得包含任何投资成分，因此，当前财报中的"赔付支出中的投资成分"、退保金和保单红利支出，均不会形成新财报中的营业支出。

（2）尽管新财报和当前财报中均包含"手续费及佣金支出、税金及附加、业务及管理费"，但其内涵大相径庭。在新保险会计准则下，保险服务费用已经包含了保险业务（和保险合同边界内）的手续费及佣金支出、税金及附加、业务及管理费，因此，新财报中的手续费及佣金支出、税金及附加、业务及管理费是指保险合同边界外的三项支出，远低于当前财报中的手续费及佣金支出、税金及附加、业务及管理费。

（3）在新财报中，将分出保费的分摊列入了营业支出；而在当前财报中，在核算已赚保费时，已经将分出保费扣减。

（4）在新财报中，由于核算保险服务收入时已经严格贯彻了权责发生制，因此，在营业支出中就不需要出现"提取保险责任准备金"。

（5）在新财报中，增加了"承保财务损失－分出再保险财务收益"，这是新保险会计准则倡导利润表要反映投资业绩的结果。

采用新财报后，由于营业支出不考虑任何投资成分，而使寿险公司的营业支出大幅减少；产险公司的营业支出则会由于计入"分出保费的分摊"等原因而增加。

1. 简述新准则下保险合同负债计量的一般模型。
2. 新准则下保险合同收益是如何计量的?

第五章 非寿险合同的会计核算

本章在介绍非寿险业务核算特点之后，分别从保费收入、赔款支出、准备金等几个方面介绍非寿险合同在现行会计实务中的处理。

第一节　非寿险业务概述及会计核算特点

一、非寿险业务及分类

非寿险业务是指除人寿保险业务以外的保险业务，是保险人对被保险人的财产及其相关利益在发生保险责任范围内的灾害、事故而遭受经济损失时给予补偿的保险。非寿险业务一般具有保险标的价值可以用货币衡量、其保障功能体现为经济补偿功能、适用分摊原则、短期性、通常不具有储蓄性质等特点。

非寿险业务一般包括财产损失保险、责任保险、信用保险、保证保险、短期健康保险和意外伤害保险业务。

二、非寿险合同保费特征

保费收入是指保险公司根据原保险合同的约定承担了一定的风险责任而向投保人收取的保险费。非寿险合同保费具有以下三个特点。

（1）非寿险合同保费为自然保费，由于假定风险平均分布于保险期间，且保险期间一般较短，所以其保费不必平准化。

（2）无论是否收到保费，非寿险合同的保费通常在签单时确认，且缴付方式以一次性收取为主，分期缴纳相对较少。

（3）非寿险保单一般不具有储蓄性，也不具有现金价值，故不能向保单持有者提供保单质押贷款。

三、非寿险合同会计核算特点

1. 保费收入在签订保单时确认

非寿险原保险合同多是短期，签单时，无论保费是否收到，根据权责发生制原则都应该确认保费收入。

2. 只发生手续费支出

由于业务性质，非寿险保单只能发生手续费支出，不涉及佣金支出。

3. 不涉及保户质押贷款业务

非寿险保单不具有现金价值，所以，非寿险保单无法作为客户借款的质押品，因为非寿险业务不涉及保户质押贷款业务。

4. 退保金直接冲销保费收入

非寿险业务发生退保，其退保费直接冲销当期保费收入，不用像寿险一样设置"退保金"账户。

第二节　非寿险合同保费收入的会计核算

一、保费收入确认的条件

保费收入应在同时满足下列三个条件时予以确认。

1. 原保险合同成立并承担相应保险责任

保险合同成立是保险公司日常核算确认保费收入的必要条件。保险合同成立日期（保单签发日期）与保险合同承担保险责任起始日期（保单起保日期）可能一致，也可能不一致。保险合同成立日期与保险合同起保日期一致，在合同成立日即起保日确认保费收入。

如保单签发日期与保单起保日期不一致，应按如下规则处理。

（1）保单签发日期早于保单起保日期。

保单签发日，投保人缴纳保费后，确认为预收保费；保单生效日，再确认为保费收入。

（2）保单签发日期晚于保单起保日期。

按照实质重于形式的原则，承保人在保单起保日期已承担保险责任，保费收入确认的其他条件也已满足，故应在保单起保日期确认保费收入。如暂保单，保险人应当首先根据暂保单成立的时间以及约定的保费总额确认保费收入，当出具正式保单时，应按照正式保单约定的保费总额及时调整保费收入。但无法在保单起保日期获取相关信息，从而无法可靠计量的除外。

2. 与原保险合同相关的经济利益很可能流入

对非寿险业务来说，在保费收入确认的时点，预计与原保险合同相关的经济利益很可能流入，并满足其他的保费收入确认条件，则应确认为保费收入。而在后期，应收保费无法收回时，应按照金融工具确认和计量中的规定，计提减值准备。可类比制造业的销售收入、应收账款和坏账准备。

（1）保险公司已收到保费，但原保险合同尚未成立，则不能确认保费收入。

如保险公司收到保费时，此时保险公司尚处在核保过程中，保单并未签发，即原保险合同尚未成立，故收到的保费应作为"预收保费"处理，不能确认为保费收入。

（2）原保险合同虽已成立，但并未承担相应保险责任，则不能确认保费收入。

如某些长期工程险，如果承担的保险责任/风险随承保项目的完工进度而递增，则保险公司应当根据所承担的保险责任逐步确认保费收入，不能在合同成立之初将合同总额一次确认为保费收入。该完工进度可以基础工程完工、结构封顶、完工验收等有明显标志的节点为准分段。如果在实务操作中，保险公司很难及时取得承保项目完工进度的相关信息，故难以估算其所承担的保险责任以逐步确认保费收入，可按照保险合同约定分期付款的日期和付款金额确认到期保费收入,但要求保险公司在签订保险合同时需按照承保项目的预计进度确定分期付款的内容。个别情况下,如果实务中分期付款的日期和付款金额未明确约定,则在保险合同成立时按照合同约定的总保费确认为保费收入。

(3) 即使原保险合同成立且承担相应保险责任,如果与原保险合同相关的经济利益流入的可能性很小,则不能确认保费收入。

3. 与原保险合同相关的收入能够可靠地计量

如果与原保险合同相关的收入不能可靠计量,保费收入应按如下方法确认。①如果最终保费能够合理估计,应按估计保费总额确定;②如果估计金额发生变化,应当及时调整;③如果不能合理估计最终保费,应按照已发生的赔付成本(包括未决赔款准备金)总额确定,直至可以合理估计最终保费。保费收入确认应严格遵循以上三个条件,任何一个条件未满足,不能确认保费收入。

二、非寿险合同保费收入的确认

非寿险合同,应当根据合同约定的保费总额确定。保费收入的确认,关键视其是否满足保费收入确认条件,而不是视其是否一次性收取或分期收取。如果在起保日即承担全部保险风险,就应在起保日根据原保险合同约定的保费总额全额确认保费收入,否则,应在承担相应保险风险时确认保费收入。

1. 一次性收取保费的合同

一次性收取保费的合同,保险公司应当在保险合同约定的开始承担保险责任的日期,在满足保费收入确认的条件下,按照合同确定的应收金额确认保费收入,将所有应收但尚未收到的保费收入全额确认为应收保费。

2. 分期收取保费的合同

分期收取保费的合同应当在保险合同成立日,在满足保费收入确认条件的前提下,按照合同确定的各期应收总额确认保费收入。保户每期交纳保费后,冲减相应的应收保费。

3. 几类非寿险原保险合同

(1) 储金业务合同。

在保险合同成立并开始承担保险责任时,按照合同所承担的保险责任的对价确认保费收入,返还给保户的本金和相应的投资回报应确认为负债。此处投资回报指已经按照权责发生制确认的应归属于保户的回报。

(2) 长期工程险。

如果保险公司承担的保险责任/风险随工程的完工进度不断变化,公司应随所承担保险责任的变化而对保费收入进行调整。如建筑工程一切险、安装工程一切险。

(3) 与其他保险人共同承担风险的共保业务。

按保险合同确定的总保费及承担风险的份额计算应得保费,确认保费收入。代第三方从投保人收到的款项或费用,应确认为负债。

三、科目设置

1. "保费收入"科目

"保费收入"科目用于核算保险公司直接承保业务取得的保费收入。该科目属于损益类科目，贷方登记本期实现的保费收入，借方登记发生的退保费和续保时的折扣与无赔款优待。期末，应将"保费收入"科目的余额转入"本年利润"科目，结转后本科目应无余额。"保费收入"科目应按险种及具体保险合同设置明细账，进行明细分类核算。

2. "应收保费"科目

"应收保费"科目用于核算保险公司应向投保人收取但尚未收到的保险费。该科目属于资产类科目，借方登记公司发生的应收保费及已确认坏账并转销的应收保费又收回的金额，贷方登记收回的应收保费及确认为坏账而冲销的应收保费。"应收保费"科目的期末借方余额，反映公司尚未收回的保险费。本科目应按投保人设置明细账，进行明细分类核算。

3. "预收保费"科目

"预收保费"科目用于核算保险公司在保险责任生效前向投保人预收的保险费。该科目属于负债科目，贷方登记预收的保费，借方登记保险责任生效、保费收入实现时结转保费收入的金额。"预收保费"科目余额在贷方，反映公司向投保人预收的保险费。本科目应按投保人设置明细账户，进行明细分类核算。

4. "保户储金"科目

"保户储金"科目用于核算保险公司收到投保人以储金本金增值作为保费收入的储金。该科目属于负债类科目，贷方登记收到保户的储金，借方登记返还的储金，期末余额在贷方，反映保户交存的尚未返还的储金。该科目应按储金类型、投保人及险种设置明细科目。

5. "应交税费"科目

"应交税费"科目用于核算企业应交增值税的发生、抵扣、交纳、退税及转出等情况，该科目属于负债类科目，贷方登记应交纳的各种税费，借方登记实际交纳的税费。"应交税费"科目的期末余额一般在贷方，反映企业尚未交纳的税费，期末余额如在借方，反映企业多交或尚未抵扣的税费。本科目按应交税费项目设置明细科目进行明细核算，企业代扣代缴的个人所得税也通过"应交税费"科目核算，而企业交纳的印花税、耕地占用税等不需要预计应交的税金，不通过"应交税费"科目核算。增值税一般纳税人应当在"应交税费"科目下设置"应交增值税""未交增值税""预交增值税""待抵扣进项税额""待认证进项税额""待转销项税额""增值税留抵税额""简易计税""转让金融商品应交增值税""代扣代交增值税"等明细科目。

1）保险公司是增值税纳税义务人

增值税是以商品（含应税劳务、应税行为）在流转过程中实现的增值额作为计税依据而征收的一种流转税。按照我国现行增值税制度的规定，保险公司应缴纳增值税。保险业缴纳增值税的具体规定见 2016 年 3 月 23 日财政部和国家税务总局共同颁布的《关于全面推开营业税改征增值税试点的通知》（财税〔2016〕36号），该规定于2016年5月1日正式实施。一般纳税人采用的税率分为17%、11%、6%和零税率，目前保险业适用增值税税率为6%。

2）增值税的一般计税方法

增值税的一般计税方法是先按当期销售额和适用的税率计算出销项税额，然后以该销项税额对当期购进项目支付的税款（即进项税额）进行抵扣，间接算出当期的应纳税额。应纳税额的计算公式：

$$应纳税额 = 当期销项税额 - 当期进项税额$$

（1）公式中的"当期销项税额"是指保险公司当期提供保险服务时按照销售额和增值税税率计算并收取的增值税税额。其中，销售额是指保险公司提供保险服务向购买方收取的全部价款和价外费用，但是不包括收取的销项税额。

当期销项税额的计算公式：

$$销项税额 = 销售额 \times 增值税税率$$

（2）公式中的"当期进项税额"是指保险公司购进货物、加工修理修配劳务、服务、无形资产或者不动产，支付或者负担的增值税税额。

当期销项税额小于当期进项税额不足抵扣时，其不足部分可以结转下期继续抵扣。

保险公司购进货物、加工修理修配劳务、服务、无形资产或者不动产，按应计入相关成本费用或资产的金额，借记"低值易耗品""赔付成本""无形资产""固定资产""业务及管理费"等科目，按当月已认证的可抵扣增值税税额，借记"应交税费——可抵扣增值税额"，借记"应交税费——待认证进项税额"科目，按应付或实际支付的金额，贷记"应付账款""应付票据""银行存款"等科目。

由于保险公司涉及的增值税会计处理对保险合同会计的理解影响较小，本书只在本章例题5-1中展示增值税征收的账务处理，其他会计处理忽略增值税的处理。涉及的具体增值税会计处理可参加财税〔2016〕36号文件。

四、核算举例

1. 签发保单时直接缴纳保费的核算

例5-1 乙公司2023年1月10日向甲保险公司购买一年期企业财产保险，双方签订保险合同，保险金额为2 000万元，缴纳保费20万元，保险期间为2023年1月20日至2044年1月19日。该公司2023年1月20日以转账支票付讫，根据收据存根和收账通知办理入账。会计处理如下。

2023年1月20日确认保费收入。

借：银行存款　　　　　　　　　　　　　　　　　　　　　　　200 000
　　贷：保费收入——企业财产保险　　　　　　　　　　　　　188 679.25
　　　　应交税费——应交增值税（销项税额）　　　　　　　　 11 320.75

2. 预收保费的核算

保险合同成立并开始承担保险责任前，投保人缴纳的保险费作为预收保费入账，保险合同生效时转为保费收入。分年签发的保险合同，一次性收取所有年份的保费，当年签发的保险合同生效时确认为保费收入，未签发年份的保险合同收取的保险费作为预收保费入账。

例 5-2 甲保险公司 2024 年 3 月 1 日会计部门收到业务部门交来的丙公司一年期保险业务保费日报表和保费收据存根以及银行收账通知 5 万元，该业务于 2024 年 4 月 5 日起承担保险责任。会计处理如下。

（1）2024 年 3 月 1 日收到投保人预付的保费。

借：银行存款　　　　　　　　　　　　　　　　　　　　　　　50 000
　　贷：预收保费——丙公司　　　　　　　　　　　　　　　　　　50 000

（2）2024 年 4 月 5 日确认保费收入。

借：预收保费——丙公司　　　　　　　　　　　　　　　　　　50 000
　　贷：保费收入——××险　　　　　　　　　　　　　　　　　　50 000

3. 分期缴费的保费核算

由于保险市场竞争越来越激烈，对于一些大保户或保额高的保户，经保险公司同意，可以分期缴纳保费。一经签单，则全部保费均应作为保费收入，未收款的部分则作为"应收保费"，待收款时再冲销。

例 5-3 丁公司向某财险公司投保财产保险基本险，双方于 2023 年 12 月 31 日签订保险合同，保额 50 万元，保费共计 6 万元，保险责任期自 2024 年 1 月 1 日至 2024 年 12 月 31 日。经双方约定，丁公司分两次交付保费，2024 年 1 月 1 日支付 3 万，2 月 1 日支付剩余的 3 万元保费。会计处理如下。

（1）2024 年 1 月 1 日保险公司收到丁公司第一期保费。

借：银行存款　　　　　　　　　　　　　　　　　　　　　　　30 000
　　应收保费——丁公司　　　　　　　　　　　　　　　　　　　30 000
　　贷：保费收入——财产保险基本险　　　　　　　　　　　　　60 000

（2）2024 年 2 月 1 日保险公司如约收到丁公司支付的剩余保费。

借：银行存款　　　　　　　　　　　　　　　　　　　　　　　30 000
　　贷：应收保费——丁公司　　　　　　　　　　　　　　　　　30 000

4. 加保和退保的核算

保险合同成立并开始承担保险责任后，若发生保户加保、减保，应对已确认的保费收入进行相应的调整；若发生保户退保，应按实际退保金额，作为退保费冲减当期已确认保费收入。保单签发后到满期前，如果所保标的发生变化，例如标的价值发生变化、占有性质改变、财产重新估价、企业关停并转或停工一个月以上等，都可能发生被保险人中途要求加保或退保等情况。中途加保的保费收入核算，与投保时的保费收入一样。中途退保或部分退保，退保费直接冲减保费收入。退保时尚结欠的应收保费，则从退保费中扣除。

例 5-4 A 公司投保了某财险公司的企业财产保险综合险后，因资产重估发现保险标的价值有较大幅度的增加，按相关费率应追加保费 10 万元，以转账支票付讫。会计处理如下。

借：银行存款　　　　　　　　　　　　　　　　　　　　　　　100 000
　　贷：保费收入——财产综合险　　　　　　　　　　　　　　　　100 000

本例反映了财产保险公司确认加保保费的会计核算方法。

例 5-5 B 公司投保企业财产保险综合险后，因财务困难要求退保，经计算应退保费 9 800 元，该公司尚欠保费 3 000 元。会计处理如下。

借：保费收入——财产综合险　　　　　　　　　　　　　　　　　9 800
　　贷：应收保费——B 公司　　　　　　　　　　　　　　　　　　3 000
　　　　银行存款　　　　　　　　　　　　　　　　　　　　　　　6 800

本例反映了财产保险公司确认退保费收入的会计核算方法。

第三节　非寿险合同赔款支出的会计核算

一、非寿险合同赔款支出的内容

非寿险合同赔款支出是指财产险、短期意外伤害保险、短期健康险等保险合同因约定的保险标的遭受损失或发生意外伤害、疾病而按照原保险合同约定偿付保险事故损失而支付的赔款，以及理赔过程中发生的律师费、诉讼费、损失检验费、相关理赔人员薪酬等理赔费用。赔款支出包括直接赔款、直接理赔费用、间接理赔费用。另外，代位追偿款以及收回赔款及损余物资也将影响赔款支出的金额。

（一）直接赔款

直接赔款是指根据保险合同约定支付给被保险人或受益人的赔款，应在确定支付赔款金额的当期，按照确定支付的赔款金额，直接计入相关险种成本。

（二）直接理赔费用

直接理赔费用是指其发生与某一特定赔案直接相关，能够直接确定到该赔案的费用。不可单独计量、按照一定原则分摊至某一特定案件的费用不得作为直接理赔费用。直接理赔费用包括如下几种。

（1）专家费是指因案件的定责和定损需要聘请专家或专业机构出具权威意见而产生的相关费用，包括支付给专家或专业机构的劳务费、咨询费、调查费，以及专家参与案件处理发生的需要由保险公司承担的差旅费、交通费等。

（2）律师与诉讼费是指以保险公司名义聘请律师直接参与保险事故处理（包括事故调查、诉前保全、诉讼、仲裁等），根据委托合同应由保险公司支付或分摊的律师费用。诉讼费是指因保险事故发生诉讼或仲裁，法院或仲裁庭裁定应由保险公司支付的费用。本项费用中还包括执行费。

（3）损失检验费是指发生灾害及事故后，聘请第三方机构（特殊情况下还包括被保险人所属的专业部门)参与损失检验或事故处理发生的服务费、手续费及有关人员的差旅费,包括水险中的海外代理人代理费、专业检验人检验费、船级社检验费、海损理算费等。

(4)公估费是指发生灾害及事故后因聘请公估机构参与理赔工作,包括现场查勘、损因鉴定、保险责任认定、损失鉴定、估损、理算、其他处理等产生的费用。

(5)差旅费用是指理赔查勘过程中发生于某一特定赔案上的差旅费用,包括理赔查勘人员的交通费、食宿费、出差补助和理赔服务车的过路过桥费。

(6)追偿成本是指因追偿某一特定赔案而发生的律师费、诉讼费以及相关的调查及取证费、差旅费、住宿费等追偿过程中产生的直接费用,包括追偿不成功发生的追偿成本。

(7)其他费用是指侦查费、外部奖励、身份信息查询费、配件价格查询费、救助担保手续费五项内容。

①侦查费是指在理赔过程中由于聘请公安机关或其他调查机构对疑点案件进行调查所发生的费用。

②外部奖励是指由于非保险公司内部人员或机构的信息举报、技术支持或纠纷调解,使得赔案成功拒赔或者明显减少赔款损失,而对外部人员或机构给予一定奖励而产生的费用。

③身份信息查询费是指理赔过程中向国家公民身份信息专门管理机构查询被保险人、受益人及赔案相关人员的身份信息而发生的相关费用,不包括无法具体归属到某一特定赔案的身份信息查询费。

④配件价格查询费是指针对特殊车型和配件,需要专门进行价格查询而发生的相关费用,不包括公司向零配件价格信息提供商统一支付的零配件价格软件使用费。

⑤救助担保手续费是指当保险公司承保货物或船舶在境外出险需要第三方救助,救助完成后,根据相关公约、法律和国际惯例规定,须委托有资质的公司提供救助担保才能释放货物或船舶,由此产生的手续费及保证保险费用。

(三)间接理赔费用

间接理赔费用是指发生与保险理赔业务相关,但无法具体归属到某一特定赔案的费用,包括查勘费用、理赔人员人工费用、资产使用费、外部监管费用及税费、理赔办公费用和其他费用。

其他费用包括公估费、律师费。公估费是指采用公估模式查勘,但合同不指向某一特定赔案且合同金额不与某一特定赔案关联的费用;律师费是指为理赔聘请律师事务所发生的费用。上述间接理赔费用能够直接计入险种的,直接计入相关险种成本;不能直接计入险种的,应当按照合理的方法,分摊计入相关险种的成本。

(四)赔款支出的减项

代位追偿款的取得、损余物资的取得及赔款的追回是赔款支出的减项。

1. 代位追偿款的取得

代位追偿款是指保险公司承担赔偿保险金责任后,依法从被保险人取得代位追偿权向第三者责任人索赔而取得的赔款。获得代位追偿款且满足一定条件时,保险公司可以将其确认为资产，并直接冲减赔款支出。收到应收代位追偿款时，如果代位追偿款与账面金额有差额，则应对当期的赔付支出进行调整，即收回的代位追偿款大于账面金额的，应按差额冲减赔款支出；收回的代位追偿款小于账面金额的，应按差额增加赔付支出。

2. 损余物资的取得

损余物资是指保险财产在保险事故之后的残余部分。损余物资一般应归被保险人，其价值应在赔款中直接扣除。如果被保险人不愿接受，保险公司可以按全额赔付，同时获得对损余物资的所有权，并将损余物资确认为资产冲减赔付支出，损余物资的入账价值按照同类或类似资产的市场价格确定。处置损余物资时，如果收到的金额与账面金额有差额，则应对当期的赔付支出进行调整。处置损余物资的收入大于账面金额的，应按差额冲减赔付支出；处置损余物资的收入小于账面金额的，应按差额增加赔付支出。

3. 赔款支出的追回

错赔、骗赔款被发现并被保险公司追回后，应按照实际收回的金额直接冲减相关险种的赔付支出。

二、科目设置

赔付成本应根据理赔部门提供的理赔等资料进行账务处理，按险种类别进行明细核算。

为了核算非寿险原保险业务的赔款支出，保险公司应设置"赔付支出""预付赔付款""应付赔付款""应收代位追偿款""损余物资"等科目。

1. "赔付支出"科目

保险公司应设置"赔付支出"科目核算保险公司支付的原保险合同赔款款项和再保险合同赔款款项，包括赔款支出、满期给付、年金给付、死伤医疗给付和分保赔款支出等。另外，保险公司也可以分别设置"赔款支出""满期给付""年金给付""死伤医疗给付"和"分保赔款支出"科目。

本章使用"赔付支出"科目核算非寿险的赔款支出。该科目属于损益类科目，借方登记发生的赔款支出、"预付赔付款"科目的转销数和发生的理赔查勘费，贷方登记代位追偿款和损余物资的冲减额、错赔骗赔的追回款及期末结转"本年利润"科目的数额，结转后该科目无余额。该科目应按保险合同和险种设置明细科目。

2. "预付赔付款"科目

"预付赔付款"科目用于核算保险公司在处理各种理赔案件过程中、按照保险合同约定预先支付的赔款及公司分入分保业务预付的赔款。该科目属于资产类科目，借方登记预付赔款，贷方登记结案后转出的赔款支出，期末借方余额反映实际预付的赔款。该科目应按险种或者分保分出人设置明细科目。

3. "应付赔付款"科目

"应付赔付款"科目用于核算保险公司应付而未付的赔款。该科目属于负债类科目，其借方登记实际支付给保户的赔款，贷方登记应付而未付给保户的赔款，期末余额在贷方，反映尚未支付的赔款金额。该科目应按照单位或个人设置明细科目。

4. "应收代位追偿款"科目

"应收代位追偿款"科目用于核算保险公司按照原保险合同的约定承担赔偿保险金责任后确认的应收代位追偿款。该科目属于资产类科目,借方登记应收的代位追偿款,贷方登记已经收回的应收代位追偿款,余额在借方,反映公司尚未收回的代位追偿款。该科目应按照被追偿单位或个人设置明细科目。

5. "损余物资"科目

"损余物资"科目用于核算保险公司按照原保险合同的约定承担赔偿保险责任后取得的损余物资的成本。该科目属于资产类科目,借方登记公司承担赔偿保险金责任后取得的损余物资,贷方登记处置损余物资所收到的金额,余额在借方,反映公司承担赔偿保金责任后取得的损余物资成本。该科目应按照损余物资种类设置明细科目。损余物资发生减值的,可以单独设置"损余物资跌价准备"作为抵减科目。

三、核算举例

1. 直接赔款的核算

对于当时结案的赔款支出,保险公司应该按照实际的赔款金额,借记"赔付支出"科目,贷记"银行存款""库存现金"等科目。若赔款没有立即支付,则保险公司应在结案时借记"赔付支出"科目,贷记"应付赔付款"科目;待实际支付时,再借记"应付赔付款"科目,贷记"银行存款""库存现金"等科目。

例 5-6 某团体单位投保一年期团体人身意外伤害险,保险金额每人确定为 50 000 元。2024 年 2 月 1 日该单位人员李某现因意外伤害事故身亡,并由医院出具死亡证明及验尸报告。经查证核实,同意按保险金 50 000 元给付,转账付讫。

借:赔款支出——伤害保险(团意险)　　　　　　　　　　　　50 000
　　贷:银行存款　　　　　　　　　　　　　　　　　　　　　50 000

例 5-7 张三投保机动车损失险出险。保险公司经过查勘理赔之后,2024 年 3 月确定应支付张三赔款 15 000 元,保险公司在 3 月尚未支付保险金给张三。到 4 月 3 日,保险公司将 15 000 元赔款支付给张三,该赔案了结。会计处理如下。

(1)2024 年 3 月 1 日确定应付的保险金额。

借:赔付支出——机动车损险　　　　　　　　　　　　　　　15 000
　　贷:应付赔付款——张三　　　　　　　　　　　　　　　　15 000

(2)2024 年 4 月 3 日支付赔款。

借:应付赔付款——张三　　　　　　　　　　　　　　　　　15 000
　　贷:银行存款　　　　　　　　　　　　　　　　　　　　　15 000

在理赔的过程中,某些案件由于过于复杂等不能在当时或短时间内核实损失进行赔付,基于保险业的经济补偿职能,保险公司应该预先赔付一部分,待赔案结束后再补足。通常,保险公司预付赔款的比例不得超过估损金额的 50%,且不能够跨年使用,结案率至少为 85%。对于结案前预先支付的赔款,保险公司应该借记"预付赔款"科目,贷记"银行存款""库存现金"等科目;待结案时,保险公司应该按照累计支付的预付赔款,贷记"预付赔款"科目，按照应支付的赔款金额借记"赔款支出"科目，按其差额贷记"银行存款"等科目。

例 5-8 某企业投保的企业财产险出险，一时不能结案，为使企业能及时恢复生产经营活动，保险公司于 2024 年 4 月 1 日预先支付赔款 200 000 元。开出转账支票付讫。3 个月后，2024 年 7 月 1 日该赔案理算完毕，保险公司应支付赔款 500 000 元，保险公司再以转账支票 300 000 元补足赔款。会计处理如下。

（1）出险后 2024 年 4 月 1 日支付预付赔款。

借：预付赔付款——企财险　　　　　　　　　　　　　200 000
　　贷：银行存款　　　　　　　　　　　　　　　　　　　　200 000

（2）2024 年 7 月 1 日保险公司理赔完毕，支付赔款。

借：赔付支出——企财险　　　　　　　　　　　　　　500 000
　　贷：预付赔付款——企财险　　　　　　　　　　　　　　200 000
　　　　银行存款　　　　　　　　　　　　　　　　　　　　300 000

2. 理赔费用的核算

理赔费用包括直接理赔费用和间接理赔费用，保险公司应该在发生理赔费用时，直接借记"赔付支出"科目，贷记"银行存款""库存现金"等科目。

例 5-9 2024 年 4 月 12 日，某保险公司对某一车险出险案件作结案，确认支付被保险人 1 000 元，发生律师诉讼费 500 元，当月发生理赔人工费用合计 30 000 元。会计处理如下。

2024 年 4 月 12 日确认赔付支出和理赔费用。

借：赔付支出——直接赔款　　　　　　　　　　　　　　1 000
　　　　　　——直接理赔费用　　　　　　　　　　　　　　500
　　　　　　——间接理赔费用（工资）　　　　　　　　30 000
　　贷：银行存款　　　　　　　　　　　　　　　　　　　31 500

3. 取得代位追偿款的核算

当保险公司通过理赔获得代位追偿款并能同时满足两个条件的，应当确认为应收代位追偿款，并冲减当期赔付成本：①与该代位追偿款有关的经济利益很可能流入；②该代位追偿款的金额能够可靠地计量。通常保险公司根据以往的经验、第三者责任人的财务状况和法律诉讼进展情况等相关信息判断款项收回的可能性。当确认应收代位追偿款时，应该按照其估计的价值，借记"应收代位追偿款"科目，贷记"赔付支出"科目。

如果收到应收代位追偿款的金额与相关应收代位追偿款账面价值存在差额，保险人应当按照收到的金额与相关应收代位追偿款账面价值的差额，调整当期赔付成本。若实际收到的追偿款少于已经确认的代位追偿款金额，则保险公司应该按照实际收到的金额，借记"银行存款"等科目，贷记"应收代位追偿款"科目，按其差额借记"赔付支出"科目；若实际收到的赔偿款多于已经确认的代位追偿款金额，则保险公司应该按照实际收到的金额，借记"银行存款"等科目，贷记"应收代位追偿款"科目，按其差额贷记"赔付支出"科目；若实际收到的赔偿款多于赔付支出，则保险公司应该按照实际收到的金额，借记"银行存款"等科目，贷记"应收代位追偿款"科目，按照应收代位追偿款与赔付支出的差额，贷记"赔付支出"科目，按照实际收到的代位追偿款与赔付支出的差额，贷记"其他应付款"科目；待实际向保单持有人返还的时候，借记"其他应付款"科目，贷记"银行存款"等科目。

例 5-10 2023 年 1 月甲保险公司承保丙公司的货物运输保险，货物由乙公司承运。承运飞机在中途撞山坠毁，经公估公司评估损失后，2023 年 3 月甲保险公司确认并支付丙公司赔款 130 万元，甲保险公司认为该款项是能追偿回来的，丙公司向保险公司出具了权益转让书，甲保险公司向乙公司追偿，于 2024 年 5 月追回赔款 100 万元。会计处理如下。

（1）2023 年 3 月确认并支付赔付款 130 万元。

  借：赔付支出——货物运输保险   1 300 000
    贷：银行存款   1 300 000

（2）2023 年 3 月取得并确认代位追偿权 130 万元。

  借：应收代位追偿款——乙公司   1 300 000
    贷：赔付支出——货物运输保险   1 300 000

（3）2024 年 5 月追回代位追偿款 100 万元。

  借：银行存款   1 000 000
    赔付支出   300 000
    贷：应收代位追偿款——乙公司   1 300 000

4. 损余物资的核算

对于保险标的出险后的损余物资，若该物资归保单所有人所有，则保险公司应该按照全额赔付金额与损余物资价值的差额支付赔款。若保单所有人放弃该物资而由保险公司所有，则保险公司应在接受该物资时，按照其市场价值借记"损余物资"科目，贷记"赔付支出"科目。处置时应按实际取得的处置收入，借记"银行存款"科目，贷记"损余物资"科目，按其差额调整"赔付支出——代位追偿款"科目。

例 5-11 某公司投保了企业财产保险，遭受火灾，2024 年 5 月 1 日保险公司确定保险赔偿款 860 000 元，损余物资作价 50 000 元归保险公司，保险公司收回入库，同时以转账支票支付赔款 860 000 元给受损公司。会计处理如下。

（1）2024 年 5 月 1 日保险公司确定且支付保险赔款。

  借：赔付支出——企财险   860 000
    贷：银行存款   860 000

（2）2024 年 5 月 1 日保险公司将损余物资收回入库。

  借：损余物资   50 000
    贷：赔付支出——企财险   50 000

损余物资处置的核算：

假如上例中收回入库的损余物资 2024 年 7 月 1 日由保险公司作价 48 000 元出售给别的单位，则会计处理如下。

2024 年 7 月 1 日保险公司处置损余物资。

  借：银行存款   48 000

| 赔付支出——企财险 | 2 000 |
| 贷：损余物资 | 50 000 |

5. 收回赔款、收回损余物资的核算

1）收回赔款

保险公司发现错赔、骗赔案件并追回赔款之后，应该按照追回的具体金额，借记"银行存款"等科目，贷记"赔付支出"科目。

例 5-12 某保险公司在支付了某投保人的机动车辆保险赔款后，发现这是一桩骗赔案件，保险公司追回了已支付的部分赔款 40 500 元。会计处理如下。

追回骗赔案件赔款时。

| 借：银行存款 | 40 500 |
| 贷：赔付支出——机动车辆险（某赔案） | 40 500 |

2）收回损余物资

如保险公司赔付后又找回盗抢车辆，应于车辆收回后进行资产价值评估，经审批并取得证明所有权的具有法律效力的相关凭据后，按评估价值借记"损余物资"科目，贷记"赔付支出——代位追偿款"科目。车辆变现后，按照实际收到的款项与车辆账面价值的差额，借记"银行存款"科目，贷记"损余物资"科目，差额借记或贷记"赔付支出——代位追偿款"科目。

该车辆如转为自用，经审批并取得产权变更手续等法律凭据后，按照评估价值确认资产价值，借记相关资产科目，贷记"损余物资"科目。

例 5-13 甲保险公司在支付了某投保人的保险赔款 30 万元之后，又找回了盗抢车辆，经资产评估该车辆价值为 28 万元。3 个月后该车辆变现，实际收到款项 26 万元。会计处理如下。

①收回盗抢车辆时。

| 借：损余物资 | 280 000 |
| 贷：赔付支出——机动车辆险（某赔案） | 280 000 |

②车辆变现后。

借：银行存款	260 000
赔付支出	20 000
贷：损余物资	280 000

第四节 非寿险合同准备金的会计核算

一、非寿险合同准备金的内容

保险公司非寿险业务准备金包括未到期责任准备金及未决赔款准备金。

未到期责任准备金是指在准备金评估日为尚未终止的保险责任而提取的准备金，包括未赚保费准备金及保费不足准备金。未赚保费准备金是指以未满期部分保费收入为基础所

计提的准备金,并应减除与获取保费收入相关联的保单获取成本的未到期部分。

未决赔款准备金是指保险公司为尚未结案的赔案而提取的准备金,包括已发生已报案未决赔款准备金、已发生未报案未决赔款准备金(简称 IBNR 准备金)和理赔费用准备金。

二、未到期责任准备金的核算

(一)未到期责任准备金的评估概述

未到期责任准备金的计提有两种方法:一种方法是本书第四章第二节所讲的三要素法,即未到期责任准备金 = 未来现金流无偏估计的现值 + 风险边际 + 剩余边际,具体内容请查看第四章,此处不赘述;另一种方法是比例法,本章主要介绍这种方法。在非寿险公司现行会计实务中,一般采取比例法计提未赚保费准备金。

另外,保险公司会在未到期责任准备金评估过程中进行保费充足性测试,并根据测试结果提取保费不足准备金,作为未到期责任准备金的一部分,即未到期责任准备金 = 未赚保费准备金 + 充足性测试所需计提保费不足准备金。如果期末测试不需要计提保费不足准备金,则未到期责任准备金 = 未赚保费准备金。

(二)未赚保费准备金的计提

风险分布均匀的业务,一般采取比例法计提未赚保费准备金。根据有关监管规定,原则上应采用(比例法中的)三百六十五分之一法评估未赚保费准备金(其中机动车交通事故责任强制保险必须采用三百六十五分之一法);对于风险分布不均匀的业务,可采用风险分布法评估未赚保费准备金,包括但不限于:七十八法则法、逆七十八法则法以及其他合理的风险分布法。对于无法获取逐单信息的再保险业务,可采用四分之一法、八分之一法或二十四分之一法等方法评估未赚保费准备金。

未赚保费准备金采用比例法计提,其计算公式如下。

$$未赚保费准备金 = [(总保费 - 首日费用) \times 未到期比例]$$
$$= 总保费 \times (1 - 保单获取成本率) \times 未到期比例 \quad (5-1)$$

1. 首日费用

首日费用是指签发保险合同所发生的增量成本(销售、承保和保单合同成立时发生的费用),即不签单就不会发生的费用。通常包括手续费及佣金支出、保单签单成本、与出单相关的保费相关运营费用、税金及附加、保险保障基金、监管费、支付给以销售代理方式管理的内部员工的手续费和佣金。

2. 未到期比例的计算方法:比例法和风险分布法

未到期责任准备金主要计量方法有比例法和风险分布法(七十八法则或逆七十八法则),比例法又细分为按天比例法(三百六十五分之一法)、按年比例法(二分之一法)、按季度比例法(八分之一法)、按月比例法(二十四分之一法)。根据《保险公司非寿险业务准备金管理办法》(银保监发〔2021〕14 号)规定,未到期责任准备金的提取,应当采用下列方法之一:三百六十五分之一法、风险分布法或监管认可的其他方法。

1）比例法

（1）按年比例法（二分之一法）。

该方法假设统计年度内，保险公司的保险合同的保单数量和保费金额服从均匀分布。在这种假设下，则可以认为保险公司所有保单均在年中签发，故年底确定准备金时可视为有一半责任未了，因此保费的二分之一为该年度应当提取的未到期准备金。二分之一法的优点是简便易行，对公司管理水平要求较低，但是因为假设条件与现实差距较大，所以准确度较低。

（2）按季度比例法（八分之一法）。

该方法假设在统计季度内，所有保单均服从均匀分布，即在季度中签发的所有保单数量和保费金额服从均匀分布，则可以认为保险公司所有保单在每季度中间签发，每个季度的保单有半个季度的责任未到期。一年中有4个季度，也就是8个"半季度"，因此，到年末评估准备金时，对在第一季度投保的保单应对应提取的准备金为第一季度的1/8，另外7/8为已赚保费。对在第二季度投保的保单应对应提取的准备金为第一季度的3/8，另外5/8为已赚保费。以此类推，故年末未到期责任准备金为：第一季度保费×1/8 + 第二季度×3/8 + 第三季度×5/8 + 第四季度×7/8

未到期责任准备金 =（当季保费收入 − 当季总首日费用）×（季度×2 − 1）÷ 8

（3）按月比例法（二十四分之一法）。

该方法假设统计月份内，承保保单的保单数量和保费金额服从均匀分布，且所有保单均在每月月中签发，因此在会计年度末，第一个月的保费收入还有1/24没有到期，第二个月的保费收入还有3/24没有到期，以此类推，最后一个月的保费收入还有23/24没有到期。

未到期责任准备金 =（当月保费收入 − 当月总首日费用）×（月度×2 − 1）÷ 24

例 5-14 某非寿险保险公司 2023 年全年每月（一年期）企业财产保险保费收入如表 5.1 所示，2023 年 12 月 31 日按 1/24 法评估未到期责任准备金。

表 5.1 某保险公司各月保费收入

月份	1	2	3	4	5	6	7	8	9	10	11	12
保费收入/万元	680	720	700	660	640	650	710	760	770	780	800	790

2023 年 12 月 31 日未到期责任准备金为

680 × 1/24 + 720 × 3/24 + 700 × 5/24 + 660 × 7/24 + 640 × 9/24 + 650 × 11/24 + 710 × 13/24 + 760 × 15/24 + 770 × 17/24 + 780 × 19/24 + 800 × 21/24 + 790 × 23/24 = 4 474.17（万元）

（4）按天比例法（三百六十五分之一法）。

三百六十五分之一法并不假设保险公司的业务量分布，而是根据每日的实际保费收入逐一计算未到期责任准备金。因此，这种根据实际业务的承保期限对未到期责任准备金进行评估的方法会比前面几种假设保单和保额均匀分布的比例法更为精确。在评估未到期责任准备金时，三百六十五分之一法对保险责任尚未终止的保险单逐单按照保险单的承保期限进行评估。对每份保单评估未到期责任准备金时，采用的公式为

未到期责任准备金 = 保费收入 × [（保险止期 − 财务报表核算日）÷
(保险止期 − 保险起期)] （5-2）

其中，（保险止期 − 财务报表核算日）/（保险止期 − 保险起期）为该保单未赚保费的天数比例，乘以保费收入即是该保单的未到期责任准备金。

期末未到期责任准备金 = 当期每日保单未到期责任准备金之和

$$= P_1 \times 1/365 + P_2 \times 2/365 + \cdots + p_i \times i/365 + \cdots + P_{365} \times 365/365$$

$$= \sum_{i=1}^{365} P_i \times i/365$$

其中：i——一年中的第 i 日；

P_i——第 i 日扣除首日费用后的保费收入。

例 5-15 某非寿险保险公司 2023 年 1 月（一年期）企业财产保险保费收入如表 5.2 所示，2023 年 12 月 31 日按 1/365 法评估未到期责任准备金（表中未列明日期意味着没有保费收入流入）。

表 5.2 某保险公司 2023 年 1 月保费收入情况

月份	1 月			
日期	1 日	5 日	8 日	31 日
保费收入/万元	365	730	730	1 095

2023 年 12 月 31 日未到期责任准备金为

365 × 1/365 + 730 × 5/365 + 730 × 8/365 + 1 095 × 31/365 = 120（万元）

2）风险分布法（七十八法则或逆七十八法则）

七十八法则或逆七十八法则是对流量预期法的一种简化。七十八法则评估未到期责任准备金时，假设承保起期开始后，风险分布则呈逐月递减的趋势，在倒数第三个月、第二个月、第一个月分别为…:3:2:1。反之，对于逆七十八法则，自承保起期开始后，风险呈现以 1:2:3:…逐月递增的分布。

对于某些特定的险种或者产品，风险分布呈现随承保时间变长，风险逐渐降低或增大的特征。在这种情况下，保险公司可选用七十八法则或逆七十八法则，来模拟风险分布特征，计提未到期责任准备金。如车辆质量延期保证保险，其风险在承保期限内逐年增加，但是为简化起见，则可以采用七十八法则。

（三）保费不足准备金

对于保费不足准备金的计提，监管机构在 2022 年 3 月颁发的《保险公司非寿险业务准备金管理办法实施细则（1-7 号）》中规定保费充足性测试是指未到期责任准备金的提取金额应不低于以下两者中较大者。

（1）未来净现金流出（对未来净现金流出的预测应考虑风险边际和货币时间价值）。

（2）未赚保费准备金。

如果第 1 项大于第 2 项，则将其差额作为保费不足准备金；如果第 2 项大于或等于第

1项，则无须计提保费不足准备金。

在进行保费充足性测试时，不考虑农业保险大灾风险准备金等专项准备金的影响。

用于保费充足性测试的未来净现金流出包括预期未来发生的赔款、理赔费用及保单维持费用等。对未来净现金流出的估计应考虑退保影响。对预期未来发生赔款的估计应综合考虑相应评估单元历年事故年赔付率或业务年赔付率情况、大灾影响以及未来变化趋势等因素，估算间接理赔费用所使用的假设应与评估未决赔款准备金时保持一致。预期维持费用率应综合相应评估单元历年的维持费用率以及未来发展趋势确定。

（四）科目设置

为了核算未到期责任准备金，保险公司应该设置两个科目：负债类科目"未到期责任准备金"和损益类科目"提取未到期责任准备金"。

1."未到期责任准备金"科目

"未到期责任准备金"科目用于核算保险公司提取的非寿险原保险合同未到期责任准备金，以及再保险接受人提取的再保险合同分保未到期责任准备金。该科目属于负债类科目，贷方登记提取的未到期责任准备金数额，借方登记冲减的未到期责任准备金数额，期末余额在贷方，反映本期提存但尚未转回的未到期责任准备金。该科目应按照险种设置明细科目。

2."提取未到期责任准备金"科目

"提取未到期责任准备金"科目用于核算保险公司提取的非寿险原保险合同未到期责任准备金和再保险合同分保未到期责任准备金。该科目属于损益类科目，借方登记提取的未到期责任准备金数额，贷方登记冲减已提取的未到期责任准备金数额，期末应将本科目余额转入"本年利润"科目，结转后该科目无余额。该科目应该按照保险合同和险种进行明细核算。

（五）核算举例

（1）在确认非寿险保费收入的当期，保险公司应按照保险精算确定的金额，提取未到期责任准备金作为当期保费的调整，借记"提取未到期责任准备金"科目，贷记"未到期责任准备金"科目。也就是在确认保费收入虚增了资产和收入之后，确认成本费用的增加和负债的增加。

例 5-16　甲保险公司在 2023 年 12 月 1 日签订了一份家庭财产保险合同，保险期限为一年，收取保费为 1 500 元，首日费用为 40 元。使用三百六十五分之一法和毛保费法计算这份保单在 12 月末应计提的未到期责任准备金，假设该保单在首日和年末均通过未到期责任准备金充足性测试。会计处理如下：

12 月末应计提的未到期责任准备金 =（1 500 − 40）×（1 − 31/365）= 1 336（元）

借：提取未到期责任准备金——家庭财产保险　　　　　　　　1 336
　　贷：未到期责任准备金——家庭财产保险　　　　　　　　　　　1 336

（2）在资产负债表日，保险公司应按照保险精算重新计算确定的未到期责任准备金金额与已提取的未到期责任准备金余额的差额，调整未到期责任准备金。如果需要增加未到期责任准备金,则借记"提取未到期责任准备金"科目,贷记"未到期责任准备金"科目。保险合同提前解除的,保险公司应冲回已经确认的保费收入并支付退保费,冲销相应的已经提取的未到期责任准备金。保险公司应按照相关未到期责任准备金余额,借记"未到期责任准备金"科目,贷记"提取未到期责任准备金"科目。

例 5-17 乙保险公司在 2023 年 11 月 1 日签订了一份短期意外伤害险,保险期限为一年,到 2024 年 9 月 30 日满期。收取保费为 400 元,首日费用为 35 元。使用三百六十五分之一法和毛保费法计算未到期责任准备金,各时点均通过充足性测试。2023 年 12 月 26 日,保户要求退保,合同提前解除并支付退保费为 350 元,相关未到期责任准备金转回 309 元。有关准备金的会计处理如下。

①2023 年 11 月 30 日提取未到期责任准备金时。

$$准备金 = (400 - 35) \times (1 - 30/365) = 335 元$$

借:提取未到期责任准备金——短期意外伤害险　　　　　　　　　335
　　贷:未到期责任准备金——短期意外伤害险　　　　　　　　　　　335

②2023 年 12 月 31 日退保相关责任准备金处理。

借:未到期责任准备金　　　　　　　　　　　　　　　　　　　　309
　　贷:提取未到期责任准备金　　　　　　　　　　　　　　　　　　309

(3)保险公司应将"提取未到期责任准备金"科目余额结转到"本年利润"科目,按照"提取未到期责任准备金"的余额贷记"提取未到期责任准备金"科目,借记"本年利润"科目。

例 5-18 续例 5-16,2023 年 12 月 31 日年末结转"提取未到期责任准备金"科目。会计处理如下。

将本年提取的未到期责任准备金结转到本年利润。

借:本年利润　　　　　　　　　　　　　　　　　　　　　　　1 336
　　贷:提取未到期责任准备金——家庭财产保险　　　　　　　　　1 336

三、未决赔款准备金的核算

(一)未决赔款准备金的评估

未决赔款准备金是指保险公司为保险事故已经发生但尚未最终结案的损失提取的准备金。

未决赔款准备金包括已发生已报案未决赔款准备金、已发生未报案未决赔款准备金(IBNR 准备金)和理赔费用准备金。根据权责发生制原则,只要保险事故在会计期末之前发生,相应的赔款支出和理赔费用就应当计入当期损益,同时增加负债。但是因为报案不及时、理赔时间较长等原因,有一部分赔案无法在会计期末前确定赔款金额,对这类案件就要提取未决赔款准备金作为未来赔付的一种准备,期末按估计的准备金金额入账。

1. 已发生已报案未决赔款准备金

已发生已报案未决赔款准备金是指为保险事故已经发生并已向保险公司提出索赔,保险公司尚未结案的损失而提取的准备金。

对已发生已报案未决赔款准备金,采用逐案估计法、案均赋值法或监管认可的其他方法进行评估。

1)逐案估计法

保险事故发生后,保险公司理赔人员通过实地查勘进行逐案估计,并将估计的赔款准备金汇总。公司理赔人员在进行逐案估计时,需要考虑保险条款约定的保险责任、所处的法律环境、预期赔付延迟产生的通胀等各项因素,尽量客观地进行估计。同时,要分别对再保前已发生已报案未决赔款准备金和再保后已发生已报案未决赔款准备金进行评估。对于再保人可能摊回的部分,要考虑该业务对应的再保合同约定、再保人信用等级等因素进行评估。这种方法相对简单但工作量很大,适用于索赔金额波动幅度很大以致难以估算平均赔付额的非寿险业务,如火灾保险、信用保险、巨灾保险等。

2)案均赋值法

对于部分业务,由于发生的赔案具有很多相似的特征,因此这种赔案未决赔款准备金的评估,可采用案均赋值法。案均赋值法是根据过去同类业务的平均赔款金额进行估计的方法。若采用案均赋值法,需同时满足以下三个条件。

(1)赔付金额较小、赔案数目较多并且赔付模式比较稳定。

(2)赔案同质性较强。

(3)报案损失信息不充分。

这种方法适用于索赔案数量较多、索赔金额波动幅度不大、金额较小的险种,缺点在于估计的案均赔款与实际的案均赔款可能有较大的差异。例如,某保险公司对于在报案后3日内没有立案的车险案件和在报案后15个工作日内没有立案的非车险案件,按照公司规定应由系统强制立案并进行估损赋值的,也可以采用案均赋值法。

3)赔付率法

赔付率法是先选择某一时期作为参考期,用参考期的赔付率估计本期的最终赔付金额,再从中扣除已经支付的赔款和理赔费用,即得到应计提的未决赔款准备金和相应的理赔费用支出。这种方法较为简单,适用于业务质量稳定、索赔金额波动幅度不大的险种,缺点在于估计的赔付率与实际的赔付率可能有较大的差异。

2. 已发生未报案未决赔款准备金

已发生未报案未决赔款准备金是指为保险事故已经发生,但尚未向保险公司提出索赔的赔案而提取的准备金,包括两部分:一部分是对已经发生但尚未进行未决估计的赔案可能发生的赔付金额而提取的未决赔款准备金(incurred but not reported,IBNR);另一部分是对采用逐案估计法估损金额不足或过高进行调整而提取的未决赔款准备金(incurred but not enough reported,IBNER)。通常情况下,并不对纯IBNR和IBNER进行单独评估,仅对纯IBNR和IBNER的总额即已发生未报案未决赔款准备金(IBNR)进行评估。

已发生未报案未决赔款准备金是为这些情况所提取的赔款准备金。

(1)保险事故已经发生但尚未向保险公司提出索赔的。

(2)已经提出索赔但保险公司尚未立案的。

(3)保险公司已立案但对事故损失估计不足,预计最终赔付将超过原估损值的。

（4）保险事故已经赔付但有可能再次提出索赔的。

对已发生未报案未决赔款准备金，应当根据险种的风险性质、分布特征、经验数据等因素采用链梯法、案均赔款法、准备金进展法、B-F 法、赔付率法或者监管认可的其他方法进行评估。此类赔款准备金的估计比较复杂，一般以过去的经验数据为基础，再根据各种因素的变化趋势进行修正，如出现单位索赔次数、金额、理赔费用的增减、索赔程序的变更等。

保险公司可以采用已决赔款或已报案赔款数据评估已发生未报案未决赔款准备金。当业务数据量较大且稳定性较强时，保险公司应分别采用已决赔款和已报案赔款数据评估，当两种结果差异较大时，总精算师应根据承保、理赔等因素的变化谨慎评估最终结果。

保险公司应采用监管机构认可的至少两种方法评估已发生未报案未决赔款准备金，当不同方法的评估结果差异较大时，总精算师应根据承保、理赔等因素的变化谨慎评估最终结果。

当历史数据经验欠缺或波动较大时，保险公司可以采用赔付率法评估已发生未报案未决赔款准备金。赔付率的确定应综合考虑相应评估单元历年事故年赔付率或业务年赔付率情况、巨灾影响以及未来变化趋势等因素。对于没有历史数据经验的业务，保险公司可以参考类似业务的历史经验数据或外部数据来确定赔付率。

保险公司在评估已发生未报案未决赔款准备金时，应考虑大赔案、巨灾对历史赔付发展的影响，根据大赔案的出险频度对其进行剔除并恢复调整。大赔案标准应由保险公司总精算师依据业务类型和数据量等因素确定。

保险公司总精算师应考虑特殊合同条款、特殊业务模式、政策性业务特征、通货膨胀等内部和外部因素对赔付规律、评估假设及准备金结果的影响，并在已发生未报案未决赔款准备金评估过程中予以合理反映。

3. 理赔费用准备金

理赔费用准备金是指为尚未结案的损失可能发生的费用而提取的准备金，包括为直接发生于具体赔案的专家费、律师费、损失检验费等提取的直接理赔费用准备金，以及为非直接发生于具体赔案的费用而提取的间接理赔费用准备金。

对已发生已报案案件的直接理赔费用准备金，应采用评估已发生已报案未决赔款准备金的方法确定；对已发生未报案案件的直接理赔费用准备金，应采用评估已发生未报案未决赔款准备金的方法确定；对间接理赔费用准备金，应采用合理的比率分摊法提取。

另外，值得注意的是保险公司提取的各项非寿险业务准备金应包含风险边际并考虑货币时间价值。

（二）科目设置

在核算未决赔款准备金时，保险公司应设置负债类科目"保险责任准备金"和损益类科目"提取保险责任准备金"，并分别设置明细科目"保险责任准备金——未决赔款准备金"和"提取保险责任准备金—提取未决赔款准备金"。

1. "保险责任准备金"科目

"保险责任准备金"科目用于核算保险公司提取的原保险合同保险责任准备金，包括未决赔款准备金、寿险责任准备金、长期健康险责任准备金，再保险接受人提取的再保险合同保险责任准备金也在该科目进行核算。该科目属于负债类科目，贷方登记提取的保险责任准备金数额，借方登记冲减的保险责任准备金数额，期末余额在贷方，反映保险公司保险责任准备金的金额。该科目应按照保险责任准备金类别、原保险合同或再保险合同进行明细核算。

2. "提取保险责任准备金"科目

"提取保险责任准备金"科目用于核算保险公司提取的原保险合同保险责任准备金，包括提取的未决赔款准备金、寿险责任准备金及长期健康险责任准备金，再保险接受人提取的再保险合同责任准备金也在该科目进行核算。该科目为损益类科目，借方登记提取的保险责任准备金数额，贷方登记冲减已提取的保险责任准备金数额，期末应将该科目余额转入"本年利润"科目，结转后该科目没有余额。该科目应按照保险责任准备金类别、险种和保险合同进行明细核算。

（三）核算举例

1. 保险事故发生的当期

非寿险保险事故发生的当期，虽然还没有确定应予赔付的金额，根据权责发生制原则，保险公司也应记录这些赔案使得公司增加的成本费用和负债。保险公司应按照保险精算确定的未决赔款准备金金额，借记"提取保险责任准备金——提取未决赔款准备金"科目，贷记"保险责任准备金——未决赔款准备金"科目。

例 5-19 新成立的某保险公司 2023 年 11 月 30 日计算的本期应该提取的已发生已报案未决赔款责任准备金为 300 万元，已发生未报案未决赔款准备金 200 万元，理赔费用准备金 20 万元。

2023 年 11 月 30 日提取保险责任准备金。

借：提取保险责任准备金
　　——提取未决赔款准备金（已发生已报案赔款准备金）　　3 000 000
　　——提取未决赔款准备金（已发生未报案赔款准备金）　　2 000 000
　　——提取未决赔款准备金（理赔费用准备金）　　200 000
　　贷：保险责任准备金
　　　　——未决赔款准备金（已发生已报案赔款准备金）　　3 000 000
　　　　——未决赔款准备金（已发生未报案赔款准备金）　　2 000 000
　　　　——未决赔款准备金（理赔费用准备金）　　200 000

2. 在赔案确定赔付金额或实际发生理赔费用的当期

在确定赔付金额或实际发生理赔费用的当期，保险公司期末评估未决赔款准备金时余额进行冲回，借记"保险责任准备金——未决赔款准备金"科目，贷记"提取保险责任准备金——提取未决赔款准备金"科目。但是在实务中，通常不是一笔赔案做一次赔款准备金的冲回，如果其他因素未变，整体评估时因为赔案由未决赔案变为已决赔案，在总体评估时势必使得相关准备金总额减少。

例 5-20 续例 5-19，由于一些赔案理赔结束已经确定了赔付金额，且 2023 年 12 月未发生新的赔案，该保险公司 2023 年 12 月 31 日评估的本期已发生已报案未决赔款责任准备金为 200 万元，已发生未报案未决赔款准备金 100 万元，理赔费用准备金 10 万元。会计处理如下。

2023 年 12 月 31 日提取保险责任准备金。

本期应提取的已发生已报案赔款准备金为 = 200 − 300 = −100（万元）

本期应提取的已发生未报案赔款准备金为 = 100 − 200 = −100（万元）

本期应提取的理赔费用准备金为 = 10 − 20 = −10（万元）

借：保险责任准备金
　　——未决赔款准备金（已发生已报案赔款准备金）　　　　　1 000 000
　　——未决赔款准备金（已发生未报案赔款准备金）　　　　　1 000 000
　　——未决赔款准备金（理赔费用准备金）　　　　　　　　　　100 000
　贷：提取保险责任准备金
　　——提取未决赔款准备金（已发生已报案赔款准备金）　　　1 000 000
　　——提取未决赔款准备金（已发生未报案赔款准备金）　　　1 000 000
　　——提取未决赔款准备金（理赔费用准备金）　　　　　　　　100 000

3. 年末结转本年利润

期末，保险公司应将"提取保险责任准备金——提取未到期责任准备金"科目余额结转到"本年利润"科目，贷记"提取保险责任准备金——提取未到期责任准备金"科目，借记"本年利润"科目。

例 5-21 续例 5-19 和例 5-20，年末 12 月 31 日将提取的保险责任准备金结转本年利润。会计处理如下。

2023 年 12 月 31 日提取的保险责任准备金结转本年利润。

借：本年利润　　　　　　　　　　　　　　　　　　　　　　　3 100 000
　贷：提取保险责任准备金
　　——提取未到期责任准备金（已发生已报案赔款准备金）　　2 000 000
　　——提取未到期责任准备金（已发生未报案赔款准备金）　　1 000 000
　　——提取未到期责任准备金（理赔费用准备金）　　　　　　　100 000

第五节　特殊非寿险保险业务的会计核算

一、联保、共保业务

（一）联保、共保业务的定义

保险公司系统内保险机构共同承保同一保险标的、共同承担风险的保险业务称为联保，两个或两个以上的保险公司共同承保同一保险标的的同一危险、同一保险事故，并按照约定的比例承担保险责任的经营行为称为共保。

（二）联保、共保业务的操作方式

1. 联保

保险公司对分支机构实行独立核算管理时，为避免个别巨额标的损失对承保分支机构的不确定影响，实行内部联保。联保是保险公司稳定分支机构经营的有效方式，因而在实务运用较为普遍，如某保险公司规定，原则上各分支机构应将其所承保的、符合上级公司规定的联保条件的风险标的统一上报，由上级公司统一计算和分配各个分支机构在所有联保标的中的责任份额。

1）同类标的联保

同类标的联保是巨额标的联保中最简单的一种。标的类别相同，其风险程度也就相同，它给风险基金带来的风险与标的的保险金额成比例，各分支机构的联保责任份额就是其参加联保的标的保险金额在所有参加联保的标的保险金额中所占的比例。

在同类标的联保下，虽然各分支机构的总责任限额没有改变，保费总额也未发生变动，但是分散了保险风险，降低了单个分支机构遭受巨额损失的概率。既分散风险而又不涉及保险费调整，是此类联保方式最显著的优点。

例 5-22 A 分公司有三个标的参加联保，总保险金额为人民币 15 000 元；B 分公司有两个标的参加联保，总保险金额为人民币 25 000 元；C 分公司有一个标的参加联保，保险金额为 20 000 元；这样总联保金额为所有参加联保标的保险金额之和，即

$$15\ 000 + 25\ 000 + 20\ 000 = 60\ 000（元）$$

A 分公司在所有标的中的责任份额为

$$15\ 000 \div 60\ 000 \times 100\% = 25\%$$

B 分公司的责任份额为

$$25\ 000 \div 60\ 000 \times 100\% = 41.67\%$$

C 分公司的责任份额为

$$20\ 000 \div 60\ 000 \times 100\% = 33.33\%$$

2）不同类标的间的加权综合联保

对于类型不同的保险标的来说情况就要稍微复杂一些，因为标的类别不同，即使相同的保险金额，其对风险基金的威胁程度也不相同。在这种情况下，如果简单地按照参加联保标的保险金额的比例承担责任，对提供盈利水平比较高的保险标的的分支机构来说就有失公平，就会不可避免地导致某些分支机构只将容易出险的标的进行联保，失去联保的原有分散巨额风险的作用。所以在进行不同类别标的的联保时应该将不同类别标的的风险程度差异考虑进去，使得所有分支机构无论将什么类别的标的参加联保都能处于同等的地位。由于操作不易，这种联保方式在实务中较为少见。

2. 共保

根据监管机构《财产保险公司保险条款和保险费率管理办法》对共保业务情形下条款费率的管理规定，其他保险公司可以直接使用首席承保人经保险监管机构审批或报备的保

险条款和保险费率，无须另行申请。

规范的共保业务应符合这些要求：①被保险人同意由多个保险人进行共保；②共保人共同签发保单，或由主承保人签发保单，同时附共保协议；③主承保人向其他共保人收取的手续费应与分保手续费平均水平有显著区别。

1）一次性共保合约

两个或两个以上的保险公司使用同一保险合同，对同一保险标的、同一保险责任进行的保险，一般由保险标的所在地的一个承保主要份额的保险公司作为主出单，向被保险人提供保单、发票以及后续服务，出单的保险公司还要将其他保险公司的份额采取批单等形式将保费减少至自己应得的份额，保险费由主出单方或中介的经纪公司负责划拨给各保险公司。需要说明的是，一家保险公司的不同分支机构（或业务经营部门）不能同时参与同一共保。

例 5-23 2024 年北京地铁×号线运营保险项目由四家保险公司进行共保。

首席承保人：甲财产保险股份有限公司北京分公司。

共保人：乙财产保险股份有限公司北京分公司。

共保人：丙财产保险股份有限公司北京市中心支公司。

共保人：丁财产保险股份有限公司北京市中心支公司。

2）长效的共保方式——共保体

保险共保体由多方参与，共同分担较大范围内的风险或特大风险标的，共保体一般按照"政府推动＋共保经营"的经营组织模式，按照共保体章程约定的比例，分摊保费，承担风险，享受政策，共同提供保险服务，如：农险共保体、医责险共保体、安全生产责任共保体、航空险共保体等。实务中，有的共保体采用"共同承保、共同服务"和"谁出单，谁负责理赔"的服务方式，完成共保各项工作。也有的共保体采用由一方保险公司承担主承保出单并承担后续服务，从共保方向先主承保方支付一定的签单服务费用，相应的保费赔款费用在共保体内进行比例分摊。

（三）联保、共保业务的会计处理

联保、共保业务根据各保险机构承担的份额不同，可区分为主承保方和非主承保方，主承保方即负责签发保单的一方。主承保方和非主承保方共同承担风险的联保、共保业务，按保险合同确定的总保费及承担风险的份额计算自身承担份额的保费，计入保费收入。

1. 主承保方业务的会计处理

符合保费收入确认条件，但尚未收到保费时，主承保方按照自身承担份额，借记"应收保费"科目，贷记"保费收入"科目。

实际收取保费时按照自身承担份额确认冲销应收保费科目，借记"银行存款"科目，贷记"应收保费"科目，对收取的应支付给其他共保方的保费资金，主承保方借记"银行存款"科目，贷记"应付保费"科目，实际支付代收保费时冲减应付保费科目。

如果联保、共保协议明确规定，主承保方要代非主承保方开具保费发票，主承保方可开具全额发票，但必须向非主承保方取得其对应份额的保费发票。

按联保、共保协议规定须向非主承保方收取的出单手续费,借记"银行存款"科目,贷记"其他业务收入——出单费"科目,并向非主承保方开具由税务机关监制的服务类发票。

2. 非主承保方业务的会计处理

非主承保方接到承保通知后,应根据自身承担份额,借记"应收保费"科目,贷记"保费收入"科目,收到主承保方划转的保费后冲销应收保费科目,借记"银行存款"科目,贷记"应收保费"科目。

如果联保、共保协议明确规定,主承保方要代非主承保方开具保费发票,主承保方开具全额发票后,非主承保方需向主承保方开具自身承担份额的保费发票。

按联保、共保协议规定向主承保方支付的出单手续费,记入"其他业务成本——出单费"科目。

例 5-24 某工厂投保的一份保额 800 万元、一年期的企业财产险保险合同于 2023 年 12 月 1 日成立,由 A、B 两家保险公司共保,合同总保费为 100 万元(含税)。合同约定 A 保险公司为主承保人,保费按 7∶3 在 A、B 两家保险公司之间分配结算。2024 年 2 月保费收到。出单手续费 1 000 元由 B 公司支付。会计处理如下。

(1) A 公司。

①2023 年 12 月 1 日保险合同成立时,按自己的份额确认保费。

保费 = 1 000 000 × 70% = 700 000(元)

借:应收保费——某工厂　　　　　　　　　　　　　　　　700 000
　　贷:保费收入——企业财产险　　　　　　　　　　　　　　700 000

②2024 年 2 月实际收到保费。

借:银行存款　　　　　　　　　　　　　　　　　　　　　700 000
　　贷:应收保费——某工厂　　　　　　　　　　　　　　　　700 000

③收到的应支付给 B 公司的保费资金。

借:银行存款　　　　　　　　　　　　　　　　　　　　　300 000
　　贷:应付保费——B 公司　　　　　　　　　　　　　　　　300 000

④实际支付给 B 公司。

借:应付保费——B 公司　　　　　　　　　　　　　　　　300 000
　　贷:银行存款　　　　　　　　　　　　　　　　　　　　300 000

⑤向 B 公司收取手续费。

借:银行存款　　　　　　　　　　　　　　　　　　　　　1 000
　　贷:其他业务收入——手续费收入　　　　　　　　　　　　1 000

(2) B 公司。

①接到承保通知后,应根据自身承担份额确认保费收入。

保费收入 = 1 000 000 × 30% = 300 000(元)

借:应收保费——某工厂　　　　　　　　　　　　　　　　300 000
　　贷:保费收入　　　　　　　　　　　　　　　　　　　　300 000

②收到 A 公司划转的保费。

借：银行存款　　　　　　　　　　　　　　　　　　　　　　　300 000
　　贷：应收保费——A 公司　　　　　　　　　　　　　　　　　　　　300 000

③向 A 公司支付出单手续费。

借：其他业务成本——出单费　　　　　　　　　　　　　　　　　　1 000
　　贷：银行存款　　　　　　　　　　　　　　　　　　　　　　　　　1 000

二、非寿险投资型保险业务

财产保险公司的投资型保险业务是指以投保人交存的应返还的投资金作为本金，既有对保险标的的风险保障，又有投资回报的一种投资型保险业务。保险公司收到投资金后，保险费由保险人从投资收益中获得，投保人无须在交纳投资金后再另行支付保险金。保险期满后，无论投保人是否获得保险赔偿，均可得到投资金本金和投资收益。

投资型保险业务分预定收益型的投资保障型业务和非预定收益型的投资型业务以及长效返还型两全保险业务。

（一）预定收益型的投资保障型保险业务

（1）收取投资金时，借记"银行存款"科目，贷记"保户储金及投资金"科目。

（2）保险合同成立并开始承担保险责任时，由核算单位按规定的每份保单年保费及保险年限计算应计总保费，借记"应收利息——风险保费"科目，贷记"保费收入"科目。

（3）从当期开始至保险期满，每月按保单规定的利率计提保单红利，借记"应收利息——保单红利"科目，贷记"应付保单红利"科目。

（4）每季末按照该业务已赚保费部分，保险公司确认利息支出和应收利息（风险保费），借记"利息支出——风险保费支出"科目，贷记"应收利息——风险保费"科目。

（5）每季末公司确认应收利息（保单红利），借记"利息支出——保单红利支出"科目，贷记"应收利息——保单红利"科目。

（6）实际支付应付保单红利，借记"应付保单红利"科目，贷记"银行存款"科目。

（7）保险期满返还投资金时，借记"保户储金及投资金"科目，贷记"银行存款"科目。

例 5-25　2024 年 1 月 1 日，投保人李某向某财险公司投保三年期的家庭财产保险，交保户储金 6 万元，合同规定三年后归还本金，每年按照预定收益率 4%向保单持有人支付储金收益，不计复利。每份家财险每年保费收入 1 200 元来自储金投资收益，不向投保人收取家财险保费。会计处理如下。

（1）2024 年 1 月 1 日收到保户储金。

借：银行存款——储金专户　　　　　　　　　　　　　　　　　　60 000
　　贷：保户储金及投资金——家庭财产保险（李某）　　　　　　　　60 000

（2）2024 年 1 月 1 日保险公司确认当年家财险总保费 1 200 元。

借：应收利息——风险保费　　　　　　　　　　　　　　　　　　 1 200
　　贷：保费收入　　　　　　　　　　　　　　　　　　　　　　　　1 200

第二年、第三年年初相同处理，不赘述。另外，本处保费收入相关的未到期责任准备金的处理也省略。

（3）每月按保单规定的利率确认保单红利。

$$保单红利 = 60\,000 \times 4\% \div 12 = 200（元）$$

借：应收利息——保单红利　　　　　　　　　　　　　　　　　　　200
　　贷：应付保单红利　　　　　　　　　　　　　　　　　　　　　　　　200

（4）每月末确认该业务的利息支出。

借：利息支出——风险保费支出　　　　　　　　　　　　　　　　　100
　　贷：应收利息——风险保费　　　　　　　　　　　　　　　　　　　　100

（5）每月末确认应收利息（保单红利）。

借：利息支出——保单红利支出　　　　　　　　　　　　　　　　　200
　　贷：应收利息——保单红利　　　　　　　　　　　　　　　　　　　　200

（6）每年末实际支付应付保单红利。

$$每年应付保单红利 = 200 \times 12 = 2\,400（元）$$

借：应付保单红利　　　　　　　　　　　　　　　　　　　　　　2 400
　　贷：银行存款　　　　　　　　　　　　　　　　　　　　　　　　　2 400

（7）2026年12月31日保险期满返还投资金时。

借：保户储金及投资金——家庭财产保险（李某）　　　　　　　60 000
　　贷：银行存款——储金专户　　　　　　　　　　　　　　　　　　60 000

（二）非预定收益型的投资型保险业务

（1）收取投资金时，应当按照规定的每份保单净投资金和代收申购费金额，借记"银行存款"科目，贷记"其他应付款——投资金"和"其他应付款——代扣申购费"科目。

（2）支付申购费用时，应当按照规定的申购费用支付金额，借记"其他应付款——代扣申购费"科目，贷记"银行存款"科目。

（3）保险合同成立并开始承担保险责任时，由核算单位按规定的每份保单计算总保费和确认相关申购期利息。确认保费收入时，借记"投资收益"科目，贷记"保费收入"科目；确认申购期利息时，借记"投资收益"科目，贷记"其他应付款——投资金"科目。

（4）保险公司将收取的投资金及对应的"其他应付款——投资金"余额划转至资产管理人，借记"其他应付款——投资金"科目，贷记"银行存款"科目。

（5）保单起保后，由保险公司每季度末按照最后一个估值日公布的产品净值与规定的资产管理费及保险服务费计提比例，计算归属公司的投资收益，借记"其他应收款——资产管理公司"科目，贷记"投资收益"科目。

（6）保险公司收到委托管理人支付的资产管理费及保险服务费时，借记"银行存款"科目，贷记"其他应收款——资产管理公司"科目。

（7）保险公司收到托管人划回的退保及满期赎回资金及产品净值时，借记"银行存款"科目，贷记"其他应付款——投资金"科目。

（8）发生退保赎回和满期赎回时，按照计算确定的退保赎回金额，借记"其他应付款——投资金"科目，贷记"银行存款"科目，赎回期结束后，"其他应付款——投资金"科目应无余额。

（三）长效返还型两全保险业务

长效返还型两全保险业务是指保险公司以储金本金增值作为保费收入的保险业务，具有保险和储蓄双重性质。保险期满，无论投保人是否获得保险赔偿，均可得到返还的储金。

（1）收到储金时，借记"现金/银行存款"科目，贷记"保户储金/传统型"科目。

（2）每年按保户储金及银行一年定期存款利率计算当年应计保费，借记"利息支出"科目，贷记"保费收入"科目。

（3）返还储金时，借记"保户储金/传统型"科目，贷记"银行存款"科目。

三、政策性农业保险业务概述

（一）政策性农业保险业务概述

保险公司与政府合作，采取财政补贴、政府代办、合作开办、共保体等方式开办的特殊农业保险即政策性农业保险。

（1）对于政策性农业保险业务，保险公司应设置险种专项进行核算。政策性农业保险业务险种专项区分中央政策性和地方政策性两大类。保险公司应严格按照监管机构规定的政策性农业保险统计类别进行设置。

（2）对于采取共保体或政府代办形式开办的政策性农业保险，委托保险公司进行会计核算的，可以单独设置账簿进行独立核算。对于采取联办共保或者共保体等方式开办的政策性农业保险，应当按照保险公司享有的份额记入各损益科目，账务处理与一般保险业务保持一致。

（3）和政府或其他保险公司发生的、与政策性农业保险相关业务往来的会计核算。在"其他应收款——其他应收暂付款"和"其他应付款——其他应付暂收款"科目下进行核算。

（4）对于政府明确规定费用包干比例或额度的政策性农业保险，日常与政策性农业保险有关费用应当据实列支，年末未列足且有明确用途的费用可按照包干的比例或额度进行计提。计提费用应通过"其他应付款"科目进行核算。

（5）收到政府无偿拨付的政策性农业保险补贴资金时，应记入"营业外收入——专项补贴收入"科目核算。如补贴资金为政府指定用途，应先记入"其他应付款——其他应付暂收款"科目，实际支出时予以转出并记入相关损益类科目，如有结余再转入"营业外收入——专项补贴收入"科目。

（6）对于保险公司不确认保费收入和赔款支出的政府代办业务，收取的代办费应记入"其他业务收入——代办业务收入"科目，相关费用支出应直接记入"其他业务成本——代办业务支出"科目。

（二）政策性农业保险大灾风险准备金

政策性农业保险大灾风险准备金是指经办农业保险的保险机构在经营农业保险过程中，为增强风险抵御能力、应对农业大灾风险专门计提的准备金。保险机构应对各级财政按规定给予保费补贴的种植业、养殖业、林业等农业保险业务计提农业保险大灾风险准备金。

根据《农业保险大灾准备金管理办法》规定，保险机构应当分别按照农业保险保费收入和超额承保利润的一定比例，计提大灾准备金（以下分别简称保费准备金和利润准备金），逐年滚存。保险机构计提保费准备金，应当分别以种植业、养殖业、森林等大类险种（以下简称大类险种）的保费收入为计提基础。保险机构计提保费准备金的比例，由保险机构按照《农业保险大灾风险准备金计提比例表》规定的区间范围，在听取省级财政等有关部门意见的基础上，结合农业灾害风险水平、风险损失数据、农业保险经营状况等因素合理确定。计提比例一旦确定，原则上应当保持三年以上有效。保险机构计提保费准备金，滚存余额达到当年农业保险自留保费的，可以暂停计提。

1. 会计科目设置

保险机构对政策性农业保险大灾风险准备金进行会计核算时应当设置下列会计科目。

在损益类科目中设置"提取保费准备金"科目，核算保险机构按规定当期从农业保险保费收入中提取的保费准备金。该科目应按种植业、养殖业、森林等大类险种进行明细核算。

在负债类科目中设置"保费准备金"科目，核算保险机构按规定从农业保险保费收入中提取，并按规定使用和转回的保费准备金。该科目应按种植业、养殖业、森林等大类险种进行明细核算。

在所有者权益类科目中设置"大灾风险利润准备"科目，核算保险机构按规定从净利润中提取，并按规定使用和转回的利润准备金，以及大灾准备金资金运用形成的收益。

在"利润分配"科目下设置"提取利润准备"明细科目，核算保险机构按规定从当期净利润中提取的利润准备金；在"利润分配"科目下设置"大灾准备金投资收益"明细科目，核算保险机构以大灾准备金所对应的资金用于投资等所产生的收益。

2. 账务处理

保险机构当期计提的保费准备金，在成本中列支，计入当期损益。保险机构计提的利润准备金，计入所有者权益。

期末，保险机构按照各类农业保险当期实现的自留保费（即保险业务收入减去分出保费的净额）和规定的保费准备金计提比例计算应提取的保费准备金，借记"提取保费准备金"科目，贷记"保费准备金"科目。

期末，保险机构总部在依法提取法定公积金、一般风险准备金后，按规定从年度净利润中提取的利润准备金，借记"利润分配——提取利润准备"科目，贷记"大灾风险利润准备"科目。

保险机构按规定以大灾准备金所对应的资金用于投资等所产生的收益，借记"应收利息""应收股利"等科目，贷记"投资收益"等科目；同时，借记"利润分配——大灾准备金投资收益"科目，贷记"大灾风险利润准备"科目。

保险机构在确定支付赔付款项金额或实际发生理赔费用的当期，按照应赔付或实际赔付的金额，借记"赔付支出"科目，贷记"应付赔付款""银行存款"等科目，按规定以大灾准备金用于弥补农业大灾风险损失时，按弥补的金额依次冲减"保费准备金""大灾风险利润准备"科目，借记"保费准备金""大灾风险利润准备"科目，贷记"提取保费准备金""利润分配——提取利润准备"科目。

保险机构不再经营农业保险的，将以前年度计提的保费准备金的余额逐年转回损益时，按转回的金额，借记"保费准备金"科目，贷记"提取保费准备金"科目；将利润准备金的余额转入一般风险准备时，按转回的金额，借记"大灾风险利润准备"科目，贷记"一般风险准备"科目。

四、销售、理赔形式创新业务

（一）交叉销售保险业务

交叉销售是一种发现顾客多种需求，并满足其多种需求的营销方式，在同一个客户身上挖掘、开拓更多的顾客需求，而不是只满足于客户某次的购买需求，从横向角度开发产品市场。交叉销售保险业务一般在同一金融保险集团或战略联盟所属人寿保险公司、健康保险公司、养老保险公司和财产保险公司之间开展。

交叉销售保险业务的会计处理如下。

（1）保险公司代理同集团寿险及健康险业务取得手续费收入时，借记"银行存款"科目，贷记"其他业务收入——交叉销售手续费收入"科目，并全额提供兼业代理手续费发票。

（2）保险公司收到同集团寿险及健康险公司支付的手续费时，应在扣除增值税及个人所得税后逐级下划至具体代理人员或机构。向所属营销员支付其代理寿险、健康险业务手续费时，借记"其他业务成本——交叉销售手续费支出"科目，贷记"银行存款"科目。向所属直销人员支付其代理寿险、健康险业务手续费时，借记相关薪酬和费用科目。

（3）产险、寿险按协议成立互动部，其租用公司职场租金，以及创立初期给予的费用补贴，应在后期取得的手续费及销售费用中予以扣除。保险公司收取寿险、健康险及互动部的职场租金，借记"银行存款"科目，贷记"其他业务收入——租金收入"科目。保险公司（包括互动部）代理寿险、健康险业务取得的销售费用及费用补贴收入，借记"银行存款"科目，贷记"其他应付款——其他应付暂收款"科目，并于相关费用实际支付时予以转销。

例 5-26　某保险公司成立互动部，代理乙寿险公司业务，本月收取手续费为 400 000 元（含税），增值税率为 6%，其中 200 000 元扣除 24 000 元增值税及附加、10 000 元个人所得税后支付给本公司营销员。此外，本月向 B 寿险公司收取职场租金为 20 000 元（租金收入适用 10%增值税税率）。

1. 取得手续费

借：银行存款　　　　　　　　　　　　　　　　　　　　　　　　　400 000
　　贷：其他业务收入——交叉销售手续费收入　　　　　　　　　　377 358.49
　　　　应交税费——应交增值税（销项税额）　　　　　　　　　　 22 641.51

2. 向营销员支付其代理寿险手续费

借：其他业务成本——交叉销售手续费支出　　　　　　　　　　　　200 000

    贷：应交税费——代扣增值税及附加   24 000
       ——代扣个人所得税   10 000
      银行存款   166 000
 3. 收取 B 公司职场租金
  借：银行存款   20 000
    贷：其他业务收入——租金收入   18 181.82
      应交税费——应交增值税（销项税额）   1 818.18

（二）保险卡业务

  保险卡是一种特殊的保险凭证，具有确定的面值和保险金额。客户可以根据自身需要，通过网络、电话、柜台等多种渠道自主完成保险产品选择和保险合同签订。保险卡既有每一张卡对应一款具体产品，保险责任、保额、保费相对固定，又有每一张卡对应多款保险产品，客户可以进行产品组合，购买所涉及产品库中任何一种或多种产品。

  销售保险卡时，按销售金额计入预收保费。保险卡注册成功，保险合同生效时，按销售金额确认保险卡业务的保费收入，同时冲减预收保费。

  保险卡逾期未注册的，保险合同失效，按销售金额暂时转入营业外收入，同时冲减预收保费。

  例 5-27 2024 年 1 月 1 日某保险公司销售给客户一张保额 20 万元保费 800 元的保险卡，该客户于 2024 年 3 月 1 日注册，保险合同生效。会计处理如下。

  （1）2024 年 1 月 1 日销售保险卡。
    借：银行存款   800
      贷：预收保费   800
  （2）2024 年 3 月 1 日保险卡注册成功，保险合同生效。
    借：预收保费   800
      贷：保费收入   800

（三）授予客户奖励积分

  为进行促销，保险公司在销售保险产品时会授予客户奖励积分。客户积累的积分可用来免费购买某保险产品或抵交某保险产品的部分保费。

  保险公司在制定授予客户奖励积分的营销策略时，就涉及当期和以后保费收入确认的金额问题。保险公司应当将销售取得的款项或应收款项在保费收入与奖励积分公允价值之间进行分配，取得的款项或应收款项扣除奖励积分公允价值的部分确认为收入，奖励积分的公允价值确认为递延收益，待客户兑换奖励积分或其失效时，结转计入当期损益。

  例 5-28 某保险公司开展买车险授予客户奖励积分活动，一元保费可获得一个积分，累积积分按 100 积分＝1 元的比例兑换，可购买其他保险或抵交下一次购买车险的部分保费。2024 年 4 月 5 日，客户 A 购买商业车险，保费 5 000 元，确定可获得积分 50 分，该客户在 4 月 30 日用积分购买了旅游意外人身伤害保险。会计处理如下。

(1) 2024年4月5日购买车险。

借：银行存款　　　　　　　　　　　　　　　　　　　　　5 000
　　贷：保费收入——商业车险　　　　　　　　　　　　　　4 950
　　　　递延收益　　　　　　　　　　　　　　　　　　　　　50

(2) 2024年4月30日客户兑换积分。

借：递延收益　　　　　　　　　　　　　　　　　　　　　　50
　　贷：保费收入——旅游意外人身伤害保险　　　　　　　　50

（四）淘宝销售车险业务

淘宝销售车险业务是由保险公司总部直接入驻淘宝商城，开设旗舰店进行车险直销，并由保险公司专业的客服人员对消费者提供支持。

其会计处理如下。

（1）总公司保单收款时，总公司核算中心取得银行回单，借记"银行存款"科目，贷记"其他应付款——淘宝集中收款"科目，与淘宝和系统数据核对一致时，借记"其他应付款——淘宝集中收款"科目，贷记"系统往来"科目，分公司借记"系统往来"科目，贷记"其他应付款——淘宝集中收款"科目。

（2）款单匹配时，分支公司指认具体保单，借记"其他应付款——淘宝集中收款"科目，贷记"预收保费"科目，如果落地到支公司，通过"系统往来"科目核算。

（3）保单生效，保单起保时，分支公司借记"应收保费"科目，贷记"保费收入"和"应交税费——应交增值税（销项税额）"科目。

（4）预收转应收时，借记"预收保费"科目，贷记"应收保费"科目。

（五）网络营销业务

网络营销业务，简称网销业务，是以保险网站为主要营销工具，展开各类网上的保险营销活动，以达到综合性地提升竞争优势、获得多样化的客户来源渠道的目的。

网络营销业务的会计处理如下。

（1）总公司保单收款，与第三方结算时，借记"其他应收款——网上销售"科目，贷记"系统往来——分公司"科目，分公司借记"系统往来——总公司"科目，贷记"其他应付款——行政出纳代收"科目，总公司收到银行回单，借记"银行存款"科目，贷记"其他应收款——网上销售"科目。

（2）分公司作虚拟账户收款，收到财务系统内网通知或邮件通知，借记"其他应付款——行政出纳代收"科目，贷记"预收保费"科目。如果落地到支公司，通过"系统往来"科目核算。

（3）保单生效，保单起保时，分公司借记"应收保费"科目，贷记"保费收入"和"应交税费——应交增值税（销项税额）"科目。

（4）预收保费转应收保费时，借记"预收保费"科目，贷记"应收保费"科目。

（六）赠与业务

赠与业务是指保险公司为扩大销售，在销售保险合同的同时，向投保人赠送其他保险合同的业务。赠与业务分有偿赠与和无偿赠与两类。

1. 有偿赠与业务的会计处理

有偿赠与业务可以视为商业折扣，应当分别全额确认销售的保险合同和赠与的保险合同的保费收入，分险种分别借记"应收保费"科目，贷记"保费收入"科目。再将赠与保险合同的保费收入按相同金额确认为承保费用，并且在销售的保险合同和赠与的保险合同之间按照一定的比例进行分配，分险种分别计入当期损益，借记"承保费用——其他费用"科目，贷记"应收保费"科目。

例 5-29 甲保险公司向乙公司销售企业财产保险，保费 10 万元，同时赠送一份一年期团体意外伤害保险，保费 4 000 元。赠与保险费用按保费收入分摊。甲保险公司会计处理如下。

（1）销售和赠与保险合同。

借：应收保费——企业财产险（乙公司）　　　　　　　　　　　　100 000
　　　　　　——意外伤害险（乙公司）　　　　　　　　　　　　　4 000
　　贷：保费收入——企业财产险　　　　　　　　　　　　　　　　100 000
　　　　　　——意外伤害险　　　　　　　　　　　　　　　　　　4 000

将赠与的保费分别确认为两个险种的费用

计入企财险的费用 = 4 000 × [100 000 ÷ (100 000 + 4 000)] = 3 846.15（元）

计入意外伤害险的费用 = 4 000 × [4 000 ÷ (100 000 + 4 000)] = 153.85（元）

借：业务及管理费——企业财产险（其他费用）　　　　　　　　　3 846.15
　　　　　　——意外伤害险（其他费用）　　　　　　　　　　　153.85
　　贷：应收保费——意外伤害险（乙公司）　　　　　　　　　　　4 000

（2）收到企业财产险保费。

借：银行存款　　　　　　　　　　　　　　　　　　　　　　　100 000
　　贷：应收保费——企业财产险（乙公司）　　　　　　　　　　100 000

2. 无偿赠与业务的会计处理

无偿赠与业务一般指保险公司对于国家举办的大型活动如奥运会、亚运会、世博会等无偿赞助保险合同的业务。保险公司可根据赞助的保险金额，借记"应收保费"科目，贷记"保费收入"科目，并在取得相关凭据后借记"营业外支出"，贷记"应收保费"。根据国家针对大型活动的具体政策，此部分赞助在计算企业应纳税所得额时予以全额扣除。

例 5-30 某保险公司无偿赞助 2022 年冬奥会中国速滑队团体意外伤害保险 500 万元（保费），符合国家规定且取得有效凭证。在保险期间，该保险公司支付赔款 8 万元。会计处理如下。

（1）赠与保险 500 万元。

借：营业外支出　　　　　　　　　　　　　　　　　　　　　5 000 000
　　贷：保费收入　　　　　　　　　　　　　　　　　　　　　5 000 000

（2）发生赔付 8 万元。

借：赔付支出　　　　　　　　　　　　　　　　　　　　　　　80 000

　　　　贷：银行存款　　　　　　　　　　　　　　　　　　　　　　　　　　80 000

（七）代赔案件

1. 通赔业务产生的代赔案件

保险公司所属机构承保的车辆在承保地公司所在地以外的地区出险，由异地分支公司代为查勘、定损和赔付的业务即为通赔业务。通赔业务包括省间通赔和省内通赔。

保险公司发生的代赔案件，应设置"代付赔付款"科目，核算本公司系统内部分支机构间相互垫付的赔款及代理其他公司支付的赔款。该科目属于资产类科目，其借方登记代付的赔付款，贷方登记收回或冲销的代付赔付款，余额在借方，表示应收未收的代付赔付款。该科目应设"系统内（通赔业务）"和"其他"二级科目，并按委托公司设置明细账。

通赔业务产生的代赔案件，出险地公司代为支付赔款并在省间通赔系统中确认出险地流转结束，借记"代付赔付款——系统内（通赔业务）"科目，贷记"银行存款"科目；省间通赔系统出险地流转结束后，赔案信息回写至新车险理赔系统，并显示为"核赔通过"，核赔通过信息需要由承保地财务人员在收付费系统手工接收，并确认代付赔付款金额，借记"赔付支出——直接赔款"科目，贷记"应付赔付款"科目，同时，借记"应付赔付款"科目，贷记"代付赔付款——系统内（通赔业务）"科目。在会计期末，"代付赔付款"科目应当轧平。

例 5-31　某外地本系统内乙保险公司承保的车辆险在甲保险公司所在地出险，甲保险公司接受委托代理理赔、勘查，并通过银行存款支付赔款 3 000 元。甲保险公司会计处理如下。

　　借：代付赔付款——乙保险公司　　　　　　　　　　　　　　　3 000
　　　　贷：银行存款　　　　　　　　　　　　　　　　　　　　　　　3 000

2. 共保业务产生的代赔案件

共保业务产生的代赔案件会计处理与系统内通赔业务会计处理相同。共保业务产生的代赔案件，保险公司作为出险地公司代为支付赔款时，借记"代付赔付款——其他"科目，贷记"银行存款"科目。保险公司作为承保地公司收到纸质资料案卷后，确认代付赔付款金额，借记"赔付支出——直接赔款"科目，贷记"代付赔付款——其他"科目。

（八）法院强制划款

法院强制划款是指依据法院强制执行或协助执行等相关法律文书，明确要求保险公司执行、诉讼保全及先予执行的案件，或公司未在生效法律文书确定期限及时履行义务而执行程序或强制划款的案件。对于法院强制划款的赔案，保险公司应对强制执行支付给被保险人的赔款（不含诉费、执行费和滞纳金）区分以下情况，分别在"预付赔付款"或"赔付支出——直接赔款"科目下核算。

（1）对于索赔材料齐全、法律部门和理赔部门已确定具备核赔条件的案件，应及时在理赔业务处理系统完成立案、理算、核赔和结案工作，计入赔付支出，已在"其他应收款"科目挂账的，同时冲减"其他应收款"科目。按法院判决款金额，借记"赔付支出——直接赔款"科目，贷记"银行存款"或"其他应收款"科目。

(2)对于法律部门和理赔部门确认尚不具备核赔条件的案件,应在理赔系统中及时完成预付赔款的处理,财会部门根据理赔系统传送的信息,计入预付赔付款,此前在"其他应收款"科目挂账的,应同时冲减"其他应收款"科目。按法院判决款金额,借记"预付赔付款"科目,贷记"银行存款"或"其他应收款"科目。

当法院最终判决仍由公司赔付的案件,理赔部门应及时将执行款从"预付赔付款"转"赔付支出",财会部门根据理赔系统传送的信息,进行账务处理,借记"赔付支出——直接赔款"科目,贷记"预付赔付款"科目,涉及付款的贷记"银行存款"科目。

例 5-32 某公司收到法院强制划款通知,先行支付丙保户投保的机动车辆保险赔款3 000元,经法律部门和理赔部门确认尚不具备核赔条件。后经法院最终判决应支付3 500元。会计处理如下。

(1)先行支付。

借:预付赔付款——丙保户　　　　　　　　　　　　　　　　　　3 000
　　贷:银行存款　　　　　　　　　　　　　　　　　　　　　　　3 000

(2)法院最终判决结案。

借:赔付支出——直接赔款(机动车辆保险)　　　　　　　　　　　3 500
　　贷:预付赔付款——丙保户　　　　　　　　　　　　　　　　　3 000
　　　　银行存款　　　　　　　　　　　　　　　　　　　　　　　　500

五、机动车延长保修责任保险业务

机动车延长保修责任保险(以下简称"机动车延保")是在机动车超过原厂保修期后的延长保修期内,当机动车发生机械故障或电气故障时,保险人按照保险合同的约定对机动车的修复、更换费用予以赔偿的保险。

机动车延保是近年来针对国内汽车行业新的发展趋势以及对机动车延保服务的迫切需求而新兴的高端责任保险业务,该产品以机动车生产商、机动车经销商、机动车服务提供商(包括专业延保服务提供商和汽修厂)、机动车交易官方管理机构指定的二手车交易市场等为被保险人,对其在保险期间内向机动车购买人或车主签发延长保修服务合同的机动车,在原厂保修期结束后延长的质量保修期间内发生延长保修服务合同所定义的机械故障或电气故障而必须修复或更换零部件时,根据延长保修合同约定的延保零部件范围应由被保险人负责修复或更换的,保险人根据保险合同的约定对被保险人的修复或更换责任负责赔偿。机动车延保一般由汽车销售服务商(俗称4S店)等第三方投保,也可由客户直接向保险公司投保。

1. 目前国内机动车延长保修责任保险的模式

1)经销商模式

这种模式下,经销商向机动车购车人提供延长保修服务,签订延长保修服务合同,经销商再将其承担的延长保修风险向保险人投保保险,经销商作为被保险人。保险费可能由经销商自己承担,也可能由经销商在销售新车时推荐给客户并由客户承担,以后者为主。

2）厂商模式

这种模式下，厂商向机动车购车人提供延长保修服务，签订延长保修服务合同，厂商再将其承担的延长保修风险向保险人投保保险，厂商作为被保险人。保险费可能由厂商自己承担，也可能由厂商要求经销商在销售新车时推荐给客户并由客户承担。

3）专业延保服务提供商模式

专业延保服务提供商模式是指专业延保服务提供商向机动车购车人提供延长保修服务，签订延长保修服务合同，专业延保服务提供商再作为投保人和被保险人，将其承担的延长保修风险向保险人投保保险。保险费由专业延保服务提供商支付给保险人。

4）二手车交易市场模式

这种模式是由二手车交易市场向二手车购买人提供延长保修服务，签订延长保修服务合同，二手车交易市场再作为投保人和被保险人，将其承担的延长保修风险向保险人投保保险。二手车交易市场将保费含在二手车车价中转嫁给购车人。

2. 会计核算

机动车延保业务的承保风险是随着车辆原厂保修期的结束而逐步发生的，在整个保险期间，原厂保修期内没有对应的风险保费，所有的风险保费都将在原厂保修期结束后确认。保险公司在收取保费时应先确认为预收保费，待延长保修期开始之后再按照三百六十五分之一法形成已赚保费。

思考题

1. 非寿险保险合同保费收入确认的条件是什么？
2. 未决赔款准备金是如何进行会计核算的？
3. 简述未赚保费准备金的计提方法。
4. 共保业务是如何进行会计核算的？
5. 非寿险投资保险业务是如何进行会计核算的？

第六章 寿险合同的会计核算

第一节 寿险业务分类及核算要求

一、寿险业务及其分类

寿险是指以人的寿命和身体为保险标的,以生死、年老、疾病、意外伤害等人身风险为保险事故的保险。以人的寿命为标的的保险通常称为人寿保险,以人的身体为标的的保险又分为健康保险和意外伤害保险。寿险业务包括人寿保险、健康保险和意外伤害保险等保险业务。

(一) 人寿保险

人寿保险是以人的寿命为保险标的,以人的死亡或生存为保险事故的保险。在保险合同期间,当被保险人发生合同约定的保险事故(死亡或生存)时,由保险人依约给付保险金。人寿保险主要包括定期寿险、终身寿险和两全保险。定期寿险又称为定期死亡保险,它提供特定期间的死亡保障,如一年、五年、十年、二十年,或到被保险人的某个年龄为止,但一般来说,保险人很少出售短于一年期的定期寿险保单。被保险人在特定期间内死亡时,由保险人向受益人给付保险金;如特定期间届满,被保险人仍然生存,则保险人不承担保险责任。终身寿险又称为终身死亡保险,它提供被保险人终身的死亡保障,一般到生命表的终端年龄(如一百岁)为止。只要保险合同效力维持,不论被保险人在一百岁以前何时死亡,保险人都向受益人给付保险金。如果被保险人生存到一百岁,保险人向其本人给付保险金。两全保险又称为生死合险,它是生存保险与死亡保险的结合。被保险人在保险期内死亡或生存到保险期满时,保险人均给付保险金。

(二) 年金保险

年金保险是指保险金的给付采取年金这种形式的生存保险,从被保险人达到领取年金的年龄开始领取保险金,直到领取人死亡或规定期限终了。年金保险一般为养老保险,能够防范个人因高寿而耗尽财产的风险。

(三) 健康保险

健康保险是为补偿被保险人在保险有效期内因疾病、分娩或意外伤害而接受治疗所发生的医疗费用,或者补偿被保险人因疾病、意外伤害导致伤残而无法工作所发生的收入损失的一类保险。

(四) 新型寿险

上述定期寿险、终身寿险与养老寿险都属于传统型人寿保险。由于保险金额通常为一个固定的数额，没有考虑通货膨胀因素，保险的保障功能因基金在积累期的通货膨胀会明显减弱，同时人寿保险公司的大部分投资是固定收益率的长期投资，即使有分红保单，传统的人寿保险对通货膨胀的反应也是很弱的。高利率与高通货膨胀率诱发了大量的退保与大幅度增加保单质押贷款，严重威胁人寿保险公司的财务安全；与其他金融产品相比，传统寿险产品的竞争力削弱，人寿保险公司在金融机构之间的竞争中处于不利地位。上述因素引发人寿保险公司开发出了一系列对付通货膨胀和更灵活满足顾客需求的产品，如分红保险、万能人寿保险、投资连结保险等，统称新型人寿保险或创新型人寿保险。

二、寿险合同会计的核算特点

由于寿险原保险业务与非寿险原保险业务的特点和经营管理要求有很大的不同，对寿险合同会计特点的要求也有不同，具体体现在以下几个方面。

1. 遵循权责发生制原则难度大

寿险原保险合同经营的业务具有保险期限长期性的特点，大部分为期限二十年甚至三十年以上的长期性负债，在收入补偿与发生成本之间存在较长的时间差，所以，寿险合同遵循权责发生制原则比非寿险合同难度更大。

2. 与业务部门密切配合

寿险合同与精算等业务部门联系紧密，寿险合同从收款到理赔可能经历几十年，签单、收费、记账、编表等整个核算过程长，会计和业务部门要明确分工，各负其责，双方的处理手续必须衔接，起相互配合、相互补充、相互监督的作用。同时，会计资料与业务资料应定期核对，防止错乱，以保证核算的准确性。

3. 实行按险种核算损益办法

在寿险保费计算中，预定死亡率、预定利率、预定费用率与实际的死亡率、资金收益率、费用率会出现差额，这种差额形成了寿险盈利的"三差"，即"死差""利差"和"费差"，因此，寿险业务性质要求各险种均需要单独核算损益。

第二节　寿险合同保费收入的核算

一、寿险合同保费收入构成

保单反映了保险人和投保人各自的权责关系：对投保人来说，其权益是在保险合同约定的保险事故发生时获取保险金，其责任是缴纳保险费；对保险人来说，其权益是获取保险费收入及由保险费集聚形成的保险基金的投资收益，其责任是在保险合同约定的保险事故发生后向保单的受益人（由投保人指定并在保单中明确注明）支付保险金。

保险人和投保人作为保险合同的利益主体，都必须遵循权责对等的原则，即保险人从投保人处收取的保险费应至少满足保险金的支付。一般而言，把恰能满足保险金支付的保险费称为纯保费或净保费。但对于保险人来说，其支出并不仅局限于支付保险金，保险人经营各项业务必然会发生各种各样的费用，比如代理人的佣金、办公费用、精算和研发费用等，显然，这些费用正是由于保险人承保投保人的风险而产生的。除了这些经营费用之外，保险人以风险作为经营的对象，其自身的经营不可避免地带有一定的风险性，如利率的波动、死亡率的变动、退保率的变动、经营费用的变动等，所以，保险人在精算的过程中会适当地在保险费中进行风险加成，以防范保险人本身较大的财务风险对保险经营的冲击。此外，保险人在经营过程中还要承担各种税收，以履行一个商业企业的社会责任，并在此基础上获得正常的社会平均利润。因此，风险加成、税收和利润都会影响保险人向投保人收取的保险费的多寡。保险人向投保人收取的实际金额，即总保险费，不仅要满足对保险金支付的需要，还要满足对费用支付的需要，以及对风险加成、税收和利润的需要。除纯保费外，其余部分统称附加保费。这样，保险人向投保人收取的总保险费就由两个部分组成：纯保费和附加保费。其构成如图 6.1 所示。

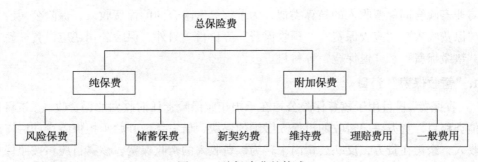

图 6.1　总保险费的构成

二、寿险合同保费收入的确认条件与具体原则

（一）寿险合同保费收入的特点

（1）寿险业务的保费缴付方式以分期缴纳为主，趸收较少。
（2）保险费多为均衡保费。
（3）保单具有一定的储蓄性特征，形成可为保单持有者贷款提供质押的保单现金价值。
（4）首期保险费的缴纳通常会影响保险合同的生效。

（二）寿险合同保费收入的确认条件

寿险合同保费收入的确认条件与非寿险合同基本一致：保险合同成立并承担相应的保险责任、与保险合同有关的经济利益很可能流入，以及与保险合同相关的收入和成本能够可靠地计量。

（三）具体原则

CAS25（2006）第八条规定，寿险原保险合同保费收入应按以下方法确认。

（1）分期收取保费的，应当根据当期应收取的保费确定。

（2）一次性收取保费的，应当根据一次性应收取的保费确定。

对于寿险合同，合同约定一次性缴纳保费的，保险公司应当在合同约定的开始承担保险责任的日期确认应收保费；合同约定分期缴纳保费的，保险公司应当在保险合同约定的开始承担保险责任的日期确认首期保费收入，在合同约定的以后各期投保人缴费日确认相应各期的保费收入。

根据这一原则，对于宽限期内应收未收的保费，保险公司应当确认保费收入。如在宽限期结束后，投保人未及时交纳续期保费造成保险合同效力中止，应当在效力中止日，对原已确认的保费收入中未收到保费部分予以冲回。如果投保人在合同约定的期间内按合同条款规定对保险合同进行复效，应当区分补缴保费和利息，对于补缴以前期间未缴保费部分，确认为当期保费收入；对于加收利息部分，确认为当期利息收入。

三、科目设置

与非寿险合同保费收入的核算类似，为了核算寿险合同的保费收入，保险公司应分别设置"保费收入""应收保费""预收保费"等科目。另外，保险公司还应设置"暂收保费""垫缴保费"和"退保金"等科目。

1."暂收保费"科目

"暂收保费"科目用于核算保险公司在承担相应保险责任前收到的保费收入。该科目属于负债类科目，贷方登记暂收的投保人缴纳的保费，借方登记开始承担保险责任后转出的保费收入，余额在贷方，反映公司尚未转为保费收入的暂收保费。该科目应该按照保户设置明细科目。

2."垫缴保费"科目

"垫缴保费"科目用于核算按照自动垫缴保费条款使用保单现金价值垫缴的保费收入。该科目属于资产类科目，借方登记垫缴的保费收入，贷方登记收回的垫缴保费，余额在借方，反映公司尚未收回的垫缴保费余额。该科目应该按照保户设置明细科目。

3."退保金"科目

"退保金"科目反映企业寿险原保险合同提前解除时按照约定退还投保人的保单现金价值。该科目属于损益类科目，借方登记提前解除合同时按照约定退还的保单现金价值，贷方登记期末结转"本年利润"科目的数额。期末，应将"退保金"科目的余额转入"本年利润"科目，结转后本科目应无余额。"退保金"科目应按险种及具体保险合同设置明细账，进行明细分类核算。

四、核算举例

（一）新单期缴寿险合同的会计核算

新单业务是指保险合同自签订至生效送达阶段所发生的各种经济事项，包括接单初审、录入扫描、录入复核、新单核保、保险合同缮制与寄送等环节。寿险业务在进行核保、保险人签发保单、保单生效之前投保人往往已经缴纳了首期保费，基于保费应在开始承担保险责任时予以确认这一原则，先收到的首期保费应先确认为暂收保费，待保单生效后再转为保费收入。如果保单没有通过核保，保险人不同意承保，则应退回保费，冲销暂收保费。对于投保人在保单订立前缴纳的首期保费，保险公司借记"银行存款"科目，贷记"暂收保费"科目。待合同成立时，借记"暂收保费"科目，贷记"保费收入"科目；如果保险人拒绝承保，应将暂收的保费退回，借记"暂收保费"科目，贷记"银行存款"科目。此外，对于期缴保费的寿险业务，投保人也可以选择一次性缴纳多期保费，但此时保险人并没有开始承担下一期的保险责任，因此不能确认为保费收入，只能确认为预收保费。

例 6-1 张某向甲人寿保险公司投保重大疾病保险，责任期间为 2024 年 1 月 1 日到 2043 年 12 月 31 日，张某选择 10 年交费期，每年保费 1 500 元，2023 年 12 月 25 日甲人寿保险公司收到张某支付的首年重疾险保费 2 500 元。会计处理如下。

（1）2023 年 12 月 25 日收到保费资金。

  借：银行存款   2 500
    贷：暂收保费——重疾险   2 500

（2）2024 年 1 月 1 日，保险责任开始，确认保费收入。

  借：暂收保费   1 500
    贷：保费收入   1 500

（3）2024 年 1 月 1 日，对于期交保费保险合同，客户实际交纳首期暂交费大于合同约定首期保费的，多出部分应在保险合同生效后转入预收保费。

  借：暂收保费   1 000
    贷：预收保费   1 000

在保险责任开始后才收到保费，应先确认保费收入和应收保费，待收到保费时，冲减应收保费。

例 6-2 2024 年 1 月 1 日，A 保险公司与 B 公司签订了团体补充医疗保险，保单即日生效并承担责任。投保对象为该公司全体员工，保费共计 50 000 元，保险期限为三年，B 公司期缴保费。1 月 4 日，A 保险公司收到银行的转账通知单。会计分录如下。

（1）1 月 1 日。

  借：应收保费——B 公司   50 000
    贷：保费收入——医疗保险（团体）   50 000

（2）1 月 4 日。

  借：银行存款   60 000
    贷：应收保费——B 公司   60 000

（二）新单趸缴寿险合同的会计核算

收到趸缴的保费后保险公司开始承担全部的保险责任，因此要一次性确认全部保费收入。资金到账时，借记"银行存款"，贷记"暂收保费"；保单生效，确认保费收入，借记"暂收保费"（如果还有尚未收取的资金，借记"应收保费——保户"），贷记"保费收入";收到剩余的资金时,借记"银行存款",贷记"应收保费——保户"科目。

例 6-3 孙某向丁人寿保险公司投保重疾险,责任期间为 2024 年 1 月 1 日到 2043 年 12 月 31 日,孙某选择趸缴保费,保费共 200 000 元,2023 年 12 月 25 日丁人寿保险公司收到孙某支付的重疾险保费 150 000 元,2024 年 1 月 3 日收到剩余资金 50 000 元。会计处理如下。

(1) 2023 年 12 月 25 日收到保费资金。

借:银行存款 150 000
　　贷:暂收保费——重疾险 150 000

(2) 2024 年 1 月 1 日,保险责任开始,确认保费收入。

借:暂收保费——重疾险 150 000
　　应收保费 50 000
　　贷:保费收入 200 000

(3) 2024 年 1 月 3 日收到剩余资金 50 000 元。

借:银行存款 50 000
　　贷:应收保费 50 000

趸缴或者一次性缴纳多期保费的短期保险合同,客户多缴纳的新单保费仍在"暂收保费"科目核算。例如学生险保单,投保人按学制一次性交纳承保年度之后各年度的保险费,应在"暂收保费"科目核算。

例 6-4 某 4 年级学生王某向丙人寿保险公司投保一年期学平险,责任期间为 2024 年 1 月 1 日到 2024 年 12 月 31 日,保费 300 元。2023 年 12 月 25 日丙人寿保险公司收到王某支付的学平险保费 900 元。2025 年、2026 年 1 月 1 日该学生继续投保一年期学平险。会计处理如下。

(1) 2023 年 12 月 25 日,收到保费资金。

借:银行存款 900
　　贷:暂收保费——学平险 900

(2) 2024 年 1 月 1 日,保险责任开始,确认保费收入。

借:暂收保费 300
　　贷:保费收入——学平险 300

(3) 2025 年 1 月 1 日,继续投保。

借:暂收保费 300
　　贷:保费收入 300

2026 年 1 月 1 日会计处理同(3)。

(三)追溯保单的会计处理

追溯保单是指保险合同约定的生效日早于保险合同签订日的保险合同。例如,团体补充医疗保险业务允许追溯到当期城镇职工基本医疗保险的起始日期;连续投保业务允许追溯到上一个保单届满日的次日等。通常情况下,保险公司在与投保人签订合同时并不知晓保单生效日至合同订立日间已发生赔案的情况,但仍需承担此期间的保险责任,因此,保单追溯具有一定的经营风险。

追溯保单保费收入的确定也要遵守前面的保费收入确认的三个条件，即"原保险合同成立并承担相应保险责任、与原保险合同相关的经济利益很可能流入和与原保险合同相关的收入能够可靠地计量"。从第一个条件看，追溯保单保险责任开始日期是早于合同订立日期的，是可以考虑在责任开始日期确认保费收入的，但是，由于在责任开始日存在不确定性或签订保险合同经济事项未发生，一般不满足"与保险合同相关的经济利益很可能流入"或者"原保险合同相关的收入能够可靠地计量"条件，追溯保单保费收入通常应于保险合同成立日确认。

在合同成立前收取保费时，按照正常的新单承保流程，通过暂收保费科目进行核算。对于追溯保单，在合同签订之前已收取了相关保费的，保险公司应借记"银行存款"科目，贷记"暂收保费"科目；在保单成立时再借记"暂收保费"科目，贷记"保费收入"科目。

例 6-5　2024 年 2 月 1 日，甲公司向乙人寿保险公司投保补充医疗保险，追溯到当期城镇职工基本医疗保险的起始日期 2024 年 1 月 1 日，保费 300 000 元。2024 年 1 月 31 日乙人寿保险公司收到甲公司支付的保费 300 000 元。会计处理如下。

（1）2024 年 1 月 31 日，收到保费资金。

借：银行存款　　　　　　　　　　　　　　　　　　　　　　　300 000
　　贷：暂收保费　　　　　　　　　　　　　　　　　　　　　　300 000

（2）2024 年 2 月 1 日，保险合同成立并生效后，确认保费收入。

借：暂收保费　　　　　　　　　　　　　　　　　　　　　　　300 000
　　贷：保费收入　　　　　　　　　　　　　　　　　　　　　　300 000

（四）期缴合同续期收费相关会计处理

寿险合同如果是分期缴费就会涉及续期收费的会计处理。续期收费是指保险公司为了维持保险合同的持续有效，按照保险合同约定，向投保人收取第二期及以后各期保险费的业务活动。

1. 在续期生效对应日前或者当日缴纳保费

保单持有人在续期生效对应日前缴纳的保费，计入预收保费，借记"银行存款"，贷记"预收保费"科目，然后在生效对应日从预收保费自动冲减应收保费，借记"预收保费"，贷记"应收保费——保户"科目。

例 6-6　2023 年 1 月 1 日李某与甲人寿保险公司签订一份终身寿险合同，责任期开始于 2023 年 1 月 1 日。李某选择 10 年缴费期。2023 年 12 月 31 日，李某缴纳第二期保费 20 000 元。会计处理如下。

（1）2023 年 12 月 31 日收到第二期保费资金。

借：银行存款　　　　　　　　　　　　　　　　　　　　　　　20 000
　　贷：预收保费　　　　　　　　　　　　　　　　　　　　　　20 000

（2）2024 年 1 月 1 日。

借：预收保费　　　　　　　　　　　　　　　　　　　　　　　20 000

贷：保费收入——终身寿险　　　　　　　　　　　　　　　　　　　　　　20 000

2. 在宽限期内缴费

寿险合同通常包括宽限期条款。宽限期条款是分期缴费的人寿保险合同中关于在宽限期内保险合同不因投保人延迟缴纳保险费而失效的规定，它的基本内容通常是对到期没缴纳保险费的投保人给予一定的宽限期，投保人只要在宽限期内缴纳保险费，保单继续有效。在宽限期内，保险合同有效，如发生保险事故，保险人仍给付保险金，但要从保险金中扣回所欠的保险费及利息。宽限期一般为 60 天，自应缴纳保险费之日起计算。宽限期缴付逾期保险费并不计收利息。如果被保险人在宽限期内死亡，保险合同仍有效，保险人承担保险责任并支付保险金，支付的保险金扣除应缴的当期保险费。由于每一期保险公司承担的保险责任是以投保人在宽限期内缴纳的保费为前提的，保费收入分别在每一期的缴费日期进行确认并计提应收保费。

对于期缴保单的续期保费，进入宽限期后，保险公司应该按照应收保费金额借记"应收保费"科目，贷记"保费收入"科目；待投保人缴纳保费后，借记"银行存款"科目，贷记"应收保费"科目。

例 6-7　2023 年 1 月 1 日李某与甲人寿保险公司签订一份终身寿险合同，责任期开始于 2023 年 1 月 1 日。李某选择 10 年缴费期。2024 年 1 月 1 日，李某尚未缴纳第二期保费 20 000 元。

李某若在续期生效对应日之前或者当日缴纳保费，保险公司的会计处理如下。

2024 年 1 月 1 日。

　　借：应收保费　　　　　　　　　　　　　　　　　　　　　　　　　　　20 000
　　　贷：保费收入——终身寿险　　　　　　　　　　　　　　　　　　　　　20 000

3. 自动垫缴保费

保险费垫缴是指保险合同有保费垫缴约定，且在规定的缴费日至宽限期结束时，仍未缴付保险费，若保险合同当时的现金价值扣除已垫缴保险费及利息、借款及利息后的余额足以垫缴到期应交保险费，则保险公司根据条款约定或投保人的选择可使用该保险合同的现金价值垫缴该保险合同的欠缴保险费，使合同继续有效。如果投保人没有在宽限期内缴纳保费，但保单含有自动垫缴保费条款且保单现金价值充足，则保险公司应该借记"垫缴保费"科目，贷记"应收保费"科目；日后投保人补缴保费时，客户除补齐所有欠缴保险费外，还需要缴纳一定的还款利息，利息应当计入其他业务收入，此时，保险公司应借记"银行存款"科目，贷记"垫缴保费""利息收入"科目。

例 6-8　续例 6-7，李某与保险公司签订的终身寿险合同宽限期为 60 天，且具有自动垫缴条款。2024 年 3 月 1 日李某仍然没有缴纳保费，且保单内现金价值足以垫缴该年保费。2024 年 6 月 1 日李某还款，此时李某还需偿还借款利息 100 元。会计处理如下。

（1）2024 年 3 月 1 日保单垫缴保费。

　　借：垫缴保费　　　　　　　　　　　　　　　　　　　　　　　　　　　20 000
　　　贷：应收保费——保户　　　　　　　　　　　　　　　　　　　　　　　20 000

（2）2024 年 6 月 1 日李某还款。

借：银行存款　　　　　　　　　　　　　　　　　　　　　　　　　　20 100
　　贷：垫缴保费　　　　　　　　　　　　　　　　　　　　　　　　　　　20 000
　　　　其他业务收入——垫缴还款利息及批改保费利息　　　　　　　　　　　100

4. 保险合同效力中止

如果投保人没有在宽限期内缴纳保费，且保单现金价值不足以垫缴保费，从而造成保险合同效力的暂时丧失，即保险合同效力中止。在保险合同效力中止期间发生的保险事故，保险公司应当按合同约定给付保险金，但可以扣减欠缴的保费。如果投保人在宽限期内没有缴纳保费而导致保单失效，则保险公司应冲回已经确认的保费。当失效保单由于投保人补缴所欠保费和相应的利息而恢复效力后，应该将补缴的保费确认为保费收入，将补缴的利息确认为利息收入。

对于寿险合同，合同约定分期缴纳保费的，对于宽限期内应收未收的保费，保险公司应当确认保费收入和应收保费。如在宽限期结束后，投保人未及时缴纳续期保费造成保险合同效力中止，应当在效力中止日，终止确认保费收入。保险公司应借记"保费收入"科目，贷记"应收保费"科目，并确定保单中止。

例 6-9　续例 6-7，李某与保险公司签订的终身寿险合同宽限期为 60 天，该合同不具有自动垫缴条款。2024 年 3 月 1 日李某仍然没有缴纳保费，保单失效。会计处理如下。

借：保费收入——终身寿险　　　　　　　　　　　　　　　　　　　　20 000
　　贷：应收保费　　　　　　　　　　　　　　　　　　　　　　　　　　　20 000

5. 保单复效的会计处理

保险合同效力恢复（简称"复效"）是指自保险合同效力中止后的两年内，投保人申请恢复保险合同效力并缴齐欠缴保费及利息，经保险公司审核同意，从而恢复保险合同效力的业务操作。在投保人补缴保费保单复效时，保险公司应借记"银行存款"科目，贷记"保费收入"和"利息收入"科目。

例 6-10　续例 6-9，李某于 2025 年 1 月 1 日申请复效。经审查，保险公司于 2025 年 1 月 3 日同意复效，计算应补缴保费 20 000 元，利息 500 元。李某同时支付 2025 年保费，保险公司共收到李某的保费 40 500 元。会计处理如下。

（1）2025 年 1 月 3 日确认补缴保费收入。

借：应收保费　　　　　　　　　　　　　　　　　　　　　　　　　　　20 000
　　贷：保费收入——终身寿险　　　　　　　　　　　　　　　　　　　　　20 000

（2）2025 年 1 月 3 日收到保费。

借：银行存款　　　　　　　　　　　　　　　　　　　　　　　　　　　40 500
　　贷：应收保费　　　　　　　　　　　　　　　　　　　　　　　　　　　20 000
　　　　保费收入——终身寿险　　　　　　　　　　　　　　　　　　　　　20 000
　　　　利息收入　　　　　　　　　　　　　　　　　　　　　　　　　　　　500

第三节　寿险合同赔付支出的核算

一、寿险合同赔付支出的内容

根据保险合同条款的约定，客户在保险合同有效期内发生符合保险责任规定的死亡、伤残、医疗费用支出等情况时，寿险公司履行赔付义务即理赔。寿险公司理赔流程分为接案受理、理赔处理、调查取证、复核审批、结案归档等五个环节。保险公司给付主要包括满期给付、死伤医疗给付和年金给付。

满期给付是指在保险合同有效期内，被保险人生存至保险期满，保险公司按合同约定向受益人给付满期保险金，保险合同责任终止的业务行为。满期给付可能包括婚嫁金、教育金、成才保险金、立业保险金、安家保险金、生活安定金、生存保险金等。

死伤医疗给付是指在寿险合同保险期限和保险责任范围内，被保险人发生死亡事故、伤残事故或者医疗事故时，保险公司按照合同约定向保单持有人支付保险金的行为。

年金给付是指在保险合同有效期内，被保险人生存至约定的领取年龄或约定的领取时间，保险公司按合同约定向年金受益人定期给付保险年金的行为。

另外，寿险公司为理赔活动而发生的相关费用，包括直接理赔费用和间接理赔费用，也计入赔付支出中。

二、科目设置

根据 CAS25（2006）的相关规定，理赔过程中发生的原保险合同的赔付成本包括保险人支付的赔款、给付，以及在理赔过程中发生的律师费、诉讼费、损失检验费等理赔费用。

寿险公司核算赔付支出的时候，可以与非寿险公司一样设置损益类科目"赔付支出"，然后设置二级科目"满期给付""死伤医疗给付""年金给付"。也可以将"满期给付""死伤医疗给付""年金给付"直接设置为一级科目。这些科目均为损益类科目，使用方法同"赔付支出"科目。"死伤医疗给付"科目下设"死亡给付""医疗给付""伤残给付"明细科目。

三、核算举例

（一）理赔结案确认赔付

理赔结案确认赔付的，应当计入赔付支出，借记"死亡给付/医疗给付/伤残给付"科目，贷记"银行存款"科目；在实际赔付保险金时，如果存在欠缴保费、未还借款和利息、预付赔款、垫缴保费及利息，需要在应付金额中进行扣除，如果保单存在预缴保费、未领取的生存金、红利/利差及其利息则应予补付。欠缴保费、垫缴保费及利息、借款及利息、预付赔款需在应付金额中进行清算，予以扣除。借记"应付赔付款"科目，贷记"应收保费——保户""垫缴保费""其他业务收入——客户（垫缴还款利息及批改保费利息）"

"保户质押贷款——本金（保单借款本金）""应收利息——贷款（保户质押贷款）（保单借款应收未收的利息）""投资收益——利息收入（贷款）（保户质押贷款）（保单借款未计入的利息）""预付赔款"等科目，在实付时，按照清算后金额实付给付保险金，借记"应付赔付款"科目，贷记"银行存款"科目。

例 6-11　张三在甲保险公司投保了定期死亡保险，2024 年 1 月 5 日在保险期间出险。甲保险公司经过查勘理赔之后，2024 年 1 月 20 日确定应支付张三死亡赔付 15 000 元，甲保险公司在 2024 年 1 月末尚未支付保险金给张三。2024 年 2 月 3 日，甲保险公司将 15 000元死亡给付款支付给张三，该赔案了结。会计处理如下。

（1）2024 年 1 月 20 日确定应付的保险金额。

借：赔付支出——死伤医疗给付　　　　　　　　　　　　　　　　　　15 000
　　贷：应付赔付款——张三　　　　　　　　　　　　　　　　　　　　　　15 000

（2）2024 年 2 月 3 日支付死伤医疗给付款。

借：应付赔付款——张三　　　　　　　　　　　　　　　　　　　　　　15 000
　　贷：银行存款　　　　　　　　　　　　　　　　　　　　　　　　　　　15 000

（二）预付赔款

经业务管理部门审批确认，对需要预付赔款的案件，在接案受理后可以进行预赔处理。预付赔款不能超过当时所能确定的最低赔付金额。待案情明确且资料齐全时，需要在理赔流程中完成其余处理环节，同时注意结案赔款时扣除已预付的金额。

支付预付赔款时，借记"预付赔款"科目，贷记"银行存款"科目；赔案理赔结束，支付赔款时，借记"赔付支出"科目，贷记"预付赔款""银行存款"科目。

例 6-12　保险公司预先给 A 客户医疗给付款 30 万元。开出转账支票付讫。3 个月后，该赔案理算完毕，保险公司应支付医疗给付款 60 万元，保险公司再以转账支票 30 万元补足医疗给付。会计处理如下。

（1）出险后保险公司预付死伤医疗给付款 30 万元。

借：预付赔付款——死伤医疗给付　　　　　　　　　　　　　　　　　300 000
　　贷：银行存款　　　　　　　　　　　　　　　　　　　　　　　　　　　300 000

（2）3 个月后保险公司理赔完毕，保险公司确认死伤医疗给付款 60 万元。

借：赔付支出——企财险　　　　　　　　　　　　　　　　　　　　　　600 000
　　贷：预付赔付款——×险　　　　　　　　　　　　　　　　　　　　　　300 000
　　　　银行存款　　　　　　　　　　　　　　　　　　　　　　　　　　　300 000

（三）通融赔付

通融赔付是指公司保单条款和核保规定不应当承担赔偿责任，但由于某些原因，公司决定给予全部或部分赔偿的情况。通融赔付借记"营业外支出"科目，贷记"银行存款"科目。

例 6-13　丁某投保了某寿险公司的重大疾病保险，但是经核查丁某在投保前即患有相关疾病，丁某出险后根据保单条款和有关规则，该保险公司不应当承担赔偿责任。出于丁某家庭负担较重的情况，保险公司决定部分赔偿其 10 000 元，转账支付。会计处理如下。

  借：营业外支出——其他   10 000
    贷：银行存款   10 000

（四）理赔费用

  无论是否确认赔付，保单赔案理赔过程中发生的理赔资料查询费、复印费，理赔调查人员市内交通费、差旅费，现场调查照相及冲洗费，由公司承担的鉴定费，要求客户再次进行医学检查项目的检查费，支付给第三方的代查勘费，证据保全的公证费，理赔诉讼费、律师费，支付给公检法等部门联合查案的调查费用，举报人员奖励等其他与案件直接有关的费用都可以作为查勘费，计入赔付支出核算。查勘费审核确认通过后，确认查勘费支出，借记"赔付支出——理赔费用"，贷记"应付赔付款——理赔费用"；查勘费实际报销后，根据相关资金支付凭证，冲销应付赔付款，借记"应付赔付款——理赔费用"科目，贷记"银行存款"科目。

  例 6-14 甲寿险公司与乙客户签订了终身寿险合同，在乙客户出险后进行理赔，理赔过程中该公司发生了理赔费用 1 000 元。会计处理如下。

  （1）查勘费确认。

  借：赔付支出——理赔费用   1 000
    贷：应付赔付款——理赔费用   1 000

  （2）实际报销。

  借：应付赔付款——理赔费用   1 000
    贷：银行存款   1 000

第四节 寿险合同其他业务的核算

  除了保费收入、赔付支出等方面的会计核算之外，寿险合同还有一些特殊业务，例如合同解除、变更附加险、保单质押贷款等业务也需要探讨其会计核算。

一、合同解除的会计处理

  合同解除一般由投保人和保险人提出。投保人的解除合同通常称为退保，其会计处理主要受投保的时间影响较大，分为在犹豫期内退保和在犹豫期后退保。准则规定，原保险合同提前解除的，保险人应将退保费作为支出单独核算或是直接冲减保费，计入当期损益。在寿险合同犹豫期内发生的退保行为，应当按照合同约定将相关的保费返回投保人，冲减当期保费收入。犹豫期后解除保险合同时，如果保单存在欠缴保费及利息、垫缴保费及利息、借款及利息，需要从应付退保金进行清算扣除，将清算后的现金价值余额实付给客户。

  保险人解除保险合同是指保险公司对所签发的保险合同，根据《保险法》规定或合同约定予以解除。例如，当投保人故意隐瞒事实，不履行如实告知义务时，或者因过失未履行如实告知义务，足以影响保险人决定是否同意承保或者提高保险费率时，保险人有权解除保险合同。

1. 犹豫期内解除合同

投保人于签收保险合同之日后的犹豫期（通常十日）内提出解除保险合同的，保险人应当按照合同约定返还给投保人的金额，冲减当期保费收入。保险人借记"保费收入"科目，贷记"银行存款"科目。

例 6-15 某客户向保险公司投保，保险公司承保，客户缴纳首期保费 2 000 元，合同犹豫期为十天。投保人在第三天要求退保，保险公司退还其全部保费。退保的会计处理如下。

借：保费收入   2 000
  贷：银行存款   2 000

2. 犹豫期后解除合同

寿险犹豫期后，保单正式生效，发生退保后，保险人将根据保单合同内的相关规定计算后的保单现金支付给投保人。保险人借记"退保金"科目，贷记"银行存款"科目。

例 6-16 某客户向保险公司投保，缴纳首期保费 2 000 元。投保人过了两个月要求退保，保险公司计算应退还其保单现金价值为 1 800 元。会计处理如下。

借：退保金   1 800
  贷：银行存款   1 800

支付退保金时，若有贷款本息未还清者，则应按扣除应归还本息后的应付退保金数额，借记"退保金"科目；按未收回的保户质押贷款本金，贷记"保户质押贷款"科目；按欠息数，贷记"利息收入"科目；按实际支付的金额，贷记"银行存款"等科目。

例 6-17 某保户在犹豫期之后要求保险公司退保，业务部门按规定的标准计算应退 7 000 元，但退保户尚有 2 000 元借款未还，借款利息为 150 元。财会部门审核无误后，扣除其借款本息，以现金支付退保金。会计处理如下。

借：退保金   7 000
  贷：保户质押贷款   2 000
    利息收入   150
    银行存款   4 850

3. 保险解除合同

投保人因未履行如实告知义务，对保险事故的发生有严重影响的，保险人对于保险合同解除前发生的保险事故，不承担赔偿或者给付保险金的责任，但是否退还保费具体分为两种情况：

（1）投保人因过失未履行如实告知义务，保险人退还保费。借记"保费收入"科目，贷记"银行存款"科目。

（2）投保人故意不履行如实告知义务的，保险人不退还保费。将保单的责任准备金转入营业外收入处理。借记"寿险责任准备金（或长期健康保险责任准备金）"科目，贷记"营业外收入"科目。

例 6-18 某保险合同出险，保险公司发现客户未履行如实告知义务，与客户解除合同，退还保费 4 000 元。会计处理如下。

借：保费收入　　　　　　　　　　　　　　　　　　　　　　　　　4 000
　　贷：银行存款　　　　　　　　　　　　　　　　　　　　　　　　　　4 000

二、保单转移的会计处理

投保人因住所变动或其他原因而办理的到原保险合同签发公司以外的其他机构继续享受保险合同权益、履行保险合同义务的有关手续，称为保险关系转移（简称"保单转移"）。在保单转移之前，如果存在合同效力恢复、理赔、补交保费及利息、还款等手续，需要办理完结之后再进行转移，所以，保单转移时除了转移保单责任准备金之外，就只需处理由于应付红利、应付生存金等带来的应收应付事项。保单转移是保险公司内部的会计处理，具体划分需要看保险公司内部的管理规定，例如有些公司只对地市公司间保单转移与省级分公司间的保单转移进行会计核算。会计处理举例如下。

例 6-19 某客户投保某养老保险，现因工作调动需转移保险关系。该保户当年已缴保费 6 000 元，经查，该保户以前年度已提取长期健康险责任准备金 2 000 元。保险公司办理转移手续，并以银行存款支付有关款项。会计处理如下。

（1）转出保险公司的会计分录。

借：保费收入——养老保险　　　　　　　　　　　　　　　　　　　6 000
　　保险责任准备金——长期健康保险责任准备金（养老保险）　　　2 000
　　贷：银行存款　　　　　　　　　　　　　　　　　　　　　　　　　　8 000

（2）转入保险公司的会计分录。

借：银行存款　　　　　　　　　　　　　　　　　　　　　　　　　　8 000
　　贷：保费收入——养老保险　　　　　　　　　　　　　　　　　　　　6 000
　　　　保险责任准备金——长期健康保险责任准备金（养老保险）　　　2 000

三、保额变更

（一）增加保额

公司签发的保险合同，若条款中列明有保额增加权益，则投保人可在合同每届满一定年期且被保险人年龄未超过最高限制的前提下，申请办理有关事宜，即按投保时的相同条件增加一定比例的保险金额而无须经过核保。增加保额时，如果已过缴费期，则缴费方式须为趸缴；如果尚在缴费期，加保部分缴费方式为趸缴或与原缴费方式一致，且缴费期间不得长于原合同剩余缴费期间。新增部分保险金额所需缴纳的保险费按申请加保时被保险人的年龄计算，并产生应收保费记录，实收时冲减应收保费。确认保费时，借记"应收保费"科目，贷记"保费收入"科目；收到保费时，借记"银行存款"科目，贷记"应收保费"科目。

例 6-20 D 客户投保某寿险公司重疾保险，拟增加保额 20 万元。该合同尚在缴费期，经计算，D 客户增加保额后每年应缴纳保费为 24 000 元。会计处理如下。

(1) 确认保费。

借：应收保费　　　　　　　　　　　　　　　　　　　　　　　24 000
　　贷：保费收入　　　　　　　　　　　　　　　　　　　　　　24 000

(2) 收到保费。

借：银行存款　　　　　　　　　　　　　　　　　　　　　　　24 000
　　贷：应收保费　　　　　　　　　　　　　　　　　　　　　　24 000

（二）减少保额

减少保险金额是指保险合同成立后，经合同持有人申请，保险公司在一定金额范围内可以降低保险合同原有的保险金额或保险费，降低部分的保险金额或保险费视同保险合同部分解除。

(1) 在犹豫期内申请减保的，保险金额减少部分视为撤单处理，应全额返还减保部分的保险费，冲减当期保费收入。借记"保费收入"科目，贷记"银行存款"科目。

(2) 保单无犹豫期约定或者在犹豫期过后申请减保的，保险金额减少部分视为退保处理。借记"退保金/保费收入"科目，贷记"银行存款"科目。

例 6-21　E 客户投保某寿险公司重疾保险，拟减少保额 20 万元。该合同已经过了犹豫期，经计算，D 客户因减少保额应退还保费 40 000 元。会计处理如下。

借：退保金　　　　　　　　　　　　　　　　　　　　　　　　40 000
　　贷：银行存款　　　　　　　　　　　　　　　　　　　　　　40 000

四、保单质押贷款

保单质押贷款是指投保人根据条款规定，在保险合同有效期内，以不超过申请借款时保险合同现金价值的一定比例向保险公司申请借款。按公司现有条款约定，最高借款金额不得超过该合同当时的现金价值扣除欠缴保险费、借款及利息后余额的百分比（例如 80%），且每次借款期限不得超过一定时间（如六个月）。

投保人根据条款约定办理保险合同借款后，经过一定期间，按照约定的利率清偿借款本息。按照条款规定，在借款期限到期时未还款的，将未偿还的本息和转为新的一期借款的本金，即保单借款进入新的一个借款期间。按照权责发生制原则，保单借款利息应该按月计提。

保单质押贷款发生时，借记"保户质押贷款——本金"科目，贷记"银行存款"科目。每月计提保单借款利息时，借记"应收利息——保户质押贷款"科目，贷记"投资收益——利息收入（保户质押贷款）"科目；借款期限到期时未还款的，未偿还的本息和一起转为新的一期借款的本金，借记"保户质押贷款——本金"科目（新本金），贷记"保户质押贷款——本金"科目（上期借款本金）、"应收利息——保户质押贷款"科目（已经计提的应收利息）；保单借款还款收取本金及利息，借记"银行存款"科目，贷记"保户质押贷款——本金""应收利息——保户质押贷款"科目。

例 6-22 C 客户为某寿险公司的终身寿险客户,因需要资金周转,他向保险公司办理了保单质押贷款 20 万元,利息为 3%,贷款期限为六个月。但是贷款结束前 C 客户未能还款,未偿还的本息和一起转为新的一期借款的本金,新一期贷款期限仍为六个月,利率不变,到期后 C 客户偿还全部本息。会计处理如下。

(1) 保单借款发生。

借:保户质押贷款——本金　　　　　　　　　　　　　　　　　　200 000
　　贷:银行存款　　　　　　　　　　　　　　　　　　　　　　　　200 000

(2) 每月计提保单借款利息 200 000 × 3% ÷ 12 = 500 (元)。

借:应收利息——保户质押贷款　　　　　　　　　　　　　　　　　500
　　贷:投资收益——利息收入 (保户质押贷款)　　　　　　　　　　　500

(3) 借款期限到期时未还款的,未偿还的本息和一起转为新的一期借款的本金。

200 000 + 500 × 6 = 203 000 (元)

借:保户质押贷款——本金 (新本金)　　　　　　　　　　　　　　203 000
　　贷:保户质押贷款——本金 (上期借款本金)　　　　　　　　　　200 000
　　　　应收利息——保户质押贷款 (已经计提的应收利息)　　　　　　3 000

(4) 每月计提保单借款利息 203 000 × 3% ÷ 12 = 507.5 (元)。

借:应收利息——保户质押贷款　　　　　　　　　　　　　　　　　507.5
　　贷:投资收益——利息收入 (保户质押贷款)　　　　　　　　　　　507.5

(5) 保单借款还款收取本金及利息。

六个月计提的利息为 507.5 × 6 = 3 045 (元)

第二期结束后的本息共为 203 000 + 3 045 = 206 045 (元)

借:银行存款　　　　　　　　　　　　　　　　　　　　　　　　206 045
　　贷:保户质押贷款——本金　　　　　　　　　　　　　　　　　203 000
　　　　应收利息——保户质押贷款　　　　　　　　　　　　　　　　3 045

第五节　寿险合同责任准备金的核算

一、寿险合同责任准备金的内容

收取保险费在前,保险金赔付在后是保险合同的主要特点之一,这对于寿险合同更为突出,因为寿险合同通常时间较长,履行给付保险金的义务往往在签订合同之后的十年、二十年。因而,为保证寿险公司有充足的偿付能力、不危及被保险人的合法权益,寿险公司都需要提取相关准备金。寿险合同责任准备金包括寿险责任准备金和长期健康险责任准备金。

普通寿险、分红寿险应当计提寿险责任准备金,长期健康险应当计提长期健康险责任准备金。寿险责任准备金是指保险人为尚未终止的人寿保险责任提取的准备金。长期健康险责任准备金,是指保险人为尚未终止的长期健康保险责任提取的准备金。

寿险合同的均衡保费定价方式是计提寿险合同准备金重要考虑因素。自然保费定价是随着风险的增加，相应增加收取的保费金额。但是，随着年龄的增长，死亡率自然上升，人的劳动能力却呈下降趋势，如果按年龄来确定费率，那么，被保险人年纪越大，投保费率越高。这样将导致被保险人在晚年最需要保险保障时，却因劳动力减弱甚至丧失而缺乏保险费的负担能力。而且，如果费率逐年提高，也很容易造成"逆选择"，即身体健康的人会中途退出保险，而身体衰弱的人却坚持投保。因此，为了解决上述矛盾，寿险业务收取的是每年费率相等的均衡保费，而不是自然保费。这样就会出现保险期的早期的保费溢缴部分，这部分是保险人对投保人的负债，应通过责任准备金的形式提存出来。因此，寿险原保险合同责任准备金本质就是将早期多收的保费提存出来，用以弥补晚期少收的保费，以便将来履行给付的义务。

另外，寿险合同责任准备金的计提也是会计核算中权责发生制的基本要求，否则，将出现承保的责任与收取的保费不匹配的问题。

二、寿险合同责任准备金的精算评估

（一）寿险合同责任准备金的评估

1. 寿险责任准备金的评估

对于传统寿险业务，寿险责任准备金的计提应遵照《关于强化人身保险精算监管有关事项的通知》（银保监〔2020〕6号）和《关于印发普通型人身保险精算规定的通知》（银保监〔2020〕7号）的有关规定执行。对于新型寿险业务，如分红、投连、万能产品，寿险责任准备金的计提应遵照《关于印发人身保险新型产品精算规定的通知》（保监发〔2003〕67号）、《万能保险精算规定》（保监发〔2015〕19号）、《关于印发投资连结保险万能保险精算规定的通知》（保监寿险〔2007〕335号）等规定进行。保险公司根据产品特征，按照审慎性原则整体考虑同一产品或产品组合的全部保单，按照《关于使用〈中国人身保险业经验生命表（2010—2013）〉有关事项的通知》（保监发〔2016〕108号）的具体规定选择生命表。

2. 长期健康险责任准备金的评估

长期健康险准备金的评估方法应遵照原银保监颁布的《健康保险管理办法》（保监寿险〔2019〕3号）相关规定。健康保险责任准备金计算使用的发生率、赔付金额等赔付假设，应严格执行相关监管规定。没有监管规定的，应执行：①公司可以参考自身经验和外部数据确定赔付假设，后续也可根据实际经验情况进行变更；②公司确定的赔付假设应当充足审慎，并根据实际经验每年检视；③当公司赔付假设与实际经验相比出现不足，且非正常波动或偶然性原因，应及时调整评估假设，并按调整后假设增提责任准备金；④赔付假设充足性应当在产品类别或更细层面进行评估。产品如果有多项健康保险责任的赔付假设，可以合并评估。对健康保险中包含的费用型医疗责任，与医疗费用相关的评估假设应当考虑医疗费用通胀因素。每年通胀比例假设应不低于3%。如果费用型医疗责任有给付限额，则考虑通胀后的医疗费用可以设置给付限额为上限。

（二）寿险合同责任准备金的会计处理原则

保险人应当在确认寿险保费收入的当期，按照保险精算确定的金额，提取寿险责任准备金、长期健康险责任准备金，并确认寿险责任准备金、长期健康险责任准备金负债。

签发寿险合同的相关保险人至少应当于每年年度终了，对寿险责任准备金、长期健康险责任准备金进行充足性测试。保险人按照保险精算重新计算确定的相关准备金金额大于充足性测试日已提取的相关准备金余额的，应当按照其差额补提相关准备金；保险人按照保险精算重新计算确定的相关准备金金额小于充足性测试日已提取的相关准备金余额的，不调整相关准备金。原保险合同提前解除的，保险人应当转销相关寿险责任准备金、长期健康险责任准备金余额，计入当期损益。

三、科目设置

寿险责任准备金和长期健康险责任准备金的会计核算使用"保险合同准备金——寿险责任准备金""保险合同准备金——长期健康险责任准备金""提取保险合同准备金——寿险责任准备金""提取保险合同准备金——长期健康险责任准备金"科目。

四、核算举例

1. 寿险责任准备金的核算

资产负债表日，按照精算部计算确定的寿险责任准备金金额确认寿险责任准备金负债。根据与已提取的寿险责任准备金余额的差额，调整寿险责任准备金余额，提取寿险责任准备金。借记"提取保险责任准备金——寿险责任准备金"科目，贷记"保险责任准备金——寿险责任准备金"科目。

2. 长期健康险责任准备金的核算

资产负债表日，按照精算部计算确定的长期健康险责任准备金金额确认长期健康险责任准备金负债。根据与已提取的长期健康险责任准备金余额的差额，调整长期健康险责任准备金余额，提取长期健康险责任准备金。借记"提取保险责任准备金——长期健康险责任准备金"科目，贷记"保险责任准备金——长期健康险责任准备金"科目。

例 6-23 经精算部门确定，本期寿险责任准备金余额应为 500 000 元，上期账面余额为 300 000 元。会计处理如下。

本期应提取金额 = 500 000 - 300 000 = 200 000（元）

借：提取保险责任准备金——寿险责任准备金　　　　　　　200 000
　　贷：保险责任准备金——寿险责任准备金　　　　　　　　　200 000

例 6-24 经精算部门确定，本期长期健康险责任准备金余额应为 500 000 元，上期账面余额为 600 000 元。会计处理如下。

本期应提取金额 = 500 000 - 600 000 = -100 000（元）

借：保险责任准备金——长期健康险责任准备金　　　　　　100 000
　　贷：提取保险责任准备金——长期健康险责任准备金　　　　100 000

例 6-25 年末，精算部门进行充足性测试，按照保险精算重新计算确定的寿险责任准备金金额大于充足性测试日已提取的相关准备金余额 50 000 元。会计处理如下。

借：提取保险责任准备金——寿险责任准备金　　　　　　　　　50 000
　　贷：保险责任准备金——寿险责任准备金　　　　　　　　　　　50 000

例 6-26 年末，精算部门进行充足性测试，按照保险精算重新计算确定的长期健康险责任准备金金额小于充足性测试日已提取的相关准备金余额 20 000 元。

此种情况下，保险公司不进行会计处理。

第六节　特殊保险渠道寿险合同的核算

寿险业有一些特殊的保险业务，例如赠送保险、激活卡、受托管理，这些业务的处理与财产险业务大致相同，本节仅就其处理原则和会计分录进行说明。

一、赠送保险

寿险公司作为承保人，对被保险人承担保险保障责任，但是不收取投保人保险费的业务行为即为赠送保险。赠送保险按照性质不同分为买赠性促销、公益性捐赠和其他形式赠送。买赠性促销是指为促进某项业务发展，对特定保单实行买赠活动的行为。公益性捐赠保险是指公司不以促销为目的，通过中国境内非营利的社会团体、国家机关等向公益、救济性事业进行的捐赠保险行为。公益性捐赠保险应当取得国家认可的从事公益事业团体开具的收据或发票。其他形式赠送指上述两种赠送形式以外的保险赠送形式，如答谢 VIP 客户、保险产品赞助等。

在会计核算上，买赠性促销与其他赠送行为稍有不同，主要体现在买赠性促销应当采用保费分摊的方法确认保费，所收取的保费按比例分摊给买赠活动所涉及的各保单。分摊比例按照各保单的名义保费计算得出。其他赠送行为，视同正常保单销售处理。

1. 买赠性促销寿险保单会计处理

买赠性寿险保单通常包括传统寿险、分红保险、长期健康险等。在公司发生买赠性促销保险业务时，会计人员应当将业务管理部门确认的清单及其他内部赠送审批材料（如审批表、签报等）与业务系统流转的数据核对一致后，进行会计处理。买赠性寿险保单所收取的保费按各保单名义保费比例分摊给买赠活动所涉及的各保单。买赠活动赠送保单出单时，按照赠送保险分摊的保费金额确认暂收保费，借记"银行存款"科目，贷记"暂收保费"科目；买赠活动赠送保单生效时，在生效日转为保费，借记"暂收保费"，贷记"保费收入"科目；会计期末，和其他业务一样计算评估未到期责任准备金和未决赔款准备金，如果发生赔付也按照正常业务一样处理。此节不赘述准备金及赔付的会计处理。

2. 公益性捐赠寿险保单会计处理

公益捐赠必须取得国家认可的从事公益事业社会团体开具的专用收据或发票。在公司发生公益性捐赠保险业务时，会计人员应当将业务管理部门确认的清单及其他内部赠送审批材料（如审批表、签报等）与业务系统流转的数据核对一致后，进行会计处理。赠送保单出单时，按照赠送保险的保费金额（一般情况下为趸缴保费）确认赠送业务成本，借记"营业外支出——公益性捐赠支出"科目，贷记"暂收保费"科目；赠送保单生效时，在生效日转为保费。借记"暂收保费"科目，贷记"保费收入"科目。

3. 其他形式赠送寿险保单

其他形式赠送寿险保单出单时，按照赠送保险的保费金额（一般情况下为趸缴保费）确认赠送业务成本。借记"业务及管理费——赠送保险"，贷记"暂收保费"科目；赠送保单生效时，在生效日转为保费。借记"暂收保费"科目，贷记"保费收入"科目。

本类保险具体会计核算与非寿险合同相类似，具体可参考非寿险合同相关会计核算举例。

二、激活卡

激活卡卡折式保单（简称"激活卡"）先实收费后激活的，按照正常的新单承保流程进行核算。

代理机构销售的激活卡，客户向代理机构缴纳保费并激活的，应当在激活日确认保费收入。客户做激活操作时，借记"应收保费"科目，贷记"暂收保费"科目；保单生效日，借记"暂收保费"科目，贷记"保费收入"科目；在保费资金实际到账日，冲减应收保费，借记"银行存款"科目，贷记"应收保费"科目；激活卡保费资金实收到账后，激活卡有效期结束仍然未激活的，按业务规定在客户丧失激活卡保费退款请求权时，将暂收保费转为公司营业外收入，借记"暂收保费"科目，贷记"营业外收入"科目；对已经丧失了激活卡保费退款请求权的激活卡，公司又决定退款的，通融退款记入营业外支出，借记"营业外支出——其他"科目，贷记"银行存款"科目。

激活卡会计核算与非寿险合同相类似，具体可参考非寿险合同相关会计核算举例。

三、受托管理

受托管理业务是指保险公司根据和客户的合同约定，受客户委托，代理客户管理基金收付，不承担任何保险风险及投资风险的业务。

（1）公司收取的进入公司账户的受托管理基金不承担投资风险的，在代理业务负债科目核算。收到的受托管理业务款项，借记"银行存款"科目，贷记"代理业务负债"科目；根据合同规定从受托管理基金支付相关给付，借记"代理业务负债"科目，贷记"银行存款"科目；公司按合同规定从受托管理基金账户直接扣除管理费收入的，借记"代理业务负债"科目，贷记"其他业务收入"科目；公司按合同规定退还受托管理基金的，冲减代理业务负债，借记"代理业务负债"科目，贷记"银行存款"科目。

例 6-27 2024 年 1 月 1 日甲保险公司接受 A 企业的委托，双方签订委托合同由甲公司代理该客户管理其名下基金收付，甲公司不承担任何保险风险及投资风险。2024 年 1 月 1 日企业将基金业务款项 200 万元拨付至甲保险公司，合同规定甲公司每月底从受托管理基金账户直接扣除管理费 1 000 元。2024 年 1 月 15 日，根据合同规定，受托管理基金账户支付给符合规定的 A 企业员工 10 万元。合同于 2026 年 12 月 31 日截止，甲公司归还受托管理基金。会计处理如下。

① 2024 年 1 月 1 日甲公司收到 A 企业基金业务款项。

借：银行存款　　　　　　　　　　　　　　　　　　　　　2 000 000
　　贷：代理业务负债　　　　　　　　　　　　　　　　　　　　2 000 000

② 2024 年 1 月 15 日受托支付 10 万元。

借：代理业务负债　　　　　　　　　　　　　　　　　　　　100 000
　　贷：银行存款　　　　　　　　　　　　　　　　　　　　　　100 000

③ 2024 年 1 月 31 日扣除管理费 1 000 元。

借：代理业务负债　　　　　　　　　　　　　　　　　　　　1 000
　　贷：其他业务收入　　　　　　　　　　　　　　　　　　　　1 000

以后每月甲公司每月皆进行管理费扣除处理，相关会计分录略。

④ 2026 年 12 月 31 日甲公司归还受托管理基金。

返还金额 = 200 − 10 − 3.6 = 186.4（万元）

借：代理业务负债　　　　　　　　　　　　　　　　　　　　1 864 000
　　贷：银行存款　　　　　　　　　　　　　　　　　　　　　　1 864 000

（2）根据国家主管部门法规制度或者公司和客户约定，受托管理基金不进入公司账户的，公司只对收取的管理费收入进行核算。例如，保险公司参与承办的新型农村合作医疗等受托管理型的基本医疗保障服务均属于该业务模式。借记"银行存款"科目，贷记"其他业务收入"科目。

例 6-28　乙保险公司参与承办的新型农村合作医疗等受托管理型的基本医疗保障服务，本期收取管理费 30 000 元，已经收到银行存款转账。会计处理如下。

借：银行存款　　　　　　　　　　　　　　　　　　　　　　30 000
　　贷：其他业务收入　　　　　　　　　　　　　　　　　　　　30 000

1. 寿险会计核算有哪些特点？
2. 试述寿险保费收入的确认条件与具体原则。
3. 寿险合同赔付支出是如何进行会计核算的？
4. 寿险合同解除是如何进行会计核算的？
5. 寿险合同责任准备金是如何进行会计核算的？

第七章 再保险合同的会计核算

第一节 再保险概述

一、再保险的基本概念

再保险也称分保,是指在原保险合同基础上,原保险人为了分散风险,通过签订再保险合同,将其所承担的一部分风险和责任转移给其他保险人进行保险的行为,即通常也将再保险称作"保险人的保险"。

在再保险业务中,习惯上将分出自身承保业务的保险人称作原保险人,或称分出人(分出公司);接受再保险业务的保险人称作再保险人、分入人(分入公司)或分保接受人。分入人也可以将接受的再保险业务再分保出去,叫作转分保,分出方为转分保分出人,接受方为转分保接受人。一个保险人既可以是分保分出人,也可以是分保接受人。通过分保与转分保,使风险责任在更大的范围内进行了分散。

和直接保险转嫁风险一样,再保险转嫁风险责任也要支付一定保费,这种保费称为分保费或再保险费。同时,由于分出公司在招揽业务过程中支出了一定的费用,分出公司需要向分入公司收取一部分费用加以补偿,这种由分入公司支付给分出公司的费用报酬称为分保佣金或分保手续费。

保险公司通过再保险手段分散自己所承担的风险责任,也是基于大数法则的原理,实现风险分散、稳定经营的需要。大数法则运用于保险,同样也运用于再保险。再保险合同是一种责任保险合同,无论是寿险再保险合同还是非寿险再保险合同,都是补偿性合同。因此,分出人有多大损失进入再保险合同范围,再保险人就应赔多少。反之,再保险人的赔偿责任以分出人承担的原保险责任已实际发生为前提。

二、危险单位、自留额和分保额

在再保险业务中,分保双方责任的分配与分担是通过确定的自留额和分保额来体现的,而自留额和分保额都是按危险单位来确定的。

(一)危险单位

危险单位是指保险标的发生一次保险事故可能造成的最大损失范围。危险单位的划分应根据不同的险别和保险标的来决定。例如,船舶保险以一艘船为一个危险单位,机动车保险以一辆汽车为一个危险单位,人寿保险以一个人为一个危险单位,火灾保险通常以一栋独立的建筑物为一个危险单位,但如果数栋建筑物毗连,则应根据其使用性质、间距、周围环境等因素决定划分为一个或是数个危险单位。

危险单位的划分关键是要和每次事故最大可能损失范围的估计联系起来考虑，而并不一定和保单份数相等同。例如，一个大型化工厂，面积很大，因主要车间与辅助车间之间有设备的连接，则应划分为不同的危险单位。另外，危险单位的划分并不是一成不变的。如两栋建筑物之间本没有通道，后修建了天桥，使之连接起来，这就使互相分割的两个危险单位变成一个危险单位。

（二）自留额与分保额

对于每一危险单位或一系列危险单位的保险责任，分保双方通过合同按照一定的计算基础对其进行分配。分出公司根据偿付能力所确定承担的责任限额称为自留额或自负责任额，经过分保由接受公司所承担的责任限额称为分保额、分保责任额或接受额。

自留额与分保额可以以保额为基础计算，也可以以赔款为基础计算。计算基础不同，决定了再保险的方式不同。根据保险法，我国经营财产保险业务的保险公司当年自留保险费，不得超过其实有资本金加公积金总和的四倍。保险公司对每一危险单位，即对一次保险事故可能造成的最大损失范围所承担的责任，不得超过其实有资本金加公积金总和的10%；超过的部分应当办理再保险。

三、再保险的分类

再保险主要有两种分类标准：一是按责任限制来划分；二是按分保安排方式来划分。按责任限制分类，再保险可分为比例再保险和非比例再保险。比例再保险又可分为成数再保险、溢额再保险以及成数和溢额混合再保险。非比例再保险主要有超额赔款再保险和超额赔付率再保险两种。

按分保安排方式分类，再保险可分为临时再保险、合同再保险和预约再保险。

（一）比例再保险和非比例再保险

1. 比例再保险

比例再保险是指以保险金额为基础确定再保险分出人自留额和再保险接受人分保额的再保险方式。它可分为成数再保险（成数分保）和溢额再保险（溢额分保），以及两者的混合。

1）成数再保险（成数分保）

成数分保是一种最简单的分保方式，分保分出人以保险金额为基础，对每一危险单位按合约比例（即一定成数）作为自留额，将其余的转让给分保接受人，保险费和保险赔款按同一比例分摊，包括费用的分摊。

成数再保险通常用于巨额责任保险和新市场业务；或者是对于新入市场的保险公司需要审慎承保时所采用的一种再保险安排；或者是分出人为了缓解其财务风险压力的一种财务融通性再保险，即通过成数再保险可以降低一揽子业务总的净自留水平，同时，还从再保险人那里获得一笔补偿费用。

2）溢额再保险（溢额分保）

溢额是指超过一定金额的保险责任额，即超出分保分出人的自留额部分。将超过自留额的保险责任额分给分入公司的分保关系称为溢额分保。溢额分保也是比例再保险。再保险责任限额按照自留额的一定倍数计算，习惯上称该倍数为"线"，"1线"即自留额的1倍，"2线"即自留额的2倍，以此类推。分入公司按承担的溢额责任占总保险金额的比例收取分保费、分摊分保赔款和分保费用等。

溢额再保险安排通常用于金额较大且发生损失时全损概率较大的业务，如船舶保险、飞机保险。在实现保险费比例共享、赔款责任共担的前提下，可以扩大分出人的承保能力。

2. 非比例再保险

非比例再保险又称超额损失分保，是指以赔款金额为基础确定再保险分出人自负责任和再保险接受人分保责任的再保险方式。非比例再保险又可分为超额赔款再保险和超额赔付率再保险。非比例再保险的最大特点是放大了分保人的承保能力。

非比例再保险的主要作用在于保险和再保险双方当事人对合同所指向的保险标的的风险情况都比较了解，或至少通过一方信赖的再保险经纪人熟悉该标的风险情况。否则，采用非比例再保险合同，要么分出人花了钱还没有把应该分出去的风险分出去，要么分保接受人接受了风险却未能足额收取应该收取的再保险费。一般来说，保险人和再保险人对需要通过非比例再保险方式达成的业务，通常均建立一个超赔分层分保保费比例表，确定自留保险费和对应的分保保费比例。

1）超额赔款再保险

超额赔款再保险与溢额再保险相似，都要求分出公司事先确定一个自留额，所不同的是，后者按自留额的一定倍数确定再保险限额，前者则是根据危险单位的最大可能损失的发生概率，确定不同规模的再保险限额。超额赔款再保险所指向的标的既可以是某一危险单位损失或其累积损失，也可以是某一次巨灾事故引起的若干个标的的累积损失。前者为险位超赔再保险，后者为事故超赔再保险。

（1）险位超赔再保险。它是以每一危险单位的赔款金额为基础确定分出公司自负赔款责任的限额，即自赔额，超过自赔额的一定赔款额，由分出公司负责。例如，针对某一危险单位而建立的超赔合同责任为超过300万元的500万元。现发生一笔赔款为1 000万元的损失，则分出公司自负500万元（300万元+超出超赔限额的200万元），分入公司赔付500万元。若只发生300万元，则分出公司全部自赔。习惯上，将该再保险关系表述为超过300万元的500万元的超额赔款再保险。

（2）事故超赔再保险。它是以一次巨灾事故中多数危险单位的累积损失为再保险赔款计算基础，是险位超赔在空间上的扩展。其目的是，在扩大承保能力的基础上，确保分出公司在一次保险事故中的财务稳定性。其习惯表述与险位超赔一样。

无论是险位超赔分保，还是事故超赔分保，其超过超额赔款再保险限额部分的责任，仍由分出公司自己负责。

2）超额赔付率再保险

超额赔付率再保险又称停止损失再保险，以一定时期（一般为1年）的累积责任赔付率为基础计算再保险责任限额，即当实际赔付率超过约定的赔付率时，超过部分由分入公司负责一定限额。在这种再保险中，正确确定赔付率限额是十分重要的。因为只有分出公司的赔付率超过约定的赔付率时，分入公司才负责赔偿。在实收保费中，营业费用占25%，净保险费占75%。因此，划分分出公司和分入公司的责任可以以75%的赔付率为准。当分出公司的赔付率在75%以下时，由分出公司自赔；当分出公司的赔付率超过75%时，超过的部分由分入公司负责赔偿。分入公司接受的赔付责任也是有限额的，一般为营业费用的两倍，这就是说，分入公司仅对赔付率在75%～125%范围的赔款负责，并且有绝对金额限制，两者以低者为限。

（二）临时再保险、合约再保险和预约再保险

1. 临时再保险

临时再保险是指保险人临时与其他保险人约定，将其承担的保险业务，部分向其他保险人逐保单办理再保险，再保险接受人需逐保单约定分保条件并承担再保险责任的经营行为。它是一种最早产生的分保方式，是分出公司出于临时承保的需要而办理的再保险。由于临时再保险含有可选择性，分出公司和分入公司对再保险合同条件可按每笔业务分别订立。一般由保险公司或分保经纪人向其选定的分入公司提出再保险建议，开出"临时再保险要保书"，简要说明有关情况，包括保险标的细目、保险期限、费率、险别、保险金额等。分入公司收到要保书后，对有关内容，包括保险利益、保险责任、双方权利和义务、分出公司的自留额、分保额等进行审查，并在约定的时间内作出承诺或修改意见。

临时再保险合同的订立手续烦琐，增加了营业费用的支出，一般适合于新开办的或不稳定的业务、合约再保险合同中约定除外的或不愿放入合约再保险合同的业务，以及超过已有再保险合同限额或需要超赔再保险保障的业务。

2. 合约再保险

相对临时再保险而言，合约再保险是指合约分保，是保险人与其他保险人预先订立合同，约定将一定时期内其承担的保险业务，部分向其他保险人办理再保险，再保险接受人需按照约定分保条件承担再保险责任的经营行为。分出公司和分入公司对于所约定范围内的业务分保事先签订合同，待业务发生，一方必须分出，另一方必须接受，双方均无权选择。合约再保险是因临时再保险不能满足分出公司的需要而出现的一种再保险安排方式。

合约再保险合同是分出公司和分入公司关于双方权利、义务、再保险条件和账务处理等的书面契约。其特点是凡经分出公司和分入公司议定，并在合同内明确约定的业务，分出公司都必须按合同的约定向分入公司办理再保险，分入公司必须接受并承担相应的责任。可见，合约再保险合同对分出公司和分入公司都有强制性，双方均无权选择，因此也称强制再保险合同。

合约再保险合同没有期限约定，是长期性合同。订约双方都有终止合同的权利，但必须在终止前的3个月向对方发出注销合同的通知。不过，在特殊情况下，如任何一方的破产、所在国发生战争或不履行合同时，任何一方都有权通知对方立即终止合同。合同终止后，双方对在合同终止以前尚未享受的权利和应履行的义务以及保险责任，均须

照样完成。

3. 预约再保险

预约再保险是指分出公司和分入公司就分出公司未来业务发展作出预期，并就可能需要的再保险安排作出约定的一种分保方式。分出公司对合同约定的业务是否分出，可自由安排，无义务约束，而分入公司对合同约定的业务必须接受，无权选择。它是在临时再保险基础上发展起来的一种再保险安排方式。预约再保险合同对分出公司来说，具有与临时分保合同类似的选择性，即分出公司对合同约定的业务可以分给分入公司，也可以不分；而对分入公司来说，则具有与合约再保险合同类似的强制性，只要分出公司办理合同约定范围内的分保，分入公司就必须接受，承担保险责任，没有选择的余地，更不能拒绝。因此，预约再保险合同又称临时合约再保险合同，它克服了临时再保险合同手续烦琐的缺点，是对合约再保险合同的自动补充，适合于火险和水险的比例分保。预约再保险合同与合约再保险合同一样，都是长期性合同，事先不约定合同终止日期，但合同双方当事人都有终止合同的权利。

第二节 再保险合同会计核算的基本要求

一、再保险合同的定义

在 CAS26（2006）中，再保险合同是指一个保险人（再保险分出人）分出一定的保费给另一个保险人（再保险接受人），再保险接受人对再保险分出人由原保险合同所引起的赔付成本及其他相关费用进行补偿的保险合同。

CAS25（2020）规定企业对分出的再保险合同组进行确认和计量，应当按照有关保险合同的相关规定进行处理，但关于亏损合同组计量的相关规定不适用于分出的再保险合同组。由于企业可能进行转分保交易，所以分入的再保险合同也已经包括在保险合同相关规定之中了。

二、再保险合同的判断

再保险合同的重大风险测试的三个步骤类似于原保险合同的标准，这里不再赘述。但与原保险合同重大保险风险测试中第三步保险风险比例以 5% 为判断是否重大的标准不同，再保险合同通常以 1% 为标准进行判断。

例 7-1　2024 年，甲再保险公司与 XYZ 原保险公司签订了一份超额赔款再保险保单，同意对 XYZ 公司 500 万元以上的损失进行赔偿，并且规定了赔偿限额为 100 万元，甲再保险公司收取再保保费 10 万元。

本例中，甲再保险公司重大保险风险测试步骤如下。

第一步：全面理解再保险业务的背景和实质，判断再保险保单是否转移保险风险。本例中原保险人将超过 500 万元的赔款损失通过再保险保单转移给甲再保险公司，为转移保险风险的再保险保单。

第二步：了解所有相关合同及协议，明确其商业目的和转移本质。本例中，通过对相关协议的了解和全面评估，如果再保险合同约定的保险事故发生，再保险分入人将按照合同条款对分出人进行赔偿，且通过审查，未发现再保险分出人通过另一个保单直接或间接地、以其他形式赔偿再保险分入人，判定该再保险保单具有商业实质。

第三步：计算保险风险比例。首先，对损失模型、赔付模式、贴现利率等作出合理的假设，根据以上假设对未来现金流进行随机模拟，得到再保险分入人与分出人之间所有现金流的净现值。本例中甲再保险公司根据经验数据模拟 XYZ 公司损失金额及发生概率分布，并假定贴现利率为 0，通过分析预测得到甲再保险公司的损益分布如表 7.1 所示。

表 7.1　甲再保险公司的损益分布

XYZ 原保险公司损失金额/万元	发生概率/%	甲再保险公司净损益/万元
0	91.5	10
10	7.0	0
50	1.0	−40
100	0.5	−90

其次，计算再保险分入人收取的保费现金流的现值，本例中再保险人收取的保费是 10 万元。

最后，计算保险风险比例 = $1.0\% \times 40/10 + 0.5\% \times 90/10 = 8.5\%$。

由于该保单的保险风险比例>1%，满足转移重大保险风险的条件，因此，确认为再保险合同。

三、分保账单

（一）分保账单的概念

分保账单是分保分出公司对于分保业务活动的各项财务指标按一定格式填制的凭证。分保账单是再保险业务的原始凭证，既是再保险双方当事人进行往来账务清算的依据，又是其编制记账凭证的依据。

在实务操作中，由于再保险安排基本上是通过保险公司总部进行统一安排，对于分公司来说，分保账单一般分为对内账单和对外账单。对内账单是通过再保系统自动生成，作为总分公司内部之间的财务核算凭证。对外账单是保险公司总部和分保接受人之间的财务核算凭证，且双方据以进行资金结付，对于合约分保来说，一般无须由分公司编制对外账单，但对于临时分保业务来说，则须分公司再保部门在规定的时限内制作完毕并转财务，寄送分保接受人或分保经纪人，并要求分保接受人或分保经纪人确认。

（二）分保账单的格式

对于分保账单的格式，不同的再保险安排方式具有不同的形式，但其经常项目基本一致，只是临时性项目有所差异。表 7.2 是某保险公司的合约分保账单。

表 7.2　某保险公司合约分保账单

出单公司：　　　　　　　　　　　　业务年度：
分入公司名称：　　　　　　　　　　账单期：
合约名称：　　　　　　　　　　　　账单编号：
险类：　　　　　　　　　　　　　　货币种类：

借方		贷方	
项目	金额	项目	金额
分保赔款		分保费	
固定分保手续费		保费准备金返还	
浮动分保手续费		准备金利息	
纯益手续费			
经纪人手续费			
保费准备金扣存			
应付你方余额		应收你方余额	
合计		合计	
你方成分/%		你方成分/%	

(三) 分保账单的基本内容

分保账单标明了分保活动的分保费、分保赔款、手续费、税金等主要财务指标。

1. 分保费

分保费是指分保分出人根据分保业务计算的应向分保接受人分出的保费。当保单约定有分期付款时，分保费也分期支付。

2. 手续费

手续费又称分保佣金，是指分保分出人向分保接受人收取的报酬，即分保分出人支付的手续费（或佣金）中应由分保接受人承担的份额，也是分保接受人对分保分出人在原保险业务承保过程中的成本支出的一种补偿。

合同分保业务的手续费一般有两种类型：分保手续费和纯益手续费。分保手续费又根据业务上的计算规则不同，分为固定手续费和浮动手续费。

1）固定手续费

固定手续费可在确认原保险合同保费收入的当期，根据原保险合同发生的费用支出，按照再保险合同约定的固定比例计算确定，计入当期损益。浮动手续费中的预收分保手续费可在确认原保险合同保费收入的当期，根据原保险合同发生的费用支出，按照再保险合同约定的固定比例计算确定，计入当期损益。

2）浮动手续费

浮动手续费中的调整手续费在业务年度结束后根据赔付情况才能准确计算，因此，应当在确认原保险合同保费收入的当期，根据当期原保险合同的赔付情况，按照合理的方法预估应摊回的分保费用，计入当期损益。预估一般可采用历史保单终极赔付率预估法，即根据公司经验数据，计算历史保单终极赔付率，并以此判断新业务的终极赔付水平，从而确定浮动手续费调整金额。

3）纯益手续费

纯益手续费一般跟分出的保险业务的盈利情况挂钩，再保险分出人在计算纯益手续费时所应用的盈利计算假设应与计算原保险合同所形成的负债时所应用的盈利计算假设相一致。例如，再保险分出人在准备合同项下与纯益手续费有关的损益计算书时，损益中的支出项目一般包括未决赔款准备金，未决赔款准备金的评估应与再保险分出人对该笔分出业务所对应的原保险合同评估未决赔款准备金时采用的精算假设相一致。

3. 分保赔款

分保赔款是分保接受人按分保合同约定应向分保分出人支付的赔付款。

4. 经纪人手续费

经纪人手续费是指分保业务通过经纪公司安排时，分保接受人补贴分保分出人所付出经纪人佣金的份额。

5. 保费准备金

保费准备金是根据分保合同按分保费的一定比例，由分保分出公司从应付给分保接受人的保费中扣存，以确保分保接受人履行再保险责任，并在下一账单期退还的保费准备金。扣存期12个月，次年同期返还，归还的同时要支付利息。针对这一内容，在分保账单的借方和贷方分别设置保费准备金扣存和准备金返还项目。

6. 准备金利息

准备金利息是指按分保合同规定的办法和商定利率，对扣存的保费准备金计算的利息。在交换分保业务中，可经双方商定互免计算准备金利息。

7. 余额

余额即分保账单中收支轧抵后表现在借方或贷方的差额，这部分差额形成了再保险核算中的资产或负债。

四、再保险合同会计处理的基本原则

（一）权责发生制原则

再保险合同确认、计量和报告的基本原则是权责发生制。对于再保险合同而言，权责发生制意味着在确认原保险合同资产、负债和损益的当期，应当根据合同，确认相应的再保险合同负债、资产和损益，而无论相关的款项是否已经收付。

对再保险分出人来说，应当在确认原保险合同保费收入的当期，按照相关再保险合同的约定，计算确定分出保费、应向再保险接受人摊回的分保费用，同时确认应收分保未到期责任准备金；在提取原保险合同未决赔款准备金、寿险责任准备金、长期健康险责任准备金的当期，按照相关再保险合同的约定，确认相应的应收分保准备金资产；在确定支付赔付款项金额或实际发生理赔费用的当期，按照相关再保险合同的约定，计算确定应向再保险接受人摊回的赔付成本等。

对再保险接受人来说，应当采用预估等合理的方法，及时确认分保费收入，从而根据相关再保险合同的约定，计算确定应当向再保险分出人摊回的分保费用，并及时评估有关责任准备金。

（二）再保险合同与原保险合同独立处理

再保险合同与原保险合同独立处理是再保险合同会计处理的另一项基本原则，是指虽然再保险合同的确定依赖于原保险合同，但在会计处理上，再保险合同的各个经济事项都必须独立于原保险合同单独地确认、计量和报告，不能与原保险合同的会计事项合并确认、计量和报告。

再保险分出人不应当将再保险合同形成的资产与有关原保险合同形成的负债相互抵销，再保险分出人不应当将再保险合同形成的收入或费用与有关原保险合同形成的费用或收入相互抵销。在实务中，对于再保险分出人，保险合同准备金不得以分保后的净额列报，保险合同保费收入不得以扣除分出保费后的净额列报，原保险合同费用不得以扣除摊回分保费用后的净额列报，保险合同赔付成本不得以扣除摊回赔付成本后的净额列报等，再保险合同形成的上述资产、负债、收入和费用应单独列示。因为，无论是否能从再保险接受人处摊回，再保险分出人对投保人都应该承担全部的责任。所以，再保险分出人通常没有权力将应从再保险接受人收取的金额与应支付给直接投保人的金额相抵销。总额列报可以更清楚地说明再保险分出人享有的权利和承担的义务，以及相关的收益和费用。

（三）再保险合同债权、债务不得抵销

为真实、完整反映保险公司的财务状况，再保险合同形成的债权、债务应单独确认、计量和报告，不得随意抵销。这一原则有两层含义。

（1）再保险分出人可能同时又是再保险接受人。其与同一再保险合同人同时有分出和分入业务时，分出与分入业务分别形成的债权、债务应单独确认，不得相互抵销，不得以抵销后的净额列报，即再保险合同双方应按照各自在不同再保险合同中所处的不同角色，分别确认其对对方的债权和债务。

（2）同一笔分保业务产生的债权和债务不得相互抵销。对于一笔分保业务，再保险分出人对再保险接受人会同时产生应收分保账款和应付分保账款。再保险分出人应将其单独列示，不得相互抵销。

但是，如果债权和债务的结算时点相同或者双方在合同中约定可以抵销，保险公司可以以抵销后的净额列示再保险合同产生的资产和负债。

第三节 分出业务的会计核算

一、分出业务各项目的核算

(一) 分出保费的核算

分保分出人应当在确认原保险合同保费收入的当期,按照相关再保险合同的约定,计算确定分出保费,计入当期损益。

1. 分出保费的确认

对于合约分保业务,分保分出人和分保接受人在签订再保险合同时,约定了某一范围内的所有业务自动按照预先确定的条件进行分保。因此,在确认原保险合同保费收入时,分保分出人应当按照合同约定,计算其对应的分出保费,计入当期损益。

对于临时分保业务,分保分出人如果在原保险合同确定当期与分保接受人签订了再保险合同,就应当在再保险合同确定时,按照再保险合同约定计算原保险合同对应的分出保费。如果当期未确定再保险合同,由于保险责任仍由分保分出人承担,与原保险合同相关的经济利益也仍属于分保分出人,同时分出保费也难以可靠计量,那么,分保分出人不应确认分出保费。

对于预约分保业务分出保费的确认也应按照再保险合同是否已订立、分出保费是否可以可靠计量来判断是否应当在原保险合同确认保费收入的当期确认分出保费。

2. 科目设置及账务处理

为反映分保分出人向分保接受人分出的保费,保险公司应设置"分出保费"科目。该科目属于损益类(费用类)科目,其借方登记分出的保费,贷方登记转入"本年利润"数额,年末结转后该科目无余额。该科目按险种设置明细账。其账务处理如下。

(1) 保险公司在确认原保险合同保费收入的当期,应按再保险合同约定计算确定的分出保费金额,借记"分出保费"科目,贷记"应付分保账款"科目。

(2) 在原保险合同提前解除的当期,应按再保险合同约定计算确定的调整金额,借记"应付分保账款"科目,贷记"分出保费"科目。

(3) 期末,应将"分出保费"科目发生额转入"本年利润"科目,结转后该科目无余额。

再保险分出人应当在确认原保险合同保费收入的当期,按照相关再保险合同的约定,计算确定分出保费,计入当期损益。

(二) 摊回分保费用的核算

再保险分出人应当在确认原保险合同保费收入的当期,按照相关再保险合同的约定,计算确定应向再保险接受人摊回的分保费用,计入当期损益。

1. 摊回分保费用的确认

原保险合同的保费收入确认的当期,原保险合同还会发生佣金支出、手续费支出、营业费用和营业税金及附加等费用支出。按照再保险合同的约定,再保险接受人应向再保险分出人摊回分保费用以弥补其发生的这些费用。计算应当摊回的分保费用时,再保险分出人首先应可靠、合理地计算出原保险合同当期发生的费用金额。并以此为基础,根据再保险合同的约定计算当期应摊回的分保费用。

1)合同分保业务

固定手续费可在确认原保险合同保费收入的当期,根据原保险合同发生的费用支出,按照再保险合同约定的固定比例计算确定,计入当期损益。

浮动手续费中的预收分保手续费可在确认原保险合同保费收入的当期,根据原保险合同发生的费用支出,按照再保险合同约定的固定比例计算确定,计入当期损益。浮动手续费中的调整手续费在业务年度结束后根据赔付情况才能准确计算,因此,应当在确认原保险合同保费收入的当期,根据当期原保险合同的赔付情况,按照合理的方法预估应摊回的分保费用,计入当期损益。预估一般可采用历史保单终极赔付率预估法,即根据公司经验数据,计算历史保单终极赔付率,并以此判断新业务的终极赔付水平,从而确定浮动手续费调整金额。

纯益手续费是在再保险分出人根据相关再保险合同的约定,能够计算确定应向再保接受人收取的纯益手续费时,将该项纯益手续费作为摊回分保费用,计入当期损益。"能够计算确定"是指再保险分出人能够根据再保险合同的约定,预估当期的纯益手续费金额。纯益手续费一般跟分出的保险业务的盈利情况挂钩,再保险分出人在计算纯益手续费时所应用的盈利计算假设应与计算原保险合同所形成的负债时所应用的盈利计算假设相一致。例如,再保险分出人在准备合同项下与纯益手续费有关的损益计算书时,损益中的支出项目一般包括未决赔款准备金,未决赔款准备金的评估应与再保险分出人对该笔分出业务所对应的原保险合同评估未决赔款准备金时采用的精算假设相一致。

2)临时分保业务和预约分保业务

对于临时分保业务,如果再保险合同在原保险合同保费收入确认的当期确定,则可参照合同分保业务的方法确认应摊回的分保费用;如原保险合同保费收入确认的当期未能确定再保险合同,再保险分出人不确认分出保费,相应的,就不应确认摊回分保费用。

2. 科目设置及账务处理

为了反映分保分出人向分保接受人摊回的分保费用,保险公司应设置"摊回分保费用"科目。该科目属于损益类(收入类)科目,其贷方登记应向分保接受人摊回的费用,借方登记期末结转"本年利润"的数额,结转后该科目无余额。该科目应按险种设置明细账。其账务处理如下。

(1)保险公司在确认原保险合同保费收入的当期,应按再保险合同约定计算确定的应向分保接受人摊回的分保费用金额,借记"应收分保账款"科目,贷记"摊回分保费用"科目。

(2)对于浮动手续费中的调整手续费和纯益手续费,按一定的预估方法计算确定,借记"应收分保账款"科目,贷记"摊回分保费用"科目。

（3）在原保险合同提前解除的当期，应按再保险合同约定计算确定的调整金额，借记"摊回分保费用"科目，贷记"应收分保账款"科目。

（4）期末，应将"摊回分保费用"科目发生额转入"本年利润"科目，结转后该科目无余额。

（三）摊回赔付成本的核算

再保险分出人应当在确定支付赔款金额的当期，按照相关再保险合同的约定，计算确定应向再保险接受人摊回的赔付成本，计入当期损益。

1. 摊回赔付成本的确认

对于合同分保业务，再保险分出人可按照再保险合同的约定，根据当期原保险合同的赔付成本，计算确定当期应摊回的赔付成本，计入当期损益。临时分保业务和预约分保业务的摊回赔付成本参照合同分保业务处理。

2. 科目设置及账务处理

为了反映分保分出人向分保接受人摊回的赔付成本，保险公司应设置"摊回赔付支出"科目。该科目属于损益类（收入类）科目，其贷方登记应向分保接受人摊回的赔付成本，借方登记期末结转"本年利润"的数额，结转后该科目无余额。该科目应按险种设置明细账。其账务处理如下。

（1）在确定支付赔付款项金额或实际发生理赔费用而确认原保险合同赔付成本的当期，应按相关再保险合同约定计算确定的应向分保接受人摊回的赔付成本，借记"应收分保账款"科目，贷记"摊回赔付支出"科目。

（2）对于保险公司因取得和处置损余物资、确认和收到应收代位追偿款等而调整原保险合同赔付成本的当期，应按相关的再保险合同约定计算确定的摊回赔付成本的调整金额，借记或贷记"摊回赔付支出"科目，贷记或借记"应收分保账款"科目。

（3）对于超额赔款再保险等非比例再保险合同，一般是在确定支付的保险合同赔款时，按再保险合同的约定预估入账，确认当期损益，然后经分保接受人确认，收到正式账单后，将原预估入账的账务处理全额冲回后，按正式账单入账，借记"应收分保账款"科目，贷记"摊回赔付支出"科目。

（4）期末，应将"摊回赔付支出"科目发生额转入"本年利润"科目，结转后该科目无余额。

（四）应收分保准备金的核算

再保险分出人应当在提取原保险合同未到期责任准备金、未决赔款准备金、寿险责任准备金和长期健康险责任准备金的当期，按照相关再保险合同的约定，计算确定应向再保险接受人摊回的相应准备金，确认为相应的应收分保准备金资产。应收分保准备金包括应收分保未到期责任准备金、应收分保未决赔款准备金、应收分保寿险责任准备金和应收分保长期健康险责任准备金。应收分保未到期责任准备金是指按照再保险合同约定应由分保接受人承担的未到期责任而提取的准备金。应收分保未决赔款准备金、应收分保寿险责任准备金和应收分保长期健康险准备金是指按再保险合同约定而应由分保接受人承担的已发生保险事故的赔付而提取的准备金资产。

1. 应收分保准备金的确认

再保险分出人应当按照相关再保险合同的约定，计算确认相关的应收分保未到期责任准备金资产。再保险分出人应当在资产负债表日调整原保险合同未到期责任准备金余额时，相应调整应收分保未到期责任准备金余额。同时，再保险分出人应在提取原保险合同未决赔款准备金、寿险责任准备金、长期健康险责任准备金的当期，按照相关再保险合同的约定，计算确定应向再保接受人摊回的相应准备金，确认当期损益，并同时确认相应的应收分保准备金资产。

2. 科目设置及账务处理

应收分保准备金包括了应收分保未到期责任准备金、应收分保未决赔款准备金、应收分保寿险责任准备金和应收分保长期健康险责任准备金，因此在实务中，可以设置"应收分保未到期责任准备金""应收分保未决赔款准备金""应收分保寿险责任准备金"和"应收分保长期健康险责任准备金"四个科目，也可以设置"应收分保责任准备金"一个科目，下设以上四个科目为二级科目，分别核算准备金资产。这四个科目属于资产类科目，其借方登记应收的分保准备金，其贷方登记冲减的分保准备金，余额在借方反映分保分出人从事再保险业务确认的应收分保准备金余额。"应收分保未到期责任准备金"科目按险种、分保类型和往来单位进行明细核算；"应收分保未决赔款准备金""应收分保寿险责任准备金"和"应收分保长期健康险责任准备金"科目按险种、分保类型和往来单位进行明细核算。

3. 应收分保准备金的账务处理

（1）应收分保未到期责任准备金。保险公司在确认原保险合同保费收入的当期，按照再保险合同的相关约定，计算相关的应收分保未到期责任准备金，借记"应收分保未到期责任准备金"，贷记"提取未到期责任准备金"。期末，根据精算部门提供的数据与账面余额对比，借记"应收分保未到期责任准备金"科目，贷记"提取未到期责任准备金"科目或者相反的会计处理。实务中，应收分保未到期责任准备金的计提方法同原保险合同未到期责任准备金的计提方法一致。

（2）应收分保未决赔款准备金、应收分保寿险责任准备金和应收分保长期健康险责任准备金。分保分出人在提取原保险合同未决赔款准备金、寿险责任准备金和长期健康险责任准备金的当期，按相关再保险合同的约定计算确定的应向分保接受人摊回的相应准备金金额，借记"应收分保未决赔款准备金"，"应收分保寿险责任准备金""应收分保长期健康险责任准备金"贷记"摊回分保责任准备金"。期末，根据精算部门提供的数据与账面余额对比，借记"应收分保未决赔款准备金""应收分保寿险责任准备金""应收分保长期健康险责任准备金"，贷记"摊回分保责任准备金"或者相反的会计处理。在实务中，精算部门主要是基于理赔系统估损数据和估计应摊回比例计算。

（3）在原保险合同提前解除而转销相关的未到期责任准备金余额的当期，应同时转销相应的分保未到期责任准备金余额，借记"提取分保未到期责任准备金"，贷记"应收分保未到期责任准备金"。同样地，与该原保险合同的相关的应收分保未决赔款准备金也须转销，借记"提取分保未决赔款准备金"，贷记"应收分保未决赔款准备金"。在实际账务处理中，一般不会对这类业务单独进行处理，而在每期资产负债表日，根据精算部门提供的数据与账面余额对比，借记"应收分保未到期责任准备金""应收分保未决赔款准备金"，贷记"提取分保未到期责任准备金""提取应收分保未决赔款准备金"或者相反会计处理。

（五）再保险合同损益的调整

再保险分出人应当在原保险合同提前解除的当期，按照相关再保险合同的约定，计算确定分出保费、摊回分保费用的调整金额，计入当期损益。当原保险合同提前解除时，原保险合同保险责任终止，依赖于原保险合同存在的对应的再保险责任也同时终止，按照权责发生制原则，再保险分出人需要在当期按照再保险合同的约定，计算被解除的原保险合同对应的应冲减的分出保费、应冲减的摊回分保费用。

再保险分出人应当在因取得和处置损余物资，确认和收到应收代位追偿款等而调整原保险合同赔付成本的当期，按照相关再保险合同的约定，计算确定摊回赔付成本的调整金额，计入当期损益。保险人承担赔偿保险金责任取得的损余物资，应当按照同类或类似资产的市场价格计算确定的金额确认为资产，并冲减当期赔付成本。摊回赔付成本是以原保险合同赔付成本为基础计算确定的，因此，在原保险合同赔付成本减少的同时，应相应冲减摊回赔付成本。

再保险分出人调整分出保费时应当将调整金额计入当期损益。再保险分出人在确认原保险合同保费收入的当期，在计算确定再保险合同各项损益时，虽然已采用合同预定或尽量合理的方法对再保险合同损益进行了计算或估算，但在确定分保账单时，仍然可能因为各种情况导致账单数据和前期计算或估算数据不一致。再保分出人应在与再保接受人确定分保账单的当期，按照账单数据与前期计算或估算数据的差额，调整当期相关再保险合同损益项目。

（六）再保险合同债权、债务的核算

1. 再保险合同债权、债务的内容

再保险合同形成的债权主要包括：应收分保账款、应收分保合同准备金、存出分保保证金。再保险合同形成的债务主要包括：应付分保账款、存入分保保证金。另外，再保险分出人与再保险接受人之间的预付款行为会形成预付款资产或负债，也可以在应付分保账款或应收分保账款中核算。

2. 再保险合同债权、债务的确认

再保险分出人应按照权责发生制原则确认由此形成的对再保险接受人的债权或债务。再保险分出人应在确认分出保费的同时，确认应付分保账款；在确认摊回分保费用和摊回赔款的同时，确认应收分保账款；在对原保险合同确认责任准备金负债的同时，确认应收分保准备金；在调整以上项目的同时，调整对应的再保险合同债权、债务。再保险分出人应在收到再保险接受人预付的摊回分保款时，确认预付款负债；在收到再保险接受人支付

的分保准备金时确认存入分保准备金;在向再保险接受人支付预付的分出保费时,确认预付款资产。

需要指出的是,预付分出保费主要发生在超赔业务中。超赔业务的分出保费主要组成部分 MDP(minimum and deposit premium),是再保险分出人提前支付给再保险接受人的预付性质的分出保费。再保险分出人应在支付 MDP 保费时将其确认为预付款资产,并在每期按照超赔合同计算或估算当期分出保费时冲减此项预付款资产,冲减至零后再确认应付分保账款。

应收分保账款、应付分保账款、预付分出保费、预收摊回分保费用和存入分保保证金应区分不同的再保险接受人分别进行确认。不得将不同的再保险接受人的债权、债务合并确认,以保证债权债务的清晰、可靠和易于追踪管理。

再保险分出人与再保险接受人就相互间的再保险债权债务进行实际结算时,再保险分出人应于完成结算当期同时调整该次结算所涉及的、已确认在该再保险接受人名下的应收分保账款、应付分保账款、预付分出保费、预收摊回分保费用和存入分保保证金。实务中,当再保险分出人与再保险接受人在某次结算的金额是双方部分债权与债务轧差后的净额时,再保险分出人应分别调整已确认的债权债务,不得以净额直接调整其对该再保险接受人的债权或者债务。

3. 科目设置及账务处理

1)应收分保账款的会计处理

应收分保账款是指保险公司从事再保险业务应收取的款项。为了反映应收分保账款的发生和收回情况,应设置"应收分保账款"科目。该科目属于资产类科目,下设"应收摊回分保费用""应收摊回分保赔款""应收分入保费""存出分保保证金"等二级科目,分别核算分出和分入业务,其借方登记分保业务中应收未收款项的发生,其贷方登记收回数,余额在借方,反映应收尚未收回的分保账款。该科目应按险种、分保类型以及再保险人设置明细账。在实际账务处理中,应按再保险人设置备查台账,以便准确记录查询与各再保险人的债权往来。

(1)保险公司在确认原保险合同保费收入的当期,按相关再保险合同约定计算确认应向分保接受人摊回的分保费用,借记"应收分保账款"科目,贷记"摊回分保费用"科目。

(2)保险公司在确定支付赔付款项金额或实际发生理赔费用而冲减原保险合同相应未决赔款准备金余额的当期,按相关再保险合同约定计算确定的应向分保接受人摊回的赔付成本金额,借记"应收分保账款"科目,贷记"摊回赔付支出"科目。

(3)在原保险合同提前解除的当期,按相关再保险合同约定计算确定的摊回分保费用的调整金额,借记"摊回分保费用"科目,贷记"应收分保账款"科目。

(4)在因取得和处置损余物资、确认和收到应收代位追偿款等而调整原保险合同赔付成本的当期,按相关再保险合同约定计算确定的摊回赔付成本的调整金额,借记或贷记"摊回赔付支出"科目,贷记或借记"应收分保账款"科目。

(5)计算确定应向分保接受人收取的纯益手续费时,按相关再保险合同约定计算确定的摊回分保费用的调整金额,借记"摊回分保费用"科目,贷记"应收分保"科目。

（6）对于超额赔款再保险等非比例再保险合同，在能够计算确定的应向分保接受人摊回的赔付成本时，按摊回的赔付成本的金额，借记"应收分保账款"科目，贷记"摊回赔付支出"科目。

（7）分保分出人与分保接受人在结算分保账款时，一般按应收分保账款、应付分保账款轧差结算，但在账务处理时，必须分别入账，按应付分保账款金额，借记"应付分保账款"科目，按应收分保账款金额，贷记"应收分保账款"科目，按其差额借记或贷记"银行存款"科目。

2）应付分保账款的会计处理

应付分保账款是指保险公司从事再保险业务应付未付的款项。为了反映应付分保账款的发生和支付情况，应设置"应付分保账款"科目。该科目属于负债类科目，下设"应付分出保费""应付分保赔款支出""应付存入分保保证金""预收分保赔款""应付分入准备金"等二级科目，分别核算分入和分出业务（分入业务详见后面章节），其借方登记分保业务中应付未付款项的发生数，其贷方登记实际支付的数额，余额在贷方，反映应付未付的分保账款。该科目应按险种、分保类型以及再保险人设置明细账。有的保险公司将发生的预收分保赔款合并在本科目核算。实际账务处理中，应按再保险人设置备查台账，以便准确记录查询与各再保险人的债权往来。

（1）保险公司在确认原保险合同保费收入的当期，按相关再保险合同约定计算确定的分出保费金额，借记"分出保费"科目，贷记"应付分保账款"科目。

（2）在原保险合同提前解除的当期，按相关再保险合同约定计算确定的分保费的调整金额，借记"分出保费"科目，贷记"应付分保账款"科目。

（3）对于超额赔款再保险等非比例再保险合同，按相关再保险合同约定计算确定的分出保费金额，借记"分出保费"科目，贷记"应付分保账款"科目。调整分出保费时，借记或贷记"分出保费"科目，贷记或借记"应付分保账款"科目。

（4）发出分保业务账单时，按账单标明的扣存本期分保保证金金额，借记"应付分保账款"科目，贷记"存入分保保证金"科目。

按期计算的存入分保保证金利息，借记"利息支出"科目，贷记"存入分保保证金"科目。

（5）分保分出人应在收到分保接受人预付的摊回分保赔款时，借记"银行存款"科目，贷记"应付分保账款"科目。在确定支付赔付款项或实际发生理赔费用而确认原保险合同赔付成本的当期借记"应付分保账款"科目，贷记"应收分保账款"科目。

（6）分保分出人与分保接受人在结算分保账款时，一般按应收、应付分保账款轧差结算，但在账务处理时，必须分别入账，按应付分保账款金额，借记"应付分保账款"科目，按应收分保账款金额，贷记"应收分保账款"科目，按其差额借记或贷记"银行存款"科目。

二、核算举例

例7-2 A财险公司2024年1月1日将企财险业务与B再保险公司签订成数分保合同，当年A公司按30%的比例将业务分给B公司，并且按照分保费的20%收取分保手续费。1

月份 A 公司合同项下的保费收入 1 000 000 元，2 月份 A 公司合同项下发生赔款为 500 000 元，3 月 31 日 A 公司与 B 再保险公司进行资金结算。A 公司有关再保险分出业务的相关会计分录（本例中准备金相关分录忽略）如下。

（1）2024 年 1 月 1 日计算分出保费 = 1 000 000 × 30% = 300 000（元）。

借：分出保费 300 000
  贷：应付分保账款 300 000

（2）2024 年 1 月 1 日计算分保费用 = 300 000 × 20% = 60 000（元）。

借：应收分保账款 60 000
  贷：摊回分保费用 60 000

（3）2024 年 2 月计算摊回分保赔款 = 500 000 × 30% = 150 000（元）。

借：应收分保账款 150 000
  贷：摊回赔付支出 150 000

（4）2024 年 3 月 31 日结算。

借：应付分保账款 300 000
  贷：应收分保账款 210 000
    银行存款 90 000

例 7-3 假设 Y 公司某险种发生一笔临时分保分出业务，2024 年 1 月 15 日分出保费 3 650 元，分保合同生效日为 2024 年 1 月 15 日，到期日为 2025 年 1 月 14 日，同时，根据约定，对方公司应向该财险公司支付分保费用 730 元。该业务有关款项于 3 月 31 日支付。假定该公司每月底按照三百六十五分之一法计提分保未到期责任准备金。2024 年 6 月 30 日，根据有关部门提供的资料，Y 公司应收分保未决赔款准备金应为 200 000 元，而 2023 年 12 月 31 日资产负债表中应收分保未决赔款准备金为 250 000 元（本例假设分保未决赔款准备金半年提取一次）。2024 年 8 月初，该笔业务发生保险责任事故，经查勘定损于 8 月 18 日确定赔付金额，因此根据有关约定，Y 公司可确定从再保公司摊回分保赔款 800 元。Y 公司会计分录如下。

1. 分出保费、摊回分保费用和结算的会计处理

（1）2024 年 1 月 15 日，Y 公司确认分出保费 3 650 元。

借：分出保费 3 650
  贷：应付分保账款 3 650

（2）2024 年 1 月 15 日，Y 公司确认摊回分保费用 730 元。

借：应收分保账款 730
  贷：摊回分保费用 730

（3）2024 年 3 月 31 日，Y 公司支付该笔分出业务涉及的应付分保账款，同时根据有关约定，按扣除应收分保账款的余额支付，即支付 2 920 元（3 650 − 730 = 2 920）。

借：应付分保账款 3 650
  贷：应收分保账款 730
    银行存款 2 920

2. 应收分保未到期责任准备金会计处理

（1）2024年1月31日，Y公司确认应收分保未到期责任准备金3 480元（3 650×(365－17)/365＝3 480）。

借：应收分保未到期责任准备金　　　　　　　　　　　　　　　3 480
　　贷：提取未到期责任准备金　　　　　　　　　　　　　　　　3 480

（2）2024年2月28日，Y公司应收分保未到期责任准备金为3 200元（3 650×(365－17－28)/365＝3 200元），应差额提取本月末与上月末应收分保未到期责任准备金的差额–280元（3 200－3 480＝–280元）。

借：提取未到期责任准备金　　　　　　　　　　　　　　　　　　280
　　贷：应收分保未到期责任准备金　　　　　　　　　　　　　　280

以后各月差额提取应收分保未到期责任准备金的分录同上，金额随着各月天数略有不同。

3. 应收分保未决赔款准备金的会计处理

在提取原保险合同未决赔款准备金的当期，差额计提应收分保未决赔款准备金–50 000元（200 000－250 000＝–50 000）。

借：摊回未决赔款准备金　　　　　　　　　　　　　　　　　　50 000
　　贷：应收分保未决赔款准备金　　　　　　　　　　　　　　50 000

4. 摊回赔付成本的会计处理

2024年8月18日。

借：应收分保账款　　　　　　　　　　　　　　　　　　　　　　800
　　贷：摊回赔付支出　　　　　　　　　　　　　　　　　　　　800

第四节　分入业务的会计核算

一、分入业务各项目的核算

（一）分保费收入

1. 分保费收入的确认

分保费收入同时满足下列三个条件才能予以确认。

1）再保险合同成立并承担相应责任

一般再保险合同自签订日起成立，但承担责任是按合同规定的起期日才开始的。所谓再保险合同的成立，是指再保险合同当事人经由要约、承诺，就合同的主要条款达成合意，即双方当事人意思表示一致而建立了合同关系，表明了再保险合同订立过程已经完结。如果再保险合同成立要件尚不完备，则不能确认分保费收入。

再保险分入人必须承担保险责任是指再保险分入人必须开始承担保险责任，即保险责任在分保费收入确认当期已经起期。如果再保险分入人尚未承担保险责任，即使收到相关款项,也不能确认分保费收入。

2)与再保险合同相关的经济利益很可能流入

如果再保险接受人能够确定分保费收回的可能性大于不能收回的可能性,则表明经济利益很可能流入。一般情况下,如果再保险分出人信用良好,能够按照合同规定如期发送分保业务账单,并能够按约定及时进行分保往来款项的结算,则意味着与再保险合同相关的经济利益很可能流入再保险分入人。

3)与再保险合同相关的收入能够可靠地计量

它分为两种情况。

(1)如果分保接受人可以在每一会计期对该期间的分保费收入金额做出合理估计,则应按照估计金额确认当期分保费收入及相关分保费用。

(2)如果分保接受人只有收到分保业务账单时才能对分保费收入进行可靠计量,则应当于收到分保业务账单时根据账单标明金额确认分保费收入及相关分保费用。

2. 分保费收入的预估

再保险业务会计处理的主要特点之一是业务数据的间接性、滞后性和不完整性。由于再保险分入人收到再保险分出人提供账单的滞后性,使再保险分入人在满足分保费收入确认条件当期,通常无法及时收到分出人提供的实际账单,此时再保险分入人如果具有长期积累的丰富经验和大量数据,能够采用先进的估算方法,借助专门的技术手段,对再保险合同项下每一个会计期间的分保费收入进行估计,且该估计金额与收到的分保业务账单标明的分保费金额比较接近,且满足其他分保费收入确认条件的,再保险分入人应在每一个会计期间估计并确认分保费收入。

1)比例再保险合同

对于比例再保险合同,分保费收入依赖于再保险分出人的业务规模。在签订再保险合同时,再保险分出人要估计再保险合同的保费,报告给再保险分入人。再保险分入人以估计保费收入为数据基础,结合再保险人自身积累的历史数据、保险行业公开的统计数据、国家公布的相关经济指标数据等,运用自身经验、先进的估算方法和专门的技术手段对再保险合同项下每一个会计期间的分保费收入进行估计。再保险分入人可在总体基础上采用发展法进行预测,也可以采用按合约逐单进行预测。

2)非比例再保险合同

对于非比例再保险合同,最终保费收入除依赖于再保险分出人保费规模之外,还与其损失赔付经验有关。再保险分入人通常以合同中列明的最低保费收入作为数据基础进行估计。对于调整保费,按照定价基础进行预估,根据合同规定,按照保费或时间等因素计算调整保费。对于恢复保费,按照合同规定,根据实际发生赔款摊回金额的大小,确定恢复保费的金额。

3)临分业务

对于临时再保险业务,规模一般较小,通常再保险保费都为确定的值,可以逐单对保费进行预估,也可以将风险相似的合同进行合并,然后运用链梯法进行保费预测。

3. 分保费收入的入账方法

预估分保费收入的入账方法可以分为：终期分保费收入预估法和账单期分保费收入预估法。再保险分入人一般需采用预估法，在不违反重要性原则和不损害会计信息质量的前提下，也可以采用账单法。

1）终期分保费收入预估法

（1）分保费收入的确认。采用本方法预估分保费收入，再保险分入人应在再保险合同开始生效当期预估并确认该再保险合同在有效期内能给接受人带来的全部分保费收入，并进而确定属于不同会计年度的分保费收入，并进行相应的账务处理。

（2）分保费收入的计量。预估分保费收入的计量，应由该再保险合同的承保人员以再保险分出人提供的预计保费（estimated premium income，EPI）为基础，适当考虑其他影响因素（主要包括：相同或类似合同的历史数据、行业数据、承保人经验等），进行计算确定。

为确保预估的合理性、准确性，再保险分入人应根据再保险合同种类及性质、分入业务险种等因素，对当期应确认的分入保费进行适当分类预估。

（3）分保费收入的调整。

①当年调整：确认分保费收入当年，再保险分入人如有充分证据表明可对该最终保费进行更准确的估计，则应对原预估数据进行调整，调整金额计入当期损益。

该会计年度一旦结束，在以后年度一般不再调整保费数据，除非该业务年度实际收到账单的保费总数大于预估总数时，才将大于的数据计入收到账单当期。

②终期调整：再保险分入人应在分保费收入相关实际账单基本收到后（一般应为合同起期三年后），根据实际账单累计分保费收入数据调整原预估分保费收入，差额计入当期损益。

若进行终期调整之后，还有分保费收入流入，则再保险分入人应在收到相关账单当期予以确认，分保费收入计入收到账单当期。

③再保险分入人应当在收到分出人提供的实际账单时，在按照账单标明的金额入账的同时，按照账单标明的金额冲减预估分保费收入。

2）账单期分保费收入预估法

（1）分保费收入的确认。采用本方法预估分保费收入，再保险分入人应在再保险合同开始生效之日起，按照账单期（一般为按季度）分别预估确认分保费收入，计入账单期损益。

在分保费收入相关实际账单基本收到后（一般应为合同起期三年后），再保险分入人可不再对以后各账单期保费进行预估。若在此之后，还有分保费收入流入，则再保险分入人应在收到相关账单当期予以确认，分保费收入计入收到账单当期。

（2）分保费收入的计量。第一个账单期预估分保费收入的计量，应由该再保险合同的承保人员以分出人提供的 EPI 为基础依据，并适当考虑其他影响因素（主要包括：相同或类似合同的历史数据、行业数据、承保人经验等），进行计算分摊到本期。

第一个账单期之后，承保人员可以根据历史数据、经验和已收到的实际账单，运用精算方法对未来账单期保费进行预估，同时可以根据 EPI、承保经验、行业数据等进行适当调整，确认当期分保费收入。

再保险分入人为确保预估的合理性、准确性，可以根据再保险合同性质、分入业务性质对在当期应确认的整体分入保费进行分类预估。

（3）分保费收入的调整。再保险分入人应当在收到分出人提供的实际账单时，根据账单标明的金额对原预估分保费收入进行调整，调整金额计入当期损益。

需要注意的是，保险公司在保费收入方面的处理一般意义上由财务部负责。但为了保证保费收入预估的准确性及合理性，当公司准备采用终期分保费收入预估法来对保费收入进行预估，需要精算部门参与配合；如果公司准备采用账单期分保费收入预估法对保费收入进行预估，则需要核保/承保部门参与配合。

3）分保费收入的账单法

如果再保险分入人由于缺乏丰富的经验数据和先进的技术方法、手段，而无法对再保险合同项下每一个会计期间分保费收入金额进行估计，或估计金额可能与实际金额产生重大差异，则再保险分入人应当于收到分保业务账单时根据账单标明的金额确认分保费收入。

4. 会计科目及账务处理

对于分保费收入的会计处理，应设置"分保费收入"科目，该科目属于损益类（收入类）科目，其贷方登记分保费收入，借方登记转入"本年利润"余额，结转后该科目无余额。该科目按险种设置明细账。

采用预估法入账的，一般都是专业再保险公司，在分入业务量不大的非专业再保险公司一般不采用预估入账的方式，而是在收到分保分出人编制的分保账单时，按照账单标明的金额确认当期分保费收入，借记"应收分保账款"科目，贷记"分保费收入"科目。

（二）分保费用支出

1. 分保费用的确认和计量

分保费用是指分保接受人向分保分出人支付的分保费用。分保费用的确认和计量如下。

（1）分保接受人应在确认分保费收入的当期，确认相应的分保费用，计入当期损益。

（2）分保接受人应根据当期确认的预估分保费收入和再保险合同约定的分保费用率，计算确定应计入当期的分保费用金额。对于采用固定手续费率的，根据分保合同列明的手续费率在分保费收入预估的基础上进行预估。对于采用浮动手续费率的，根据估计的业务终极赔付率计算实际的手续费率；或者根据历史赔付经验建立模型，采用随机模拟等技术得出平均的手续费支付水平。对于纯益手续费的预估，采用与浮动手续费相同的方法即可。如果对于浮动手续费和纯益手续费无法准确估计，应当根据相关再保险合同的约定，在能够计算确定应向再保险分出人支付的手续费时，将浮动手续费和纯益手续费作为分保费用，计入当期损益。

（3）分保接受人应在调整分保费收入当期，根据分保费用率或实际账单标明的分保费用金额计算调整相关分保费用，计入当期损益。专业的再保险公司在核算分保费用时会采用预估的办法进行预估，而一般的非专业保险公司在收到分保分出人实际账后，按实际账单标明的金额，确认相关分保费用，计入当期损益。

2. 会计科目及账务处理

为反映分保费用的发生情况，应设置"分保费用支出"科目。该科目属于损益类（费用）科目，其借方登记应承担的分保费用，贷方登记期末结转"本年利润"科目的数额，结转后该科目无余额。该科目按险种设置明细账。其账务处理如下。

（1）保险公司在确认分保费收入的当期，应按再保险合同约定计算确定的分保费用金额，借记"分保费用支出"科目，贷记"应付分保账款"科目。

如果是按照预估入账的，在收到分保分出人分保账单后，按实际账单标明的金额对分保费用支出进行调整，借记或贷记"分保费用支出"科目，贷记或借记"应付分保账款"科目。

（2）期末，应将"分保费用支出"科目余额转入"本年利润"科目，结转后，该科目无余额。

（三）分入业务准备金

再保险分入人提取分保未到期责任准备金、分保未决赔款准备金、分保寿险责任准备金、分保长期健康险责任准备金，以及进行相关分保准备金充足性测试，比照原保险合同的相关规定处理。由于再保险账单一般滞后，根据权责发生制的要求，需要对赔款进行预估。预估的赔款部分应计为已发生未报告未决赔款准备金。

分保未到期责任准备金、分保未决赔款准备金以及分保准备金充足性测试方法与原保险业务准备金一致，其提取的分保未到责任准备金、分保未决赔款准备金应单独记入"分保未到期责任准备金""分保未决赔款准备金""提取分保未到期责任准备金""提取分保未决赔款准备金"等科目。

（四）分保赔付支出

分保接受人应当在收到分保账单的当期，按照账单标明的分保赔付款项金额，作为分保赔付成本，计入当期损益，同时，按照精算结果，冲减相应的分保未决赔款准备金。为了反映分保的赔付支出发生情况，分保接受人应当单独设置"分保赔付支出"科目。该科目属于损益类（费用）科目，其借方登记应承担的分保赔付数，贷方登记期末结转"本年利润"科目的数额，结转后该科目无余额。其账务处理如下。

（1）分保接受人收到分保账单后，应按账单标明的分保赔付款项金额，借记"分保赔付支出"科目，贷记"应付分保账款"科目。

（2）期末，应将"分保赔付支出"科目余额转入"本年利润"科目，结转后该科目无余额。

（五）分入业务形成的债权、债务

再保险分入业务形成的债权主要有应收分保账款、存出分保保证金，再保险分入业务形成的债务主要有应付分保账款。

1. 应收分保账款的会计处理

（1）保险公司在确认分保费收入时，借记"应收分保账款"科目，贷记"分保费收入"科目。

（2）保险公司在收到分入分保账单时，按账单列明的金额对分保费收入进行调整，借记或贷记"应收分保账款"科目，贷记或借记"分保费收入"科目。

（3）保险公司在收到分入分保账单时，按账单列明的分出人扣存本期分保保证金金额，借记"存出分保保证金"科目，贷记"应收分保账款"科目。按账单列明的分保分出人返回上期扣存分保保证金，借记"应收分保账款"科目，贷记"存出分保保证金"科目。

（4）计算存出分保保证金利息时，借记"应收分保账款"科目，贷记"利息收入"科目。

（5）收到当期结清的分保业务账单时，按账单标明的保费未到期责任准备金释放金额，借记"应收分保账款"科目，贷记"分保费收入"科目。

（6）收到当期结清的分保业务账单时，按账单标明的未决赔款准备金释放金额，借记"应收分保账款"科目，贷记"分保赔付支出"科目。

（7）分保分出人与分保接受人在结算分保账款时，一般按应收分保账款、应付分保账款轧差结算，但在账务处理时，必须分别入账，按应付分保账款金额，借记"应付分保账款"科目，按应收分保账款金额，贷记"应收分保账款"科目，按其差额借记或贷记"银行存款"科目。

（8）应收分保账款的核销和转回，应比照"坏账准备"科目的相关规定进行处理。

2. 存出分保保证金的会计核算

为反映存出分保保证金的发生和收回情况，应设置"存出分保保证金"科目。该科目属于资产类科目，其借方登记存出的分保保证金，贷方登记收回的分保保证金，余额在借方，反映公司存出的分保保证金数额。该科目按分保类型及往来再保险人设置明细科目。

保险公司在收到分入分保账单时，按账单列明的分出人扣存本期分保保证金金额，借记"存出分保保证金"科目，贷记"应收分保账款"科目。按账单列明的再保险分出人返回上期扣存分保保证金，借记"应收分保账款"科目，贷记"存出分保保证金"科目。对于存出的分保保证金，应按期计提利息，借记"存出分保保证金"科目，贷记"利息收入"科目。

3. 应付分保账款的会计处理

（1）保险公司在确认分保费收入时，按相关再保险合同的约定计算确定分保费用金额，借记"分保费用支出"科目，贷记"应付分保账款"科目。

（2）在能够计算确定应向分出公司支付纯益手续费时，按相关再保险合同约定计算确定纯益手续费金额，借记"分保费用支出"科目，贷记"应付分保账款"科目。

（3）保险公司在收到分入分保账单时，按账单标明的金额对分保费用支出进行调整，借记或贷记"分保费用支出"科目，贷记或借记"应付分保账款"科目。

（4）保险公司在收到分入分保账单时，按账单标明的分保赔付款金额，借记"分保赔付支出"科目，贷记"应付分保账款"科目。

（5）收到当期结清的分保业务账单时，按账单标明的保费准备金留存金额，借记"分保费收入"科目，贷记"应付分保账款"科目。

（6）收到当期结清的分保业务账单时，按账单标明的未决赔款准备金留存金额，借记"分保赔付支出"科目，贷记"应付分保账款"科目。

（7）分保分出人与分保接受人在结算分保账款时，一般按应收分保账款、应付分保账款轧差结算，但在账务处理时，必须分别入账，按应付分保账款金额，借记"应付分保账款"科目，按应收分保账款金额，贷记"应收分保账款"科目，按其差额借记或贷记"银行存款"科目。

二、核算举例

例 7-4 终期预估法预估分保费举例。

（1）某再保险合同起期后，预估分保费收入 1 500 元，预估分保手续费 500 元，两者之差为预估应收账款 1 000 元（假设符合债权、债务抵销条件，下同）。

　　借：预估分保手续费　　　　　　　　　　　　　　　　　　　　500
　　　　预估应收账款　　　　　　　　　　　　　　　　　　　　1 000
　　　　贷：预估分保费收入　　　　　　　　　　　　　　　　　　1 500

（2）收到第一期账单，分保费收入 200 元，分保赔款 20 元，分保手续费 60 元，应收分保账款 120 元。

　　借：分保手续费　　　　　　　　　　　　　　　　　　　　　　60
　　　　分保赔款　　　　　　　　　　　　　　　　　　　　　　　20
　　　　应收分保账款　　　　　　　　　　　　　　　　　　　　　120
　　　　贷：分保费收入　　　　　　　　　　　　　　　　　　　　200
　　借：未决赔款准备金　　　　　　　　　　　　　　　　　　　　20
　　　　贷：提存未决赔款准备金　　　　　　　　　　　　　　　　20

（3）收到第一期账单，根据第一期账单标明金额冲销预估数据。

　　借：预估分保费收入　　　　　　　　　　　　　　　　　　　　200
　　　　贷：预估分保手续费　　　　　　　　　　　　　　　　　　60
　　　　　　预估应收账款　　　　　　　　　　　　　　　　　　　140

（4）以后各期收到账单处理重复进行第（2）、（3）项操作。

（5）第二、第三会计年度初，分别根据最初估计的终期分保费收入中归属于该会计年度的金额，予以入账，相关会计处理参见第（1）项。

（6）到第三个会计年度末，累计已收到保费 1 600 元，手续费 550 元，则需将业务累计数据与预估数据之间的差额调整到当期损益。

　　借：预估分保手续费　　　　　　　　　　　　　　　　　　　　50
　　　　预估应收账款　　　　　　　　　　　　　　　　　　　　　50
　　　　贷：预估分保费收入　　　　　　　　　　　　　　　　　　100

（7）第三个会计年度后再收到账单，若还有保费：保费10元，手续费2元，赔款20元。

  借：分保手续费   2
    分保赔款   20
    贷：分保费收入   10
      应付分保账款   12

（8）以后再收到账单会计处理如同第（7）项操作。

例 7-5 账单期预估法举例。

（1）某再保险合同起期后，第一个账单期预估分保费收入180元，预估分保手续费50元，两者之差为预估应收账款130元。

  借：预估分保手续费   50
    预估应收账款   130
    贷：预估分保费收入   180

（2）收到第一期账单，账单标明金额：分保费收入200元，分保赔款20元，分保手续费60元，应收分保账款120元。

  借：分保手续费   60
    分保赔款   20
    应收分保账款   120
    贷：分保费收入   200

（3）收到第一期账单，冲销第一期账单预估数据。

  借：预估分保费收入   180
    贷：预估分保手续费   50
      预估应收账款   130

（4）以后各账单期收到账单均重复进行第（2）、（3）项操作。

例 7-6 2024年1月24日，X公司承保一项一年期保险业务，保费收入7 000元，同时，按20%的比例办理了比例临时分保业务给Y公司，原保险合同生效日与分保合同生效日都为1月24日，到期日为2025年1月23日。根据约定，Y公司应向该X公司支付分保费用1 000元。该分保业务有关款项于2024年3月31日支付。2024年8月初，该笔业务发生保险责任事故，经查勘定损于8月18日确定赔付金额11 000元，因此根据有关约定，X公司可确定从Y公司摊回分保赔款2 200元。X公司用三百六十五分之一法计提未到期责任准备金，本题两公司只需在1月31日按月编制与未到期责任准备金相关的会计分录即可，其他月度中间日期的不计提准备金。（前两个例子已经讲解了预估收入方法，为清晰地了解整个业务会计核算，本例按日期不做预估处理。）Y分入公司的会计分录如下。

（1）2024年1月24日。

  借：应收分保账款   1 400
    贷：分保费收入   1 400

借：分保费用 1 000
　　　贷：应付分保账款 1 000

（2）1月31日提取分保责任准备金。

　　　　提取的分保责任准备金＝1 400×（365－8）/365＝1 369.32元

借：提取未到期责任准备金——分保未到期责任准备金 1 369.32
　　　贷：未到期责任准备金——分入业务 1 369.32

（3）3月31日按照账单结算。

借：银行存款 400
　　应付分保账款 1 000
　　　贷：应收分保账款 1 400

（4）8月18日应付的分保。

借：分保赔付支出 2 200
　　　贷：应付分保账款 2 200

思考题

1. 试述再保险合同重大保险风险判断的步骤。
2. 简述再保险合同的会计处理原则。
3. 分保业务账单的主要内容包括哪些内容？
4. 再保险分出业务进行会计处理需要设置哪些会计科目？
5. 简述分入业务的预估处理方法。

第八章 保险公司费用的核算

费用是指企业在日常活动中发生的、会导致所有者权益减少的、与向所有者分配利润无关的经济利益的总流出。费用只有在经济利益很可能流出从而导致企业资产减少或者负债增加，且经济利益的流出额能够可靠计量时才能予以确认。

第一节 保险公司费用分类

保险公司在日常经营活动中发生的、会导致所有者权益减少的、与向所有者分配利润无关的经济利益的总流出构成了保险公司的费用。保险公司费用包括赔款支出、分保赔款支出、各类给付、退保金、准备金提转差、佣金、手续费、分保费用支出、税金及附加、营业费用、提取保险保障基金等。

根据业务及费用性质，保险公司的费用分为以下几类。

（一）保险业务的成本

保险公司营业成本主要包括赔款支出、分保赔款支出、各类给付、退保金、准备金提转差。由于赔款支出、分保赔款支出、各类给付、退保金、准备金提转差等营业成本已经在前面章节中阐述，所以，本章不再重复。

（二）保单获取成本

保单获取成本主要包括手续费、佣金支出、保单制作费用等。

（三）期间费用

保险公司的期间费用，主要是业务及管理费。业务及管理费是指公司在日常业务经营及管理过程中所发生的各项费用支出，包括除手续费及佣金支出、其他业务支出、营业外支出以外的其他各项费用。

费用的会计核算应当严格遵循权责发生制的原则，在经济事项发生时及时确认费用及相关负债，不得人为提前或延后。而且，费用的会计核算应当以事实为依据，在核算费用时，应取得支持该类业务发生的原始凭证及相关资料。

第二节 费用的会计核算

本章仅涉及其他章节未述及的手续费及佣金支出和业务及管理费用的会计处理，赔款支出、分保赔款支出、各类给付、退保金、准备金提转差等主营业务成本项目不再重复，利息支出和税金及附加与一般行业相同，不再赘述。

一、手续费及佣金支出

手续费支出和佣金支出是保险公司费用支出的一项重要内容。

（一）手续费支出

手续费支出是指保险公司支付给具备代理资质、接受保险公司委托并在授权范围内代为办理保险业务的保险代理人或保险经纪人的手续费。手续费支出应当在保费收入确认当期直接计入相关险种损益。

实际收到保费后，应通过转账方式将手续费直接支付给代理人或经纪人，不得从保费中坐支。保险公司直销业务不得支付代理手续费。

（二）佣金支出

佣金支出是指向受公司委托的个人代理人因其在公司授权范围内代为销售保险业务而支付的报酬。佣金支出支付对象包括个险渠道营销员、中介渠道保险客户经理、团险渠道销售人员等。佣金支出可以分为直接佣金和附加佣金。

1. 直接佣金

直接佣金是指因个人代理人履行代理合同约定后，公司按代理合同及相关规定，根据代理销售收入和直接佣金率（或类似比率）计算得出的，直接支付给个人代理人的支出。直接佣金应当与代理销售收入直接相关。直接佣金的发放表如表8.1所示。

表8.1 直接佣金发放险种明细表

机构：　　　　　　月度：　　　　　　日期：　　　　　　单位：元

险种名称	业务险种代码	财务险种代码	保费收入			本月发放直接佣金			
			期交首年	期交续年	趸交	期交首年	期交续年	趸交	小计
××定期保险									
××定期保险									
××定期保险									
××定期保险									
××两全保险									
××两全保险									
××终身寿险									
××重疾险									

按公司规章，相关人员签章。

2. 附加佣金

附加佣金是指为满足个人代理人开展代理业务需要而发生的直接用于个人代理人队伍建设及与其直接相关的支出，主要包括保障支出、教育培训支出和委托报酬等。

（1）保障支出指为保障个人代理人生活、医疗、保障需要，公司为个人代理人支付的养老、医疗、意外等保障费用。保障支出分为基本支出和非基本支出。

（2）教育培训支出是指公司为保证个人代理人的专业水平，承担的个人代理人参加各类培训而发生的费用，包括个人代理人培训必备的相关用品、培训班或到外地学习的场租费、住宿费、餐费、交通费及讲师授课费等。

（3）委托报酬是指根据代理合同及公司规定，除直接佣金、保障支出、教育培训支出以外，向个人代理人支付的各项费用。

（三）手续费及佣金支出的会计处理

企业在取得保险合同过程中发生的手续费、佣金，应当在发生时计入当期损益。

1. 科目设置

（1）"手续费及佣金支出"科目。该科目用来核算保险公司按规定支付给代理保险业务的单位和个人及保险经纪人的劳务费用，属损益类科目。该科目应按险种设立明细账。

期末将本科目余额结转"本年利润"科目，该科目期末无余额。

（2）"应付手续费及佣金"科目。手续费和佣金的支付是依据实际收到的保费收入的比例计算的，对于应收未收到的保费，先计算应付手续费及佣金，设立"应付手续费及佣金"科目来核算，按往来单位和个人设明细账，通过该科目来核算应收保费所对应的那部分应付未付的手续费及佣金。

2. 核算举例

例 8-1 甲保险公司委托某 4S 店进行保险代理业务，2024 年 7 月 4S 店销售保险业务的保费收入应确认保费收入 230 000 元，并随同交来银行转账支票 200 000 元，余额 2024 年 8 月结清，手续费按 5%计算，开出转账支票支付手续费 10 000 元。会计处理如下。

（1）2024 年 7 月保险公司收到保费。

借：银行存款 200 000
　　应收保费——财产基本险（××代理人） 30 000
　贷：保费收入——财产基本险 230 000

（2）2024 年 7 月保险公司支付和计提应付手续费。

借：手续费及佣金支出——财产基本险 11 500
　贷：银行存款 10 000
　　　应付手续费及佣金——××代理人 1 500

（3）2024 年 8 月代理人交来保费。

借：银行存款 30 000
　贷：应收保费——财产基本险 30 000

（4）2024 年 8 月保险公司结清应付手续费余额。

借：应付手续费及佣金——××代理人 1 500
　贷：银行存款 1 500

二、业务及管理费

业务及管理费是指保险公司业务经营及管理工作中发生的各项费用，主要是指除手续费、佣金支出、其他支出以外的其他各项费用。

（一）业务及管理费用的分类

业务及管理费用按照性质可以分为职工薪酬、财产相关费用、业务相关费用、外部监管费用、中介费用、办公费用六大类。

1. 职工薪酬

职工薪酬是指保险公司为职工在职期间和离职后提供的全部货币性薪酬和非货币性福利，既包括提供给职工本人的薪酬，也包括提供其配偶、子女或其他被赡养人的福利等。

职工薪酬包括：职工工资、职工福利费、医疗保险费、养老保险费、失业保险费、工伤保险费、生育保险费、住房公积金、工会经费、职工教育经费、劳动保险费、劳动保护费、非货币性福利、辞退福利、企业年金、股份支付等。

（1）职工工资反映在职职工的工资、奖金、津贴和补贴等。

（2）职工福利费是指保险公司为职工提供的除职工工资、奖金、津贴、纳入工资总额管理的补贴、职工教育经费、社会保险费和补充养老保险费（年金）、补充医疗保险费及住房公积金以外的福利待遇支出，包括发放给职工或为职工支付的以下各项现金补贴和非货币性集体福利。

①为职工卫生保健、生活等发放或支付的各项现金补贴和非货币性福利，包括职工因公外地就医费用、暂未实行医疗统筹企业职工医疗费用、职工供养直系亲属医疗补贴、职工疗养费用、自办职工食堂经费补贴或未办职工食堂统一供应午餐支出、符合国家有关财务规定的供暖费补贴、防暑降温费等。

②公司尚未分离的内设集体福利部门所发生的设备、设施和人员费用，包括职工食堂、职工浴室、理发室、医务所、托儿所、疗养院、集体宿舍等集体福利部门设备、设施的折旧、维修保养费用以及集体福利部门工作人员的工资薪金、社会保险费、住房公积金、劳务费等人工费用。

③职工困难补助，或者公司统筹建立和管理的专门用于帮助、救济困难职工的基金支出。

④离退休人员统筹外费用，包括离休人员的医疗费及离退休人员其他统筹外费用。

⑤按规定发生的其他职工福利费，包括丧葬补助费、抚恤费、职工异地安家费、独生子女费、探亲假路费，以及符合职工福利费定义的其他支出。

保险公司给职工发放的节日补助、未统一供餐而按月发放的午餐费补贴，应当纳入工资总额管理；为职工提供的交通、住房、通信待遇，已经实行货币化改革的，按月按标准发放或支付的住房补贴、交通补贴或者车改补贴、通信补贴，应当纳入职工工资总额，尚未实行货币化改革的，企业发生的相关支出作为职工福利费管理。

（3）五险一金，包括医疗保险费、养老保险费、失业保险费、工伤保险费、生育保险费（前三种保险费由企业和个人共同缴纳，这里指由保险公司缴纳的部分，后两者完全由企业承担）和住房公积金，反映保险公司按国家规定的基准和比例计算，向社会保险经办机构缴纳的各项社会统筹保险费，以及以购买商业保险形式提供给职工的补充养老保险（不含企业年金）、补充医疗保险等。

（4）工会经费，反映保险公司为改善职工文化生活等用于开展工会工作的相关支出。该科目列支金额超过职工工资2%以上的部分依法进行所得税纳税调整。

（5）职工教育经费，反映保险公司为提高职工业务素质用于职工教育及职业技能培训的相关支出。该科目列支金额超过职工工资2.5%以上的部分依法进行所得税纳税调整。职工教育经费主要包括：职工上岗和转岗培训；各类岗位适应性培训；岗位培训、职业技术等级培训、高技能人才培训；专业技术人员继续培训；特种作业人员培训；企业组织的职工外送培训的经费支出；职工参加职业技能鉴定、职业资格认证等费用支出；购置教学设备与设施；职工岗位自学成才奖励费用；职工教育培训管理费用；有关职工教育的其他开支。

（6）非货币性福利，反映公司以自产产品或外购商品发放给职工作为福利，将公司拥有的资产无偿提供给职工使用，租赁资产供职工无偿使用，为职工提供无偿医疗保健服务；向职工提供公司支付了一定补贴的商品或服务，以低于成本的价格向职工出售住房等。

（7）辞退福利（也称解除劳动关系补偿），指因解除与职工的劳动关系给予职工的经济补偿。即保险公司在职工劳动合同尚未到期之前解除与职工的劳动关系，或者为鼓励职工自愿接受裁减而给予职工的经济补偿。

（8）企业年金是指保险公司在依法参加基本养老保险的基础上，根据《企业年金试行办法》和《企业年金基金管理试行办法》等相关规定，向企业年金基金相关管理人缴纳的补充养老保险费。

（9）股份支付，指保险公司为获取职工提供服务而授予权益工具或者承担以权益工具为基础确定的负债的交易。

（10）劳动保险费，反映保险公司离退休职工的退休金、物价补贴、医疗费（含离退休人员参加医疗保险的医疗保险基金）、易地安家补助费、职工退职金、六个月以上病假人员工资、职工死亡丧葬补助费、抚恤金，按规定支付给离休干部的各项经费以及实行社会统筹办法的公司按规定提取的职工退休养老医疗统筹基金。

（11）劳动保护费，反映保险公司按照国家有关劳动保护规定购买劳动保护用品的费用，主要指购买为职工配备的工作服、手套、安全保护用品等所发生的支出。

（12）劳务费，用于归集保险公司支付给除订立劳动合同人员（含全职、兼职和临时职工）、未与公司订立劳动合同但为公司提供与职工类似服务的人员（如劳务派遣用工）之外的临时性的劳务人员的费用支出。

2. 财产相关费用

财产相关费用是指公司为取得、使用或维持各种有形及无形资产发生的费用，通常包括，折旧费、无形资产摊销、关联交易费用、车辆使用费、电子设备运转费、租赁费、水电费、修理费、保险费、绿化费、取暖降温费、物业管理费、安全防卫费、房产税、土地使用税、车船使用税等。

（1）折旧费，反映保险公司按有关规定提取的固定资产折旧费。

（2）无形资产摊销，反映保险公司无形资产摊销的金额。

（3）关联交易费用，反映保险公司与集团公司及其子公司资产所发生的关联交易费用支出。

（4）车辆使用费，反映保险公司购置的车辆和租赁车辆发生的有关费用，包括机动车辆使用所发生的燃料、辅助油料、养路、车辆检验、过路过桥、停车等费用，汽车内部装饰费、洗车费、车辆租赁费，不含保险费。

（5）电子设备运转费，反映为保证电子设备软件和硬件的正常运转所发生的安装调试费和设备维护费（不包括资本化后计入无形资产的部分）。

（6）租赁费，反映保险公司租用营业性、办公性用房及其他设备和交通工具所支付的费用（不包括融资租赁费），如房屋、车辆、车位等。

（7）水电费，反映保险公司营业办公用房所支付的水、电费、燃气费及增容费开支，包括污水处理费，但不包括纯净水、饮品。

（8）修理费，反映保险公司固定资产和低值易耗品的修理支出（不包括资本化后计入固定资产的部分），包括汽车保养、汽车更换配件、房屋维修、装修及改造费、其他设备的零星维修，如水暖、管道等。

（9）保险费，反映保险公司为相关财产投保所支付的费用，但不含人身保险费以及为员工支付带有福利性质的保险费，一般包括为车辆投保所支付的保险费、为房屋投保所支付的费用等，如：机动车险、房屋综合险等。

（10）绿化费，反映保险公司内部绿化及义务植树支付的费用，如购买绿植、鲜花等。

（11）取暖降温费，反映保险公司支付给第三方的专门用于办公场所或营业网点的取暖降温费用。

（12）物业管理费，反映保险公司向物业管理机构缴纳的物业管理费用，如保洁服务、电梯维修、公共设施保养、垃圾清理等。

（13）安全防卫费，反映保险公司用于购置、安装安全防卫设施所发生的相关费用，包含防盗门、消防器材及保安人员费用等。

（14）房产税，反映保险公司按规定缴纳的房产税。

（15）土地使用税，反映保险公司按规定缴纳的土地使用税。

（16）车船使用税，反映保险公司按规定缴纳的车船使用税。

3. 业务相关费用

业务相关费用是指保险公司为特定的展业、理赔或客户服务等业务活动发生的费用，通常包括广告费、业务宣传费、业务招待费、防预费等。

（1）广告费，反映保险公司通过经工商部门批准的专门机构制作的用于宣传公司品牌、产品、其他信息的广告费用支出，如通过广播电视、户外大型广告牌、报刊、互联网等发生的广告支出。

（2）业务宣传费，反映保险公司用于开展业务宣传活动，但未通过媒体所发生的带有宣传性质的费用支出，包括场租费、宣传资料印刷费、宣传片设计制作费用、发布仪式费、赠送保险、客户增值服务费（如酒后代驾等）、客户俱乐部活动费用等。

（3）业务招待费，反映保险公司为拓展业务而发生的交际招待费用，包括餐饮、食品、门票、被接待人员交通费和住宿费等。

（4）防预费，反映保险公司为增强被保险人的防灾防损能力、减少或避免财产损失而购置必要设施和器材所支付的费用、开展防灾防损培训、研究的费用和用于奖励在防灾防损工作中有突出贡献的外部单位和个人的费用等。

4. 外部监管费用

外部监管费用是指保险公司为外部监管机构发生的费用，通常包括保险保障基金、交强险救助基金、其他管理费、同业公会会费、学会会费等。

（1）保险保障基金。保险保障基金是指依照《中华人民共和国保险法》和《保险保障基金管理办法》（中国银行保险监督管理委员会、中华人民共和国财政部、中国人民银行令2022年第7号公布）规定缴纳形成，在保险公司被依法撤销或者依法实施破产、其清算财产不足以偿付保单利益的或者国务院保险监督管理机构经商有关部门认定，保险公司存在重大风险，可能严重危害社会公共利益和金融稳定的情形下，用于救助保单持有人、保单受让公司或者处置保险业风险的非政府性行业风险救助基金。

保险保障基金由基准费率和风险差别费率组成，根据监管机构发布的《缴纳保险保障基金有关事项的通知》（银保监办发〔2023年〕2号）的有关规定，计提比例如下。

基准费率方面，财产保险、短期健康保险、意外伤害保险按照业务收入的0.8%缴纳；人寿保险、长期健康保险、年金保险按照业务收入的0.3%缴纳；投资连结保险按照业务收入的0.05%缴纳。风险差别费率以偿付能力风险综合评级结果为基础，评级为A（含AAA、AA、A）、B（含BBB、BB、B）、C、D的保险公司适用的费率分别为–0.02%、0%、0.02%、0.04%。

保险公司应当及时、足额将保险保障基金缴纳到保险保障基金公司的专门账户。有下列情形之一的，可以暂停缴纳。

①财产保险保障基金余额达到行业总资产6%的。

②人身保险保障基金余额达到行业总资产1%的。

保险保障基金余额是指行业累计缴纳的保险保障基金金额加上投资收益，扣除各项费用支出和使用额以后的金额。

（2）交强险救助基金。交强险救助基金是指保险公司根据监管机构的有关规定，按照交强险保费收入的一定比例提取并缴纳当地政府部门，用于机动车交通事故第三者救助的专项基金。

根据《道路交通事故社会救助基金管理办法》（财政部 银保监会 公安部 卫生健康委 农业农村部令第107号）和关于贯彻落实《道路交通事故社会救助基金管理办法》的通知（财金〔2022〕1号）规定：从交强险保费收入中提取的道路交通事故社会救助基金；采取跟单计提或按月一次汇总计提的方式对应缴纳的救助基金进行核算；计提的救助基金列入交强险专属费用；应缴纳的救助基金暂在"应缴救助基金"或其他类似账户明细核算。

现阶段继续从机动车交通事故责任强制保险保费收入中提取1%～2%作为救助基金的来源，省级人民政府在上述幅度范围内确定本地区具体提取比例。落实救助基金筹集封顶机制，以省级为单位，救助基金累计结余达到上一年度支出金额3倍以上的，本年度暂停提取。

（3）其他管理费，反映保险公司按监管部门的有关规定缴纳的其他管理费。

（4）同业公会会费，反映保险公司向有关同业公会缴纳的会费。

（5）学会会费，反映保险公司向保险行业学会、协会及其他专业学会等缴纳的会费。

5. 中介费用

中介费用是指保险公司为聘请外部中介机构发生的费用，通常包括审计费、精算费、咨询费、诉讼费、公证费、席位费、检验费等。

（1）审计费，反映保险公司聘请外部中介机构进行查账验资以及进行资产评估等发生的各项费用。

（2）精算费，反映保险公司聘请外部中介机构提供精算服务发生的费用。

（3）咨询费，反映保险公司聘请经济技术顾问、法律顾问等所支付的费用。

（4）诉讼费，反映保险公司由于诉讼发生的费用。

（5）公证费，反映保险公司进行公证事务时所发生的费用。

（6）席位费，反映保险公司按规定向证券交易所和同业拆借市场等缴纳的席位费。

（7）检验费，反映保险公司经营过程中，需要经资质认定的检验机构对其资产或所承保的财产进行产品质量检验而出具检验结果所花费的成本。

6. 办公费用

办公费用是指保险公司发生的除上述费用以外的日常办公费用，通常包括邮电费、印刷费、差旅费、会议费、培训费、外事费、公杂费、宣教费、低值易耗品摊销、其他资产摊销、董事会费、结算费、技术转让费、研究开发费、印花税、其他费用等。

（1）邮电费，反映保险公司办理各项业务所支付的邮费、电话费、电话月租金、电话安装费（含电话初装费）、电话迁移费、电话维护费和线路租用费等。

（2）印刷费，反映保险公司印刷各种保险单、条款、单证、账簿、报表、信纸、信封、文稿、便笺和名片等所支付的费用以及附带的包装费等。

（3）差旅费，反映保险公司员工市内交通费及出差发生的住宿、交通及其他补贴等支出，包括员工乘坐的市内交通工具的费用，如出租车、公交车、地铁，员工出差乘坐飞机、火车等交通工具出差的费用，外地住宿费、出差期间的标准补助等。

（4）会议费，反映保险公司按规定标准支付的各项会议经费，包括公司内举办或承办的会议和公司员工参加公司外部主办的会议所发生的直接相关费用，但不包括董（监）事会会议费。如会议标准内的住宿支出、会议标准内的餐饮支出、组织或召开会议租赁场地的支出、印制会议相关资料支出、会议杂费等与会议支出相关的费用。

（5）外事费，反映保险公司有关出国考察、访问、学习、进修的境外交通费、境外零用费、境外住宿费、标准内的境外伙食和公杂费以及外宾来访等外事活动中按规定标准支付的接待费用，涉外业务人员按规定发给的服装费。

（6）公杂费，反映保险公司购置经营业务所需资料、饮用水及器具、饮水所用燃料、刻制印章、购置营业办公用品、清洁卫生用品用具，以及小额零星开支所发生的费用。如笔记本、中性笔、尺子等文具用品，拖把、洗涤剂、饮水机、换锁等。

（7）宣教费，反映保险公司购置书籍、报刊、资料等所发生的费用。

（8）低值易耗品摊销，反映保险公司低值易耗品摊销的金额。低值易耗品是指不作为固定资产核算的各种用具物品,如营业用具、管理用具、器具、劳动保护用品等。低值易耗品的特点是单位价值较低或使用期限相对较短,在使用过程中始终保持其原有实物形态基本不变。低值易耗品按其使用范围一般可以包括:办公相关用品、简易运输工具及用品、电器用具及配件、简易办公用家具、简易生活用具。

(9)其他资产摊销,反映保险公司不属于低值易耗品摊销的一年(含)以内的资产摊销。

(10)董事会费,反映保险公司董事会及其成员履行职责而发生的各项费用,主要包括差旅费、会议费、外事费、培训费等。

(11)结算费,反映保险公司按规定支付给银行的汇兑、结算邮费、电汇费、手续费以及向开户银行购买专用凭证等费用,还包括其他渠道支付的结算费支出。

(12)技术转让费,反映保险公司接受技术转让等发生的费用,该技术的预计收益期限应当在一年以内或受让的金额很小,否则应作为无形资产。

(13)研究开发费,反映保险公司研究开发新条款、新险种、新软件系统(包括系统新增功能和上线推广费用)、新教育培训课程和非专利技术等发生的费用。如研发产品时租赁场地发生的相关支出、研发人员发生的住宿、餐饮支出、购置或印制产品开发资料的相关支出、与产品研发相关的外购专业报告支出,但不包含研发产品的宣传推广类支出。

(14)印花税,反映保险公司按规定交纳的印花税。

(15)其他费用,不属于上述费用的业务及管理性质费用。

(二)业务及管理费报销审核

1. 业务及管理费报销流程

业务及管理费报销流程如图8.1所示。

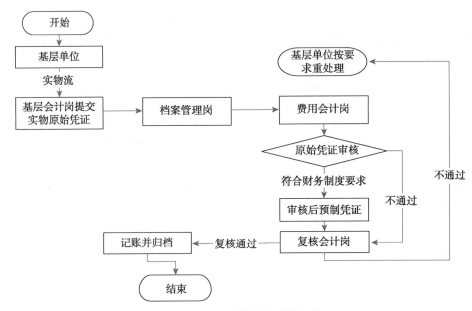

图 8.1 业务及管理费报销流程

2. 费用报销审核要点

1）审核财务报销单等原始凭证是否完整、正确

（1）审核财务报销单等原始凭证的内容填写是否完整：凭证的名称；填制凭证的日期；填制凭证单位名称或者填制人姓名；经办人员的签名或者盖章；接受凭证单位名称；经济业务内容；数量、单价和金额。

（2）金额填写必须准确，大写与小写金额相符，数量、单价、小计、合计的计算是否准确，重点检查数量、单价等是否符合正常、合理的经济事项范围。

（3）审核凭证粘贴是否符合档案规范的要求。

2）审核原始票据是否合规

（1）从外单位取得的原始凭证，必须盖有填制单位的公章（含发票专用章、财务专用章），发票需要审核真伪。

（2）对于上缴的工会经费，必须出具财政部、全国总工会统一制发的《工会经费拨缴款专用收据》，经当地税务机关认可，可以税务局网上申报方式取得的银行扣款回单代替专用收据；对于地方性税费的征收，必须出具行政事业单位地方税费收据。

（3）对于定额发票，应填写公司全称（或经当地国税同意的简称）及开票日期。

（4）审核发票的内容是否与经济事项相符，需开具专用发票的事项是否取得了专用发票。

（5）发票、财务报销单及内部自制原始凭证不得有涂改、挖补。如果发现有错误，应该予以退回，要求开出单位重新出具新的发票。

（6）审核发票是否存在时间截止性问题，是否存在跨决算期（年末、半年末）报支的现象，跨决算期支付的是否有合理的理由说明。

（7）审核发票载明的金额是否与报销单填列、报支的金额一致；如不一致，是否有对差异额的说明（如对交通费进行限额管理等）。

（8）一式几联的发票和收据，审核是否用双面复写纸（发票和收据本身具备复写纸功能的除外）套写，并连续编号，只能以财务报销联作为报销依据。

（9）内部自制原始凭证必须有经办人、相应审批权限的负责人或者其指定的人员签名或者盖章。

3）审核附件是否充足

（1）实务规定的必需的附件是否提供齐全。

（2）提供的附件是否准确，是否足以对该经济事项进行说明。

（3）员工公出借款凭据，必须附在记账凭证之后。收回借款时，应当另开收据或者退还借据副本，不得退还原借款收据。

（4）经管理层、上级部门（公司）批准的经济业务，应当将签报（或文件）作为原始凭证附件；对于分期付款的经济事项，首次付款时必须提供签报的原件。

（5）对于费用代收付业务形成的记账凭证，必须附有报单及相关支持文件。

（6）如果一张原始凭证涉及几张记账凭证，如分期付款，但只开具一张发票的，可以把原始凭证附在一张主要的记账凭证后面，并在其他记账凭证上注明附有该原始凭证的记账凭证的编号并附原始凭证复印件。

（7）如果一张发票所核算出需要几个单位共同负担的，可以将发票附在一个主要单位的记账凭证后面，其他单位的记账凭证后必须附有发票的复印件（加盖发票留存单位的公章或发票专用章、财务专用章）及相应的报单（原始凭证分割单）。

4）审核是否涉及税务处理

注意是否有企业所得税纳税调整、代扣代缴个人所得税等涉税事项；是否已按规定扣缴各项税款，涉及企业所得税的，应及时登记税务台账。

5）审核报支的经济事项支出是否符合其他相关管理规定

3. 费用实付流程审核要点

（1）现金支付是否符合现金管理规定，有无超规定支付现金的现象。

（2）转账付款时，收款人是否与发票开票人一致。

（3）审核支付金额是否与报支金额一致。

（4）审核付款后的报销单及发票是否加盖"已审核"印章。

（三）业务及管理费的会计处理

1. 科目设置

"业务及管理费"科目核算保险公司在业务经营和管理过程中所发生的各项费用，包括折旧费、业务宣传费、业务招待费、电子设备运转费、钞币运送费、安全防范费、邮电费、劳动保护费、外事费、印刷费、低值易耗品摊销、职工工资及福利费、差旅费、水电费、职工教育经费、工会经费、会议费、诉讼费、公证费、咨询费、无形资产摊销、长期待摊费用摊销、取暖降温费、聘请中介机构费、技术转让费、绿化费、董事会费、财产保险费、劳动保险费、待业保险费、住房公积金、物业管理费、研究费用、提取保险保障基金等。该科目应按险类、渠道、机构专项进行明细核算。期末，应将"业务及管理费"科目的余额转入"本年利润"科目，结转后该科目应无余额。

2. 核算举例

1）当期支付的费用

例 8-2 某保险公司购买硒鼓五盒，共 1 000 元，以银行存款付讫。会计处理如下。

借：业务及管理费——电子设备运转费　　　　　　　　　　1 000
　　贷：银行存款　　　　　　　　　　　　　　　　　　　　　　　1 000

2）需要摊销的费用

预付的房屋租赁费、保险费等，一般发生额较大，支付的当期一次性列作费用，就会影响当期的费用水平和经营成果，且本身也属于资本性支出项目。因此费用发生时，先将全额记入资产类科目"待摊费用"的借方，然后分期摊销，从"待摊费用"科目的贷方转出，列作业务及管理费用。

例 8-3 某保险公司年初以转账支票支付当年的办公场地租赁费 24 000 元，并规定在年内按月摊销。会计处理如下。

（1）预付租赁费时。

借：待摊费用——租赁费　　　　　　　　　　　　　　　　　　24 000
　　　　贷：银行存款　　　　　　　　　　　　　　　　　　　　　　24 000
（2）分期摊销费用。
　　借：业务及管理费——租赁费　　　　　　　　　　　　　　　　2 000
　　　　贷：待摊费用——租赁费　　　　　　　　　　　　　　　　　2 000

3）职工薪酬

例 8-4　某保险公司根据本月工资表内所列，工资 30 000 元、津贴 3 000 元、奖金 9 000 元，总计 42 000 元。通过银行转账支付工资。会计处理如下。

（1）编制工资表。
　　借：业务及管理费——职工薪酬　　　　　　　　　　　　　　42 000
　　　　贷：应付职工薪酬——职工工资　　　　　　　　　　　　　42 000
（2）支付工资。
　　借：应付职工薪酬——职工工资　　　　　　　　　　　　　　42 000
　　　　贷：银行存款　　　　　　　　　　　　　　　　　　　　　42 000

例 8-5　续例 8-4 按工资的 2%提取本月工会经费，并拨交工会。会计处理如下。

（1）计提工会经费 = 42 000 × 2% = 840（元）。
　　借：业务及管理费——工会经费　　　　　　　　　　　　　　　840
　　　　贷：应付职工薪酬——工会经费　　　　　　　　　　　　　　840
（2）将工会经费划拨工会。
　　借：应付职工薪酬——工会经费　　　　　　　　　　　　　　　840
　　　　贷：银行存款　　　　　　　　　　　　　　　　　　　　　　840

4）保险保障基金

例 8-6　某财产保险公司经营财产保险、短期健康保险、意外伤害保险，保费收入 1 000 万元。基准费率按照业务收入的 0.8%缴纳，该公司评级为 A，所以，风险差别费率为 − 0.02%。会计处理如下。

（1）保险公司按规定提取应交的保险保障基金、交强险救助基金时，计算应缴的保险保障基金为 1 000 ×（0.8% − 0.02%）= 7.8（万元）。
　　借：业务及管理费——提取保险保障基金　　　　　　　　　　78 000
　　　　贷：其他应付款——应交保险保障基金　　　　　　　　　　78 000
（2）缴纳保险保障基金。
　　借：其他应付款——提取保险保障基金　　　　　　　　　　　78 000
　　　　贷：银行存款　　　　　　　　　　　　　　　　　　　　　78 000

第三节　保险公司费用分摊核算

一、费用分摊的意义

　　费用在险种、渠道维度、分支机构间的准确分摊，有助于提高财务核算质量，真实反映公司经营管理的各险种或渠道所实际发生的成本费用。也有利于分部报告的准确性，例如交强险披露信息的准确性，可以为公司管理层的经营决策提供有效支持。

二、费用分摊方案

（一）专属费用和共同费用的认定

1. 专属费用和共同费用

保险公司应当根据业务的经济实质，将每项费用准确认定为专属费用或共同费用。专属费用是指专门为某一归属对象发生的，能够全部归属于该归属对象的费用。共同费用是指不是专门为某一归属对象发生的，不能全部归属于该归属对象的费用。

专属费用和共同费用的认定结果会因分摊目的和管理水平的不同而不同。

保险公司费用分摊的目的不同，确定的费用归属对象就不同，因而专属费用和共同费用的认定结果也会不同，即同一项费用在不同的分摊目的下会认定为不同的属性。如：当车险公司核算各险种大类的损益时，其费用归属对象是车险、企财险、家财险等险种大类，车险的赔款和车险承保管理人员的薪酬就是车险的专属费用；但当公司核算交强险损益时，费用归属对象就要细化到车险内部的交强险、车损险以及其他车险险种类别，车险承保管理人员的薪酬就成为共同费用，需要采用一定标准在交强险、车损险和其他车险险种之间进行分摊。

保险公司管理和核算水平不同，费用的细分程度就会不同，费用认定结果也会不同。公司的基础管理越细化，费用记录的相关信息越充分，该费用越有可能直接认定为专属费用，因而越有可能减少需要分摊的共同费用的项目，从而越有可能增加费用分摊的准确性。

2. 费用归属对象

保险公司应当根据实际需要和不同的分摊目的，确定不同的费用归属对象，进而准确认定其专属费用和共同费用。以下是常见的三种情况。

1）险种

在有些情况下，保险公司需要将费用分摊至险种。如：保险公司向监管机构报送财务会计报告、交强险专题财务报告、分红保险专题财务报告以及向中国保险统计信息系统报送数据时，需要将费用分摊到险种。此时，就应当将险种确定为费用归属对象。

险种作为费用归属对象时，专门为某险种发生的费用应当认定为该险种的专属费用，如：在核算交强险损益时，交强险的手续费、赔款支出、保单印制费、广告宣传费均应当认定为交强险的专属费用。不是专门为某险种发生的、不能全部归属于该险种的费用则应当认定为共同费用，如：在核算交强险中家庭用车的损益时，交强险的广告宣传费就应当认定为共同费用。

2）业务类别

在有些情况下，保险公司需要将费用分摊至业务类别。如：保险公司向监管机构报送偿付能力报告时，应当根据编报规则的规定将费用分摊至承保业务、投资业务、受托管理业务和其他业务四大业务类别。此时，就应当将业务类别确定为费用归属对象。

业务类别作为费用归属对象时，专门为某类业务发生的费用应当认定为该类业务的专属费用，如：车险承保人员的薪酬应当认定为承保业务的专属费用。不是专门为某类业务发生的、不能全部归属于该类业务的费用应当认定为共同费用，如：财务部门和人力资源部门人员的薪酬。

3）分支机构

在有些情况下，保险公司需要将费用分摊至分支机构。如：保险公司向中国保监会报送交强险专题财务报告时，需要将费用分摊至按照省级（自治区/直辖市）行政区划确定的交强险地区分部（分支机构）。此时，就应当将分支机构确定为费用归属对象。

分支机构作为费用归属对象时，专门为某分支机构发生的费用应当认定为该分支机构的专属费用，如：某公司北京地区发生的交强险赔款支出、手续费、在北京地区投放的广告费用应当认定为该公司北京地区分部的专属费用。不是专门为某分支机构发生的、不能全部归属于该分支机构的费用应当认定为共同费用，如：公司在中央电视台投放的交强险广告宣传费应当认定为共同费用。

投资业务费用应当根据不同的费用归属对象，采用不同的认定、分摊方法，如：当业务类别作为费用归属对象时，投资业务发生的费用应当认定为投资业务的专属费用；当险种作为费用归属对象时，除独立账户资金等单独运用资金的投资业务发生的费用应当认定为相应险种的专属费用外，保险公司不必对其他资金的投资业务费用逐项进行分摊，只需按照资产负债匹配的要求，将扣除投资业务费用后的投资收益在险种之间进行分摊即可；当分支机构作为费用归属对象时，保险公司不必对投资业务费用逐项进行认定和分摊，只将扣除投资业务费用后的投资收益在分支机构之间进行分摊即可。

（二）共同费用的分摊程序和标准

1. 公司部门的划分

保险公司在进行共同费用分摊时，应当将公司部门分为直接业务部门和后援管理部门两类。

（1）直接业务部门是指直接从事保单销售、核保核赔、理赔服务、再保业务操作和管理的部门，如销售、承保、理赔、再保、客户服务等部门。

（2）后援管理部门是指为直接业务部门提供服务和进行公共管理的部门，如财务、精算、信息技术、法律、投资管理、稽核、办公室、人力资源、总经理室等部门。

保险公司应当根据自身的组织架构确定直接业务部门、后援管理部门的范围和具体名称。

2. 费用的分类

保险公司在将部门分为直接业务部门和后援管理部门的同时，应当将需要分摊的共同费用分为人力成本、资产占用费和其他营业费用三类。

（1）人力成本是指职工薪酬及其相关的支出，如职工工资、职工福利费、职工教育费、住房公积金、社会统筹保险费、补充养老保险费等。

（2）资产占用费是指由于资产占用而发生或应当承担的费用，如固定资产折旧和租赁费、电子设备运转费、无形资产摊销、土地使用税、房产税、长期待摊费用等。

（3）其他营业费用是指除了人力成本和资产占用费之外的其他共同性营业费用，如业务招待费、会议费、差旅费、水电费等。

3. 分摊步骤

保险公司应当按照以下步骤（流程图见图 8.2、图 8.3），将共同费用分摊到险种或业务类别。

第一步，将资产占用费分摊到各部门。

第二步，将后援管理部门（投资管理部门除外）的费用（包括人力成本、分摊的资产占用费以及业务招待费、会议费、差旅费）分摊到直接业务部门，同时将投资管理部门的费用全部计入"投资收益"。

第三步，将直接业务部门归集和分摊到的费用、其他营业费用、投资收益分摊到险种或业务类别。

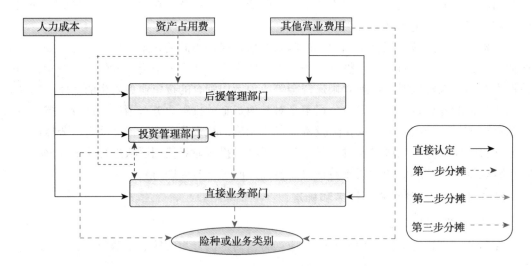

图 8.2　共同费用向险种或业务类别分摊流程图

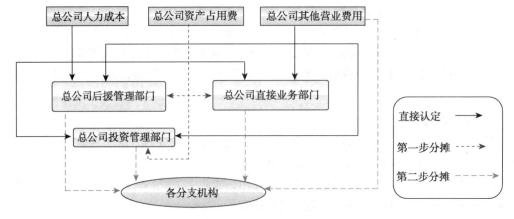

图 8.3　共同费用向分支机构分摊流程图

4. 特殊项目的分摊

如果保险公司根据业务的风险特征，对几个险种合并评估其已发生未报案未决赔款准备金（IBNR），就需要将合并评估的已发生未报案未决赔款准备金（IBNR）认定为共同费用，按照下述公式分摊到各险种。

某险种的已发生未报案未决赔款准备金（IBNR）＝各险种分摊比例×［该险种截至报告期末滚动（至少）12个月分保后已决赔款＋该险种报告期末分保后已发生已报案未决赔款准备金］

其中：各险种分摊比例＝报告期末几个险种合并评估的已发生未报案未决赔款准备金（IBNR）÷［合并评估险种截至报告期末滚动（至少）12个月分保后已决赔款＋合并评估险种报告期末分保后已发生已报案未决赔款准备金］

例 8-7 甲公司2024年12月31日对A、B两个险种合并评估IBNR，结果如表8.2所示。

表 8.2　甲公司 A、B 险种 IBNR 评估情况　　　　　　　　　　单位：万元

险种	截至报告期末滚动36个月分保后已决赔款	报告期末分保后已发生已报案未决赔款准备金	合并评估的IBNR
A	200	100	130
B	700	300	

各险种 IBNR 分摊比例 ＝ 130/［（200+700）+（100+300）］＝ 10%。
A 险种应分摊的 IBNR ＝ 10%×（200+100）＝ 30（万元）。
B 险种应分摊的 IBNR ＝ 10%×（700+300）＝ 100（万元）。
保险公司应当按照以下步骤，将总公司发生的共同费用分摊到各分支机构。
第一步，将总公司的资产占用费分摊到总公司各部门。
第二步，将总公司各部门归集和分摊到的费用、其他营业费用、投资收益分摊到各分支机构。

分支机构作为费用归属对象时，原则上保险公司应当在整个公司层面上对各险种的已发生未报案未决赔款准备金（IBNR）进行总体评估，并将评估的已发生未报案未决赔款准备金（IBNR）作为共同费用按照下述公式分摊到各分支机构。

分摊到某分支机构的某险种已发生未报案未决赔款准备金（IBNR）＝各分支机构某险种分摊比例×［该分支机构某险种截至报告期末滚动（至少）12个月分保后已决赔款＋该分支机构某险种报告期末分保后已发生已报案未决赔款准备金］

其中：各分支机构某险种分摊比例＝某险种总体评估的已发生未报案未决赔款准备金（IBNR）÷［各分支机构该险种截至报告期末滚动（至少）12个月分保后已决赔款＋各分支机构该险种报告期末分保后已发生已报案未决赔款准备金］

例 8-8 甲公司2024年12月31日对车损险IBNR进行总体评估，结果如表8.3所示。

表 8.3　甲公司车损险 IBNR 评估情况　　　　　　　　　　单位：万元

分支机构	截至报告期末车损险滚动 36 个月分保后已决赔款	报告期末车损险分保后已发生已报案未决赔款准备金	总体评估的车损险 IBNR
A	2 400	600	375
B	3 000	1 500	

各分支机构车损险 IBNR 分摊比例 = 375/［(2 400 + 3 000) + (600 + 1 500)］= 5%。
A 分支机构应分摊的车损险 IBNR = 5% ×（2 400 + 600）= 150（万元）。
B 分支机构应分摊的车损险 IBNR = 5% ×（3 000 + 1 500）= 225（万元）。

以上分摊程序不要求考虑后援管理部门之间相互提供服务而产生的共同费用交互分配需求，但有条件的公司可以对以上分摊程序进行必要修正，引入共同费用交互分配程序。

保险公司应当按照资产负债匹配的要求，将投资收益分摊到相应的归属对象。对于资产负债匹配要求相同的资金，应当按照实际可运用资金量的比例将其投资收益分摊到所确定的归属对象。

在将资产负债匹配要求相同的资金投资收益分摊到相应的险种时，保险公司应当以日、周或月为基础，按照收付实现制的原则确认、计量各险种实际可运用资金量。

各险种实际可运用资金量 = 期初该险种实际可运用资金量 + 报告期该险种实际收到的保费 − 报告期该险种实际支付的赔款、给付 − 报告期归属于该险种的实际支出的专属费用和共同费用保险公司也可以用期初该险种实际可运用资金量 + 报告期该险种实际收到的保费 − 报告期该险种实际支付的赔款、给付来简化确定各险种的实际可运用资金量。

将投资收益分摊到分支机构时，保险公司应当以日、周或月为基础，按照收付实现制的原则确认、计量各分支机构实际可运用资金量。

各分支机构的实际可运用资金量 = 期初该分支机构实际可运用资金量 +
　　　　　　　　　　　　　　　报告期该分支机构实际上划的保费 −
　　　　　　　　　　　　　　　报告期实际下划给该分支机构的赔款、费用等

思考题

1. 根据业务及费用性质，保险公司的费用分为哪几类？
2. 保险公司业务及管理费包括哪几类？
3. 如何制定保险公司的费用分摊方案？

第九章

新准则下保险合同的计量

第一节 保险合同计量的通用模型

在第四章第二节,为了与现行实务进行对比,简要介绍了保险合同负债计量模型的思路,本节详细学习新准则下保险合同计量的一般规定这一重要内容。

一、初始计量

(一)确认时点

保险公司应该在下列三个时点中的最早时点确认其签发的合同组。
(1)责任期开始时。
(2)保单持有人首付款到期日,或者未约定首付款到期日时企业实际收到首付款日。
(3)发生亏损时。
责任期是指企业向保单持有人提供保险合同服务的期间。
合同组合中的合同符合上述时点要求时,企业应当评估其归属的合同组,后续不再重新评估。
此处新准则保险合同确认时点与现行实务有所不同。

(二)计量思路

保险公司以合同组为计量单元,在合同组初始确认时按照履约现金流量与合同服务边际之和对保险合同负债进行初始计量,即

$$\text{保险合同负债} = \text{履约现金流量} + \text{合同服务边际} \tag{9-1}$$

其中,履约现金流量包括与履行保险合同直接相关的未来现金流量的估计、货币时间价值及金融风险调整和非金融风险调整,履约现金流量的估计不考虑企业自身的不履约风险;合同服务边际是指企业因在未来提供保险合同服务而将于未来确认的未赚利润。
估计的未来现金流量考虑了货币时间价值和金融风险调整后即为未来现金流量现值。因此,我们可以将式(9-1)进一步表述为式

$$\begin{aligned}\text{初始计量的保险合同负债} &= \text{履约现金流量} + \text{合同服务边际} \\ &= [(\text{未来现金流量估计} + \text{货币时间价值} + \text{金融风险调整}) + \\ & \quad \text{非金融风险调整}] + \text{合同服务边际} \\ &= [\text{未来现金流量现值} + \text{非金融风险调整}] + \text{合同服务边际} \end{aligned} \tag{9-2}$$

(三)计量要素

在保险合同初始确认过程中有几个关键要素需要重点分析:未来现金流量、折现率、

非金融风险调整和合同服务边际。

1. 未来现金流量

未来现金流量是指合同组内每一项合同边界范围内的所有未来现金流量。企业如果在高于合同组或合同组合的汇总层面估计未来现金流量，应采用系统合理的方法分摊至合同组。

1）未来现金流量的估计要求

未来现金流量的估计应当符合以下四项要求。

（1）未来现金流量的估计值为无偏的概率加权平均值。

（2）有关市场变量的估计值应当与这些变量可观察的市场价格一致。

（3）未来现金流量的估计应当以当前可获得的信息为基础，反映计量时存在的情况和假设。

（4）未来现金流量应与货币时间价值及金融风险调整分别估计，除非估计技术适合合并估计。

有关（1）、（2）和（3）条要求的解释如下。

①未来现金流量的估计值为无偏的概率加权平均值。

企业应当基于无须付出不必要的额外成本或努力即可获得的、合理可靠的、与未来现金流量金额、时间及不确定性有关的信息估计未来现金流量。这些信息包括过去事项、当前情况所提供的信息，以及企业对未来情况的预测信息。企业从自身信息系统中可获得的信息是无须付出不必要的额外成本或努力即可获得的信息。

在估计现有合同的未来现金流量时，企业应当基于以下信息。一是保单持有人已经报告的索赔信息。二是保险合同的已知特征或估计特征。三是企业基于自身经验的历史数据，必要时从其他来源获得的历史数据可作为补充信息。企业应当对历史数据进行调整以反映当前情况，例如，保单持有人总体特征与历史数据对应的总体特征不同或将会变得不同，有迹象表明历史趋势不会延续或者经济和人口等特征的变化可能会影响现有保险合同的现金流量，或者核保或理赔管理程序已经发生了变化进而可能影响历史数据与保险合同的相关程度等。四是可获得的风险相似的再保险合同和金融工具（如天气衍生工具等）的当前价格，以及类似保险合同转让的近期市场价格，但企业应当调整信息以反映这些类似合同与现有合同之间的现金流量差异。

②有关市场变量的估计值应当与这些变量可观察的市场价格一致。

企业应当从自身角度估计未来现金流量，但是与市场变量相关的估计应当与这些变量的市场价格相一致。市场变量是指在市场上观察到的或直接来源于市场的变量，例如，公开交易的证券价格和利率等。非市场变量是除了市场变量以外的其他变量，例如，保险赔付的频率和金额大小或死亡率等。市场变量通常会产生金融风险，非市场变量通常会产生非金融风险。与金融风险相关的假设也可能无法在市场上观察到或直接来源于市场。

在计量日，企业估计市场变量时应当尽可能使用可观察输入值，而不是用估计值替代市场报价。估计非市场变量时，企业需要根据实际情况确定非市场外部数据（例如全国死亡率统计数据）和内部数据（例如内部死亡率统计数据）两者的权重，企业应当对更有说服力的信息赋予更大权重。企业对非市场变量的估计不应与可观察的市场变量相矛盾。

③未来现金流量的估计应当以当前可获得的信息为基础，反映计量时存在的情况和假设。

每个报告期末，企业应当根据该期末的实际情况对未来现金流量的估计进行更新，估计的变更应当如实反映当期实际情况的变化。例如，假设当期期初的估计值处于合理区间的一端且当期情况未发生变化，如果期末时将估计值调整为合理区间的另一端，该估计变更就不能如实反映当期的实际情况。企业更新估计时，应当同时考虑支持以前估计的证据和新获取的证据，并赋予更有说服力的证据更大的权重。如果期末之后发生的事项使期末不确定的事项变成了事实，并不意味着该事项能为期末当时的情况提供证据。

企业估计未来现金流量时，应当调查经验变化的原因，同时依据最近的经验、以前的经验和其他信息重新估计现金流量及其发生概率，也应当考虑可能影响现金流量的预期未来事项。

2）保险合同边界内的现金流量

企业在估计未来现金流量时应当考虑合同组内各单项保险合同边界内的现金流量，而不能将合同边界外的未来现金流量用于合同组的计量。合同边界内的现金流量包括下列各项。

（1）从保单持有人处收到的保费（包括批改保费和分期保费）及其产生的相关现金流量。

（2）向保单持有人支付或代其支付的款项，包括已报告未支付的赔款、已发生未报告的赔款，以及将在未来发生的企业承担实质性义务的赔款。

（3）向保单持有人支付或代其支付的随基础项目回报而变动的款项。

（4）保险合同中嵌入衍生工具（例如未从保险合同中分拆的嵌入选择权及保证利益）所产生的向保单持有人支付或代其支付的款项。

（5）直接归属于保险合同组合的保险获取现金流量分摊至该保险合同的现金流量。

（6）理赔费用，即企业进行调查、处理和解决保单索赔所发生的成本，包括律师费、诉讼费、损失检验费、理赔人员薪酬和其他理赔查勘费用等。

（7）未来以非现金方式结算保险事项产生的赔偿义务所发生的成本。

（8）保单管理和维持费用，如保单转换、复效等保单批改成本，包括企业因保单持有人继续支付合同边界内的保费而预计向中介支付的续期佣金。

（9）由保险合同直接产生的或分摊至保险合同的流转税等相关税费，如增值税、保险保障基金缴费。

（10）代扣代缴保单持有人的相关税费。

（11）对保险合同未来赔付进行追偿（例如损余物资和代位追偿）产生的预计现金流入，以及对合同过去赔付进行追偿产生的、未作为单独资产确认的预计现金流入。

（12）使用系统合理的方法分摊的可直接归属于保险合同的固定及可变费用，例如会计、人力资源和信息技术支持费用，以及建筑物折旧、租金、维修支出和水电费等。分摊方法与相似性质成本的分摊方法一致。

（13）企业进行投资活动以提高保单持有人的保险保障服务受益水平而产生的成本。如果企业进行投资活动预计产生的投资收益能使保单持有人在保险事项发生时受益,则该投资活动提高了保险保障服务受益水平。

(14)为不具有直接参与分红特征的保险合同持有人提供的投资回报服务,以及代具有直接参与分红特征的保险合同持有人管理基础项目的投资相关服务而发生的成本。

(15)合同条款明确规定向保单持有人收取的其他费用。

3)保险合同边界外的现金流量

企业在估计未来现金流量时,不应当包括下列各项。

(1)企业的投资回报。投资回报应当单独确认、计量和列报。

(2)分出的再保险合同产生的现金流量(付款或收款)。分出的再保险合同应当单独确认、计量和列报。

(3)未来保险合同可能产生的现金流量,即现有保险合同边界外的现金流量。

(4)不可直接归属于该保险合同所在合同组合的相关现金流量,例如部分产品的开发和培训成本,此类成本在发生时计入当期损益。

(5)保险合同履约过程中人力或其他资源非正常损耗的相关现金流量,此类成本在发生时计入当期损益。

(6)所得税款项,但合同条款明确规定向保单持有人收取的除外。

(7)企业不同账户(如分红账户和其他账户)之间发生的、不改变向保单持有人支付金额的资金往来。

(8)从保险合同中分拆出的其他成分产生的、适用于其他准则的现金流量。保险合同初始确认后,公司不应重新评估保险合同边界,除非后续公司对其重新设定价格或承诺利益水平的实际能力因情况变化而发生变化,或因合同条款修改而导致合同边界发生实质性变化。

2. 折现率

计量保险合同负债时,公司应当采用适当的折现率对履约现金流量进行货币时间价值及金融风险调整,以反映货币时间价值及未包含在未来现金流量估计中的有关金融风险。

1)折现率的要求

适当的折现率应当同时符合下列要求。

(1)反映货币时间价值、保险合同现金流量特征以及流动性特征。

(2)基于与保险合同具有一致现金流量特征的金融工具当前可观察市场数据确定,且不考虑与保险合同现金流量无关但影响可观察市场数据的其他因素。

2)对折现率相关要求的理解

(1)折现率应当基于与保险合同具有一致现金流量特征(例如期限、币种和流动性等)的金融工具当前的可观察市场数据(如有)确定,且不考虑与保险合同现金流量无关但影响可观察市场数据的其他因素。

(2)在估计折现率时,企业应当考虑折现率与保险合同计量涉及的其他估计的关系,应避免出现重复考虑同一因素或遗漏重要因素的情形。例如,未来现金流量估计使用名义现金流量即包含通货膨胀影响时,应当使用包含通货膨胀影响的折现率对其进行折现。

（3）对于不随基础项目回报而变动的预计现金流量，应当采用不反映基础项目回报变动的折现率。对于随基础项目回报而变动的预计现金流量，应当采用反映该变动的折现率，或者根据该变动的影响对预计现金流量进行调整，并采用反映该调整的折现率。

（4）对于具有可变回报的基础项目，现金流量随回报而变动但保证最低回报的，即使保证的金额低于基础项目的预计回报，该现金流量也不是仅随基础项目回报而变动的，企业应当对已反映回报变动的折现率进行调整，从而反映该保证的影响。

（5）企业可以选择将不随基础项目回报而变动和随基础项目回报而变动的预计现金流量进行分拆以采用不同的折现率，或者不进行分拆而采用反映全部预计现金流量特征的折现率。如果企业选择不进行分拆，则可以使用随机建模技术或风险中性计量技术来确定适用于全部预计现金流量的折现率。

（6）若企业不能获得与保险合同具有一致现金流量特征的金融工具的当前可观察利率等相关市场数据，或者虽然可以获得类似工具的可观察利率等相关市场数据，但是不能单独识别该工具区别于保险合同的因素，企业应当估计合适的折现率。

（7）不随基础项目回报而变动的保险合同现金流量的折现率应当反映适当币种、持有人不承担信用风险（或信用风险可忽略）的金融工具的收益率曲线，并进行调整以反映保险合同组的流动性特征，该调整应当反映保险合同组与用来确定收益率曲线的金融资产之间流动性特征的差异。这是因为，收益率曲线反映在活跃市场中交易的资产的收益率情况，该资产的持有人通常可以随时在无须付出重大成本的情况下出售这类资产。

（8）对于不随基础项目回报而变动的保险合同现金流量，企业可以采用以下方法确定该现金流量对应的折现率。

①"自下而上"，即通过对高流动性的无风险收益率曲线进行调整来确定折现率，调整应反映市场上可观察到基础利率曲线的金融工具与保险合同之间的流动性特征的差异。

②"自上而下"，即基于以公允价值计量的参照资产组合内含的当前市场收益率曲线，剔除与保险合同不相关的因素，但企业不必就保险合同与参照资产组合的流动性特征差异对该收益率曲线进行调整。

采用"自上而下"和"自下而上"的方法得到的收益率曲线可能并不相同，因为每种方法对调整的估计都存在固有的限制，且"自上而下"的方法可能缺乏针对流动性特征差异的调整。企业无须因根据选定的方法确定的折现率与假设用另一种方法确定的折现率不同而进行调整。

例 9-1 假设当前市场的无风险收益率为 3%，参照资产组合的收益率为 5.5%，采用不同方法确定的折现率如下。

（1）自下而上法：假设估计出的非流动性溢价为 0.5%，则得到的折现率为
$$3\% + 0.5\% = 3.5\%$$

（2）自上而下法：假设估计出的预期信用损失的市场风险溢价为 1.1%，估计的未预期信用损失的市场风险溢价为 1%，则得到的折现率为
$$5.5\% - 1.1\% - 1\% = 3.4\%$$

该示例中，自上而下法用参照资产组合的收益率减去的预期信用损失的市场风险溢价

和未预期信用损失的风险溢价,即为剔除参照资产组合中与保险合同无关的信用风险以及其他与保险合同无关的因素的影响。

3. 非金融风险调整

非金融风险调整是指企业在履行保险合同时,因承担非金融风险导致的未来现金流量在金额和时间方面的不确定性而要求得到的补偿。非金融风险调整也反映了企业在确定因承担该风险而要求的补偿时所包含的、因风险分散而获益的程度,及有利和不利的结果,以体现企业的风险厌恶程度。

企业在估计履约现金流量时应当考虑非金融风险调整,以反映非金融风险对履约现金流量的影响。而且,企业应当单独估计非金融风险调整,不能在未来现金流量和折现率的估计中隐含非金融风险调整。

1)非金融风险调整的内容

非金融风险调整应当包含保险风险和其他非金融风险,例如失效风险和费用风险,不包括并非由保险合同产生的风险,例如一般操作风险。

(1)保险风险,即保险承保风险的赔付在未来保险期限内是不确定的,而前述的未来现金流现值仅考虑了未来赔付的期望值,保险公司需要为承担保险风险而获得补偿,这个补偿就形成了一部分非金融风险调整。

(2)其他非金融风险,即保险合同带来的保险风险(保险事件导致的赔付的不确定性)之外的其他风险,如客户提前退保风险(失效风险)、保险合同管理费用超预期上升风险(费用风险)等,同样地,保险公司需要为承担其他非金融风险而获得补偿,这个补偿形成了另一部分非金融风险调整。另外,其他金融风险中不包括并非由保险合同产生的风险,例如一般操作风险。

2)非金融风险调整的特征

非金融风险调整应当具有下列特征。

(1)发生频率低但风险严重程度高导致的非金融风险调整,会高于发生频率高但风险严重程度低所导致的非金融风险调整。

(2)对于相似的风险,期限较长的合同比期限较短的合同将导致更高的非金融风险调整。

(3)概率分布较分散的风险比概率分布较集中的风险将导致更高的非金融风险调整。

(4)对当前的估计及其趋势了解得越少,非金融风险调整就越高。

(5)当新的经验使现金流量金额和时间的不确定性减少时,非金融风险调整将减少,反之亦然。

4. 合同服务边际

合同服务边际是指企业因在未来提供保险合同服务而将于未来确认的未赚利润。

企业应当在合同组初始确认时计算下列各项之和。

(1)履约现金流量。

(2)在该日终止确认保险获取现金流量资产以及其他相关资产或负债对应的现金流量。

(3)合同组内合同在该日产生的现金流量。

上述各项之和反映为现金净流入的,企业应当将其确认为合同服务边际;反映为现金净流出即合同组在初始确认时发生首日亏损的,企业应当将上述各项之和计入当期损益,即亏损保险合同损益,同时,将该亏损部分增加未到期责任负债账面价值。初始确认时,亏损合同组的保险合同负债账面价值等于其履约现金流量,合同服务边际为零。亏损合同的确认在后面章节中有详细讲解。

对于保险合同而言,初始合同服务边际就是在给定折现率下的保单利润现值。

初始合同服务边际 = 未来净流入现值 − 风险调整

显然,在保费流入既定的情况下,未来现金流出越低,即风险保额赔付、现金价值返还和费用支出越低,合同服务边际越高。可以看出,初始合同服务边际实际就是在给定投资收益率情况下的三差益(死差、费差和利差)之和。被确认为实际利润之前,合同服务边际存储在保险合同负债中,是保险合同负债的组成部分。所以在合同组初始计量时,

保险合同负债 = 履约现金流量 + 合同服务边际

= 未来现金流量现值 + 非金融风险调整 + 合同服务边际

对于盈利保单,即"首期保费大于履约现金流"的保单,合同服务边际 = 首期保费 − 履约现金流。对于亏损保单,即"首期保费小于履约现金流"的保单,合同服务边际 = 0,在利润表中直接确认亏损。

为更清楚地表达,保险合同计量的通用模型的初始计量可以表述为图9.1。

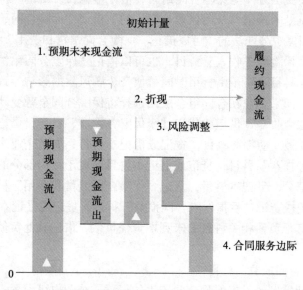

图9.1 新准则下保险合同计量的通用模型——初始计量

(四)核算举例

1. 会计科目设置

1)"未到期责任负债"科目

本科目核算企业签发的保险合同的未到期责任负债或资产。本科目可分别设置"未来现金流量现值""非金融风险调整""合同服务边际"等科目进行明细核算。本科目期末

贷方余额或借方余额,反映保险合同的未到期责任负债或资产。

该科目主要账务处理如下。

(1)保险合同组中相关合同初始确认时,终止确认与该合同相关的保险获取现金流量资产,借记本科目,贷记"保险获取现金流量资产"科目。终止确认此前已确认的、与该合同相关的其他资产,借记"保险合同赔付和费用"科目,贷记其他资产相关科目,也可以作为待结转支出,借记"待结转支出"科目,贷记其他资产相关科目,借记"保险合同赔付和费用"科目,贷记"待结转支出"科目;同时借记本科目,贷记"保险服务收入"科目。终止确认此前已确认的与保险合同相关的其他负债,借记其他负债相关科目,贷记本科目。根据初始确认时计量的非金融风险调整和合同服务边际,借记本科目下"未来现金流量现值"明细科目,贷记本科目下"非金融风险调整"和"合同服务边际"明细科目;根据初始确认时的首日亏损,借记"亏损保险合同损益"科目,贷记本科目。

(2)保险合同组中相关合同确认时或确认后,企业应当在收到保单持有人实际支付相关款项时,借记"银行存款"等科目,贷记本科目;在保险合同约定的给付责任发生时,对于其中的投资成分金额,借记本科目,贷记"已发生赔款负债"科目。

(3)确认保险服务收入时,借记本科目,贷记"保险服务收入"科目。

(4)期末,将与保险获取现金流量相关的手续费及佣金、税金及附加、业务及管理费和其他支出等待结转支出分摊至保险合同组时,借记本科目,贷记"待结转支出"科目。对于保险获取现金流量的摊销,采用保费分配法的,借记"保险合同赔付和费用"科目,贷记本科目;未采用保费分配法的,可以借记"保险合同赔付和费用"科目,贷记本科目,借记本科目,贷记"保险服务收入"科目,也可以借记"保险合同赔付和费用"科目,贷记"保险服务收入"科目。对于由货币时间价值及金融风险的影响导致的未到期责任负债账面价值的变动额,如果企业在合同组合层面选择将保险合同金融变动额分解计入当期保险财务损益和其他综合收益,借记或贷记"承保财务损益"科目,借记或贷记"其他综合收益——承保合同金融变动额"科目,贷记或借记本科目;如果企业未行使该选择权,借记或贷记"承保财务损益"科目,贷记或借记本科目。对于亏损部分的分摊,除保险合同金融变动额以外的部分,借记本科目,贷记"保险合同赔付和费用"科目;对于亏损部分的确认或转回,借记或贷记"亏损保险合同损益"科目,贷记或借记本科目。

对于之前计入其他负债相关科目的未到期责任负债,借记其他负债相关科目,贷记本科目。

2)"亏损保险合同损益"科目

本科目核算企业签发的亏损保险合同产生的损益。企业也可设置"保险服务费用"科目,并将本科目作为其明细科目。期末,应将本科目余额转入"本年利润"科目,结转后本科目应无余额。

该科目主要账务处理如下。

(1)亏损保险合同组中相关合同初始确认时,借记本科目,贷记"未到期责任负债"科目。

(2)期末,对于未到期责任负债亏损部分的确认或转回,借记或贷记本科目,贷记或借记"未到期责任负债"科目。

2. 核算举例

例9-2 甲公司签发了100份责任期为三年的保险合同,这些合同构成了一个保险合同组。责任期从保险合同签发时开始。甲公司预计在初始确认后能立即收到保费1 800元,且对每年末发生的现金流出情况进行了估计。市场上反映上述现金流量特征的折现率为5%。

保险合同初始确认时,甲公司估计非金融风险调整为120元。

情形1：假设甲公司预计未来每年末现金流出为400元,总计1 200元。

情形2：假设甲公司预计未来每年末现金流出为800元,总计2 400元。

假设不考虑其他因素。

本例中,甲公司初始计量保险合同组的相关计算如表9.1所示。

表9.1 保险合同组初始计量现金流估计表　　　　　　　　单位：元

项目	情形1	情形2
未来现金流入现值的估计①	1 800	1 800
未来现金流出现值的估计②	$-[400/(1+5\%)+400/(1+5\%)^2+400/(1+5\%)^3]=-1\,089$	$-[800/(1+5\%)+800/(1+5\%)^2+800/(1+5\%)^3]=-2179$
未来现金流量现值的估计③=①+②	711	-379
非金融风险调整④	-120	-120
履约现金流量⑤=③+④	591	-499
合同服务边际*⑥=-Max（⑤,0）	-591	—
初始确认时的保险合同负债⑦=⑤+⑥	—	-499

*负数代表贷方发生款。

情形1,甲公司的账务处理如下。

（1）初始确认。

借：未到期责任负债——未来现金流量现值　　　　　　　　　　711
　　贷：未到期责任负债——非金融风险调整　　　　　　　　　　120
　　　　未到期责任负债——合同服务边际　　　　　　　　　　　591

（2）收到保费。

借：银行存款　　　　　　　　　　　　　　　　　　　　　　1 800
　　贷：未到期责任负债——未来现金流量现值　　　　　　　　1 800

情形2,甲公司的财务处理如下。

（1）初始确认时。

借：亏损保险合同损益　　　　　　　　　　　　　　　　　　　499
　　贷：未到期责任负债　　　　　　　　　　　　　　　　　　　499

（2）收到保费的账务处理同情形1。

（五）保险获取现金流量资产及其他相关资产或负债

1. 保单获取现金流量资产

保险获取现金流量是指因销售、核保和承保已签发或预计签发的合同组而产生的、可直接归属于其对应合同组合的现金流量。

在对保险合同负债进行初始计量之前,企业应当采用系统合理的方法将可直接归属于合同组的保险获取现金流量分摊至该合同组和包含该合同组内合同的预计续约合同的合同组,将其他可直接归属于合同组合但无法直接归属于合同组合中单项合同或合同组的保险获取现金流量分摊至该合同组合中的合同组。期末,企业应当更新分摊至每个合同组的保险获取现金流量,以反映分摊方法中参数的估计变更。如果合同组已包含组内应有的所有合同,企业不应当再更新已分摊至该合同组的保险获取现金流量。

企业应当将合同组确认前已付或应付的、系统合理分摊至相关合同组的保险获取现金流量,确认为保险获取现金流量资产。资产负债表日,如果事实或情况表明保险获取现金流量资产可能存在减值迹象,企业应当估计其可收回性。保险获取现金流量资产的账面价值超过相关合同组的履约现金流量净流入的,或者如果保险获取现金流量分摊至包含预计续约合同的合同组,且保险获取现金流量资产的账面价值超过该合同组中预计续约合同所产生的履约现金流量净流入的,超过部分应当确认为保险合同赔付和费用,同时,应当减记保险获取现金流量资产账面价值。导致以前期间减值因素已经消失的,应当恢复原已减记的保险获取现金流量资产账面价值,恢复的金额计入当期损益。

2. 会计科目

1)"保险获取现金流量资产"科目

本科目核算企业在保险合同组初始确认前已付或应付的、分摊至相关保险合同组的保险获取现金流量。本科目期末借方余额,反映企业的保险获取现金流量资产。

本科目主要账务处理如下。

(1)对于保险合同组初始确认前已付或应付的保险获取现金流量,借记本科目,贷记"银行存款""应付账款"等科目,也可以借记"待结转支出"科目,贷记"银行存款""应付账款"等科目,再于期末时,借记本科目,贷记"待结转支出"科目。

(2)保险合同组中相关合同初始确认时,终止确认与该合同相关的保险获取现金流量资产,借记"未到期责任负债"科目,贷记本科目。

(3)期末,对于尚未确认的保险合同组已付或应付的、与保险获取现金流量相关的手续费及佣金、税金及附加、业务及管理费和其他支出等待结转支出,借记本科目,贷记"待结转支出"科目。

(4)期末,保险获取现金流量资产发生减值的,应当按照减值金额,借记"保险合同赔付和费用"科目,贷记本科目。转回已计提的保险获取现金流量资产减值时,做相反的会计分录。

2)"保险合同赔付和费用"科目

本科目核算企业签发的保险合同已付或应付的给付款项和相关费用。企业也可设置"保险服务费用"科目,并将本科目作为其明细科目。本科目可分别用"当期赔款及其他费用""保险获取现金流量摊销""已发生赔款负债履约现金流量变动"等科目进行明细核算。期末,应将本科目余额转入"本年利润"科目,结转后本科目应无余额。

本科目主要账务处理如下。

（1）保险合同组中相关合同初始确认时，终止确认此前已确认的、与该合同相关的、除保险获取现金流量资产以外的资产，借记本科目，贷记其他资产相关科目，也可以作为待结转支出，借记"待结转支出"科目，贷记其他资产相关科目，借记本科目，贷记"待结转支出"科目；同时借记"未到期责任负债"科目，贷记"保险服务收入"科目。

（2）保险合同约定的给付责任发生时，对于其中的保险成分，借记本科目，贷记"已发生赔款负债"科目。对于保险获取现金流量的摊销，采用保费分配法的，借记本科目，贷记"未到期责任负债"科目；未采用保费分配法的，可以借记本科目，贷记"未到期责任负债"科目，借记"未到期责任负债"科目，贷记"保险服务收入"科目，也可以借记本科目，贷记"保险服务收入"科目。

（3）期末，企业重新评估已发生赔款负债时，借记或贷记本科目，贷记或借记"已发生赔款负债"科目。将除保险获取现金流量外与保险合同履约直接相关的手续费及佣金、税金及附加、业务及管理费和其他支出等待结转支出分摊至保险合同组时，借记本科目，贷记"待结转支出"科目，也可以借记本科目，贷记"已发生赔款负债"科目，借记"已发生赔款负债"科目，贷记"待结转支出"科目。保险获取现金流量资产发生减值的，应当按照减值金额，借记本科目，贷记"保险获取现金流量资产"科目。转回已计提的保险获取现金流量资产减值时，做相反的会计分录。对于未到期责任负债亏损部分的分摊，除保险合同金融变动额以外的部分，借记"未到期责任负债"科目，贷记本科目。

3. 保单获取现金流量资产核算举例

例 9-3 2023 年初，甲公司支付了可直接归属于将于一年内签发的保险合同组的佣金 40 000 元，该佣金符合保险获取现金流量的定义。甲公司预计年内签发的保险合同（责任期为一年）的持有人将在第二年、第三年和第四年续约。假设不考虑折现、非金融风险调整的影响。甲公司于 2023 年初确认了保险获取现金流量资产 40 000 元，并根据系统合理的方法将 40 000 元分摊至预计未来签发的保险合同组，分摊结果如表 9.2 所示。

表 9.2　2023 年初合同组保单获取现金流量分摊表　　　　　　单位：元

项目	第一组：将于第一年确认的合同	第二组：第一组预计于第二年产生的续约合同和其他新确认的合同	第三组：第一组预计于第三年产生的继续续约合同和其他新确认的合同	第四组：第一组预计于第四年产生的继续续约合同和其他新确认的合同	合计
保险获取现金流量资产	26 000	5 000	5 000	4 000	40 000

2023 年末，甲公司因确认第一组保险合同组而终止确认了该合同组对应的保险获取现金流量资产 26 000 元，并用于计量第一组保险合同组的履约现金流量。假设分摊至第二组至第四组的保险获取现金流量没有变化，同时没有迹象表明分摊至第二组至第四组的保险获取现金流量资产存在减值。因此，2023 年末保险获取现金流量资产的账面价值为 14 000 元。

2024 年末，甲公司因确认第二组保险合同组而终止确认了该合同组对应的保险获取现金流量资产 5 000 元,并用于计量第二组保险合同组的履约现金流量。假设分摊至第三组和第四组的保险获取现金流量没有变化,且第二组保险合同组没有发生任何需要分摊至第三组和第四组的保险获取现金流量。有迹象表明分摊至第三组和第四组的保险获取现金流量资产可能存在减值,甲公司进行了如下减值测试。

首先,甲公司在 2024 年末预计第三组和第四组的履约现金流量如表 9.3 所示。

表 9.3　2024 年末第三、四合同组保单获取现金流量分摊表　　　　单位:元

项目	第三组	第四组
预计续约合同的履约现金流量净流入①	3 000	1 000
预计续约合同之外新确认合同的履约现金流量净流入②	6 000	1 000
预计履约现金流量净流入③ = ① + ②	9 000	2 000

其次,甲公司按合同组将保险获取现金流量资产与履约现金流量进行比较,如表 9.4 所示。

表 9.4　保险获取现金流量资产与履约现金流量比较表　　　　单位:元

项目	第三组	第四组
预计履约现金流量净流入③	9 000	2 000
保单获取现金流量资产④	5 000	4 000
小计⑤ = min［(③−④),0］	—	2 000

此外,甲公司按合同组将保险获取现金流量资产与预计续约合同所产生的履约现金流量进行比较,如表 9.5 所示。

表 9.5　保险获取现金流量资产与预计续约合同所产生的履约现金流量比较表　　单位:元

项目	第三组	第四组	合计
预计续约合同的履约现金流量净流入①	3 000	1 000	4 000
保单获取现金流量资产④	5 000	4 000	9 000
小计⑤	—	−2 000	−2 000
小计⑥ = min［(①−④−⑤),0］	−2 000	−1 000	−3 000
合计⑦ = ⑤ + ⑥	−2 000	−3 000	−5 000

综上,2024 年末甲公司保险获取现金流量资产共发生减值 5 000 元,甲公司的账务处理如下:

　　借:保险合同赔付和费用　　　　　　　　　　　　　　　　5 000
　　　　贷:保险获取现金流量资产　　　　　　　　　　　　　　　　5 000

2025 年和 2026 年的分析略。

4. 其他资产

在保险合同组初始确认前,除保险获取现金流量之外的、与履行该合同组内合同直

接相关的现金流量,可能因为已发生或根据其他企业会计准则的要求确认为资产,例如企业预付该合同所在合同组履约相关的、作为维持费用的水电费。在该合同组初始确认时,企业应终止确认这些现金流量所形成的资产,并将终止确认的金额计入保险服务费用,同时减少保险合同负债金额并确认保险服务收入,以反映该类现金流量对应的保费的收回。如果这些现金流量发生在保险合同组初始确认之后,则应当作为该合同组的履约现金流量。

二、后续计量

企业在资产负债表日通过未到期责任负债与已发生赔款负债对保险合同组进行后续计量。其中,未到期责任负债包括资产负债表日分摊至保险合同组的、与未到期责任有关的履约现金流量和当日该合同组的合同服务边际;已发生赔款负债包括资产负债表日分摊至保险合同组的、与已发生赔案及其他相关费用有关的履约现金流量。用公式表达为

$$\begin{aligned}后续计量日保险合同负债 &= 未到期责任负债 + 已发生赔款负债\\&= (与未来服务相关的履约现金流 + 合同服务边际) +\\&\quad 与过去服务相关的履约现金流量\end{aligned} \quad (9\text{-}3)$$

(一)合同服务边际后续计量

1. 合同服务边际的变动

对于不具有直接参与分红特征的保险合同组,资产负债表日合同组的合同服务边际账面价值应当以期初账面价值为基础,经下列各项调整后予以确定。

(1)当期归入该合同组的合同对合同服务边际的影响金额。通俗地说,也就是归属该合同组的新单带来的合同服务边际。

(2)合同服务边际在当期计提的利息。

计息利率为保险合同组初始确认时不随基础项目回报而变动的现金流量所适用的折现率,即该合同组内合同确认时、不随基础项目回报而变动的现金流量所适用的加权平均利率。当期合同组内新增合同导致加权平均利率发生变化的,应当自期初起使用更新后的加权平均利率。

(3)与未来服务相关的履约现金流量的变动金额,但履约现金流量增加额超过合同服务边际账面价值所导致的亏损部分,以及履约现金流量减少额抵销的未到期责任负债的亏损部分除外。上述"导致的亏损部分"或"抵销的亏损部分"应当计入当期损益。

(4)合同服务边际在当期产生的汇兑差额。

(5)合同服务边际在当期的摊销金额。

企业应当根据合同组当期和未来预计提供的保险合同服务,将计算确定的合同服务边际在合同组的责任期内进行摊销。企业在分摊合同服务边际前,应当先识别合同组中的责任单元,即考虑每项合同所提供的利益金额或数量及预计责任期。企业应当将合同服务边际平均分摊至当期和未来预期提供的每一责任单元,并计入当期及以后期间保险服务收入。准则未对具体摊销载体给出明确规定,保险公司通常使用的主要包括份数和保额。

2. 与未来服务相关的履约现金流量的变动

作为后续计量中合同服务边际变动的重要内容，如前述第（3）项，与未来服务相关的履约现金流量的变动主要包括以下内容。

（1）企业采用合同组初始确认时所适用的反映保险合同组现金流量特征的折现率（即该合同组内合同确认时、反映保险合同组现金流量特征的加权平均利率）计量的、由当期收到的与未来服务相关的保费及相关现金流量（如保险获取现金流量和增值税）产生的经验调整。

（2）企业采用合同组初始确认时所适用的反映保险合同组现金流量特征的折现率计量的、未到期责任负债未来现金流量现值的估计变更，货币时间价值和金融风险及其变动的影响所导致的履约现金流量变动除外。

（3）投资成分的当期预计应付金额（当期期初预计付款额及其至实际应付之前产生的相关保险合同金融变动额）与当期实际应付金额之间的差额。

（4）保单贷款的当期预计应收金额（当期期初预计收款额及其至实际应收之前产生的相关保险合同金融变动额）与当期实际应收金额之间的差额。

（5）与未来服务相关的非金融风险调整变动额。如果企业选择区分由货币时间价值及金融风险的影响导致的非金融风险调整变动额和非金融风险变动导致的非金融风险调整变动额，并将前者作为保险合同金融变动额，那么与未来服务相关的非金融风险调整变动额仅包括企业采用合同组初始确认时所适用的反映保险合同组现金流量特征的折现率计量的、非金融风险变动导致的非金融风险调整变动额。

3. 不应调整合同服务边际的、与未来服务不相关的履约现金流量

特别指出的是，不应调整合同服务边际的、与未来服务不相关的履约现金流量变动主要包括如下内容。

（1）货币时间价值及金融风险及其变动的影响所导致的未来现金流量现值的变动。

（2）企业选择作为保险合同金融变动额的、货币时间价值及金融风险的影响导致的非金融风险调整变动额。

（3）已发生赔款负债的履约现金流量估计的变更。

（4）除采用合同组初始确认时所适用的反映保险合同组现金流量特征的折现率计量的、由当期收到的与未来服务相关的保费及相关现金流量产生的经验调整外的其他经验调整。

综上，在忽略汇兑差额的情况下，合同服务边际（CSM）可以表达为

期末存量业务 CSM = 期初存量业务 CSM + 新单 CSM +
计息 – 与未来服务相关的履约现金流的增加 – CSM 摊销

（二）保险服务收入后续计量

企业应当按照提供保险合同服务的模式，合理确定合同组在责任期内各个期间的责任单元，并据此对根据调整后的合同服务边际账面价值进行摊销，计入当期及以后期间保险服务收入。

1. 确认方式

企业确认保险服务收入的方式应当反映其向保单持有人提供保险合同服务的模式，保险服务收入的确认金额应当反映企业因提供这些服务而预计有权收取的对价金额。对于每一组保险合同，企业确认的保险服务收入总额应当等于企业因提供保险合同服务而有权取得的总对价，考虑货币时间价值及金融风险的影响，并扣除投资成分后的金额。

2. 确认内容

对于未采用保费分配法的保险合同组，企业确认的当期保险服务收入由未到期责任负债账面价值当期减少额中因当期提供保险合同服务而预计取得的对价金额和保险获取现金流量摊销的金额组成。

（1）未到期责任负债账面价值当期减少额中因当期提供保险合同服务而预计取得的对价金额具体包括：①期初预计在当期发生的、与提供保险合同服务有关的保险服务费用；②非金融风险调整的减少；③合同服务边际的摊销；④其他，如与未来服务不相关的保费经验调整等。

（2）下列未到期责任负债账面价值的当期变动不应确认为保险服务收入：①与当期提供保险合同服务不相关的变动，包括收取保费的现金流入、与当期投资成分相关的变动、保单贷款相关现金流量、代扣代缴流转税（如增值税）、保险合同金融变动额、保险获取现金流量，以及因合同转让终止确认保险合同；②分摊至未到期责任负债亏损部分的金额。由于企业预计对亏损部分无权取得对价，所以不应将其确认为保险服务收入。

（3）保险获取现金流量摊销的金额。企业应当将合同组内的保险获取现金流量随时间流逝进行系统摊销，确认责任期内各个期间的保险服务收入，以反映该类现金流量所对应的保费的收回。综上，用公式表达如下。

当期保险服务收入＝未到期责任负债账面价值当期减少额＋保险获取现金流量摊销的金额
　　　　　　　　＝（期初预计在当期发生的、与提供保险合同服务有关的保险服务费用＋
　　　　　　　　　非金融风险调整的减少＋合同服务边际的摊销＋
　　　　　　　　　与未来服务不相关的保费经验调整等）＋保险获取现金流量摊销的金额

（三）保险服务费用后续计量

企业因当期提供保险合同服务导致未到期责任负债账面价值的减少额，应当确认为保险服务收入；因当期发生赔案及其他相关费用导致已发生赔款负债账面价值的增加额，以及与之相关的履约现金流量的后续变动额，则应当确认为保险服务费用。企业在确认保险服务收入和保险服务费用时，不得包含保险合同中的投资成分。

当期保险服务费用应当包括当期发生赔款及其他相关费用、保险获取现金流量的摊销、亏损部分的确认及转回和已发生赔款负债相关履约现金流量变动，不包含保险合同中的投资成分。

（四）保险合同金融变动额后续计量

货币时间价值及金融风险的影响导致的未到期责任负债和已发生赔款负债账面价值变动额，应当作为保险合同金融变动额。其中，通货膨胀假设基于价格指数或基于资产收益与通货膨胀率挂钩的资产价格的,该通货膨胀假设与金融风险有关;通货膨胀假设基于企业预期的特定价格变化的,该通货膨胀假设与金融风险不相关。基础项目价值变动(新增和领取除外)所导致的保险合同组计量的变动,是货币时间价值及金融风险的影响所引起的变动。

企业可以选择不区分由货币时间价值及金融风险的影响导致的非金融风险调整变动额和非金融风险变动导致的非金融风险调整变动额,并将全部非金融风险调整变动额都不作为保险合同金融变动额。如果企业选择作出区分,应将由货币时间价值及金融风险的影响导致的非金融风险调整变动额作为保险合同金融变动额。

企业可以选择将保险合同金融变动额全额计入当期损益,即保险财务损益,或分解计入当期保险财务损益和其他综合收益。企业在作出上述会计政策选择时,应当考虑持有的相关资产及其会计处理,在合同组合层面作出选择。选择将保险合同金融变动额分解计入当期保险财务损益和其他综合收益的,企业应当在合同组剩余期限内,采用系统合理的方法确定计入各个期间保险财务损益的金额,其与保险合同金融变动额的差额计入其他综合收益。

上述系统合理的方法包括如下内容。

1. 对于不具有直接参与分红特征的保险合同

对于不具有直接参与分红特征的保险合同,主体无须调整合同服务边际假设变动的影响。企业应当基于保险合同的特征,无须考虑不影响保险合同现金流量的因素。在对保险合同金融变动额进行分解时,应当确保在合同组期限内计入其他综合收益的保险合同金融变动额总额为零,即计入各个期间保险财务损益的总额与保险合同金融变动额总额相等。

由货币时间价值及金融风险的影响导致的非金融风险调整变动额作为保险合同金融变动额且分解计入当期保险财务损益和其他综合收益的,分解采用的系统合理方法,应与由货币时间价值及金融风险影响导致的未来现金流量变动额分解采用的方法相一致。

(1)对于金融风险相关假设变更对企业支付给保单持有人的金额不具有重大影响的保险合同组,企业应当采用合同组初始确认时确定的、反映不随基础项目回报变动的现金流量特征的折现率,确定保险合同金融变动额计入当期保险财务损益的金额。

(2)对于金融风险相关假设变更对企业支付给保单持有人的金额具有重大影响的保险合同组,企业可以采用下列方法之一确定保险合同金融变动额计入当期保险财务损益的金额。

①实际分摊率法,即采用内含利率将更新后的预期保险合同金融变动额总额在合同组的剩余期限内进行系统合理的分摊。该内含利率应于每个报告期末进行更新,以确保在合同组期限内计入其他综合收益的保险合同金融变动额总额为零。

②预期结算利率法,即对于使用结算利率确定应付保单持有人金额的合同,企业基于当期结算利息金额与未来期间预期结算利息金额,将保险合同金融变动额进行系统合理的分摊。

2. 对于具有直接参与分红特征的保险合同

(1)如果企业持有基础项目,企业应当使用当期账面收益率法对当期保险合同金融变动额进行分解，即计入当期保险财务损益的金额应当等于其持有的基础项目按照相关会计准则规定计入当期损益的金额，使这些损益相抵后净额为零。其中，相抵损益的金额不包括企业使用衍生工具、分出的再保险合同或以公允价值计量且其变动计入当期损益的非衍生金融工具管理与履约现金流量变动相关的金融风险时，选择将该履约现金流量变动中货币时间价值及金融风险的影响计入当期保险财务损益的金额。

（2）如果企业不持有基础项目，企业应当根据前述不具有直接参与分红特征的保险合同所适用的方法，对当期保险合同金融变动额进行分解。

企业可能在某些期间内持有基础项目，而在其他期间内不持有基础项目。如果企业此前持有基础项目，但由于情况变化而不再持有基础项目，或者此前不持有基础项目，但由于情况变化而持有基础项目，对于基于该变更发生前最近时点的假设计算的、变更前计入其他综合收益的累计金额，企业应当视同沿用原方法（如实际分摊率法、预期结算利率法、当期账面收益率法等）将该金额计入以后期间的保险财务损益。在进行上述变更时，企业不得重述以前期间的比较信息，不得重新计算变更前计入其他综合收益的累计金额，变更日之后也不得改变用以确定变更日之前计入其他综合收益累计金额的假设。

（五）核算案例

1. 会计科目设置

除了前面提到的"未到期责任负债"和"亏损保险合同损益"科目外，还将用到以下会计科目。

1）"已发生赔款负债"科目

"已发生赔款负债"科目核算企业签发的保险合同的已发生赔款负债或资产。本科目可分别用"未来现金流量现值""非金融风险调整"等科目进行明细核算。本科目期末贷方余额或借方余额，反映保险合同的已发生赔款负债或资产。

该科目主要账务处理如下。

（1）保险合同约定的给付责任发生时，对于其中的保险成分，借记"保险合同赔付和费用"科目，贷记本科目；对于其中的投资成分，借记"未到期责任负债"科目，贷记本科目。

（2）企业在实际支付赔款或费用时，借记本科目，贷记"银行存款"等科目。

（3）期末，企业重新评估已发生赔款负债时，借记或贷记"保险合同赔付和费用"科目，贷记或借记本科目。将除保险获取现金流量外与保险合同履约直接相关的手续费及佣金、税金及附加、业务及管理费和其他支出等待结转支出分摊至保险合同组时，借记"保险合同赔付和费用"科目，贷记本科目，借记本科目，贷记"待结转支出"科目，也可以借记"保险合同赔付和费用"科目，贷记"待结转支出"科目。对于由货币时间价值及金融风险的影响导致的已发生赔款负债账面价值的变动额，如果企业在合同组合层面选择将保险合同金融变动额分解计入当期保险财务损益和其他综合收益，借记或贷记"承保财务损益"科目，借记或贷记"其他综合收益——承保合同金融变动额"科目，贷记或借记本科目；如果企业未行使该选择权，借记或贷记"承保财务损益"科目，贷记或借记本科目。

对于之前计入其他负债相关科目的已发生赔款负债，借记其他负债相关科目，贷记本科目。

2)"保险服务收入"科目

"保险服务收入"科目核算企业确认的保险服务收入。本科目可分别用"预计保险服务费用""非金融风险调整变动""合同服务边际摊销""保险获取现金流量摊销""保费分配法分摊"等科目进行明细核算。期末，应将本科目余额转入"本年利润"科目，结转后本科目应无余额。

该科目主要账务处理如下。

（1）保险合同组中相关合同初始确认时，终止确认此前已确认的、与该合同相关的、除保险获取现金流量资产以外的资产，借记"保险合同赔付和费用"科目，贷记其他资产相关科目，也可以作为待结转支出，借记"待结转支出"科目，贷记其他资产相关科目，借记"保险合同赔付和费用"科目，贷记"待结转支出"科目；同时借记"未到期责任负债"科目，贷记本科目。

（2）确认保险服务收入时，借记"未到期责任负债"科目，贷记本科目。

（3）对于保险获取现金流量的摊销，未采用保费分配法的，可以借记"保险合同赔付和费用"科目，贷记"未到期责任负债"科目，借记"未到期责任负债"科目，贷记本科目，也可以借记"保险合同赔付和费用"科目，贷记本科目。

3)"待结转支出"科目

本科目核算与保险合同履约直接或不直接相关的已付或应付各项待结转支出，包括手续费及佣金、职工工资及福利费、折旧或摊销费、咨询和审计费、邮电通信费、诉讼费、印刷费、业务招待费、公杂费、业务宣传费、广告费、差旅费、培训费、会议费、车辆使用费、物业费、租赁费、防御费、电子设备运转费、修理费、研究开发费、保险保障基金缴费、交强险救助基金缴费、城市维护建设税、教育费附加等。对于与保险合同履约直接相关的支出，企业也可以直接记入"未到期责任负债"或"保险合同赔付和费用"等相关科目，而不通过本科目结转。对于与保险合同履约不相关的支出，企业也可以直接记入"业务及管理费"等相关科目，而不通过本科目结转。本科目可分别"手续费及佣金""业务及管理费""税金及附加"和"其他支出"等进行明细核算。期末，本科目应无余额。

该科目主要账务处理如下。

（1）待结转支出实际发生时，企业应当借记本科目，贷记"银行存款"或"应付账款"等科目。

（2）保险合同组中相关合同初始确认时，终止确认此前已确认的、与该合同相关的、除保险获取现金流量资产以外的资产，借记"保险合同赔付和费用"科目，贷记其他资产相关科目，也可以作为待结转支出，借记本科目，贷记其他资产相关科目，借记"保险合同赔付和费用"科目，贷记本科目；同时借记"未到期责任负债"科目，贷记"保险服务收入"科目。

（3）期末，对于尚未确认的保险合同组已付或应付的、与保险获取现金流量相关的待结转支出，借记"保险获取现金流量资产"科目，贷记本科目。对于保险合同组中相关合同初始确认之前发生的、除保险获取现金流量外与保险合同履约直接相关的待结转支出，借记其他资产相关科目，贷记本科目。

保险合同组中相关合同初始确认时和之后发生的、与保险获取现金流量相关的待结转支出分摊至相关合同组时,借记"未到期责任负债"科目,贷记本科目。对于保险合同组中相关合同确认时和之后发生的、除保险获取现金流量外与保险合同履约直接相关的待结转支出分摊至相关合同组时,借记"保险合同赔付和费用"科目,贷记本科目,也可以借记"保险合同赔付和费用"科目,贷记"已发生赔款负债"科目,借记"已发生赔款负债"科目,贷记本科目。

与保险合同履约不直接相关的待结转支出,借记"手续费及佣金""业务及管理费""税金及附加"或"其他业务成本"等科目,贷记本科目。

2. 核算举例

例 9-4 2023 年 1 月 1 日,甲公司签发了 100 份责任期为三年的保险合同,这些合同构成了一个合同组。这些保险合同的责任期均为 2023 年 1 月 1 日至 2025 年 12 月 31 日,每份保险合同趸缴保费 30 元,甲公司于 2023 年 1 月 1 日初始确认该合同组的同时收到 3 000 元保费,并将收到的保费投资于两年期的固定利率债券,预计年化投资收益率为 10%,该债券到期后甲公司会将到期收回的资金再投资于一年期的预计年化投资收益率为 10% 的固定利率债券。

甲公司向保单持有人的利益分配政策为将合同组责任期结束时投资资产余额的 94.64% 支付给保单持有人。2023 年 12 月 31 日,市场上资产的实际投资收益率从每年 10% 下降到每年 5%。由于甲公司持有的是年化收益率为 10% 的固定利率债券,所以,其预计 2024 年的投资收益率仍为 10%,但该债券于 2024 年 12 月 31 日到期后,甲公司会再投资,由于市场投资收益率已下降到每年 5%,甲公司将第三年预计投资收益率从 10% 调整为 5%,并修改了第三年末预计支付的未来现金流量。

假设这些保险合同均为不具有直接参与分红特征的保险合同,不符合采用保费分配法计量的条件。甲公司选择将未来现金流量变动中货币时间价值及金融风险的影响部分分解计入保险财务损益和其他综合收益,假设甲公司采用实际分摊率法计算计入保险财务损益的金额。假设在合同组责任期结束前没有合同失效,不考虑非金融风险调整、债券投资的信用风险、保险获取现金流量等其他因素。

本例中,初始确认时的相关信息如表 9.6 所示。

表 9.6 合同组初始确认信息表   单位:元

合同组初始确认时投资资产公允价值	3 000
投资资产的预期公允价值(第三年年末)	$3\ 993 = 3\ 000 \times 1.1^3$
支付给保单持有人的比例	94.64%
预期第三年年末向保单持有人支付的金额	$3\ 779 = 3\ 993 \times 94.64\%$
预期第三年年末向保单持有人支付金额(折现到初始确认时)的现值	$2\ 839 = 3\ 779 / (1.1^3)$
用于系统合理地分摊保险合同金融变动额的利率(实际分摊率)	$10\% = \sqrt[3]{3\ 779 / 2\ 839} - 1$

2023 年 12 月 31 日,因实际市场收益率下降,甲公司调整第三年年末投资资产公允价值和预期向保单持有人支付金额如表 9.7 所示。

表 9.7　第三年年末投资资产公允价值和预期向保单持有人支付金额表　　单位：元

项目	第三年年末
投资资产的预期公允价值（第三年年末，更新后）	$3\,812 = 3\,000 \times 1.1^2 \times 1.05$
支付给保单持有人的比例	94.64%
预期第三年年末向保单持有人支付的金额（更新后）	$3\,608 = 3\,812 \times 94.64\%$

甲公司于第一年年末更新用于系统合理地分摊计入当期保险财务损益的利率，即实际分摊率（r），以确保在合同组期限内分摊计入保险财务损益各期总额与保险合同金融变动额总额相等。

合同组期限内保险合同金融变动额总额 = $3\,608 - 2\,839 = 769$（元）= 分摊计入保险财务损益各期总额 = $2\,839 \times 10\% + 2\,839 \times (1 + 10\%) \times r + 2\,839 \times (1 + 10\%) \times (1 + r) \times r$

解得：$r = 7.48\%$。

未来现金流量估计现值和保险合同金融变动额系统合理地分摊计入保险财务损益的金额如表 9.8 所示。

表 9.8　未来现金流量估计现值和保险合同金融变动额计入保险财务损益金额表　单位：元

项目	初始确认时（实际）	第一年年末（实际）	第二年年末（预期）	第三年年末（预期）
未来现金流量估计现值①*	2 839	3 272	3 436	3 608
当年用于系统分摊计入当年保险财务损益的利率（实际分摊率）		10%	7.48%	7.48%
当年保险合同金融变动额②=当年年末①－上年年末①		433	164	172
其中：当年计入保险财务损益③**		284	234	251
计入其他综合收益（累计金额）④=②－③+上年④	—	149	79	0

*第一年年末未来现金流量现值 = $3\,608/(1 + 5\%)^2 = 3\,272$（元）；第二年年末未来现金流量现值 = $3\,608/(1 + 5\%) = 3\,436$（元）。

**第一年计入保险财务损益的金额 = $2\,839 \times 10\% = 284$（元）；第二年计入保险财务损益的金额 = $2\,839 \times (1 + 10\%) \times 7.48\% = 234$（元）；第三年计入保险财务损益的金额 = $2\,839 \times (1 + 10\%) \times (1 + 7.48\%) \times 7.48\% = 251$（元）。

例 9-5　2020 年 12 月 31 日，甲公司签发了 100 份责任期为三年的保险合同，这些合同构成了一个合同组。责任期自 2021 年 1 月 1 日至 2023 年 12 月 31 日，每张保单趸缴保费 18 元，合同条款约定的保费付款到期日为 2021 年 1 月 1 日。甲公司于 2021 年 1 月 1 日初始确认该合同组时预计将立刻收到趸缴保费 1 800 元，且预计每年年末发生的现金流出为 400 元。当时市场上反映该现金流量特征的折现率为 5%。保险合同初始确认时，甲公司估计的非金融风险调整为 120 元，甲公司选择不将货币时间价值及金融风险的影响导致的非金融风险调整变动额作为保险合同金融变动额。非金融风险调整预计将在责任期内每年均匀地释放 40 元并确认为损益。甲公司选择将保险合同金融变动额全部计入保险财务损益。假设这些合同均为不具有直接参与分红特征的保险合同，不符合采用保费分配法计量的条件，这些合同在责任期内各年的责任单元相等，责任单元的计算不折现。

第一年年末，甲公司实际赔付金额与预期一致。

第二年年末，甲公司实际赔付金额为 300 元，比预计赔付减少了 100 元，非金融风险调整当年释放 40 元。甲公司同时将第三年的未来现金流出估计改为 280 元，而非初始确认时预计的 400 元，将与未来现金流量估计相关的非金融风险调整修改为 30 元，并预计将在第三年释放。

第三年年末，甲公司实际赔付金额与第二年年末的预期一致。

假设在责任期结束前没有合同失效，没有投资成分，市场上反映该合同组现金流量特征的折现率始终为 5%，不考虑其他因素。

本例中，初始确认时甲公司计量保险合同组并估计后续每年年末的履约现金流量如表 9.9 所示。

表 9.9 保险合同组后续履约现金流量估计表　　　　　　单位：元

项目	初始确认时	第一年	第二年	第三年
未来现金流入现值的估计①	1 800	—	—	—
未来现金流出现值的估计*②	−1 089	−744	−381	—
未来现金流量现值的估计③ = ① + ②	711	−744	−381	—
非金融风险调整④	−120	−80	−40	—
履约现金流量⑤ = ③ + ④	591	−824	−421	—
合同服务边际⑥	−591			
初始确认时的保险合同负债⑦ = ⑤ + ⑥	—			

*第二年年末的未来现金流出现值 = 400/（1＋5%）= 381（元）；第一年年末的未来现金流出现值 = 400/（1＋5%）^{2} + 400/（1＋5%）= 744（元）；初始确认时的未来现金流出现值 = 400/（1＋5%）^{3} + 400/（1＋5%）^{2} + 400/（1＋5%）= 1 089（元）。

第一年内，保险合同负债自年初至年末的变动如表 9.10 所示。

表 9.10 保险合同负债年初至年末变动表　　　　　　单位：元

项目	未来现金流量现值的估计	非金融风险调整	合同服务边际	保险合同负债*
年初余额①	—	—	—	—
与未来服务相关的变动：新合同②	711	−120	−591	—
年初现金流量③	−1 800			−1 800
保险财务损益**④	−55	—	−29	−84
与当年服务相关的变动***⑤	—	40	207	247
年末现金流量⑥	400			400
年末余额⑦ = ① + ② + ③ + ④ + ⑤ + ⑥	−744	−80	−413	−1 237

*负数代表贷方。

**未来现金流量现值估计计息产生的保险财务损益 = −（0 + 711 − 1 800）× 5% = 55（元）；合同服务边际计息产生的保险财务损益 = −（0 − 591）× 5% = 29（元）。

***与当年服务相关的变动中非金融风险调整为 40 元，即 120/3；合同服务边际约为 207 元，即（591+29）/3。

修改后第二年年末的履约现金流量估计如表9.11所示。

表9.11　修改后第二年年末的履约现金流量估计表　　　　单位：元

项目	初始确认时	第一年	第二年	第三年
未来现金流入现值的估计①	1 800	—	—	—
未来现金流出现值的估计②	−1 089	−744	−267*	—
未来现金流量现值的估计③=①+②	711	−744	−267	—
非金融风险调整④	−120	−80	−30	—
履约现金流量⑤=③+④	591	−824	−297	—
合同服务边际⑥	−591			
初始确认时的保险合同负债⑦=⑤+⑥				

*修改后第二年年末的未来现金流出现值 = 280/（1+5%）=267（元）。

第二年年末，保险合同负债自年初至年末的变动如表9.12所示。

表9.12　第二年年末保险合同负债变动表　　　　单位：元

项目	未来现金流量现值的估计	非金融风险调整	合同服务边际	保险合同负债
年初余额①	−744	−80	−413	−1 237
年初现金流量②	—			
保险财务损益③	−37		−21	−58
与未来服务相关的变动*④	114	10	−124	—
与当年服务相关的变动**⑤	100	40	279	419
年末现金流量⑥	300	—		300
年末余额⑦=①+②+③+④+⑤+⑥	−267	−30	−279	−576

*与未来服务相关的未来现金流量现值估计变动额 =（400−280）/（1+5%）=114（元），非金融风险调整变动额 = 40−30 = 10（元），两者变动合计调整合同服务边际124元。

**与当年服务相关的未来现金流量现值估计变动额 = 400−300 = 100（元），非金融风险调整变动额为40元，合同服务边际摊销金额 =（413+124+21）/2 = 279（元）。

第三年年末，保险合同负债自年初至年末的变动如表9.13所示。

表9.13　第三年年末保险合同负债变动表　　　　单位：元

项目	未来现金流量现值的估计	非金融风险调整	合同服务边际	保险合同负债
年初余额①	−267	−30	−279	−576
年初现金流量②	—			
保险财务损益③	−13	—	−14	−27
与未来服务相关的变动④				
与当年服务相关的变动⑤		30	293	323
年末现金流量⑥	280	—		280
年末余额⑦=①+②+③+④+⑤+⑥				

甲公司的账务处理如下。

（1）初始确认。

借：未到期责任负债——未来现金流量现值　　　　　　　　　711
　　贷：未到期责任负债——非金融风险调整　　　　　　　　　　120
　　　　未到期责任负债——合同服务边际　　　　　　　　　　　591

（2）收到保费。

借：银行存款　　　　　　　　　　　　　　　　　　　　　　1 800
　　贷：未到期责任负债　　　　　　　　　　　　　　　　　　1 800

（3）第一年发生赔付。

借：保险合同赔付和费用　　　　　　　　　　　　　　　　　　400
　　贷：已发生赔款负债　　　　　　　　　　　　　　　　　　　400

（4）第一年支付赔款。

借：已发生赔款负债　　　　　　　　　　　　　　　　　　　　400
　　贷：银行存款　　　　　　　　　　　　　　　　　　　　　　400

（5）第一年确认保险财务损益。

借：承保财务损益　　　　　　　　　　　　　　　　　　　　　84
　　贷：未到期责任负债　　　　　　　　　　　　　　　　　　　84

（6）确认第一年保险服务收入。

借：未到期责任负债　　　　　　　　　　　　　　　　　　　　647
　　贷：保险服务收入　　　　　　　　　　　　　　　　　　　　647

（7）第二年发生赔付。

借：保险合同赔付和费用　　　　　　　　　　　　　　　　　　300
　　贷：已发生赔款负债　　　　　　　　　　　　　　　　　　　300

（8）第二年支付赔款。

借：已发生赔款负债　　　　　　　　　　　　　　　　　　　　300
　　贷：银行存款　　　　　　　　　　　　　　　　　　　　　　300

（9）第二年，因第三年赔付和非金融风险调整的预期减少而调整合同服务边际。

借：未到期责任负债——未来现金流量现值　　　　　　　　　114
　　未到期责任负债——非金融风险调整　　　　　　　　　　10
　　贷：未到期责任负债——合同服务边际　　　　　　　　　　　124

（10）第二年确认保险财务损益。

借：承保财务损益　　　　　　　　　　　　　　　　　　　　　58
　　贷：未到期责任负债　　　　　　　　　　　　　　　　　　　58

（11）确认第二年保险服务收入。

借：未到期责任负债　　　　　　　　　　　　　　　　　　　　719
　　贷：保险服务收入　　　　　　　　　　　　　　　　　　　　719

（12）第三年发生赔付。

借：保险合同赔付和费用　　　　　　　　　　　　　　　　　　280

　　　　贷：已发生赔款负债　　　　　　　　　　　　　　　　　　　　280
（13）第三年支付赔款。
　　借：已发生赔款负债　　　　　　　　　　　　　　　　　　　　　280
　　　　贷：银行存款　　　　　　　　　　　　　　　　　　　　　　　280
（14）第三年确认保险财务损益。
　　借：承保财务损益　　　　　　　　　　　　　　　　　　　　　　27
　　　　贷：未到期责任负债　　　　　　　　　　　　　　　　　　　　27
（15）确认第三年保险服务收入。
　　借：未到期责任负债　　　　　　　　　　　　　　　　　　　　　603
　　　　贷：保险服务收入　　　　　　　　　　　　　　　　　　　　　603

（四）涉及外币现金流量的合同组计量

企业对产生外币现金流量的合同组进行计量时，应当将保险合同负债视为货币性项目，根据《企业会计准则第19号——外币折算》有关规定处理。

资产负债表日，产生外币现金流量的合同组的汇兑差额应当计入当期损益。企业根据保险合同准则规定选择将保险合同金融变动额分解计入当期保险财务损益和其他综合收益的，与计入其他综合收益的金额相关的汇兑差额，应当计入其他综合收益。

三、保险合同的修改和终止确认

（一）保险合同的修改

保险合同条款的修改符合下列条件之一的，企业应当终止确认原合同，并按照修改后的合同条款确认一项新合同。

（1）假设修改后的合同条款自合同开始日适用，出现下列情形之一。

①修改后的合同不属于保险合同准则的适用范围。

②修改后的合同应当予以分拆且分拆后适用保险合同准则的组成部分发生变化。

③修改后的合同的边界发生实质性变化。

④修改后的合同归属于不同的合同组。

（2）原合同与修改后的合同仅有其一符合具有直接参与分红特征的保险合同的定义。

（3）原合同采用保费分配法，修改后的合同不符合采用保费分配法的条件。

保险合同条款的修改不符合上述条件的，企业应当将合同条款修改导致的现金流量变动作为履约现金流量的估计变更进行处理。如果企业或者保单持有人只是行使原合同条款中包含的权利，并不是对原合同条款的修改。

（二）保险合同的终止

保险合同约定的义务因履行、取消或到期而解除的，企业应当终止确认保险合同。企业终止确认一项保险合同，应当调整该保险合同所属合同组的履约现金流量，扣除与终止确认的权利义务相关的未来现金流量现值和非金融风险调整；调整合同组的合同服务边际；调整合同组在当期及以后期间的责任单元。

（三）保险合同修改和终止的后续处理

企业修改原合同并确认新合同时，应当按照下列两项金额的差额调整原合同所属合同组的合同服务边际。

（1）因终止确认原合同所导致的合同组履约现金流量变动金额。

（2）修改日订立与新合同条款相同的合同预计将收取的保费减去因修改原合同而收取的额外保费后的保费净额。企业在计量新合同所属合同组时，应当假设于修改日收到该保费净额。

企业因合同转让而终止确认一项保险合同的，应当按照因终止确认该合同所导致的合同组履约现金流量变动金额与受让方收取的保费之间的差额，调整该合同所属合同组的合同服务边际。

企业因合同修改或转让而终止确认一项保险合同时，应当将与该合同相关的、由于会计政策选择而在以前期间确认为其他综合收益的余额转入当期损益；但对于企业持有基础项目的具有直接参与分红特征的保险合同，企业不得仅因终止确认该保险合同而进行上述会计处理。

例9-6 2021年1月1日，甲公司签发了一组保险合同（以下简称"原保险合同组"），合同组内保险合同的责任期均为两年，即从2021年1月1日至2022年12月31日。该合同组于2021年1月1日初始确认时的合同服务边际为1 000元。该合同组内某一保险合同（以下简称"原合同"）的保费（为该合同唯一的现金流入）为100元，初始确认时预计其未来现金流出为90元。2021年1月1日，甲公司收到原保险合同组的全部保费，包括原合同的保费100元。

2021年1月31日，原合同的保单持有人尚未发生保险事项，甲公司与保单持有人就原合同的条款进行修改，因合同条款修改需要额外收取保费65元，保单持有人在修改日尚未支付该笔保费，预计增加的赔付和费用等未来现金流出为60元。假设该项修改符合终止确认原合同并按照修改后的条款确认一项新保险合同的规定，甲公司于2021年1月31日终止确认原合同，并将修改后的保险合同确认为一项新保险合同（以下简称"新合同"），新合同不属于原保险合同组。如果甲公司于2021年1月31日新签发一份与修改后保险合同条款相同的合同，预计将收取的保费为160元。假设原保险合同组内的其他保险合同未发生变化，甲公司遵循一般规定计量原合同和新合同，不考虑非金融风险调整、合同服务边际的摊销和折现等其他因素。

本例中，对于原保险合同组，2021年1月31日，因终止确认原合同而导致其所属的原保险合同组未到期责任负债的履约现金流量部分账面价值减少90元。

2021年1月31日，甲公司因终止确认原合同所导致的原保险合同组履约现金流量变动金额为90元，修改日订立与新合同条款相同的合同预计将收取的保费减去因修改原合同而收取的额外保费后的保费净额为95元（160－65）。因此，修改合同条款导致原保险合同组的合同服务边际调减5元（90－95）。

2021年1月31日，与履行新合同（即修改后的保险合同）直接相关的现金流量包括计量因修改原合同条款而确认的新合同时假设甲公司在修改日收到的保费净额95元；

未来现金流入,即因修改原合同条款而收取的额外保费金额 65 元;未来现金流出 150 元,即原合同预计未来的赔付和费用 90 元,加上合同条款修改而增加的赔付和费用 60 元。因此,新合同所属的合同组(以下简称"新保险合同组")的合同服务边际应当调增 10 元(95 + 65 – 150)。

修改日,甲公司的账务处理如下。

借:未到期责任负债——合同服务边际(原保险合同组)　　　　　　5
　　未到期责任负债——未来现金流量现值(原保险合同组)　　　　90
　贷:未到期责任负债——未来现金流量现值(新保险合同组)　　　　85
　　　未到期责任负债——合同服务边际(新保险合同组)　　　　　　10

第二节　保费分配法

一、保费分配法的适用条件

符合下列条件之一的,企业可以采用保费分配法简化合同组的计量。

(1)企业能够合理预计采用与未采用保费分配法计量合同组未到期责任负债的结果无重大差异。如果企业预计履约现金流量在赔案发生前将发生重大波动,表明该合同组不符合本条件。一般情况下,合同组的责任期越长,履约现金流量的波动性越大,履约现金流量的波动性还可能随保险合同中嵌入衍生工具的影响而增大。

(2)该合同组内各项合同的责任期不超过一年。

企业在判断合同组是否符合上述条件时,应当根据该合同组中每项合同开始时的情况进行判断。

企业对其签发的保险合同采用保费分配法时,在没有相关事实和情况表明其存在亏损时,不必评估该合同是否存在亏损,即假设初始确认时该合同并非亏损合同。

二、保费分配法下的计量

(一)初始计量

企业采用保费分配法计量合同组的,初始确认时未到期责任负债账面价值等于已收保费减去初始确认时发生的保险获取现金流量(选择在发生时计入当期损益的除外),减去或加上在合同组初始确认时终止确认的保险获取现金流量资产以及其他相关资产或负债的金额。

企业采用保费分配法时,合同组内各项合同初始确认时的责任期均不超过一年的,可以选择在保险获取现金流量发生时将其确认为费用,计入当期损益。

(二)后续计量

1. 未到期负债

资产负债表日未到期责任负债账面价值等于期初账面价值加上当期已收保费,减去当期发生的保险获取现金流量（选择在发生时计入当期损益的除外），加上当期确认为保险服务费用的保险获取现金流量摊销金额和针对融资成分的调整金额，减去因当期提供保险合同服务而确认为保险服务收入的金额和当期已付或转入已发生赔款负债中的投资成分。

2. 重大融资成分

合同组内的合同中存在重大融资成分的，企业应当按照合同组初始确认时确定的折现率，对未到期责任负债账面价值进行调整，以反映货币时间价值及金融风险的影响。合同组初始确认时，如果企业预计提供保险合同服务每一部分服务的时点与相关保费到期日之间的间隔不超过一年，可以不考虑合同中存在的重大融资成分。

3. 亏损合同

在责任期内的任一时点，如果相关事实和情况表明合同组存在亏损，企业应当将该日与未到期责任相关的履约现金流量超过未到期责任负债账面价值的金额确认为亏损，并计入当期亏损保险合同损益，同时增加未到期责任负债账面价值。其中，如果企业未对已发生赔款负债进行调整以反映货币时间价值及金融风险的影响，对与未到期责任相关的履约现金流量也不应进行调整以反映货币时间价值及金融风险的影响。

4. 已发生赔款负债

企业应当根据与已发生赔案及其他相关费用有关的履约现金流量计量已发生赔款负债。相关履约现金流量预计在赔案发生后一年内支付或收取的，企业可以不考虑货币时间价值及金融风险的影响。对于采用保费分配法计量的保险合同组，如果企业对已发生赔款负债进行调整以反映货币时间价值及金融风险的影响，企业应当按赔案发生时确定的、反映不随基础项目回报变动的现金流量特征的折现率，确定已发生赔款负债的保险合同金融变动额计入各个期间保险财务损益的金额。

5. 损益的确定

对于已收和预计收取的保费扣除投资成分并对重大融资成分进行调整后分摊至当期的金额，企业应当确认为保险服务收入。企业应当随时间流逝在责任期内分摊经调整的已收和预计收取的保费；保险合同的风险在责任期内不随时间流逝为主释放的，应当以保险服务费用预计发生时间为基础分摊保费。如果与保险合同风险释放有关的事实和情况发生了变化，企业应当相应调整保费的分摊基础。

三、核算举例

例 9-7 2021 年 7 月 1 日，甲公司签发了一组保险合同，组内保险合同的责任期均为十个月，即从 2021 年 7 月 1 日至 2022 年 4 月 30 日。2021 年 7 月 1 日，甲公司初始确认该合同组的同时收到趸缴保费 1 320 元，支付保险获取现金流量 20 元。2021 年 7 月 1 日至 2021 年 12 月 31 日期间，发生赔付 700 元，与赔付相关的非金融风险调整为 36 元；2022 年 1 月 1 日至 2022 年 6 月 30 日的报告期内将发生赔付 500 元，与赔付相关的非金融风险调整为 24 元；2022 年 8 月 31 日，甲公司最终确定赔付金额 1 270 元并于当日支付。

假设该保险合同组符合保费分配法的适用条件，初始确认时及责任期内的事实和情况均未表明该保险合同组是亏损的。甲公司对合同组采用保费分配法进行计量。

甲公司预计提供保险合同服务每一部分服务的时点与相关保费到期日之间不超过一年，而且相关赔款均在赔案发生后一年内支付，甲公司选择不对未到期责任负债和已发生赔款负债的账面价值进行调整以反映货币时间价值及金融风险的影响。甲公司选择将保险获取现金流量在发生时一次性确认为费用。甲公司编制半年度和年度财务报告。假设责任期内该合同组没有合同失效，风险预计在责任期内随时间流逝释放。不考虑其他履约现金流量（包括投资成分等）等其他因素。

本例中，赔付发生和支付的情况如表9.14所示。

表9.14　赔付发生和支付情况表　　　　　　　　　　　　　单位：元

项目	2021年7月1日至12月31日	2022年1月1日至6月30日	2022年7月1日至12月31日
发生的赔付	700	500	
赔付相关非金融风险调整	36	24	
最终确定赔款的金额并支付			1 270

甲公司未到期责任负债和保险服务收入如表9.15所示。

表9.15　未到期责任负债和保险服务收入表　　　　　　　　单位：元

未到期责任负债*	初始确认时	初始确认后至2021年12月31日	2022年1月1日至6月30日
期初余额①=上期⑤	—	−1 320	−528
当期收到的保费②	−1 320	—	—
保险服务收入③ = −④×赚取比例**		792	528
未确认的保险服务收入④ = 上期（③+④）+本期②	−1 320	−1 320	−528
期末余额⑤ = ①+②+③	−1 320	−528	—

*计量未到期责任负债时未考虑保险获取现金流量，因为甲公司选择将保险获取现金流量在发生时一次性确认为费用。

**本例中该比例为收取的保费随时间流逝在责任期内分摊的比例。

各相关时点保险合同组的保险合同负债如表9.16所示。

表9.16　相关时点保险合同组的保险合同负债表　　　　　　单位：元

保险合同负债	初始确认时	2021年12月31日	2022年6月30日
未到期责任负债	−1 320	−528	—
已发生赔款负债	—	−736	−1 260
保险合同负债	−1 320	−1 264	−1 260

甲公司估计的有关利润项目如表9.17所示。

表 9.17　有关利润项目表　　　　　　　　　　　　　　　　　　　　单位：元

利润项目	2021 年下半年	2022 年上半年	2022 年下半年
保险服务收入	792	528	—
保险服务费用	−756	−524	−10
保险服务业绩	36	4	−10
净利润	36	4	−10

甲公司各相关时点的有关资产负债表项目如表 9.18 所示。

表 9.18　各相关时点资产负债表　　　　　　　　　　　　　　　　　单位：元

资产负债表项目	2021 年 12 月 31 日	2022 年 6 月 30 日	2022 年 12 月 31 日
资产	1 300	1 300	30
负债	−1 264	−1 260	—
所有者权益	36	40	30

甲公司账务处理如下。

（1）甲公司收到保费。

借：银行存款　　　　　　　　　　　　　　　　　　　　　　1 320
　　贷：未到期责任负债　　　　　　　　　　　　　　　　　　　　1 320

（2）支付保险获取现金流量。

借：待结转支出　　　　　　　　　　　　　　　　　　　　　　20
　　贷：银行存款　　　　　　　　　　　　　　　　　　　　　　　20

根据费用分摊结果，一次性确认为费用。

借：保险合同赔付和费用　　　　　　　　　　　　　　　　　　20
　　贷：待结转支出　　　　　　　　　　　　　　　　　　　　　　20

（3）2021 年下半年发生赔案。

借：保险合同赔付和费用　　　　　　　　　　　　　　　　　　700
　　贷：已发生赔款负债　　　　　　　　　　　　　　　　　　　　700

期末评估赔付相关的非金融风险调整。

借：保险合同赔付和费用　　　　　　　　　　　　　　　　　　36
　　贷：已发生赔款负债　　　　　　　　　　　　　　　　　　　　36

（4）确认 2021 年下半年保险服务收入。

借：未到期责任负债　　　　　　　　　　　　　　　　　　　　792
　　贷：保险服务收入　　　　　　　　　　　　　　　　　　　　　792

（5）2022 年上半年发生赔案。

借：保险合同赔付和费用　　　　　　　　　　　　　　　　　　500
　　贷：已发生赔款负债　　　　　　　　　　　　　　　　　　　　500

期末评估赔付相关的非金融风险调整。

借：保险合同赔付和费用　　　　　　　　　　　　　　　　　　　24
　　贷：已发生赔款负债　　　　　　　　　　　　　　　　　　　　　　24

（6）确认2022年上半年保险服务收入。

借：未到期责任负债　　　　　　　　　　　　　　　　　　　　　528
　　贷：保险服务收入　　　　　　　　　　　　　　　　　　　　　　　528

（7）2022年下半年确定赔款最终金额。

借：保险合同赔付和费用　　　　　　　　　　　　　　　　　　　10
　　贷：已发生赔款负债　　　　　　　　　　　　　　　　　　　　　　10

（8）2022年下半年支付赔款。

借：已发生赔款负债　　　　　　　　　　　　　　　　　　　　1 270
　　贷：银行存款　　　　　　　　　　　　　　　　　　　　　　　　1 270

例9-8　2020年12月31日，甲公司签发了100份三年期的保险合同，责任期为2021年1月1日至2023年12月31日，这些合同属于同一合同组。这些合同约定的保费付款到期日为2020年12月31日，甲公司于该日初始确认该合同组的同时收到足缴保费1 200元及支付保险获取现金流量180元。假设保险合同在责任期内均匀发生赔付，且其风险在责任期内随时间流逝释放，甲公司在2020年末预计未来每年赔付率为60%，赔款在发生赔案当年年末支付。

假设该保险合同组符合保费分配法的适用条件，甲公司对合同组采用保费分配法进行计量。甲公司未选择将保险获取现金流量在发生时一次性确认为费用。

第二年年末，甲公司根据最新情况和估计将第三年的赔付率更改为120%。

假设责任期内该合同组中没有合同失效，不考虑折现、其他履约现金流量（包括投资成分等）等其他因素。

本例中，初始确认时，甲公司预计未来每年的现金流出及现值如表9.19所示。

表9.19　预计未来每年现金流出及现值表　　　　　　　　　　单位：元

项目	第一年	第二年	第三年	合计
预期未来现金流出*	240	240	240	720

*每年预期的未来现金流出为每年所对应的保费乘以赔付率。例如，第一年内发生赔案，预计赔款 = 1 200/3 × 60% = 240（元），根据赔款支付模式，该金额在第一年年末支付。

第二年年末，第一年和第二年实际情况以及甲公司调整第三年赔付率后更新的预期未来现金流出如表9.20所示。

表9.20　更新的预期未来现金流出表　　　　　　　　　　单位：元

项目	第一年（实际）	第二年（实际）	第三年（预期）	合计
现金流出	240	240	480	960

保险合同组的未到期责任负债和保险服务收入计算如表9.21所示。

表 9.21　保险合同组的未到期责任负债和保险服务收入表　　单位：元

未到期责任负债	初始确认时	第一年	第二年	第三年
年初余额（非亏损部分）①		−1 020	−680	−340
收到的保费②	−1 200	—	—	—
保险获取现金流量③	180	—	—	—
保险获取现金流量摊销④ = − 保险获取现金流量×摊销比例		−60	−60	−60
保险服务收入⑤ = −⑥×赚取比例		400	400	400
未确认的保险服务收入*⑥ = 上年（⑤+⑥）+ 本年②	−1 200	−1 200	−800	−400
年末余额（非亏损部分）⑦ = ① + ② + ③ + ④ + ⑤	−1 020	−680	−340	—
预期未来现金流量的现值⑧	−720	−480	−480	—
亏损部分年末余额⑨ = min {[⑧ − ⑦], 0}			−140	

*本例中，未确认的保险服务收入为已收取的保费扣除以前年度已确认为保险服务收入的金额。

甲公司每年年末的保险合同负债如表 9.22 所示。

表 9.22　每年末保险合同负债　　单位：元

保险合同负债	初始确认时	第一年年末	第二年年末	第三年年末
未到期责任负债	−1 020	−680	−480	—
已发生赔款负债	—	—	—	—

甲公司有关利润项目及其组成部分如表 9.23 所示。

表 9.23　利润项目及其组成部分表　　单位：元

利润项目及其组成部分	第一年	第二年	第三年
保险服务收入	400	400	400
保险服务费用	−300	−440	−400
-保险合同赔付和费用	−300	−300	−540
-保险获取现金流量摊销	−60	−60	−60
-保险合同的赔付和其他费用	−240	−240	−480
-亏损保险合同损益*	—	−140	140
保险服务业绩	100	−40	—
净利润	100	−40	—

*本例中，各年的亏损保险合同损益为年末未到期责任负债的亏损部分的账面价值减去年初账面价值。例如，第二年的相关金额 = −140 − 0 = −140（元）。

甲公司每年年末的有关资产负债表项目如表 9.24 所示。

表 9.24　资产负债表项目表　　单位：元

资产负债表项目	初始确认时	第一年年末	第二年年末	第三年年末
资产*	1 020	780	540	60
负债	−1 020	−680	−480	—
所有者权益	—	100	60	60

*每年年末的资产账面价值 = 年初账面价值 − 当年现金流出。例如，第一年年末资产的账面价值 = 1 020 − 240 = 780（元）。

第九章　新准则下保险合同的计量

甲公司账务处理如下。

（1）甲公司收到保费。

借：银行存款　　　　　　　　　　　　　　　　　　　　　　　1 200
　　贷：未到期责任负债　　　　　　　　　　　　　　　　　　　　　1 200

（2）支付保险获取现金流量。

借：待结转支出　　　　　　　　　　　　　　　　　　　　　　　180
　　贷：银行存款　　　　　　　　　　　　　　　　　　　　　　　　180

根据费用分摊结果，计入未到期责任负债。

借：未到期责任负债　　　　　　　　　　　　　　　　　　　　　180
　　贷：待结转支出　　　　　　　　　　　　　　　　　　　　　　　180

（3）第一年摊销保险获取现金流量。

借：保险合同赔付和费用　　　　　　　　　　　　　　　　　　　60
　　贷：未到期责任负债　　　　　　　　　　　　　　　　　　　　　60

（4）第一年年内发生赔案。

借：保险合同赔付和费用　　　　　　　　　　　　　　　　　　　240
　　贷：已发生赔款负债　　　　　　　　　　　　　　　　　　　　　240

（5）第一年年末支付赔款。

借：已发生赔款负债　　　　　　　　　　　　　　　　　　　　　240
　　贷：银行存款　　　　　　　　　　　　　　　　　　　　　　　　240

（6）第一年确认保险服务收入。

借：未到期责任负债　　　　　　　　　　　　　　　　　　　　　400
　　贷：保险服务收入　　　　　　　　　　　　　　　　　　　　　　400

（7）第二年摊销保险获取现金流量。

借：保险合同赔付和费用　　　　　　　　　　　　　　　　　　　60
　　贷：未到期责任负债　　　　　　　　　　　　　　　　　　　　　60

（8）第二年年内发生赔案。

借：保险合同赔付和费用　　　　　　　　　　　　　　　　　　　240
　　贷：已发生赔款负债　　　　　　　　　　　　　　　　　　　　　240

（9）第二年年末支付赔款。

借：已发生赔款负债　　　　　　　　　　　　　　　　　　　　　240
　　贷：银行存款　　　　　　　　　　　　　　　　　　　　　　　　240

（10）第二年确认亏损保险合同损益。

借：亏损保险合同损益　　　　　　　　　　　　　　　　　　　　140
　　贷：未到期责任负债　　　　　　　　　　　　　　　　　　　　　140

（11）第二年确认保险服务收入。

借：未到期责任负债　　　　　　　　　　　　　　　　　　　　　400
　　贷：保险服务收入　　　　　　　　　　　　　　　　　　　　　　400

（12）第三年摊销保险获取现金流量。

　　借：保险合同赔付和费用　　　　　　　　　　　　　　　　　60
　　　　贷：未到期责任负债　　　　　　　　　　　　　　　　　　　　60

（13）第三年年内发生赔案。

　　借：保险合同赔付和费用　　　　　　　　　　　　　　　　　480
　　　　贷：已发生赔款负债　　　　　　　　　　　　　　　　　　　　480

（14）第三年年末支付赔款。

　　借：已发生赔款负债　　　　　　　　　　　　　　　　　　　480
　　　　贷：银行存款　　　　　　　　　　　　　　　　　　　　　　　480

（15）第三年转回亏损保险合同损益。

　　借：未到期责任负债　　　　　　　　　　　　　　　　　　　140
　　　　贷：亏损保险合同损益保险合同赔付和费用　　　　　　　　　　140

（16）第三年确认保险服务收入。

　　借：未到期责任负债　　　　　　　　　　　　　　　　　　　400
　　　　贷：保险服务收入　　　　　　　　　　　　　　　　　　　　　400

注：采用保费分配法计量的保险合同组，对于亏损部分的分摊，记入"保险合同赔付和费用"或"亏损保险合同损益"科目均可；而采用一般规定计量的保险合同组，对于亏损部分的分摊，应当记入"保险合同赔付和费用"科目。

第三节　浮动收费法

浮动收费法是保险合同计量的特殊规定，具有直接参与分红特征的保险合同采用浮动收费法对保险合同进行计量。

一、具有直接参与分红特征的保险合同

具有直接参与分红特征的保险合同是指在合同开始日同时符合下列条件的保险合同。

（1）合同条款规定保单持有人参与分享清晰可辨认的基础项目。

（2）企业预计将基础项目公允价值变动回报中的相当大部分支付给保单持有人。

（3）预计应付保单持有人金额变动中的相当大部分将随基础项目公允价值的变动而变动。

保险公司应当在合同开始日评估一项合同是否为具有直接参与分红特征的保险合同，后续不再重新评估。

浮动收费是指企业因代保单持有人管理基础项目并提供投资相关服务而取得的对价，等于基础项目公允价值中企业享有份额减去不随基础项目回报变动的履约现金流量。

企业计量具有直接参与分红特征的保险合同组，应当采用浮动收费法。企业应当按照基础项目公允价值扣除浮动收费的差额，估计具有直接参与分红特征的保险合同组的履约现金流量。

二、浮动收费法的适用条件

具有直接参与分红特征的保险合同在很大程度上是投资相关服务合同，企业需要就基于基础项目的投资回报作出承诺。具有直接参与分红特征的保险合同是指在合同开始日同时符合下列条件的保险合同，这些条件也是浮动收费法的适用条件。

（1）合同条款规定保单持有人参与分享清晰可辨认的基础项目。

具有直接参与分红特征的保险合同的条款（包括法律法规）必须明确规定，保单持有人将参与分享一个清晰可辨认的基础项目，这并不影响企业进行一定程度的相机抉择，以改变向保单持有人支付的金额。如果企业可以追溯改变用于确定企业应承担的支付义务的基础项目，就表明不存在清晰可辨认的基础项目。保单持有人获得的回报大体反映了企业的整体业绩和预期或企业持有的部分资产的业绩和预期，并不足以表明存在清晰可辨认的基础项目。

（2）企业预计将基础项目公允价值变动回报中的相当大部分支付给保单持有人。

（3）预计应付保单持有人金额变动中的相当大部分将随基础项目公允价值的变动而变动。

企业应在保险合同的期限内基于概率加权平均的现值而非最好或最坏情景评估金额变动。例如，如果企业预计将支付基础项目公允价值变动回报中相当大部分给保单持有人，但必须以保证最低回报为前提，则可能出现最低保证回报和不随基础项目回报而变动的现金流量之和高于或低于基础项目公允价值变动回报的情况，企业对金额变动的评估应反映上述所有情况的概率加权平均现值。

企业应当在合同开始日评估一项合同是否为具有直接参与分红特征的保险合同，后续不再重新评估。分入和分出的再保险合同不适用具有直接参与分红特征的保险合同组计量的特殊规定。

三、浮动收费法下的计量

对于具有直接参与分红特征的保险合同组，资产负债表日合同组的合同服务边际账面价值应当以期初账面价值为基础，经下列调整后予以确定。

（1）当期归入该合同组的合同对合同服务边际的影响金额。

（2）基础项目公允价值中企业享有份额的变动金额。

但下列情形除外。

①企业使用衍生工具或分出再保险合同等风险管理措施对该变动金额相关的金融风险予以缓释时，同时符合规定条件的，可以选择将该变动金额中由货币时间价值及金融风险的影响导致的部分计入当期保险财务损益，不调整合同服务边际。但企业将分出再保险合同的保险合同金融变动额分解计入当期保险财务损益和其他综合收益的，该企业享有份额的变动金额中的相应部分也应予以分解。

②基础项目公允价值中企业享有份额的减少额超过合同服务边际账面价值所导致的亏损部分。

③基础项目公允价值中企业享有份额的增加额抵销的未到期责任负债的亏损部分。

（3）与未来服务相关且不随基础项目回报而变动的履约现金流量的变动金额，包括：

①货币时间价值及除基础项目公允价值变动之外的金融风险影响导致的变动，例如财务担保的影响。

②采用与不具有直接参与分红特征的保险合同相一致的方法确定的、与未来服务相关的履约现金流量的其他变动。但下列情形除外。

a. 企业使用衍生工具、分出再保险合同或以公允价值计量且其变动计入当期损益的非衍生金融工具等风险管理措施对与该履约现金流量变动相关的金融风险予以缓释时，同时符合规定条件的，可以选择将该履约现金流量变动中由货币时间价值及金融风险的影响导致的部分计入当期保险财务损益，不调整合同服务边际。但企业将分出再保险合同的保险合同金融变动额分解计入当期保险财务损益和其他综合收益的，该履约现金流量变动中的相应部分也应予以分解。

b. 该履约现金流量的增加额超过合同服务边际账面价值所导致的亏损部分。

c. 该履约现金流量的减少额抵销的未到期责任负债的亏损部分。

上述（2）和（3）中的规定条件包括：

①企业制定了关于风险管理目标和策略的书面文件；

②保险合同与用于风险管理的衍生工具、分出再保险合同或以公允价值计量且其变动计入当期损益的非衍生金融工具之间存在经济抵销关系；

③经济抵销关系产生的价值变动中，信用风险的影响不占主导地位。

企业应当自不再符合上述条件之日起，将上述（2）和（3）相关金额变动中由货币时间价值及金融风险的影响导致的部分调整合同服务边际，之前已经计入保险财务损益的金额不予调整。

企业可以对上述（2）和（3）中的变动金额进行合并调整。

向保单持有人支付与基础项目公允价值相等金额的义务发生的变动与未来服务无关，应当作为保险合同金融变动额，不调整合同服务边际。

（4）合同服务边际在当期产生的汇兑差额。

（5）合同服务边际在当期的摊销金额。企业应当按照提供保险合同服务的模式，合理确定合同组在责任期内各个期间的责任单元，并据此对根据上述（1）至（4）调整后的合同服务边际账面价值进行摊销，计入当期及以后期间保险服务收入。

四、核算举例

例 9-9 甲公司签发一份三十年期的分红型保险合同，假设该合同符合具有直接参与分红特征的保险合同的定义，并构成了一个合同组。甲公司选择将保险合同金融变动额分解计入保险财务损益和其他综合收益。因在基础项目中所享有的份额含有金融风险，甲公司在签发保单时使用一项衍生工具对冲该份额对应的金融风险。

甲公司持有的基础项目都是以公允价值计量且其变动计入当期损益的金融资产，第一年基础项目的公允价值增加比预期多 500 元，合同条款明确规定保单持有人享有 70% 的份额，因此甲公司预计未来支付给保单持有人的金额增加 350 元。甲公司持有的衍生工具当期产生公允价值损失为 160 元。假设合同服务边际的摊销各年相同，且在第一年之后除摊销外无其他变动，不考虑其他现金流量和其他因素影响。

情形 1，假设甲公司不符合准则规定的可以选择不调整合同服务边际的条件，从而将因金融风险的影响导致基础项目公允价值中甲公司享有份额的变动额 150 元（500×30%）调整合同服务边际。在此情形下，基础项目中的金融资产公允价值变动与衍生工具公允价值变动之和为 340 元（500-160），货币时间价值及金融风险的影响对履约现金流量变动的影响 500 元计入保险财务损益。

情形 2，假设甲公司使用衍生工具管理与基础项目公允价值中甲公司享有份额的金额相关的金融风险符合准则规定的可以选择不调整合同服务边际的条件，甲公司选择将因金融风险的影响导致基础项目公允价值中甲公司享有份额的变动额 150 元计入当期损益，而不调整合同服务边际。在此情形下，基础项目中的金融资产公允价值变动与衍生工具公允价值变动之和为 340 元，计入保险财务损益的金额为 350 元，由货币时间价值及金融风险的影响对履约现金流量变动的影响计入保险财务损益的 500 元（借方）和基础项目公允价值中甲公司享有份额的变动额计入保险财务损益 150 元（贷方）组成。

两种情形下（调整或不调整合同服务边际），相关利润项目影响金额如表 9.25 所示。

表 9.25　　相关利润项目影响金额表　　　　　　　　单位：元

利润项目	情形一			情形二		
	第一年	后续年度	合计	第一年	后续年度	合计
保险服务收入①	5*	145	150	—	—	—
保险服务费用②	—	—	—	—	—	—
保险服务业绩③=①-②	5	145	150	—	—	—
公允价值变动损益④	340	—	340	340	—	340
承保财务损益⑤	-500	—	-500	-350	—	-350
净利润⑥=③+④+⑤	-155	145	-10	-10	—	-10

*150/30=5（元）。

例 9-10　2020 年 12 月 31 日，甲公司签发 100 份两年期的趸缴型定期寿险（分红型）保单，责任期为 2021 年 1 月 1 日至 2022 年 12 月 31 日。假设这些保单符合保险合同的定义且组成一个合同组，每份保单趸缴保费 10 元，合同条款约定的保费付款到期日为 2020 年 12 月 31 日。甲公司于 2020 年 12 月 31 日初始确认该合同组并于稍后收到保费 1 000 元。根据合同条款约定，每份保单的保额为 150 元。如果被保险人在责任期内身故，甲公司向保单持有人支付 150 元后保单终止，假设其中 2 元为投资成分。这些分红保单的分红利源为死差和利差，甲公司将于责任期满时向当时仍持有效保单的保单持有人支付现金红利。合同条款明确规定，该分红产品的分红比例为 70%。假设这些合同为具有直接参与分红特征的保险合同，且其对应的基础项目均是甲公司持有的与这些保单对应的分红险账户中以公允价值计量且其变动计入当期损益的金融资产。甲公司无其他分红险保单。甲公司将收到的保费划入保单对应的分红险账户，分红险账户产生的投资收益归属于该账户，并从该分红险账户中支付赔付、退保金以及向保单持有人分红。

保险合同组初始确认时,甲公司预计每年会有两位保单持有人身故,无人退保。甲公司选择将货币时间价值及金融风险的影响分解计入当期保险财务损益和其他综合收益。

假设身故及其对应的赔付均发生在各年年末,不考虑折现、非金融风险调整等其他因素,预期投资收益率为 0,不考虑责任期内各个期间的责任单元的差异,即每年年末摊销前的合同服务边际余额在当年和剩余责任期内均匀摊销。

甲公司第一年和第二年分红险账户内金融资产的公允价值增加额分别为 0 元和 150 元,每年实际赔付与预期一致。

在本例中,甲公司的保险合同负债的变动情况如表 9.26 所示。

表 9.26 保险合同负债的变动情况表　　　　　　　单位:元

项目	未到期责任负债——未来现金流量现值的估计	未到期责任负债——合同服务边际	已发生赔款负债——未来现金流量现值的估计	保险合同负债合计
初始确认时余额	120[注1]	−120[注1]		—
收到保费	−1 000			−1 000
预期赔付和费用	296[注2]			296
实际赔付和费用			−296[注2]	−296
投资成分	4[注2]		−4[注2]	—
合同服务边际摊销		60[注3]		60
实际支付赔款			300	300
2021 年年末/2022 年年初余额	−580[注4]	−60	300	−640
预期赔付和费用	296[注2]			296
实际赔付和费用			−296[注2]	−296
投资成分	4[注2]		−4[注2]	—
基础项目的公允价值变动	−150[注5]			−150
基础项目的公允价值中企业享有份额的变动金额调整合同服务边际	45[注6]	−45[注6]		
确定将向保单持有人支付的现金红利	385[注7]		−385	—
合同服务边际摊销		105		105
支付赔款和现金红利			685	685
2022 年年末余额	—	—	—	—

注 1:在收到保费前,初始确认时的未来现金流量现值的估计 = 100×10−4×150−(100×10−4×150)×70% = 120(元),因此合同服务边际为 120(元)。初始确认时的未来现金流量现值的估计也等于当日的基础项目公允价值(0 元)扣除浮动收费[(100×10−4×150)×(1−70%) = 120(元)]的差额。

注 2:2021 年和 2022 年,实际赔付和预期赔付一致,均为 2×(150−2) = 296(元),投资成分为 2×2 = 4(元)。

注 3:2021 年,合同服务边际摊销为 120/2 = 60(元)。

注 4:当日未来现金流量现值的估计也等于当日的基础项目公允价值,即分红账户内金融资产的公允价值 = 1000−300 = 700(元),扣除浮动收费[(100×10−4×150)×(1−70%) = 120(元)]的差额。

注 5:2022 年,分红险账户内金融资产的公允价值增加 150 元,所以基础项目的公允价值增加 150 元。

注 6:2022 年,基础项目公允价值中企业享有份额的变动金额 = 基础项目的公允价值变动 150×(1−70%) = 45(元),该部分变动金额同时调整合同服务边际。

注 7:2022 年年末,甲公司确定将向保单持有人支付的现金红利 = (10×100−4×150+150)×70% = 385(元)。

甲公司估计的有关利润项目及其组成部分如表 9.27 所示。

表 9.27　有关利润项目及其组成部分表　　　　　　　　　　　　单位：元

利润项目及其组成部分	2021 年	2022 年
保险服务收入①	356	401
——预期赔付和费用	296	296
——合同服务边际摊销	60	105
保险服务费用②	−296	−296
——实际赔付和费用	−296	−296
保险服务业绩③＝①＋②	60	105
公允价值变动损益④	—	150
保险财务损益⑤	—	−150*
投资业绩⑥＝④＋⑤	—	—
净利润⑦＝③＋⑥	60	105

*由于甲公司持有分红合同组对应的基础项目，甲公司同时选择将保险合同金融变动额分解计入当期保险财务损益和其他综合收益，因此本例中该合同组计入当期保险财务收益的金额等于其持有的基础项目计入当期损益的金额。

甲公司账务处理如下。

（1）初始确认。

借：未到期责任负债——未来现金流量　　　　　　　　　　　　　　　　120
　　　贷：未到期责任负债——合同服务边际　　　　　　　　　　　　　　120

（2）甲公司收到保费。

借：银行存款　　　　　　　　　　　　　　　　　　　　　　　　　1 000
　　　贷：未到期责任负债　　　　　　　　　　　　　　　　　　　　　1 000

（3）第一年发生赔付。

借：保险合同赔付和费用　　　　　　　　　　　　　　　　　　　　　296
　　　贷：已发生赔款负债　　　　　　　　　　　　　　　　　　　　　　296

借：未到期责任负债　　　　　　　　　　　　　　　　　　　　　　　　4
　　　贷：已发生赔款负债　　　　　　　　　　　　　　　　　　　　　　　4

（4）第一年年末实际支付赔款。

借：已发生赔款负债　　　　　　　　　　　　　　　　　　　　　　　300
　　　贷：银行存款　　　　　　　　　　　　　　　　　　　　　　　　　300

（5）确认第一年保险服务收入。

借：未到期责任负债　　　　　　　　　　　　　　　　　　　　　　　356
　　　贷：保险服务收入　　　　　　　　　　　　　　　　　　　　　　　356

（6）确认第二年资产的公允价值变动损益。

借：交易性金融资产　　　　　　　　　　　　　　　　　　　　　　　150

　　　　贷：公允价值变动损益　　　　　　　　　　　　　　　　　150
（7）确认第二年保险财务损益。
　　借：承保财务损益　　　　　　　　　　　　　　　　　　　150
　　　　贷：未到期责任负债　　　　　　　　　　　　　　　　　150
（8）第二年基础项目公允价值中企业享有份额发生变动。
　　借：未到期责任负债——未来现金流量　　　　　　　　　　45
　　　　贷：未到期责任负债——合同服务边际　　　　　　　　　45
（9）第二年发生赔付。
　　借：保险合同赔付和费用　　　　　　　　　　　　　　　296
　　　　贷：已发生赔款负债　　　　　　　　　　　　　　　　296
　　借：未到期责任负债　　　　　　　　　　　　　　　　　　 4
　　　　贷：已发生赔款负债　　　　　　　　　　　　　　　　　 4
（10）第二年发生红利支出。
　　借：未到期责任负债　　　　　　　　　　　　　　　　　385
　　　　贷：已发生赔款负债　　　　　　　　　　　　　　　　385
（11）第二年年末实际支付赔款和现金红利。
　　借：已发生赔款负债　　　　　　　　　　　　　　　　　685
　　　　贷：银行存款　　　　　　　　　　　　　　　　　　　685
（12）确认第二年保险服务收入。
　　借：未到期责任负债　　　　　　　　　　　　　　　　　401
　　　　贷：保险服务收入　　　　　　　　　　　　　　　　　401

第四节　亏损合同和具有相机参与分红特征的投资合同的特殊规定

一、亏损保险合同组计量的特殊规定

（一）初始计量

合同组在初始确认时发生首日亏损的，或合同组合中的合同归入其所属亏损合同组而新增亏损的，企业应当确认亏损并计入当期保险服务费用，同时将该亏损部分增加未到期责任负债账面价值。初始确认时，亏损合同组的保险合同负债账面价值等于其履约现金流量。

（二）后续计量

发生下列情形之一导致合同组在后续计量时成为亏损合同组的，企业应当确认亏损并计入亏损保险合同损益，同时将该亏损部分增加未到期责任负债账面价值。①因与未来服务相关的未来现金流量或非金融风险调整的估计发生变更，导致履约现金流量增加额超过合同服务边际账面价值。②对于具有直接参与分红特征的保险合同组，其基础项目公允价值中企业享有份额的减少额超过合同服务边际的账面价值。

对于未到期责任负债履约现金流量的下列后续变动，企业应当采用系统合理的方法分摊至未到期责任负债中的亏损部分和非亏损部分。①因发生保险服务费用导致的估计未来现金流量现值的减少额。②因相关风险释放而计入当期损益的非金融风险调整的变动金额。③保险合同金融变动额。上述系统合理的方法应实现保险合同组责任期结束时未到期责任负债的亏损部分余额为零。

企业在确认合同组的亏损后，对于因与未来服务相关的未来现金流量或非金融风险调整的估计变更所导致的履约现金流量增加额，以及具有直接参与分红特征的保险合同组的基础项目公允价值中企业享有份额的减少额，企业应当确认为新增亏损并计入当期保险服务费用，同时将该亏损部分增加未到期责任负债账面价值；对于因与未来服务相关的未来现金流量或非金融风险调整的估计变更所导致的履约现金流量减少额，以及具有直接参与分红特征的保险合同组的基础项目公允价值中企业享有份额的增加额，企业应当减少未到期责任负债的亏损部分，冲减当期保险服务费用，不得计入当期保险服务收入，超出亏损部分的金额，确认为合同服务边际。

企业可以自行选择将未到期责任负债的履约现金流量的后续变动系统合理地分摊至未到期责任负债的亏损部分和非亏损部分，以及将与未来服务相关的履约现金流量的减少额和具有直接参与分红特征的保险合同组的基础项目公允价值中企业享有份额的增加额冲减未到期责任负债亏损部分两者间的先后顺序。该项会计政策选择一经确定，不得随意变更。

（三）核算举例

例 9-11 2021 年 1 月 1 日，甲公司签发一份一年期的亏损保险合同（假设此保险合同成为一个合同组），责任期为 2021 年 1 月 1 日至 2021 年 12 月 31 日。2021 年 1 月 1 日，甲公司收到保费 80 元，预计 2021 年 12 月 31 日发生赔付并于当日支付 100 元（其中 5 元为投资成分），甲公司实际赔付金额与签发合同时的预期赔付一致。假设此合同为不具有直接参与分红特征的保险合同，甲公司未对此合同组采用保费分配法，不考虑折现、非金融风险调整等其他因素。会计处理如下。

（1）初始确认时，甲公司确认未到期责任负债的亏损部分 20 元。

借：亏损保险合同损益　　　　　　　　　　　　　　　　　　　　　　20
　　贷：未到期责任负债　　　　　　　　　　　　　　　　　　　　　　　　20

（2）确认收到的保费 80 元。

借：银行存款　　　　　　　　　　　　　　　　　　　　　　　　　　80
　　贷：未到期责任负债　　　　　　　　　　　　　　　　　　　　　　　　80

（3）2021 年 12 月 31 日，发生赔付。

借：保险合同赔付和费用　　　　　　　　　　　　　　　　　　　　　95
　　贷：已发生赔款负债　　　　　　　　　　　　　　　　　　　　　　　　95

借：未到期责任负债　　　　　　　　　　　　　　　　　　　　　　　5

    贷：已发生赔款负债　　　　　　　　　　　　　　　　　　　　　　　5

（4）2021 年 12 月 31 日，支付赔款。

借：已发生赔款负债　　　　　　　　　　　　　　　　　　　　　　100
    贷：银行存款　　　　　　　　　　　　　　　　　　　　　　　　100

（5）2021 年确认保险服务收入 75 元，以及未到期责任负债履约现金流量的后续变动（本例中为因发生保险服务费用导致的估计未来现金流量现值的减少额）分摊至未到期责任负债的亏损部分 20 元。

借：未到期责任负债　　　　　　　　　　　　　　　　　　　　　　95
    贷：保险合同赔付和费用　　　　　　　　　　　　　　　　　　　20
        保险服务收入　　　　　　　　　　　　　　　　　　　　　　75

在确认保险服务收入时，不应包含未到期责任负债履约现金流量后续变动中分摊至亏损部分的金额（20 元）。

例 9-12　2021 年 1 月 1 日，甲公司签发了 100 份三年期的保险合同，责任期为 2021 年 1 月 1 日至 2023 年 12 月 31 日，这些合同属于同一合同组。甲公司于 2021 年 1 月 1 日初始确认后预计于当日收到趸缴保费 1 600 元，并估计 2021 年、2022 年、2023 年每年末发生赔付并支付 800 元。甲公司初始确认该保险合同组时确定的折现率为 5%，并预计非金融风险调整为 480 元，在三年责任期内均匀释放。甲公司未选择将货币时间价值及金融风险的影响导致的非金融风险调整变动额作为保险合同金融变动额，选择将保险合同金融变动额全部计入保险财务损益。保险合同组初始确认时，甲公司预计的保险合同组相关信息如表 9.28 所示。

表 9.28　预计的保险合同组相关信息表　　　　　　　　　　　单位：元

项目	第一年年初	第一年年末	第二年年末	第三年年末
未来现金流入	1 600			
未来现金流出		−800	−800	−800
折现率		5%	5%	5%
非金融风险调整	−480			

假设第一年和第二年内，所有事项实际发生时间和金额与初始确认时的预期一致。第二年末，甲公司将第三年内的未来现金流出估计调整为 200 元，与该现金流量有关的非金融风险调整保持不变。第三年内，所有事项实际发生时间和金额与第二年末的预期一致。

第二年末，前两年合同组的实际情况及更新后的第三年预期如表 9.29 所示。

表 9.29　前两年合同组的实际情况及更新后的第三年预期表　　　单位：元

项目	第一年年初	第一年年末	第二年年末	第三年年末
未来现金流入	1 600			
每年现金流出		−800	−800	−200
折现率		5%	5%	5%
非金融风险调整	−480			

假设这些合同为不具有直接参与分红特征的保险合同，也不符合采用保费分配法的条件，在责任期结束前没有合同失效，在责任期内各年的责任单元相等，不考虑其他履约现金流量（包括投资成分等）等其他因素。

本例中，初始确认时，甲公司预计的未来现金流量如表9.30所示。

表9.30　甲公司预计的未来现金流量表　　　　　　　　单位：元

项目	第一年年初	第一年年末	第二年年末	第三年年末
未来现金流入现值①	1 600			
未来现金流出预计	−2 400	−800	−800	−800
未来现金流出现值②	−2 179	−1 488	−762	
未来现金流量净现值③=①+②	−579			
非金融风险调整④	−480			
履约现金流量⑤=③+④	−1 059			
合同服务边际⑥=−max（⑤，0）	—			
保险合同负债⑦=⑤+⑥	−1 059			

第一年内所有事项实际发生时间和金额与初始确认时的预期一致。第一年内应当采用系统合理的方法分摊至未到期责任负债中的亏损部分和非亏损部分的未到期责任负债履约现金流量的变动，包括三个部分：因发生保险服务费用导致的估计未来现金流量现值的减少额800元；因相关风险释放而计入当期损益的非金融风险调整的变动金额160元；保险合同金融变动额109元，即（1 600+579）×5%。

甲公司应当将上述未到期责任负债的履约现金流量的后续变动系统合理地分摊至未到期责任负债的非亏损部分和亏损部分。甲公司确定的分摊比例是初始确认时未到期责任负债的亏损部分占未来现金流出现值与非金融风险调整之和的比例，甲公司预计分摊至亏损部分的比例为40%，即1 059/（1 600+1 059）。具体分摊情况如表9.31所示。

表9.31　分摊情况表　　　　　　　　单位：元

项目	未到期责任负债的非亏损部分	未到期责任负债的亏损部分	合计
因发生保险服务费用导致的估计未来现金流量现值的减少额（预期赔付和费用）	481	319	800
因相关风险释放而计入当期损益的非金融风险调整的变动金额	96	64	160
保险服务收入	577	—	577
保险服务费用−保险合同赔付和费用	—	383	383

保险服务收入包括未到期责任负债（非亏损部分）中预期赔付和费用及因相关风险释放的非金融风险调整变动金额，保险服务费用（保险合同赔付和费用）包括未到期责任负

债（亏损部分）中预期赔付和费用及因相关风险释放的非金融风险调整变动金额。

第一年，甲公司保险合同负债中未到期责任负债和已发生赔款负债的变动情况如表 9.32 所示。

表 9.32　第一年未到期责任负债和已发生赔款负债的变动情况表　　单位：元

项目	未到期责任负债的非亏损部分	未到期责任负债的亏损部分	已发生赔款负债	保险合同负债
年初余额	—	—	—	—
初始确认时确认亏损保险合同损益		−1 059		−1 059
现金流入	−1 600			−1 600
保险财务损益[注1]	−66	−43	—	−109
保险服务收入	577			577
保险服务费用−保险合同赔付和费用		383	−800	−417
现金流出			800	800
年末余额	−1 089	−719		−1 808

甲公司保险合同负债中未来现金流量现值、非金融风险调整和合同服务边际的变动情况如表 9.33 所示。

表 9.33　未来现金流量现值、非金融风险调整和合同服务边际的变动情况表　　单位：元

项目	未来现金流量现值	非金融风险调整	合同服务边际	保险合同负债
年初余额	—	—	—	—
与未来服务相关的变动：新合同	−579	−480		−1 059
现金流入	−1 600			−1 600
保险财务损益	−109	—		−109
与当年服务相关的变动		160		160
现金流出	800			800
年末余额	−1 488	−320		−1 808

第二年内所有事项实际发生时间和金额与初始确认时的预期一致。第二年内应当采用系统合理的方法分摊至未到期责任负债中的亏损部分和非亏损部分的未到期责任负债履约现金流量的变动，包括三个部分：因发生保险服务费用导致的估计未来现金流量现值的减少额 800 元；因相关风险释放而计入当期损益的非金融风险调整的变动金额 160 元；保险合同金融变动额 74 元，即（1 488×5%）。

甲公司仍按（1−40%）：40%将上述未到期责任负债的履约现金流量的后续变动分摊至未到期责任负债的非亏损部分和亏损部分（见表 9.34）。

表 9.34　第二年履约现金流量的后续变动分摊至未到期
责任负债的非亏损部分和亏损部分　　　　　单位：元

项目	未到期责任负债的非亏损部分	未到期责任负债的亏损部分	合计
因发生保险服务费用导致的估计未来现金流量现值的减少额（预期赔付和费用）	481	319	800
因相关风险释放而计入当期损益的非金融风险调整的变动金额	96	64	160
保险服务收入	577		577
保险服务费用－保险合同赔付和费用		383	383

第二年，甲公司保险合同负债中未到期责任负债和已发生赔款负债的变动情况如表 9.35 所示。

表 9.35　第二年保险合同负债中未到期责任负债和已发生赔款负债的变动情况表　　单位：元

项目	未到期责任负债的非亏损部分	未到期责任负债的亏损部分	已发生赔款负债	保险合同负债
年初余额	−1 089	−719	—	−1 808
现金流入	—			
保险财务损益	−45	−29		−74
保险服务收入*	680			680
保险服务费用－保险合同赔付和费用		383	−800	−417
保险服务费用－亏损保险合同损益**		365		365
现金流出			800	800
年末余额	−454	—	—	−454

　　*第二年保险服务收入 680 元由表 9.34 中的 577 元和当年合同服务边际摊销 103 元组成，其中合同服务边际摊销计算见注 4。

　　**由于第二年年末甲公司调整了第三年的预期现金流出，由原来的 800 元减少至 200 元，因此第二年年末与未来服务相关的未来现金流出的现值减少额 571 元，即（800-200）/（1＋5%），将对应冲减未到期责任负债亏损部分。由于该减少额超过冲减前未到期责任负债的亏损部分 365 元（719＋29－383），所以甲公司应减少未到期责任负债的亏损部分 365 元。

第二年，甲公司保险合同负债中未来现金流量现值、非金融风险调整和合同服务边际的变动情况如表 9.36 所示。

表 9.36　第二年未来现金流量现值、非金融风险调整和合同服务边际的变动情况表　　单位：元

项目	未来现金流量现值	非金融风险调整	合同服务边际	保险合同负债
年初余额	−1 488	−320	—	−1 808
现金流入	—			
保险财务损益	−74	—	—	−74
与未来服务相关的变动	571	—	−206*	365
与当年服务相关的变动	—	160	103	263
现金流出	800			800
年末余额	−191	−160	−103	−454

　　*由于与未来服务相关的未来现金流量现值减少 571 元，冲减全部未到期责任负债的亏损部分 365 元后还剩余 206 元，应确认为合同服务边际。

第二年年末，甲公司对经过调整后的合同服务边际余额进行摊销，以确认与当年服务相关的变动，计入保险服务收入。由于责任期还剩两年，所以第二年合同服务边际摊销金额为103元（206/2）。

第三年，甲公司保险合同负债中未来现金流量现值、非金融风险调整和合同服务边际的变动情况如表9.37所示。

表9.37　第三年未来现金流量现值、非金融风险调整和合同服务边际变动情况表　　单位：元

项目	未来现金流量现值	非金融风险调整	合同服务边际	保险合同负债
年初余额	−191	−160	−103	−454
现金流入	—			—
保险财务损益	−9		−5	−14
与未来服务相关的变动				
与当年服务相关的变动		160	108	268
现金流出	200			200
年末余额	—			—

第三年，甲公司保险合同负债中未到期责任负债和已发生赔款负债的变动情况如表9.38所示。

表9.38　第三年未到期责任负债和已发生赔款负债的变动情况表　　单位：元

项目	未到期责任负债的非亏损部分	未到期责任负债的亏损部分	已发生赔款负债	保险合同负债
年初余额	−454	—	—	−454
现金流入	—			
保险财务损益	−14			−14
保险服务收入*	468			468
保险服务费用–保险合同赔付和费用			−200	−200
保险服务费用–亏损保险合同损益				
现金流出			200	200
年末余额				

*第三年，甲公司确认的保险服务收入包括预期赔付和费用200元、非金融风险调整变动金额160元和合同服务边际摊销108元，合计468元。

甲公司账务处理如下。

（1）初始确认时，甲公司确认未到期责任负债的亏损部分和亏损保险合同损益。

借：亏损保险合同损益　　　　　　　　　　　　　　　　　　1 059
　　贷：未到期责任负债　　　　　　　　　　　　　　　　　　　　1 059

（2）第一年初收到保费。

借：银行存款　　　　　　　　　　　　　　　　　　　　　　1 600
　　贷：未到期责任负债　　　　　　　　　　　　　　　　　　　　1600

（3）第一年确认未到期责任负债计息。

借：承保财务损益　　　　　　　　　　　　　　　　　　　109
　　　贷：未到期责任负债　　　　　　　　　　　　　　　　109

（4）第一年年末发生赔付。

借：保险合同赔付和费用　　　　　　　　　　　　　　　　800
　　　贷：已发生赔款负债　　　　　　　　　　　　　　　　800

（5）第一年年末支付赔款。

借：已发生赔款负债　　　　　　　　　　　　　　　　　　800
　　　贷：银行存款　　　　　　　　　　　　　　　　　　　800

（6）第一年确认保险服务收入以及未到期责任负债的履约现金流量的后续变动分摊至未到期责任负债的亏损部分。

借：未到期责任负债　　　　　　　　　　　　　　　　　　960
　　　贷：保险服务收入　　　　　　　　　　　　　　　　　577
　　　　　保险合同赔付和费用　　　　　　　　　　　　　　383

（7）第二年确认未到期责任负债计息。

借：承保财务损益　　　　　　　　　　　　　　　　　　　74
　　　贷：未到期责任负债　　　　　　　　　　　　　　　　74

（8）第二年发生赔付。

借：保险合同赔付和费用　　　　　　　　　　　　　　　　800
　　　贷：已发生赔款负债　　　　　　　　　　　　　　　　800

（9）第二年支付赔款。

借：已发生赔款负债　　　　　　　　　　　　　　　　　　800
　　　贷：银行存款　　　　　　　　　　　　　　　　　　　800

（10）第二年，将与未来服务相关的预期现金流出减少额冲减未到期责任负债的亏损部分。

借：未到期责任负债　　　　　　　　　　　　　　　　　　365
　　　贷：亏损保险合同损益　　　　　　　　　　　　　　　365

（11）第二年，甲公司将与未来服务相关的预期现金流出减少额超过亏损部分的金额，确认为合同服务边际。

借：未到期责任负债——未来现金流量现值　　　　　　　　206
　　　贷：未到期责任负债——合同服务边际　　　　　　　　206

（12）第二年确认保险服务收入以及未到期责任负债的履约现金流量的后续变动分摊至未到期责任负债的亏损部分。

借：未到期责任负债　　　　　　　　　　　　　　　　　　1 063
　　　贷：保险服务收入　　　　　　　　　　　　　　　　　680
　　　　　保险合同赔付和费用　　　　　　　　　　　　　　383

（13）第三年确认未到期责任负债计息。
借：承保财务损益　　　　　　　　　　　　　　　　　　　　　　　14
　　贷：未到期责任负债　　　　　　　　　　　　　　　　　　　　　14

（14）第三年发生赔付。
借：保险合同赔付和费用　　　　　　　　　　　　　　　　　　　　200
　　贷：已发生赔款负债　　　　　　　　　　　　　　　　　　　　　200

（15）第三年支付赔款。
借：已发生赔款负债　　　　　　　　　　　　　　　　　　　　　　200
　　贷：银行存款　　　　　　　　　　　　　　　　　　　　　　　　200

（16）确认第三年保险服务收入。
借：未到期责任负债　　　　　　　　　　　　　　　　　　　　　　468
　　贷：保险服务收入　　　　　　　　　　　　　　　　　　　　　　468

二、具有相机参与分红特征的投资合同计量的特殊规定

企业对于其签发的、适用保险合同准则的具有相机参与分红特征的投资合同，应当按照保险合同准则有关保险合同的规定进行会计处理，但下列各项按照特殊规定处理。

（1）初始确认的时点为企业成为合同一方的日期。

（2）企业有支付现金的实质性义务的，该义务所产生的现金流量在合同边界内。企业有实际能力对其支付现金的承诺进行重新定价以充分反映其承诺支付现金的金额及相关风险的，表明企业无支付现金的实质性义务。

（3）企业应当按照投资服务的提供模式，在合同组期限内采用系统合理的方法对合同服务边际进行摊销，计入当期及以后期间损益。

尽管具有相机参与分红特征的投资合同并不符合保险合同的定义，但在签发此类合同的主体同时签发保险合同的情况下，采用与保险合同相同的方式（而非作为金融工具）对其进行会计处理的优势如下。

（1）具有相机参与分红特征的投资合同以及具体列明与基准项目回报挂钩的保险合同有时是与相同的基础资产组合挂钩。在某些情况下，具有相机参与分红特征的投资合同与保险合同共享业绩。针对该两类合同采用相同的会计处理方法将为财务报表使用者提供更有用的信息，因为其能够提高主体内部的可比性，并同时简化针对此类合同的会计处理。例如，向参与分红的保单持有人的某些现金流分配是同时针对具体列明与基准项目回报挂钩的保险合同以及具有相机参与分红特征的投资合同在汇总基础上进行的。针对该汇总分红的不同部分运用不同的会计模型将导致主体面临挑战。

（2）该两类合同往往具有诸如到期期限较长、保费常规缴纳，以及较高的获取现金流等常见于保险合同（而非其他金融工具）的特征。理事会制定的针对保险合同的会计模型专门旨在形成有关包含此类特征的合同的有用信息。

（3）如果具有相机参与分红特征的投资合同不采用《国际财务报告准则第17号》进行会计处理，根据理事会针对金融工具的现行规定，某些相机参与分红特征可能需要被分拆

成为权益成分。将此类合同分拆为采用不同会计处理的多个成分将导致产生对保险合同进行分拆的相同问题。同时理事会认为，对于此类合同而言，运用其制定的保险合同会计模型比采用任何其他模型更加恰当。

第五节　分出再保险合同组的计量

新准则不再对再保险合同制定一个单独准则，仅是在保险合同中单独明确分出再保险合同组的确认和计量，而分入再保险合同组被包括在了保险合同中。企业对分出的再保险合同组进行的确认和计量，除本节的规定外，还应遵循保险合同准则中有关保险合同的其他相关规定，但关于亏损合同组计量的相关规定不适用于分出的再保险合同组。

新保险合同准则将再保险合同定义为再保险分入人（再保险合同签发人）与再保险分出人约定，对再保险分出人由对应的保险合同所引起的赔付等进行补偿的保险合同。再保险合同保险风险定义中包含了承保风险和时间风险两类保险风险以及原保险合同的非保险风险（如退保、费用等），承保风险是指实际发生的损失比预期更大的风险，时间风险是指保险事故赔款支付时间偏离预定时间的风险。如果原保险合同的分出部分所对应的几乎所有保险风险实质上已转由再保险人承担，即使该再保险合同并不导致分入人存在重大亏损的可能性，也可以认定分出人已经转移了重大风险，通过了重大风险测试；即使原保险合同为仅面临退保持续和费用风险的非保险合同，如果它将这些非保险风险部分转移给了再保险人，那么再保险人将面临保险风险。

一、分出再保险合同的分组

企业应当将同一分出的再保险合同组合至少分为这些合同组。
（1）初始确认时存在净利得的合同组。
（2）初始确认时无显著可能性在未来产生净利得的合同组。
（3）该组合中剩余合同组成的合同组。

企业可以按照净成本或净利得水平以及初始确认后在未来产生净利得的可能性等，对分出的再保险合同组作进一步细分。企业不得将分出时间间隔超过一年的合同归入同一分出的再保险合同组。

二、分出的再保险合同组的确认时点

企业应当在下列时点中的最早时点确认其分出的再保险合同组。
（1）分出的再保险合同组责任期开始日。
（2）分出的再保险合同组所对应的保险合同组确认为亏损合同组时。

但是，分出的再保险合同组分出成比例责任，且其对应的所有保险合同的初始确认时点均晚于分出的再保险合同组的责任期开始日的，企业确认该再保险合同组的时点应当推迟至对应的保险合同最早初始确认的时点。

例9-13 2020年12月15日,甲公司作为分出方与分入方乙公司签订一份成比例的再保险合同,该再保险合同约定,乙公司对甲公司签发的责任期开始日处于2021年1月1日至2021年12月31日的所有责任期为一年的保险合同的赔付提供10%的保障。假设甲公司将该分出再保险合同作为一个单独合同组进行计量。

2020年12月21日,甲公司签发了100份责任期为一年的保险合同,这些保险合同的责任期开始日均为2021年1月1日,其中有10份是亏损保险合同。甲公司于2020年12月21日确认这10份亏损保险合同,并将这10份合同作为一个单独的亏损合同组,假设不考虑其他因素。

对于分出人甲公司而言,上述分出的再保险合同组的责任期开始日是2021年1月1日,而对应的亏损保险合同组的初始确认时点是2020年12月21日,因此,应以2020年12月21日作为该分出的再保险合同组的初始确认时点。

三、分出的再保险合同组的初始计量

(一)初始计量

企业在初始确认其分出的再保险合同组时,应当按照履约现金流量与合同服务边际之和对分出再保险合同资产进行初始计量。

1. 履约现金流量

分出再保险合同组的履约现金流量包含与履行分出再保险合同直接相关的未来现金流量的估计、货币时间价值及金融风险调整,以及非金融风险调整。

企业在估计分出的再保险合同组的未来现金流量现值时,采用的相关假设应当与计量所对应的保险合同组保持一致,并考虑再保险分入人的不履约风险,包括担保物的影响、争议导致的损失等。企业应当根据分出的再保险合同组转移给再保险分入人的风险,估计非金融风险调整。

2. 合同服务边际

分出再保险合同组的合同服务边际是指企业为在未来获得再保险分入人提供的保险合同服务而产生的净成本或净利得。

企业应当在分出的再保险合同组初始确认时计算下列各项之和:①履约现金流量;②在该日终止确认的相关资产或负债对应的现金流量;③分出再保险合同组内合同在该日产生的现金流量;④分保摊回未到期责任资产亏损摊回部分的金额。

企业应当将上述各项之和所反映的净成本或净利得,确认为合同服务边际。

3. 损益确认

净成本与分出前发生的事项有关的,企业应当将其确认为费用并计入当期损益。

(二)核算举例

例9-14 2021年1月1日,甲公司作为分出方签订了一份再保险合同(假设此合同成为一个合同组),该合同责任期始于2021年1月1日。对于对应的保险合同组的每一笔未来发生保险事项所导致的赔付,该分出再保险合同均提供 20%的保障,合同约定支付给再保险分入人的趸缴分出保费是 440 元。假设无其他履约现金流量,不考虑其他因素。

分出再保险合同对应的保险合同组的情况:2021 年 1 月 1 日为初始确认时点,未来现金流量现值为 250 元,即未来保费流入现值 2 500 元减去未来赔付流出现值 2 250 元,非金融风险调整 150 元,对应的保险合同组初始确认时的合同服务边际是 100 元(250 – 150)。

甲公司在估计该分出的再保险合同组的未来现金流量现值时,采用的相关假设与计量对应的保险合同组保持一致。因此,分出再保险合同组的未来现金流入现值的估计为 450 元,即摊回对应的保险合同组的赔付 2 250 元的 20%;此外,甲公司估计再保险分入人的不履约风险对应的金额为 3 元。

甲公司按照能反映分出的再保险合同组转移给再保险分入人的风险的金额确定非金融风险调整。因此,甲公司估计的分出再保险合同组的非金融风险调整为 30 元(预计将对应的保险合同组风险的 20%转移给再保险分入人,即 150×20%)。

因此,该分出的再保险合同组于初始确认时的合同服务边际账面价值为贷方 37 元,即该分出的再保险合同组于初始确认时与未来获得再保险分入人保险合同服务相关的净利得(未来摊回赔付现值 450 元 – 支付的分出保费现值 440 元 – 再保险分入人的不履约风险对应的金额 3 元 + 非金融风险调整 30 元)。

本例中,如果假设上述支付的分出保费为 500 元,其他信息不变,则该分出的再保险合同组于初始确认时的合同服务边际账面价值为借方 23 元,即该分出的再保险合同组于初始确认时与未来获得再保险分入人保险合同服务相关的净成本(未来现金流入现值 450 元 – 支付的分出保费现值 500 元 – 再保险分入人的不履约风险对应的金额 3 元 + 非金融风险调整 30 元)。

例 9-15 甲公司签发了若干份符合保险合同定义的短期人身意外保险合同,个别被保险人出险后长期卧床治疗,甲公司根据合同条款承担高度不确定的医疗费用。为了减少赔付的不确定性,甲公司通过签订一份再保险合同,将目前因被保险人已出险而导致其需承担的后续医疗赔付责任分出给一家再保险公司。甲公司预计该分出再保险合同将使其产生净成本 500 万元,由于净成本与购买该分出再保险合同之前已发生的事项有关,甲公司应当将该净成本计入当期损益。

对于订立时点不晚于对应的保险合同确认时点的分出的再保险合同,企业在初始确认对应的亏损合同组或者将对应的亏损保险合同归入合同组而确认损失时,应当根据下列两项的乘积确定分出再保险合同组分保摊回未到期责任资产亏损摊回部分的金额。

①对应的保险合同确认的损失。
②预计从分出再保险合同组摊回的对应的保险合同赔付的比例。

企业应当按照上述亏损摊回部分的金额调整分出再保险合同组的合同服务边际,同时确认为摊回保险服务费用。

实务中,一个亏损保险合同组可能既包含分出的再保险合同组对应的亏损合同,又包含其他的亏损合同。企业应当采用系统合理的分摊方法,确定该亏损保险合同组确认的损失中与分出再保险合同组对应的亏损合同相关的金额,再按照上述方法计量亏损摊回部分的金额。

四、分出的再保险合同组的后续计量

（一）分出再保险合同资产

企业应当在资产负债表日按照分保摊回未到期责任资产与分保摊回已发生赔款资产之和对分出再保险合同资产进行后续计量。分保摊回未到期责任资产包括资产负债表日分摊至分出的再保险合同组的、与未到期责任有关的履约现金流量和当日该合同组的合同服务边际。分保摊回已发生赔款资产包括资产负债表日分摊至分出的再保险合同组的、与已发生赔款及其他相关费用的摊回有关的履约现金流量。

资产负债表日分出的再保险合同组的合同服务边际账面价值应当以期初账面价值为基础，经下列各项调整后予以确定。

（1）当期归入该合同组的合同对合同服务边际的影响金额。

（2）合同服务边际在当期计提的利息，计息利率为该合同组内合同确认时、不随基础项目回报而变动的现金流量所适用的加权平均利率。当期合同组内新增合同导致加权平均利率发生变化的，应当自新增合同加入该合同组的当期期初起使用更新后的加权平均利率。

（3）企业在初始确认对应的亏损合同组或者将对应的亏损保险合同归入合同组而确认亏损时计算的分保摊回未到期责任资产亏损摊回部分的金额，以及与分出再保险合同组的履约现金流量变动无关的分保摊回未到期责任资产亏损摊回部分的转回。

（4）采用分出的再保险合同组初始确认时所适用的反映其现金流量特征的折现率计量的、与未来服务相关的履约现金流量的变动金额。但分摊至对应的保险合同组且不调整其合同服务边际的履约现金流量的变动而导致的变动，以及对应的保险合同组采用保费分配法计量时因确认或转回亏损而导致的变动，应当确认为摊回保险服务费用。

（5）合同服务边际在当期产生的汇兑差额。

（6）合同服务边际在当期的摊销金额。企业应当按照取得保险合同服务的模式，合理确定分出再保险合同组在责任期内各个期间的责任单元，并据此对根据（1）至（5）调整后的合同服务边际账面价值进行摊销，计入当期及以后期间损益。

企业在对分出的再保险合同组进行后续计量时，应当调整亏损摊回部分的金额以反映对应的保险合同亏损部分的变化，调整后的亏损摊回部分金额不应超过企业预计从分出再保险合同组摊回的、对应的保险合同亏损部分的相应金额。

再保险分入人不履约风险导致的履约现金流量的变动金额与未来服务无关，企业不应当因此调整分出再保险合同组的合同服务边际。

（二）分出保费的分摊和摊回保险服务费用

企业当期取得再保险分入人提供的保险合同服务而导致分保摊回未到期责任资产账面价值的减少额，应当确认为分出保费的分摊。因当期发生赔款及其他相关费用的摊回导致分保摊回已发生赔款资产账面价值的增加额，以及与之相关的履约现金流量的后续变动额，应当确认为摊回保险服务费用。当期摊回保险服务费用，包括摊回当期发生赔款及其他相关费用、亏损摊回部分的确认及转回和分保摊回已发生赔款资产相关履约现金流量变动。

企业应当将预计从再保险分入人收到的、取决于对应的保险合同赔付的金额，作为摊回保险服务费用的一部分；将预计从再保险分入人收到的、不取决于对应的保险合同赔付的金额，例如根据分出保费的固定比例计算的分保摊回手续费，作为分出保费的分摊的减项；将分保摊回未到期责任资产亏损摊回部分确认和转回的金额，作为摊回保险服务费用的一部分。企业在确认分出保费的分摊和摊回保险服务费用时，不得包含分出再保险合同中的投资成分。

（三）科目设置

1."分保摊回未到期责任资产"

"分保摊回未到期责任资产"科目核算企业（再保险分出人）应从再保险分入人处摊回的未到期责任资产或负债。本科目可分别用"未来现金流量现值""非金融风险调整""合同服务边际"等科目进行明细核算。本科目期末借方余额或贷方余额，反映分出再保险合同的分保摊回未到期责任资产或负债。

本科目主要账务处理如下。

（1）分出的再保险合同组中相关合同初始确认时，如果企业购买再保险合同组的净成本与购买再保险合同组之前发生的事项有关，应当按照该净成本的金额，借记"分出保费的分摊"，贷记本科目。

分出的再保险合同组中相关合同初始确认时，根据计量的非金融风险调整和合同服务边际，借记或贷记本科目下"非金融风险调整"和"合同服务边际"明细科目，贷记或借记本科目下"未来现金流量现值"明细科目；分出再保险合同组对应亏损合同组的，对于亏损摊回部分，借记本科目，贷记"摊回保险服务费用"科目。

（2）分出的再保险合同组中相关合同确认时或确认后，企业在实际支付分出保费时，借记本科目，贷记"银行存款"等科目。分出的再保险合同组约定的对应保险合同给付责任发生时，对于其中摊回的投资成分，借记"分保摊回已发生赔款资产"科目，贷记本科目。

（3）再保险分入人向企业提供服务时，企业应借记"分出保费的分摊"科目，贷记本科目。

（4）期末，对于由货币时间价值及金融风险的影响导致的分保摊回未到期责任资产账面价值的变动额，如果企业在合同组合层面选择将保险合同金融变动额分解计入当期保险财务损益和其他综合收益，借记或贷记"分出再保险财务损益"科目，借记或贷记"其他综合收益——分出再保险合同金融变动额"科目，贷记或借记本科目；如果企业未行使该选择权，借记或贷记"分出再保险财务损益"科目，贷记或借记本科目。企业重新评估应从再保险分入人处摊回的亏损摊回部分金额，该调整金额中除分出再保险合同的保险合同金融变动额以外的部分借记或贷记本科目，贷记或借记"摊回保险服务费用"科目。

2."分保摊回已发生赔款资产"

"分保摊回已发生赔款资产"科目核算企业（再保险分出人）应从再保险分入人处摊回的赔款和费用所形成的资产或负债。本科目可分别用"未来现金流量现值""非金融风险调整"等科目进行明细核算。本科目期末借方余额或贷方余额，反映分出再保险合同的分保摊回已发生赔款资产或负债。

本科目主要账务处理如下。

（1）分出的再保险合同组约定的对应保险合同给付责任发生时，对于应从再保险分入人处摊回的赔款和费用中的保险成分，借记本科目，贷记"摊回保险服务费用"科目；对于其中摊回的投资成分，借记本科目，贷记"分保摊回未到期责任资产"科目。

（2）从再保险分入人处收到摊回赔款和费用时，借记"银行存款"等科目，贷记本科目。

（3）期末，企业重新评估应从再保险分入人处摊回的赔款和费用，借记或贷记本科目，贷记或借记"摊回保险服务费用"科目。对于由货币时间价值及金融风险的影响导致的分保摊回已发生赔款资产账面价值的变动额，如果企业在合同组合层面选择将保险合同金融变动额分解计入当期保险财务损益和其他综合收益的，借记或贷记"分出再保险财务损益"科目，借记或贷记"其他综合收益——分出再保险合同金融变动额"科目，贷记或借记本科目；如果企业未行使该选择权，借记或贷记"分出再保险财务损益"科目，贷记或借记本科目。

3."分出保费的分摊"

"分出保费的分摊"科目核算企业（再保险分出人）因取得再保险分入人提供的保险合同服务而承担的成本。本科目可分别用"预计摊回赔付和费用""非金融风险调整变动""合同服务边际摊销""保费分配法分摊"等科目进行明细核算。期末，应将本科目余额转入"本年利润"科目，结转后本科目应无余额。

本科目主要账务处理如下。

（1）如果购买再保险合同组的净成本与购买再保险合同组之前发生的事项有关，企业应当按照该净成本的金额，借记本科目，贷记"分保摊回未到期责任资产"科目。

（2）企业在再保险分入人提供再保险合同服务时，借记本科目，贷记"分保摊回未到期责任资产"科目。

4."摊回保险服务费用"

"摊回保险服务费用"科目核算企业（再保险分出人）从再保险分入人摊回的赔付款项以及相关费用。本科目可分别用"摊回当期赔付和费用""亏损摊回部分的确认及转回""分保摊回已发生赔款资产履约现金流量变动"等科目进行明细核算。

本科目主要账务处理如下。

（1）分出的再保险合同组初始确认时，对应的保险合同组存在亏损合同的，对于亏损摊回部分，借记"分保摊回未到期责任资产"科目，贷记本科目。

（2）分出的再保险合同约定的对应保险合同给付责任发生时，对于应从再保险分入人处摊回的赔款和费用中的保险成分，借记"分保摊回已发生赔款资产"科目，贷记本科目。

（3）期末，企业重新评估应从再保险分入人处摊回的亏损摊回部分金额，对于该调整金额中除分出再保险合同的保险合同金融变动额以外的部分，借记或贷记"分保摊回未到期责任资产"科目，贷记或借记本科目。企业重新评估应从再保险分入人处摊回的赔款和费用，借记或贷记"分保摊回已发生赔款资产"科目，贷记或借记本科目。

5."分出再保险财务损益"

"分出再保险财务损益"科目核算企业分出的再保险合同所产生的与货币时间价值及金融风险的影响相关的损益。本科目可分别用"分保摊回未到期责任资产""分保摊回已发生赔款资产"等科目进行明细核算。期末，应将本科目余额转入"本年利润"科目，结转后本科目应无余额。

本科目主要账务处理如下。

对于与分出再保险合同相关的保险合同金融变动额中计入损益的部分，借记或贷记"分保摊回未到期责任资产"和"分保摊回已发生赔款资产"科目，贷记或借记本科目。

（四）核算举例

例 9-16 2021 年 1 月 1 日，甲公司作为分出方与乙公司签订了一份再保险合同（假设此合同成为一个合同组），合同约定支付给再保险分入人乙公司的分出保费为 900 元，乙公司对于对应的保险合同的每一笔赔付提供 40% 的保障。在该再保险合同签订后，对应的保险合同均于 2021 年 1 月 1 日签发，责任期均为 2021 年 1 月 1 日至 2023 年 12 月 31 日。

该分出的再保险合同对应的部分保险合同在初始确认时是亏损的，因此甲公司确认了一个亏损合同组。其余的对应的保险合同盈利且确认为另一合同组。甲公司在初始确认对应的保险合同组后立即收到对应的保险合同的保费 2 790 元，并立即支付分出保费 900 元。

假设上述合同均是不具有直接参与分红特征的保险合同，也均不符合保费分配法的适用条件，其保险合同服务在责任期内均匀提供，上述再保险合同对应的保险合同的赔付在责任期内均匀发生并立即支付，在甲公司支付对应的保险合同赔付的同一天收到从乙公司摊回的赔款，折现率为 0，不考虑非金融风险调整以及再保险分入人的不履约风险等其他因素。

2021 年 1 月 1 日，对应的盈利合同组的情况预计：未来现金流入净现值 750 元，即未来现金流入现值 2 250 元 − 未来现金流出现值 1 500 元，因此合同服务边际为 750 元。对应的亏损合同组的情况预计：未来现金流出净现值 60 元，即未来现金流入现值 540 元 − 未来现金流出现值 600 元，因此初始确认未到期责任负债亏损部分 60 元（贷方）以及亏损保险合同损益 60 元（借方）。

分出的再保险合同组于 2021 年 1 月 1 日初始确认时，未来现金流入现值的估计为 840 元，即摊回对应的保险合同组未来现金流出（1 500 + 600）元 × 40%，未来现金流出现值是 900 元，即约定的分出保费。分保摊回未到期责任资产亏损摊回部分为 24 元的收益，即对应的亏损合同组确认的损失 60 元 × 40%，因此，该分出再保险合同组的合同服务边际（调整亏损摊回部分后）的账面价值为 84 元（借方），即未来现金流入现值 840 元 − 未来现金流出现值 900 元 − 亏损摊回部分 24 元。初始确认时，确认分保摊回未到期责任资产 24 元

（借方）和与亏损摊回部分有关的收益 24 元（贷方）。

初始确认时，甲公司的保险合同负债和分出再保险合同资产如表 9.39 所示。

表 9.39　保险合同负债和分出再保险合同资产表　　　　　单位：元

项目	保险合同负债		分出再保险合同资产
	盈利合同组	亏损合同组	
未来现金流入现值的估计①	2 250	540	840
未来现金流出现值的估计②	−1 500	−600	−900
履约现金流量③＝①＋②	750	−60	−60
分出的再保险合同组的合同服务边际（调整亏损摊回部分前）④			60
亏损摊回部分⑤			24
分出的再保险合同组的合同服务边际（调整亏损摊回部分后）⑥＝④＋⑤			84
对应的保险合同组的合同服务边际⑦＝−max（③，0）	−750	—	
保险合同负债⑧＝③＋⑦	—	−60	
分出再保险合同资产⑨＝③＋⑥			24

2021 年，对应的保险合同实际现金流量与预期一致。

2021 年，对应的盈利合同组的合同服务边际当年摊销金额为 250 元（750/3），分出再保险合同组的合同服务边际每年摊销金额为 28 元（84/3）。2021 年 12 月 31 日，对应的盈利合同组的合同服务边际余额为 500 元（750−250），分出再保险合同组的合同服务边际余额为 56 元（84−28）（借方）。

2021 年 12 月 31 日，甲公司的保险合同负债和分出再保险合同资产如表 9.40 所示。

表 9.40　保险合同负债和分出再保险合同资产表　　　　　单位：元

项目	保险合同负债		分出再保险合同资产
	盈利合同组	亏损合同组	
未来现金流入现值的估计①	—	—	560*
未来现金流出现值的估计②	−1 000*	−400*	—
履约现金流量③＝①＋②	−1 000	−400	560
合同服务边际④	−500	—	56
保险合同负债⑤＝③＋④	−1 500	−400	
分出再保险合同资产⑥＝③＋④			616

*2021 年 12 月 31 日，甲公司对应的盈利合同组的未来现金流出现值为 1 000 元，即 1 500/3×2；对应的亏损合同组的未来现金流出现值为 400 元，即 600/3×2；分出再保险合同组的未来现金流入现值为 560 元，即（1 000＋400）×40%。

2022 年 12 月 31 日，甲公司更新对应的保险合同组履约现金流量估计前，保险合同负债和分出再保险合同资产如表 9.41 所示。

表 9.41　保险合同负债和分出再保险合同资产表　　　　　　　　　单位：元

项目	保险合同负债		分出再保险合同资产
	盈利合同组	亏损合同组	
未来现金流入现值的估计①	—	—	280
未来现金流出现值的估计②	−500	−200	—
履约现金流量③＝①＋②	−500	−200	280
合同服务边际④	−500	—	56
保险合同负债⑤＝③＋④	−1 000	−200	
分出再保险合同资产⑥＝③＋④			336

2022 年 12 月 31 日，甲公司更新了对应的保险合同组履约现金流量的估计。甲公司估计对应的保险合同组未来现金流出将增加 20%，从 700 元（1 500/3 + 600/3）增加到 840 元。相应的，甲公司估计分出的再保险合同组的未来现金流入也增加 20%，从 280 元（700 × 40%）增加到 336 元。

2022 年 12 月 31 日，甲公司的保险合同负债和分出再保险合同资产如表 9.42 所示。

2022 年，甲公司的分出再保险合同资产变动情况如表 9.43 所示。

表 9.42　保险合同负债和分出再保险合同资产表　　　　　　　　　单位：元

项目	保险合同负债		分出再保险合同资产
	盈利合同组	亏损合同组	
未来现金流入现值的估计①	—	—	336 注1
未来现金流出现值的估计②	−600 注1	−240 注1	—
履约现金流量③＝①＋②	−600	−240	336
合同服务边际④	−200 注2	—	8 注5
保险合同负债⑤＝③＋④	−800	−240	
分出再保险合同资产⑥＝③＋④			344
确认的亏损和亏损摊回⑦		−40 注3	16 注4

注 1：对应的保险合同组的预期未来现金流出增加 140 元（对应的盈利合同组 500 × 20% + 对应的亏损合同组 200 × 20%），相应地，分出的再保险合同组的预期现金流入增加 56 元，即原预期未来摊回金额 280 × 20%，分出的再保险合同组更新后的未来现金流入现值为 336 元。

注 2：由于对应的盈利合同组与未来服务相关的履约现金流量产生不利变动 100 元（500 × 20%），相应调减对应的盈利合同组的合同服务边际账面金额 100 元。经调整后合同服务边际的当年摊销金额为 200 元，即（500 − 100）/2，计入保险服务收入。因此，2022 年 12 月 31 日，对应的盈利合同组的合同服务边际账面价值为（贷方）200 元（500 − 100 − 200）。

注 3：对于对应的亏损合同组，与未来服务相关的履约现金流量的增加额 40 元（200 × 20%），应确认为新增亏损并计入当期损益。

注 4：对应的亏损合同组与未来服务相关的履约现金流量增加引起的分出再保险合同组亏损摊回部分增加 16 元（40 × 40%），该变动金额由分摊至对应的保险合同组且不调整其合同服务边际的履约现金流量的变动导致，因此不调整分出的再保险合同组的合同服务边际，确认为当期损益。

除上述不调整合同服务边际的部分，分出的再保险合同组履约现金流量变化的其余部分金额为 40 元（对应的盈利合同组预期未来现金流出增加额 100 元 × 40%），调整分出的再保险合同组的合同服务边际。

注 5：经调整后的分出的再保险合同组的合同服务边际为（借方）16 元（年初借方余额 56 元 − 本年调整金额 40 元），合同服务边际当年摊销金额为 8 元（16/2），确认为当期损益。2022 年 12 月 31 日，分出的再保险合同组的合同服务边际账面价值为 8 元（借方）。

表 9.43　分出再保险合同资产变动情况表　　　　　　　　　　单位：元

项目	分保摊回未到期责任资产①		分保摊回已发生赔款资产②	分出再保险合同资产合计③＝①＋②
	非亏损摊回部分	亏损摊回部分		
2022 年 1 月 1 日余额	600	16^{注1}	—	616
分出保费的分摊	−280^{注2}	—	—	−280
从分入人摊回的金额	—	8^{注3}	280	288
现金流量（收到摊回赔款）	—	—	−280	−280
2022 年 12 月 31 日余额	320	24	—	344

注 1：此例中，在甲公司更新了对应的保险合同组履约现金流量的估计前，分出的再保险合同组的亏损退回部分每年分摊金额为 8 元（24/3），因此，2022 年 1 月 1 日，亏损摊回部分账面价值为（借方）16 元（即 2021 年 1 月 1 日的账面价值 24 元 − 2021 年的分摊金额 8 元）。

注 2：2022 年，分出保费的分摊 ＝ 分出的再保险合同当年预期从再保险分入人摊回的赔付和费用 280 元 [（500＋200）×40%] − 分出的再保险合同亏损摊回部分当年分摊金额 8 元（上述注 7）＋分出的再保险合同组的合同服务边际当年摊销金额 8 元（上述注 6）＝ 280（元）。

注 3：从再保险分入人亏损摊回的金额 ＝ 亏损摊回部分变动中计入损益的部分 16 元（上述注 5）− 亏损摊回部分的分摊金额 8 元（上述注 7）＝ 8（元）。

上述对应的保险合同组和分出的再保险合同组的相关损益情况如表 9.44 所示。

甲公司对于分出的再保险合同组的账务处理如下。

（1）2021 年 1 月 1 日，确认分出的再保险合同组亏损摊回部分。

借：分保摊回未到期责任资产　　　　　　　　　　　　　　　　　24
　　贷：摊回保险服务费用　　　　　　　　　　　　　　　　　　　　24

（2）2021 年 1 月 1 日，向分入人支付再保险合同的保费。

借：分保摊回未到期责任资产　　　　　　　　　　　　　　　　　900
　　贷：银行存款　　　　　　　　　　　　　　　　　　　　　　　　900

（3）2021 年，根据对应的保险合同组发生的赔付和费用，甲公司从分入人摊回赔付和费用，并收到该摊回款项。

借：分保摊回已发生赔款资产　　　　　　　　　　　　　　　　　280
　　贷：摊回保险服务费用　　　　　　　　　　　　　　　　　　　　280

借：银行存款　　　　　　　　　　　　　　　　　　　　　　　　280
　　贷：分保摊回已发生赔款资产　　　　　　　　　　　　　　　　　280

（4）2021 年 12 月 31 日，按照预期摊回的赔款和费用减去亏损摊回部分的分摊金额后的净额确认分出的再保险合同分出保费的分摊。

借：分出保费的分摊　　　　　　　　　　　　　　　　　　　　　272
　　贷：分保摊回未到期责任资产　　　　　　　　　　　　　　　　　272

（5）2021 年 12 月 31 日，确认分出的再保险合同组亏损摊回部分的分摊金额。

借：摊回保险服务费用　　　　　　　　　　　　　　　　　　　　8
　　贷：分保摊回未到期责任资产　　　　　　　　　　　　　　　　　8

（6）2021 年 12 月 31 日，确认分出的再保险合同组的合同服务边际当年摊销金额。

表 9.44　　相关损益情况表　　　　　　　　　　单位：元

项目	2021 年	2021 年	2021 年	合计
保险服务收入①	930 [注1]	880 [注3]	980 [注5]	2 790
保险服务费用②	−700 [注1]	−720 [注3]	−780 [注5]	−2 240
签发的保险合同的保险损益③=①+②	190	160	200	550
分出保费的分摊④	−300 [注2]	−280 [注4]	−320 [注6]	−900
摊回保险服务费用⑤	296 [注2]	288 [注4]	312 [注6]	896
分出再保险合同的保险损益⑥=④+⑤	−4	8	−8	−4
保险服务业绩⑦=③+⑥	186	168	192	546

注1：2021 年，保险服务收入 = 对应的盈余合同组发生的预期赔付和费用 500 元（1 500/3）+ 对应的盈余合同组合同服务边际当期摊销 250 元（750/3）+ 对应的亏损合同组发生的预期赔付和费用 200 元（600/3）− 对应的亏损合同组亏损部分当期分摊 20 元（60/3）= 930 元。

保险服务费用 = 对应的盈余合同组发生的实际赔付和费用 500 元（1 500/3）+ 对应的亏损合同组发生的实际赔付和费用 200 元（600/3）+ 对应的亏损合同组当期新确认的亏损 60 元 − 对应的亏损合同组亏损部分当期分摊 20 元（60/3）= 740 元。

注2：2021 年，分出保费的分摊 = 分出的再保险合同组当年预期从再保险分入人摊回保险服务费用 280 元 [（500 + 200）×40%] − 分出的再保险合同组亏损摊回部分当年分摊金额 8 元（上述注 7）+ 分出的再保险合同组的合同服务边际当年摊销金额 28 元（84/3）= 300 元。

退回保险服务费用 = 分出的再保险合同组初始确认亏损摊回部分 24 元 + 分出的再保险合同组当年实际摊回的赔付和费用 280 元 − 分出的再保险合同组亏损摊回部分当年分摊金额 8 元 = 296 元。

注3：2022 年，保险服务收入 = 对应的盈余合同组发生的预期赔付和费用 500 元（1 500/3）+ 对应的盈余合同组合同服务边际当期摊销 200 元 [（500−100）/2] + 对应的亏损合同组发生的预期赔付和费用 200 元（600/3）− 对应的亏损合同组亏损部分当期分摊 20 元（60/3）= 880 元。

保险服务费用 = 对应的盈余合同组发生的实际赔付和费用 500 元（1 500/3）+ 对应的亏损合同组发生的实际赔付和费用 200 元（600/3）+ 对应的亏损合同组当期新确认的亏损 40 元 − 对应的亏损合同组亏损部分当期分摊 20 元（60/3）= 720 元。

注4：2022 年，分出保费的分摊同上述注 8。

摊回保险服务费用 = 分出的再保险合同组当年实际摊回的赔付和费用 280 元 − 分出的再保险合同组亏损摊回部分当年分摊金额 8 元 + 分出的再保险合同组亏损摊回部分当年新增 16 元（上述注 5）= 288 元。

注5：2023 年，保险服务收入 = 对应的盈余合同组发生的预期赔付和费用 600 元 [500×（1+20%）] + 对应的盈余合同组合同服务边际当期摊销 200 元 [（500−100）/2] + 对应的亏损合同组发生的预期赔付和费用 240 元 [200×（1+20%）] − 对应的亏损合同组亏损部分当期分摊 60 元（即 2022 年年末的账面价值，即亏损合同组初始确认时的亏损部分 60 元 − 该亏损部分于 2021 年与 2022 年的分摊 60/3×2 + 上述注 4 所述的与未来服务相关的履约现金流量增加导致的该亏损部分增加额 40）= 980 元。

保险服务费用 = 对应的盈余合同组发生的实际赔付和费用 600 元 + 对应的亏损合同组发生的实际赔付和费用 240 元 − 对应的亏损合同组亏损部分当期分摊 60 元 = 780 元。

注6：2023 年，分出保费的分摊 = 分出的再保险合同组当年预期从再保险分入人摊回保险服务费用 336 元（上述注 2）− 分出的再保险合同组亏损摊回部分当年分摊金额 24 元（即 2022 年末的账面价值，即初始确认时的该亏损摊回部分 24 元 − 该亏损摊回部分于 2021 年与 2022 年的分摊 24/3×2 + 上述注 5 所述的对应的亏损合同组与未来服务相关的履约现金流量增加导致的该亏损摊回部分增加额 16）+ 分出的再保险合同组的合同服务边际当年摊销金额 8 元（即上述注 6 中 2022 年末的合同服务边际账面价值全部在 2023 年摊销）= 320 元。

摊回保险服务费用 = 分出的再保险合同组当年实际摊回的赔付和费用 336 元 − 分出的再保险合同组亏损摊回部分当年分摊金额 24 元 = 312 元。

借：分出保费的分摊 28
　　贷：分保摊回未到期责任资产 28

（7）2022年，根据对应的保险合同组发生的赔付和费用，从分入人摊回赔付和费用，并收到该摊回款项。

借：分保摊回已发生赔款资产 280
　　贷：摊回保险服务费用 280
借：银行存款 280
　　贷：分保摊回已发生赔款资产 280

（8）2022年12月31日，按照预期摊回的赔款和费用减去亏损摊回部分的分摊金额后的净额确认分出的再保险合同分出保费的分摊。

借：分出保费的分摊 272
　　贷：分保摊回未到期责任资产 272

（9）2022年12月31日，确认分出的再保险合同组亏损摊回部分的分摊金额。

借：摊回保险服务费用 8
　　贷：分保摊回未到期责任资产 8

（10）2022年12月31日，由于预期履约现金流量发生变化，确认分出的再保险合同组亏损摊回部分。

借：分保摊回未到期责任资产 16
　　贷：摊回保险服务费用 16

（11）2022年12月31日，确认分出的再保险合同组的合同服务边际当年的摊销金额。

借：分出保费的分摊 8
　　贷：分保摊回未到期责任资产 8

（12）2023年，从分入人摊回赔付和费用，并收到相应款项。

借：分保摊回已发生赔款资产 336
　　贷：摊回保险服务费用 336
借：银行存款 336
　　贷：分保摊回已发生赔款资产 336

（13）2023年12月31日，按照预期摊回的赔款和费用减去亏损摊回部分的分摊金额后的净额确认分出的再保险合同分出保费的分摊。

借：分出保费的分摊 312
　　贷：分保摊回未到期责任资产 312

（14）2023年12月31日，确认分出的再保险合同组亏损摊回部分的分摊金额。

借：摊回保险服务费用 24
　　贷：分保摊回未到期责任资产 24

（15）2023年12月31日，确认分出的再保险合同组合同服务边际当年的摊销金额。

借：分出保费的分摊 8
　　贷：分保摊回未到期责任资产 8

例 9-17 2021 年 1 月 1 日,甲公司作为分出方与乙公司签订了一份再保险合同,假设此合同成为一个合同组,不符合采用保费分配法计量的条件。合同条款约定,对于对应的保险合同组内合同发生的每一笔赔付,乙公司都提供 10% 的保障。假设不存在其他履约现金流量、投资成分、不考虑折现的影响、非金融风险调整以及再保险分入人的不履约风险等其他因素。

对应的保险合同组内合同均于 2021 年 1 月 1 日签发,责任期为 2021 年 1 月 1 日至 2022 年 12 月 31 日,且预计均为盈利合同,不符合采用保费分配法计量的条件。2021 年 1 月 1 日,甲公司预计对应的合同组收到保费 1 200 元,未来发生赔付 900 元,于 2021 年和 2022 年各发生 450 元,对应的保险合同组初始确认时的合同服务边际为 300 元。相应的,甲公司预计从乙公司摊回的金额共 90 元(900×10%)。

2021 年 12 月 31 日,对应的保险合同组实际发生赔款 550 元,比预计赔付金额超出 100 元,属于与当年提供服务相关的经验调整,甲公司将该部分差异确认为当期损益。甲公司将 2022 年预计发生的赔款变更为 600 元。

本例中,由于更新后 2022 年的预计发生赔款比初始确认时增加的 150 元(600 - 450)与未来服务相关,甲公司将该部分差异调整合同服务边际。因此,甲公司预计将从乙公司摊回的赔款变更为 115 元 [(550 + 600)×10%],比之前预计的金额增加 25 元(115 - 90),其中 10 元 [(550 - 450)×10%] 由对应的保险合同组与当年提供服务相关的经验调整导致,不调整对应的保险合同组的合同服务边际,所以根据新保险合同准则,由其导致的分出的再保险合同组的履约现金流量的变动也不调整分出的再保险合同组的合同服务边际,而是确认为当期损益。对于剩余的分出的再保险合同组与未来服务相关的履约现金流量变动 15 元(25 - 10),根据保险合同准则应调整分出的再保险合同组的合同服务边际。

五、分出的再保险合同组计量的简化处理规定

符合下列条件之一的,企业可以采用保费分配法简化分出的再保险合同组的计量。

(1)企业能够合理预计采用与不采用保费分配法计量分出再保险合同组的结果无重大差异。企业预计履约现金流量在赔案发生前将发生重大波动的,表明该合同组不符合本条件。一般情况下,分出的再保险合同的责任期越长,履约现金流量的波动性就越大,履约现金流量的波动性还可能随合同中嵌入衍生工具的影响而增大。

(2)该分出的再保险合同组内各项再保险合同的责任期不超过一年。

企业在判断分出的再保险合同组是否符合上述条件时,应当根据该合同组中每项合同开始时的情况进行判断。

企业采用保费分配法计量分出的再保险合同组时,分保摊回未到期责任资产亏损摊回部分确认和转回的金额,应当调整分出再保险合同组的分保摊回未到期责任资产账面价值,同时确认为摊回保险服务费用。

1. 保险合同初始计量和后续计量分别包括哪些要素？
2. 简述保费分配法的适用条件。
3. 简述浮动收费法的适用条件。
4. 简述亏损保险合同组计量的特殊规定。

第十章 金融工具的会计处理

保险投资活动作为保险公司利润来源的重要途径之一，在保险公司的经营活动中发挥重要的作用。因此，本章来学习有关金融工具的会计核算。本章应重点了解保险公司投资工具的选择，熟悉各类投资工具的特点，掌握金融工具的会计核算方法。与金融工具相关的准则包括《企业会计准则第 22 号——金融工具确认和计量》《企业会计准则第 23 号——金融资产转移》《企业会计准则第 24 号——套期会计》和《企业会计准则第 37 号——金融工具列报》四项金融工具相关会计准则，以下简称金融工具准则。

第一节 金融工具概述

一、金融工具的定义

金融工具是指形成一方的金融资产并形成其他方的金融负债或权益工具的合同。金融工具包括金融资产、金融负债和权益工具。

金融工具合同可以采用书面形式，也可以不采用书面形式。实务中的金融工具合同通常采用书面形式。非合同的资产和负债不属于金融工具。例如，应交所得税是企业按照税收法规规定承担的义务，不是以合同为基础的义务，因此不符合金融工具定义。

二、金融资产

金融资产是指企业持有的现金、其他方的权益工具以及符合下列条件之一的资产。

（1）从其他方收取现金或其他金融资产的合同权利。例如，企业的银行存款、应收账款、应收票据和发放的贷款等均属于金融资产。而预付账款不是金融资产，因其产生的未来经济利益是商品或服务，不是收取现金或其他金融资产的权利。

（2）在潜在有利条件下，与其他方交换金融资产或金融负债的合同权利。例如，企业购入的看涨期权或看跌期权等衍生工具。

（3）将来须用或可用企业自身权益工具进行结算的非衍生工具合同，且企业根据该合同将收到可变数量的自身权益工具。

（4）将来须用或可用企业自身权益工具进行结算的衍生工具合同，但以固定数量的自身权益工具交换固定金额的现金或其他金融资产的衍生工具合同除外。

三、金融负债

金融负债是指企业符合下列条件之一的负债。

（1）向其他方交付现金或其他金融资产的合同义务。例如，企业的应付账款、应付票据和应付债券等均属于金融负债。而预收账款不是金融负债，因其导致的未来经济利益流出是商品或服务，不是交付现金或其他金融资产的合同义务。

（2）在潜在不利条件下，与其他方交换金融资产或金融负债的合同义务。例如，企业签出的看涨期权或看跌期权等。

（3）将来须用或可用企业自身权益工具进行结算的非衍生工具合同，且企业根据该合同将交付可变数量的自身权益工具。

（4）将来须用或可用企业自身权益工具进行结算的衍生工具合同，但以固定数量的自身权益工具交换固定金额的现金或其他金融资产的衍生工具合同除外。企业对全部现有同类别非衍生自身权益工具的持有方同比例发行配股权、期权或认股权证，使之有权按比例以固定金额的任何货币换取固定数量的该企业自身权益工具的，该类配股权、期权或认股权证应当分类为权益工具。

四、衍生工具

金融工具可以分为基础金融工具和衍生工具。衍生工具是指属于金融工具准则范围并同时具备下列特征的金融工具或其他合同。

（1）其价值随特定利率、金融工具价格、商品价格、汇率、价格指数、费率指数、信用等级、信用指数或其他变量的变动而变动，变量为非金融变量（比如，特定区域的地震损失指数、特定城市的气温指数等）的，该变量不应与合同的任何一方存在特定关系。

衍生工具的价值变动取决于标的变量的变化。例如，甲国内金融企业与乙境外金融企业签订了1份一年期利率互换合约，每半年末甲企业向乙企业支付美元固定利息、从乙企业收取以六个月美元LIBOR（浮动利率）计算确定的浮动利息，合约名义金额为1亿美元。合约签订时，其公允价值为零。假定合约签订半年后，浮动利率（六个月美元LIBOR）与合约签订时不同，甲企业将根据未来可收取的浮动利息现值扣除将支付的固定利息现值确定该合约的公允价值。这里合约的公允价值因浮动利率的变化而改变。

（2）不要求初始净投资，或者与对市场因素变化预期有类似反应的其他合同相比，要求较少的初始净投资。

企业从事衍生工具交易不要求初始净投资，通常指签订某项衍生工具合同时不需要支付现金。例如，某企业与其他企业签订一项将来买入债券的远期合同，就不需要在签订合同时支付将来购买债券所需的现金。但是，不要求初始净投资，并不排除企业按照约定的交易惯例或规则相应缴纳一笔保证金，比如，企业进行期货交易时要求缴纳一定的保证金。缴纳保证金不构成一项企业解除负债的现时支付，因为保证金仅具有"保证"性质。

在某些情况下，企业从事衍生工具交易也会遇到要求进行现金支付的情况，但该现金支付只是相对很少的初始净投资。例如，从市场上购入备兑认股权证，就需要先支付一笔款项。但相对于行权时购入相应股份所需支付的款项，此项支付往往是很小的。又如，企业进行货币互换时，通常需要在合同签订时支付某种货币计价的一笔款项，但同时也会收到以另一种货币计价的"等值"的一笔款项，无论是从该企业的角度，还是从其对手（合同的另一方）看，初始净投资均为零。

（3）在未来某一日期结算。

衍生工具在未来某一日期结算，表明衍生工具结算需要经历一段特定期间。衍生工具通常在未来某一特定日期结算，也可能在未来多个日期结算。例如，利率互换可能涉及合同到期前多个结算日期。另外，有些期权可能由于是价外期权而到期不行权，也是在未来日期结算的一种方式。

远期合同是常见的衍生金融工具。例如，某项六个月后结算的远期合同。根据该合同，合同一方（买方）承诺支付 100 万元现金，以换取面值为 100 万元固定利率债券；合同的另一方（卖方）承诺交付面值 100 万元的固定利率债券以换取 100 万元现金。在这六个月的期间内，双方均有交换现金或金融资产的合同权利或义务。如果债券的市价超过 100 万元，情况对买方有利，而对卖方不利；如果市价低于 100 万元，结果正好相反。可见，买方既有与所持有看涨期权下类似的合同权利（金融资产），也有与所签出看跌期权下类似的合同义务（金融负债）；卖方既有与所持有看跌期权下类似的合同权利（金融资产），也有与所签出看涨期权下类似的合同义务（金融负债）。与期权相同，这些合同权利和合同义务构成的金融资产和金融负债与合同中的基础金融工具（被交换的债券和现金）有明显的区别。远期合同的双方都有义务在约定时间执行合同，而期权合同仅当期权持有方选择行使权利的情况下才会被执行。

常见的衍生工具包括远期合同、期货合同、互换合同和期权合同等。

五、关于应设置的会计科目

企业应当按照金融工具准则的规定对金融资产和金融负债进行会计处理，全面反映金融工具对其财务报告的影响。企业在不违反会计准则中确认、计量和报告规定的前提下，可以根据实际情况自行增设、分拆、合并或简化会计科目。企业按照金融工具准则规定进行会计处理，可以根据需要设置以下主要科目（银行存款、其他货币资金、应收票据、应收账款、应收利息、其他应收款、坏账准备、贷款、贷款损失准备应付账款、应付票据、长期借款、应付债券、应付利息等科目不赘述）。

（1）"交易性金融资产"。本科目核算企业分类为以公允价值计量且其变动计入当期损益的金融资产。本科目可按金融资产的类别和品种，分别"成本""公允价值变动"等进行明细核算。企业持有的指定为以公允价值计量且其变动计入当期损益的金融资产可在本科目下单设"指定类"明细科目核算。衍生金融资产在"衍生工具"科目核算。

（2）"买入返售金融资产"。本科目核算以摊余成本计量的、企业（金融）按返售协议约定先买入再按固定价格返售给卖出方的票据、证券、贷款等金融资产所融出的资金。

（3）"1501 债权投资"。本科目核算企业以摊余成本计量的债权投资的账面余额。本科目可按债权投资的类别和品种，分别"面值""利息调整""应计利息"等进行明细核算。

（4）"1502 债权投资减值准备"。本科目核算企业以摊余成本计量的债权投资以预期信用损失为基础计提的损失准备。

（5）"其他债权投资"。本科目核算企业按照金融工具准则分类为以公允价值计量且其变动计入其他综合收益的金融资产。本科目可按金融资产类别和品种，分别"成本""利息调整""公允价值变动"等进行明细核算。

（6）"其他权益工具投资"。本科目核算企业指定为以公允价值计量且其变动计入其他综合收益的非交易性权益工具投资。本科目可按其他权益工具投资的类别和品种，分别"成本""公允价值变动"等进行明细核算。

（7）"交易性金融负债"。本科目核算企业承担的交易性金融负债。本科目可按金融负债类别，分别"本金""公允价值变动"等进行明细核算。企业持有的指定为以公允价值计量且其变动计入当期损益的金融负债可在本科目下单设"指定类"明细科目核算。衍生金融负债在"衍生工具"科目核算。

（8）"衍生工具"。本科目核算企业衍生工具的公允价值及其变动形成的衍生金融资产或衍生金融负债。作为套期工具的衍生工具不在本科目核算。

（9）"信用减值损失"。本科目核算企业计提金融工具准则要求的各项金融工具减值准备所形成的预期信用损失。

（10）"其他综合收益——信用减值准备"。本明细科目核算企业按照金融工具准则分类为以公允价值计量且其变动计入其他综合收益的金融资产以预期信用损失为基础计提的损失准备。

第二节　金融资产和金融负债的确认和分类

一、关于金融资产和金融负债的确认和终止确认

（一）金融资产和金融负债确认条件

企业成为金融工具合同的一方时，应当确认一项金融资产或金融负债。根据此确认条件，企业应将金融工具准则范围内的衍生工具合同形成的权利或义务，确认为金融资产或金融负债。但是，如果衍生工具涉及金融资产转移，且导致该金融资产转移不符合终止确认条件，则不应将其确认，否则会导致衍生工具形成的权利或义务被重复确认。企业确认金融资产或金融负债的常见情形如下。

（1）当企业成为金融工具合同的一方，并因此拥有收取现金的权利或承担支付现金的义务时，应将无条件的应收款项或应付款项确认为金融资产或金融负债。

（2）因买卖商品或劳务的确定承诺而将获得的资产或将承担的负债，通常直到至少合同一方履约才予以确认。例如，收到订单的企业通常不在承诺时确认一项资产（发出订单的企业也不在承诺时确认一项负债），而是直到所订购的商品或劳务已装运、交付或提供时才予以确认。若买卖非金融项目的确定承诺适用金融工具准则，则该承诺的公允价值净额（若不为零）应在承诺日确认为一项资产或负债。此外，如果以前未确认的确定承诺被指定为公允价值套期中的被套期项目，在套期开始之后，归属于被套期风险的公允价值变动应当确认为一项资产或负债。

（3）适用金融工具准则的远期合同，企业应在成为远期合同的一方时（承诺日而不是结算日），确认一项金融资产或金融负债。当企业成为远期合同的一方时，权利和义务的

公允价值通常相等,因此该远期合同的公允价值净额为零。如果权利和义务的公允价值净额不为零,则该合同应被确认为一项金融资产或金融负债。

(4)适用金融工具准则的期权合同,企业应在成为该期权合同的一方时,确认一项金融资产或金融负债。

此外,当企业尚未成为合同一方时,即使企业已有计划在未来交易,不管其发生的可能性有多大,都不是企业的金融资产或金融负债。

(二)关于以常规方式购买或出售金融资产

以常规方式购买或出售金融资产是指企业按照合同规定购买或出售金融资产,并且该合同条款规定,企业应当根据通常由法规或市场惯例所确定的时间安排来交付金融资产。如果合同规定或允许对合同价值变动进行净额结算,该合同通常不是以常规方式购买或出售的合同,企业应将其作为衍生工具处理。证券交易所、银行间市场、外汇交易中心等市场发生的证券、外汇买卖交易,通常采用常规方式。

以常规方式买卖金融资产,应当按交易日会计进行确认和终止确认。交易日是指企业承诺买入或者卖出金融资产的日期。交易日会计的处理原则包括:①在交易日确认将于结算日取得的资产及承担的负债;②在交易日终止确认将于结算日交付的金融资产并确认处置利得或损失,同时确认将于结算日向买方收取的款项。上述交易形成资产和负债的相关利息,通常应于结算日所有权转移后开始计提并确认。

(三)金融资产终止确认

金融资产终止确认是指企业将之前确认的金融资产从其资产负债表中予以转出。金融资产满足下列条件之一的,应当终止确认。

(1)收取该金融资产现金流量的合同权利终止。例如,企业买入一项期权,企业直到期权到期日仍未行权,那么企业在合同权利到期后应当终止确认该期权形成的金融资产。

(2)该金融资产已转移,且该转移满足《企业会计准则第23号——金融资产转移》关于金融资产终止确认的规定。

以下情形也会导致金融资产的终止确认。

(1)合同的实质性修改。企业与交易对手方修改或者重新议定合同而且构成实质性修改的,将导致企业终止确认原金融资产,同时按照修改后的条款确认一项新金融资产。

(2)核销。当企业合理预期不再能够全部或部分收回金融资产合同现金流量时,应当直接减记该金融资产的账面余额。这种减记构成相关金融资产终止确认。

(四)金融负债终止确认

金融负债终止确认是指企业将之前确认的金融负债从其资产负债表中予以转出。《企业会计准则第22号——金融工具确认和计量》规定,金融负债(或其一部分)的现时义务已经解除的,企业应当终止确认该金融负债(或该部分金融负债)。

二、金融资产的分类

金融资产的分类是确认和计量的基础。企业应当根据其管理金融资产的业务模式和金融资产的合同现金流量特征，将金融资产划分为以下三类。

（1）以摊余成本计量的金融资产。

（2）以公允价值计量且其变动计入其他综合收益的金融资产。

（3）以公允价值计量且其变动计入当期损益的金融资产。

上述分类一经确定，不得随意变更。

（一）关于企业管理金融资产的业务模式

1. 业务模式评估

企业管理金融资产的业务模式是指企业如何管理其金融资产以产生现金流量。业务模式决定企业所管理金融资产现金流量的来源是收取合同现金流量、出售金融资产还是两者兼有。

企业确定其管理金融资产的业务模式时，应当注意以下几方面。

（1）企业应当在金融资产组合的层次上确定管理金融资产的业务模式，而不必按照单个金融资产逐项确定业务模式。金融资产组合的层次应当反映企业管理该金融资产的层次。有些情况下，企业可能将金融资产组合分拆为更小的组合，以合理反映企业管理该金融资产的层次。例如，企业购买一个抵押贷款组合，以收取合同现金流量为目标管理该组合中的一部分贷款，以出售为目标管理该组合中的其他贷款。

（2）一个企业可能会采用多种业务模式管理其金融资产。例如，企业持有一组以收取合同现金流量为目标的投资组合，同时还持有另一组既以收取合同现金流量为目标又以出售该金融资产为目标的投资组合。

（3）企业应当以企业关键管理人员决定的对金融资产进行管理的特定业务目标为基础，确定管理金融资产的业务模式。其中，"关键管理人员"是指《企业会计准则第36号——关联方披露》中定义的关键管理人员。

（4）企业的业务模式并非企业自愿指定，而是一种客观事实，通常可以从企业为实现其目标而开展的特定活动中得以反映。企业应当考虑在业务模式评估日可获得的所有相关证据，包括企业评价和向关键管理人员报告金融资产业绩的方式、影响金融资产业绩的风险及其管理方式以及相关业务管理人员获得报酬的方式（例如报酬是基于所管理资产的公允价值还是所收取的合同现金流量）等。

（5）企业不得以按照合理预期不会发生的情形为基础确定管理金融资产的业务模式。例如，对于某金融资产组合，如果企业预期仅会在压力情形下将其出售，且企业合理预期该压力情形不会发生，则该压力情形不得影响企业对该类金融资产的业务模式的评估。

此外，如果金融资产实际现金流量的实现方式不同于评估业务模式时的预期，只要企业在评估业务模式时已经考虑了当时所有可获得的相关信息，这一差异不构成企业财务报表的前期差错，也不改变企业在该业务模式下持有的剩余金融资产的分类。但是，企业在评估新的金融资产的业务模式时，应当考虑这些信息。

2. 以收取合同现金流量为目标的业务模式

在以收取合同现金流量为目标的业务模式下，企业管理金融资产旨在通过在金融资产存续期内收取合同付款来实现现金流量,而不是通过持有并出售金融资产产生整体回报。

尽管企业持有金融资产是以收取合同现金流量为目标,但是企业无须将所有此类金融资产持有至到期。因此,即使企业出售金融资产或者预计未来会出售金融资产,此类金融资产的业务模式仍然可能是以收取合同现金流量为目标。企业在评估金融资产是否属于该业务模式时,应当考虑此前出售此类资产的原因、时间、频率和出售的价值,以及对未来出售的预期。但是,此前出售资产的事实只是为企业提供相关依据,而不能决定业务模式。

在以收取合同现金流量为目标的业务模式下,金融资产的信用质量影响着企业收取合同现金流量的能力。为减少因信用恶化所导致的潜在信用损失而进行的风险管理活动与以收取合同现金流量为目标的业务模式并不矛盾。因此,即使企业在金融资产的信用风险增加时为减少信用损失而将其出售,金融资产的业务模式仍然可能是以收取合同现金流量为目标的业务模式。

如果企业在金融资产到期日前出售金融资产,即使与信用风险管理活动无关,在出售只是偶然发生(即使价值重大),或者单独及汇总而言出售的价值非常小(即使频繁发生)的情况下,金融资产的业务模式仍然可能是以收取合同现金流量为目标。如果企业能够解释出售的原因并且证明出售并不反映业务模式的改变,出售频率或者出售价值在特定时期内增加不一定与以收取合同现金流量为目标的业务模式相矛盾。此外,如果出售发生在金融资产临近到期时,且出售所得接近待收取的剩余合同现金流量,金融资产的业务模式仍然可能是以收取合同现金流量为目标。

例 10-1 甲企业购买了一个贷款组合,且该组合中包含已发生信用减值的贷款。如果贷款不能按时偿付,甲企业将通过各种方式尽可能实现合同现金流量,例如通过邮件、电话或其他方法与借款人联系催收。同时,甲企业签订了一项利率互换合同,将贷款组合的利率由浮动利率转换为固定利率。

本例中,甲企业管理该贷款组合的业务模式是以收取合同现金流量为目标。即使甲企业预期无法收取全部合同现金流量(部分贷款已发生信用减值),但并不影响其业务模式。此外,该企业签订利率互换合同也不影响该贷款组合的业务模式。

例 10-2 甲银行向客户发放贷款,并随后向资产证券化专项计划(结构化主体)出售,然后由专项计划向投资者发行资产支持证券。甲银行控制资产证券化专项计划,并将其纳入合并财务报表范围。专项计划收取贷款的合同现金流量,并将该现金流量转付给其投资者。假定专项计划未终止确认作为基础资产的贷款,因此甲银行合并财务报表中继续确认此贷款。

从甲银行合并财务报表角度来看,发放贷款的目标是持有该贷款以收取合同现金流量。从甲银行个别财务报表角度来看,发放贷款的目标不是收取合同现金流量,而是向专项计划出售。

3. 以收取合同现金流量和出售金融资产为目标的业务模式

在同时以收取合同现金流量和出售金融资产为目标的业务模式下,企业的关键管理人员认为收取合同现金流量和出售金融资产对于实现其管理目标而言都是不可或缺的。例如,企业的目标是管理日常流动性需求同时维持特定的收益率,或将金融资产的存续期与相关负债的存续期进行匹配。

与以收取合同现金流量为目标的业务模式相比，此业务模式涉及的出售通常频率更高、金额更大。因为出售金融资产是此业务模式的目标之一，在该业务模式下不存在出售金融资产的频率或者价值的明确界限。

例 10-3 甲银行持有金融资产组合以满足其每日流动性需求。甲银行为了降低其管理流动性需求的成本，高度关注该金融资产组合的回报，包括收取的合同现金流量和出售金融资产的利得或损失。

本例中，甲银行管理该金融资产组合的业务模式以收取合同现金流量和出售金融资产为目标。

例 10-4 甲保险公司持有金融资产组合，为偿付保险合同负债提供资金。甲保险公司用金融资产的合同现金流量收入偿付到期的保险合同负债。为确保来自金融资产的合同现金流量足以偿付保险合同负债，甲保险公司定期进行重大的购买和出售金融资产的活动，以不断平衡其资产组合，并满足偿付保险合同负债所需的现金流量。

本例中，甲保险公司管理该金融资产组合的业务模式以收取合同现金流量和出售金融资产为目标。

4. 其他业务模式

如果企业管理金融资产的业务模式不是以收取合同现金流量为目标，也不是以收取合同现金流量和出售金融资产为目标，则该企业管理金融资产的业务模式是其他业务模式。例如，企业持有金融资产的目的是交易性的或者基于金融资产的公允价值作出决策并对其进行管理。在这种情况下，企业管理金融资产的目标是通过出售金融资产以实现现金流量。即使企业在持有金融资产的过程中会收取合同现金流量，企业管理金融资产的业务模式也不是以收取合同现金流量和出售金融资产为目标，因为收取合同现金流量对实现该业务模式目标来说只是附带性质的活动。

（二）关于金融资产的合同现金流量特征

金融资产的合同现金流量特征是指金融工具合同约定的、反映相关金融资产经济特征的现金流量属性。分类为《企业会计准则第 22 号——金融工具确认和计量》第十七条和第十八条规范的金融资产，其合同现金流量特征应当与基本借贷安排相一致，即相关金融资产在特定日期产生的合同现金流量仅为对本金和以未偿付本金金额为基础的利息的支付（以下简称"本金加利息的合同现金流量特征"）。无论金融资产的法律形式是否为一项贷款，都可能是一项基本借贷安排。

本金是指金融资产在初始确认时的公允价值，本金金额可能因提前还款等原因在金融资产的存续期内发生变动。利息包括对货币时间价值、与特定时期未偿付本金金额相关的信用风险，以及其他基本借贷风险、成本和利润的对价。在基本借贷安排中，利息的构成要素中最重要的通常是货币时间价值和信用风险的对价。例如，甲银行有一项支付逆向浮动利率（即贷款利率与市场利率呈负相关关系）的贷款，则该贷款的利息金额不是以未偿付本金金额为基础的货币时间价值的对价，所以其不符合本金加利息的合同现金流量特征。

利息还可包括与特定时期内持有的金融资产相关的其他基本借贷风险（如流动性风险）和成本（如管理费用）的对价。此外，利息也可包括与基本借贷安排相一致的利润率。在某些极端经济环境下，利息可能是负值。例如，金融资产的持有人在特定期间内为保证资金安全而支付费用，且支付的费用超过了持有人按照货币时间价值、信用风险及其他基本借贷风险和成本所收取的对价。

但是，如果金融资产合同中包含与基本借贷安排无关的合同现金流量风险敞口或波动性敞口（例如权益价格或商品价格变动敞口）的条款，则此类合同不符合本金加利息的合同现金流量特征。例如，甲企业持有一项可转换成固定数量的发行人权益工具的债券，则该债券不符合本金加利息的合同现金流量特征，因为其回报与发行人的权益价值挂钩。又如，如果贷款的利息支付金额与涉及债务人业绩的一些变量（如债务人的净收益）挂钩或者与权益指数挂钩，则该贷款不符合本金加利息的合同现金流量特征。

（三）金融资产的具体分类

1. 以摊余成本计量的金融资产

金融资产同时符合下列条件的，应当分类为以摊余成本计量的金融资产。

（1）企业管理该金融资产的业务模式是以收取合同现金流量为目标。

（2）该金融资产的合同条款规定，在特定日期产生的现金流量，仅为对本金和以未偿付本金金额为基础的利息的支付。

例如，银行向企业客户发放的固定利率贷款，在没有其他特殊安排的情况下，贷款通常可能符合本金加利息的合同现金流量特征。如果银行管理该贷款的业务模式是以收取合同现金流量为目标，则该贷款可以分类为以摊余成本计量的金融资产。再如，普通债券的合同现金流量是到期收回本金及按约定利率在合同期间按时收取固定或浮动利息。在没有其他特殊安排的情况下，普通债券通常可能符合本金加利息的合同现金流量特征。如果企业管理该债券的业务模式是以收取合同现金流量为目标，则该债券可以分类为以摊余成本计量的金融资产。又如，企业正常商业往来形成的具有一定信用期限的应收账款，如果企业拟根据应收账款的合同现金流量收取现金，且不打算提前处置应收账款，则该应收账款可以分类为以摊余成本计量的金融资产。

2. 以公允价值计量且其变动计入其他综合收益的金融资产

金融资产同时符合下列条件的，应当分类为以公允价值计量且其变动计入其他综合收益的金融资产。

（1）企业管理该金融资产的业务模式既以收取合同现金流量为目标，又以出售该金融资产为目标。

（2）该金融资产的合同条款规定，在特定日期产生的现金流量，仅为对本金和以未偿付本金金额为基础的利息的支付。

例 10-5 甲企业在销售中通常会给予客户一定期间的信用期。为了盘活存量资产，提高资金使用效率，甲企业与银行签订应收账款无追索权保理总协议，银行向甲企业一次性授信 10 亿元人民币，甲企业可以在需要时随时向银行出售应收账款。历史上甲企业频繁向银行出售应收账款,且出售金额重大,上述出售满足金融资产终止确认的规定。

本例中,应收账款的业务模式符合"既以收取合同现金流量为目标又以出售该金融资产为目标",且该应收账款符合本金加利息的合同现金流量特征,因此应当分类为以公允价值计量且其变动计入其他综合收益的金融资产。

3. 以公允价值计量且其变动计入当期损益的金融资产

企业分类为以摊余成本计量的金融资产和以公允价值计量且其变动计入其他综合收益的金融资产之外的金融资产,应当分类为以公允价值计量且其变动计入当期损益的金融资产。企业常见的下列投资产品通常应当分类为以公允价值计量且其变动计入当期损益的金融资产。

(1)股票。股票的合同现金流量源自收取被投资企业未来股利分配以及其清算时获得剩余收益的权利。股利及获得剩余收益的权利均不符合《企业会计准则第22号——金融工具确认和计量》关于本金和利息的定义,因此股票不符合本金加利息的合同现金流量特征。在不考虑《企业会计准则第22号——金融工具确认和计量》第十九条特殊指定的情况下,企业持有的股票应当分类为以公允价值计量且其变动计入当期损益的金融资产。

(2)基金。常见的股票型基金、债券型基金、货币基金或混合基金,通常投资于动态管理的资产组合,投资者从该类投资中所取得的现金流量既包括投资期间基础资产产生的合同现金流量,也包括处置基础资产的现金流量。基金一般情况下不符合本金加利息的合同现金流量特征。企业持有的基金通常应当分类为以公允价值计量且其变动计入当期损益的金融资产。

(3)可转换债券。可转换债券除按一般债权类投资的特性到期收回本金、获取约定利息或收益外,还嵌入了一项转股权。通过嵌入衍生工具,企业获得的收益在基本借贷安排的基础上,会产生基于其他因素变动的不确定性。根据金融工具准则规定,企业持有的可转换债券不再将转股权单独分拆,而是将可转换债券作为一个整体进行评估,由于可转换债券不符合本金加利息的合同现金流量特征,企业持有的可转换债券投资应当分类为以公允价值计量且其变动计入当期损益的金融资产。此外,在初始确认时,如果能够消除或显著减少会计错配,企业可以将金融资产指定为以公允价值计量且其变动计入当期损益的金融资产。该指定一经作出,不得撤销。

(四)金融资产分类的特殊规定

权益工具投资一般不符合本金加利息的合同现金流量特征,因此应当分类为以公允价值计量且其变动计入当期损益的金融资产。然而在初始确认时,企业可以将非交易性权益工具投资指定为以公允价值计量且其变动计入其他综合收益的金融资产,并按照《企业会计准则第22号——金融工具确认和计量》第六十五条规定确认股利收入。该指定一经作出,不得撤销。企业投资其他上市公司股票或者非上市公司股权的,都可能属于这种情形。

金融资产或金融负债满足下列条件之一的,表明企业持有该金融资产或承担该金融负债的目的是交易性的。

(1)取得相关金融资产或承担相关金融负债的目的主要是近期出售或回购。例如,企业以赚取差价为目的从二级市场购入的股票、债券和基金等，或者发行人根据债务工具的公允价值变动计划在近期回购的、有公开市场报价的债务工具。

（2）相关金融资产或金融负债在初始确认时属于集中管理的可辨认金融工具组合的一部分，且有客观证据表明近期实际存在短期获利模式。在这种情况下，即使组合中有某个组成项目持有的期限稍长也不受影响。其中，"金融工具组合"指金融资产组合或金融负债组合。

（3）相关金融资产或金融负债属于衍生工具，但符合财务担保合同定义的衍生工具以及被指定为有效套期工具的衍生工具除外。例如，未作为套期工具的利率互换或外汇期权。

只有不符合上述条件的非交易性权益工具投资才可以进行该指定。企业在非同一控制下的企业合并中确认的或有对价构成金融资产的，该金融资产应当分类为以公允价值计量且其变动计入当期损益的金融资产，不得指定为以公允价值计量且其变动计入其他综合收益的金融资产。

三、关于金融负债的分类

（一）金融负债的分类

除下列各项外，企业应当将金融负债分类为以摊余成本计量的金融负债。

（1）以公允价值计量且其变动计入当期损益的金融负债，包括交易性金融负债（含属于金融负债的衍生工具）和指定为以公允价值计量且其变动计入当期损益的金融负债。

（2）不符合终止确认条件的金融资产转移或继续涉入被转移金融资产所形成的金融负债。对此类金融负债，企业应当按照《企业会计准则第23号——金融资产转移》相关规定进行计量。

（3）不属于上述第（1）项或第（2）项情形的财务担保合同，以及不属于上述第（1）项的、以低于市场利率贷款的贷款承诺。

在非同一控制下的企业合并中，企业作为购买方确认的或有对价形成金融负债的，该金融负债应当按照以公允价值计量且其变动计入当期损益进行会计处理。企业对金融负债的分类一经确定，不得变更。

（二）公允价值选择权

在初始确认时，为了提供更相关的会计信息，企业可以将一项金融资产、一项金融负债或者一组金融工具（金融资产、金融负债或者金融资产及负债）指定为以公允价值计量且其变动计入当期损益，但该指定应当满足下列条件之一。

（1）该指定能够消除或显著减少会计错配。例如，根据金融工具准则规定，有些金融资产被分类为以公允价值计量且其变动计入当期损益，但与之直接相关的金融负债却分类为以摊余成本计量，从而导致会计错配。如果将以上金融负债直接指定为以公允价值计量且其变动计入当期损益，那么这种会计错配就能够消除。

再如，企业拥有某些金融资产且承担某些金融负债，该金融资产和金融负债承担某种相同的风险（例如利率风险），且各自的公允价值变动方向相反、趋于相互抵销。但是，其中只有部分金融资产或金融负债（如交易性）以公允价值计量且其变动计入当期损益，此时会出现会计错配。套期会计有效性难以达到要求时，也会出现类似问题。在这些情况下，如果将所有这些资产和负债均进行公允价值指定，可以消除或显著减少会计错配现象。

又如，企业拥有某些金融资产且承担某些金融负债，该金融资产和金融负债承担某种相同的风险，且各自的公允价值变动方向相反，趋于相互抵销。但是，因为这些金融资产或金融负债中没有一项是以公允价值计量且其变动计入当期损益的，不满足被指定为套期工具的条件，从而使企业不具备运用套期会计方法的条件，出现相关利得或损失在确认方面的重大不一致。例如，某银行通过发行上市债券为一组特定贷款提供融资，且债券与贷款的公允价值变动可相互抵销。如果银行定期发行和回购该债券但是很少买卖该贷款，则同时采用以公允价值计量且其变动计入当期损益的方式计量该贷款和债券，将消除两者均以摊余成本计量且每次回购债券时确认一项利得或损失所导致的利得和损失确认时间的不一致。

需要指出的是，对于上述情况，实务中企业可能难以做到将所涉及的金融资产和金融负债在同一时间进行公允价值指定。如果企业能够将每项相关交易在初始确认时予以公允价值指定，且预期剩下的交易将会发生，那么可以有合理的延迟。此外，公允价值选择权只能应用于一项金融工具整体，不能是某一组成部分。

（2）根据正式书面文件载明的企业风险管理或投资策略，企业以公允价值为基础对金融负债组合或金融资产和金融负债组合进行管理和业绩评价，并在内部以此为基础向关键管理人员报告。以公允价值为基础进行管理的金融资产组合，其按照金融工具准则规定已经被分类为以公允价值计量且其变动计入当期损益，因此，不再将公允价值选择权应用于此类金融资产。此项条件强调的是企业日常管理和评价业绩的方式，而不是关注金融工具组合中各组成部分的性质。

企业将一项金融资产、一项金融负债或者一组金融工具（金融资产、金融负债或者金融资产及负债）指定为以公允价值计量且其变动计入当期损益的，一经作出不得撤销。即使造成会计错配的金融工具被终止确认，也不得撤销这一指定。

四、关于金融工具的重分类

（一）金融工具重分类的原则

企业改变其管理金融资产的业务模式时，应当按照金融工具准则的规定对所有受影响的相关金融资产进行重分类。企业对所有金融负债均不得进行重分类。

企业对金融资产进行重分类，应当自重分类日起采用未来适用法进行相关会计处理，不得对以前已经确认的利得、损失（包括减值损失或利得）或利息进行追溯调整。重分类日是指导致企业对金融资产进行重分类的业务模式发生变更后的首个报告期间的第一天。例如，甲上市公司决定于2023年3月22日改变其管理某金融资产的业务模式，则重分类日为2023年4月1日（即下一个季度会计期间的期初）；乙上市公司决定于2022年10月15日改变其管理某金融资产的业务模式，则重分类日为2023年1月1日。

企业管理金融资产业务模式的变更是一种极其少见的情形。该变更源自外部或内部的变化，必须由企业的高级管理层进行决策，且其必须对企业的经营非常重要，并能够向外部各方证实。因此，只有当企业开始或终止某项对其经营影响重大的活动时（例如当企业收购、处置或终止某一业务线时），其管理金融资产的业务模式才会发生变更。例如，某银行决定终止其零售抵押贷款业务，该业务线不再接受新业务，并且该银行正在积极寻求出售其抵押贷款组合，则该银行管理其零售抵押贷款的业务模式发生了变更。需要注意的是，企业业务模式的变更必须在重分类日之前生效。例如，某银行决定于2022年10月15日终止其零售抵押贷款业务，并在2023年1月1日对所有受影响的金融资产进行重分类。在2022年10月15日之后，其不应开展新的零售抵押贷款业务，或另外从事与之前零售抵押贷款业务模式相同的活动。

例10-6 甲公司持有拟在短期内出售的某商业贷款组合。甲公司近期收购了一家资产管理公司（乙公司），乙公司持有贷款的业务模式是以收取合同现金流量为目标。甲公司决定，对该商业贷款组合的持有不再以出售为目标，而是将该组合与资产管理公司持有的其他贷款一起管理，以收取合同现金流量为目标，则甲公司管理该商业贷款组合的业务模式发生了变更。

以下情形不属于业务模式变更。

（1）企业持有特定金融资产的意图改变。企业即使在市场状况发生重大变化的情况下改变对特定资产的持有意图，也不属于业务模式变更。

（2）金融资产特定市场暂时性消失从而暂时影响金融资产出售。

（3）金融资产在企业具有不同业务模式的各部门之间转移。

需要注意的是，如果企业管理金融资产的业务模式没有发生变更，而金融资产的条款发生变更但未导致终止确认的，不允许重分类。如果金融资产条款发生变更导致金融资产终止确认的，不涉及重分类问题，企业应当终止确认原金融资产，同时按照变更后的条款确认一项新金融资产。

（二）金融资产重分类的计量

1. 以摊余成本计量的金融资产的重分类

（1）企业将一项以摊余成本计量的金融资产重分类为以公允价值计量且其变动计入当期损益的金融资产的，应当按照该资产在重分类日的公允价值进行计量。原账面价值与公允价值之间的差额计入当期损益。

（2）企业将一项以摊余成本计量的金融资产重分类为以公允价值计量且其变动计入其他综合收益的金融资产的，应当按照该金融资产在重分类日的公允价值进行计量。原账面价值与公允价值之间的差额计入其他综合收益。该金融资产重分类不影响其实际利率和预期信用损失的计量。

例10-7 2022年10月15日，甲银行以公允价值500 000元购入一项债券投资，并按规定将其分类为以摊余成本计量的金融资产，该债券的账面余额为500 000元。2023年10月15日，甲银行变更了其管理债券投资组合的业务模式，其变更符合重分类的要求，因此，甲银行于 2024 年 1 月 1 日将该债券从以摊余成本计量重分类为以公允价值计量且其变动计入当期损益。2024 年 1 月 1 日，该债券的公允价值为 490 000 元，已确认的减值准备为 6 000 元。假设不考虑该债券的利息收入。会计处理如下。

  借：交易性金融资产   490 000
    债权投资减值准备   6 000
    公允价值变动损益   4 000
    贷：债权投资   500 000

2. 以公允价值计量且其变动计入其他综合收益的金融资产的重分类

（1）企业将一项以公允价值计量且其变动计入其他综合收益的金融资产重分类为以摊余成本计量的金融资产的，应当将之前计入其他综合收益的累计利得或损失转出，调整该金融资产在重分类日的公允价值，并以调整后的金额作为新的账面价值，即视同该金融资产一直以摊余成本计量。该金融资产重分类不影响其实际利率和预期信用损失的计量。

（2）企业将一项以公允价值计量且其变动计入其他综合收益的金融资产重分类为以公允价值计量且其变动计入当期损益的金融资产的，应当继续以公允价值计量该金融资产。同时，企业应当将之前计入其他综合收益的累计利得或损失从其他综合收益转入当期损益。

例 10-8 2022 年 9 月 15 日，甲银行以公允价值 500 000 元购入一项债券投资，并按规定将其分类为以公允价值计量且其变动计入其他综合收益的金融资产，该债券的账面余额为 500 000 元。2023 年 10 月 15 日，甲银行变更了其管理债券投资组合的业务模式，其变更符合重分类的要求，因此，甲银行于 2024 年 1 月 1 日将该债券从以公允价值计量且其变动计入其他综合收益的金融资产重分类为以摊余成本计量的金融资产。2024 年 1 月 1 日，该债券的公允价值为 490 000 元，已确认的减值准备为 6 000 元。假设不考虑利息收入。会计处理如下。

  借：债权投资   500 000
    其他债权投资——公允价值变动   10 000
    其他综合收益——信用减值准备   6 000
    贷：其他债权投资——成本   500 000
      其他综合收益——其他债权投资公允价值变动 10 000
      债权投资减值准备   6 000

3. 以公允价值计量且其变动计入当期损益的金融资产的重分类

（1）企业将一项以公允价值计量且其变动计入当期损益的金融资产重分类为以摊余成本计量的金融资产的，应当以其在重分类日的公允价值作为新的账面余额。

（2）企业将一项以公允价值计量且其变动计入当期损益的金融资产重分类为以公允价值计量且其变动计入其他综合收益的金融资产的，应当继续以公允价值计量该金融资产。

对以公允价值计量且其变动计入当期损益的金融资产进行重分类的，企业应当根据该金融资产在重分类日的公允价值确定其实际利率。同时，企业应当自重分类日起对该金融资产适用金融工具准则关于金融资产减值的相关规定，并将重分类日视为初始确认日。

第三节　金融工具的计量

企业在对金融资产进行初始确认时，一般采用公允价值计量。购买以公允价值计量且其变动计入当期损益的金融资产而支付的相关交易费用应该计入当期损益，除此之外，为购买该金融资产而支付的相关交易费用均应计入初始确认金额。购买价款中包含的已到付息期但尚未领取的债券利息，在初始确认时应该计入应收项目。

一、金融资产和金融负债的初始计量

企业初始确认金融资产或金融负债，应当按照公允价值计量。对于以公允价值计量且其变动计入当期损益的金融资产和金融负债，相关交易费用应当直接计入当期损益；对于其他类别的金融资产或金融负债，相关交易费用应当计入初始确认金额。但是，企业初始确认的应收账款未包含收入准则所定义的重大融资成分或根据收入准则规定不考虑不超过一年的合同中的融资成分的，应当按照定义的交易价格进行初始计量。

交易费用是指可直接归属于购买、发行或处置金融工具的增量费用。增量费用是指企业没有发生购买、发行或处置相关金融工具的情形就不会发生的费用，包括支付给代理机构、咨询公司、券商、证券交易所、政府有关部门等的手续费、佣金、相关税费以及其他必要支出，不包括债券溢价、折价、融资费用、内部管理成本和持有成本等与交易不直接相关的费用。

企业取得金融资产所支付的价款中包含的已宣告但尚未发放的利息或现金股利，应当单独确认为应收项目处理。

二、金融资产的后续计量

1. 金融资产后续计量原则

金融资产的后续计量与金融资产的分类密切相关。企业应当对不同类别的金融资产，分别以摊余成本、以公允价值计量且其变动计入其他综合收益或以公允价值计量且其变动计入当期损益进行后续计量。

需要注意的是，企业在对金融资产进行后续计量时，如果一项金融工具以前被确认为一项金融资产并以公允价值计量，而现在它的公允价值低于零，企业应将其确认为一项负债。但对于主合同为资产的混合合同，即使整体公允价值可能低于零，企业应当始终将混合合同整体作为一项金融资产进行分类和计量。

2. 以摊余成本计量的金融资产的会计处理

1）实际利率

实际利率法是指计算金融资产或金融负债的摊余成本以及将利息收入或利息费用分摊计入各会计期间的方法。

实际利率是指将金融资产或金融负债在预计存续期的估计未来现金流量折现为该金融资产账面余额（不考虑减值）或该金融负债摊余成本所使用的利率。在确定实际利率时，应当在考虑金融资产或金融负债所有合同条款（如提前还款、展期、看涨期权或其他类似

期权等）的基础上估计预期现金流量，但不应当考虑预期信用损失。

2）摊余成本

金融资产或金融负债的摊余成本，应当以该金融资产或金融负债的初始确认金额经下列调整确定。

①扣除已偿还的本金。

②加上或减去采用实际利率法将该初始确认金额与到期日金额之间的差额进行摊销形成的累计摊销额。

③扣除计提的累计信用减值准备（仅适用于金融资产）。

对于浮动利率金融资产或浮动利率金融负债，以反映市场利率波动而对现金流量的定期重估将改变实际利率。如果浮动利率金融资产或浮动利率金融负债的初始确认金额等于到期日应收或应付本金的金额，则未来利息付款额的重估通常不会对该资产或负债的账面价值产生重大影响。

企业对以摊余成本计量的金融资产和以公允价值计量且其变动计入其他综合收益的金融资产计提信用减值准备时，应采用"预期信用损失法"。在预期信用损失法下，减值准备的计提不以减值的实际发生为前提，而以未来可能的违约事件造成的损失的期望值来计提当前（资产负债表日）应当确认的减值准备。

以摊余成本计量且不属于任何套期关系的金融资产所产生的利得或损失，应当在终止确认、按照金融工具准则规定重分类、按照实际利率法摊销或按照金融工具准则规定确认减值时，计入当期损益。

例 10-9 2023 年 1 月 1 日，甲公司支付价款 1 000 万元（含交易费用）从上海证券交易所购入乙公司同日发行的五年期公司债券 12 500 份，债券票面价值总额为 1 250 万元，票面年利率为 4.72%，于年末支付本年度债券利息（即每年利息为 59 万元），本金在债券到期时一次性偿还。合同约定，该债券的发行方在遇到特定情况时可以将债券赎回，且不需要为提前赎回支付额外款项。甲公司在购买该债券时，预计发行方不会提前赎回。甲公司根据其管理该债券的业务模式和该债券的合同现金流量特征，将该债券分类为以摊余成本计量的金融资产。

假定不考虑所得税、减值损失等因素，计算该债券的实际利率 r：

$$59 \times (1+r)^{-1} + 59 \times (1+r)^{-2} + 59 \times (1+r)^{-3} + 59 \times (1+r)^{-4} + (59+1\,250) \times (1+r)^{-5} = 1\,000 （万元）$$

采用插值法，计算得出 $r = 10\%$。

情形 1：根据表 10.1 中的数据，甲公司的有关处理如下。

表 10.1 甲公司债券相关数据　　　　　　　　　　　　　　　单位：万元

年度	期初摊余成本（A）	实际利息收入（$B=A\times 10\%$）	现金流入（C）	期末摊余成本（$D=A+B-C$）
2023	1 000	100	59	1 041
2024	1 041	104	59	1 086
2025	1 086	109	59	1 136
2026	1 136	114	59	1 191
2027	1 191	118*	1 309	0

*尾数调整 1 250 + 59 − 1 191 = 118（万元）。

(1) 2023年1月1日,购入乙公司债券。

借:债权投资——成本　　　　　　　　　　　　　　　　12 500 000
　　贷:银行存款　　　　　　　　　　　　　　　　　　　　　　　10 000 000
　　　　债权投资——利息调整　　　　　　　　　　　　　　　　　　2 500 000

(2) 2023年12月31日,确认乙公司债券实际利息收入、收到债券利息。

借:应收利息　　　　　　　　　　　　　　　　　　　　590 000
　　债权投资——利息调整　　　　　　　　　　　　　　　410 000
　　贷:投资收益　　　　　　　　　　　　　　　　　　　　　　　1 000 000
借:银行存款　　　　　　　　　　　　　　　　　　　　590 000
　　贷:应收利息　　　　　　　　　　　　　　　　　　　　　　　　590 000

(3) 2024年12月31日,确认乙公司债券实际利息收入、收到债券利息。

借:应收利息　　　　　　　　　　　　　　　　　　　　590 000
　　债权投资——利息调整　　　　　　　　　　　　　　　450 000
　　贷:投资收益　　　　　　　　　　　　　　　　　　　　　　　1 040 000
借:银行存款　　　　　　　　　　　　　　　　　　　　590 000
　　贷:应收利息　　　　　　　　　　　　　　　　　　　　　　　　590 000

(4) 2025年12月31日,确认乙公司债券实际利息收入、收到债券利息。

借:应收利息　　　　　　　　　　　　　　　　　　　　590 000
　　债权投资——利息调整　　　　　　　　　　　　　　　500 000
　　贷:投资收益　　　　　　　　　　　　　　　　　　　　　　　1 090 000
借:银行存款　　　　　　　　　　　　　　　　　　　　590 000
　　贷:应收利息　　　　　　　　　　　　　　　　　　　　　　　　590 000

(5) 2026年12月31日,确认乙公司债券实际利息收入、收到债券利息。

借:应收利息　　　　　　　　　　　　　　　　　　　　590 000
　　债权投资——利息调整　　　　　　　　　　　　　　　550 000
　　贷:投资收益　　　　　　　　　　　　　　　　　　　　　　　1 140 000
借:银行存款　　　　　　　　　　　　　　　　　　　　590 000
　　贷:应收利息　　　　　　　　　　　　　　　　　　　　　　　　590 000

(6) 2027年12月31日,确认乙公司债券实际利息收入、收到债券利息和本金。

借:应收利息　　　　　　　　　　　　　　　　　　　　590 000
　　债权投资——利息调整　　　　　　　　　　　　　　　590 000
　　贷:投资收益　　　　　　　　　　　　　　　　　　　　　　　1 180 000
借:银行存款　　　　　　　　　　　　　　　　　　　　590 000
　　贷:应收利息　　　　　　　　　　　　　　　　　　　　　　　　590 000
借:银行存款　　　　　　　　　　　　　　　　　　　　12 500 000
　　贷:债权投资　　　　　　　　　　　　　　　　　　　　　　　12 500 000

情形2:假定在2025年1月1日,甲公司预计本金的一半(即625万元)将会在该年末收回,而其余的一半本金将于2027年年末付清。则甲公司应当调整2025年初的摊余成本，计入当期损益；调整时采用最初确定的实际利率。据此，调整上述表中相关数据后如表 10.2 所示。

表 10.2 调 整 表　　　　　　　　　　　　　　单位：万元

年度	期初摊余成本（A）	实际利息收入 （B = A × 10%）	现金流入（C）	期末摊余成本 （D = A + B − C）
2023	1 000	100	59	1 041
2024	1 041	104	59	1 086
2025	1 139*	114	684	569
2026	569	57	30**	596
2027	596	59***	655	0

*$(625 + 59) \times (1 + 10\%)^{-1} + 30 \times (1 + 10\%)^{-2} + (625 + 30) \times (1 + 10\%)^{-3} = 1\,139$（万元）（四舍五入）。
**$625 \times 4.72\% = 30$（万元）（四舍五入）。
***$625 + 30 - 596 = 59$（万元）（尾数调整）。

根据上述调整，甲公司的会计处理如下。

（1）2025 年 1 月 1 日，调整期初账面余额。
　　借：债权投资——利息调整　　　　　　　　　　　　　　530 000
　　　　贷：投资收益　　　　　　　　　　　　　　　　　　　　　530 000

（2）2025 年 12 月 31 日，确认实际利息、收回本金等。
　　借：应收利息　　　　　　　　　　　　　　　　　　　590 000
　　　　债权投资——利息调整　　　　　　　　　　　　　550 000
　　　　贷：投资收益　　　　　　　　　　　　　　　　　　　　1 140 000
　　借：银行存款　　　　　　　　　　　　　　　　　　　590 000
　　　　贷：应收利息　　　　　　　　　　　　　　　　　　　　　590 000
　　借：银行存款　　　　　　　　　　　　　　　　　　6 250 000
　　　　贷：债权投资——成本　　　　　　　　　　　　　　　　6 250 000

（3）2026 年 12 月 31 日，确认实际利息等。
　　借：应收利息　　　　　　　　　　　　　　　　　　　300 000
　　　　债权投资——利息调整　　　　　　　　　　　　　270 000
　　　　贷：投资收益　　　　　　　　　　　　　　　　　　　　　570 000
　　借：银行存款　　　　　　　　　　　　　　　　　　　300 000
　　　　贷：应收利息　　　　　　　　　　　　　　　　　　　　　300 000

（4）2027 年 12 月 31 日，确认实际利息、收回本金等。
　　借：应收利息　　　　　　　　　　　　　　　　　　　300 000
　　　　债权投资——利息调整　　　　　　　　　　　　　290 000
　　　　贷：投资收益　　　　　　　　　　　　　　　　　　　　　590 000
　　借：银行存款　　　　　　　　　　　　　　　　　　　300 000
　　　　贷：应收利息　　　　　　　　　　　　　　　　　　　　　300 000

借：银行存款　　　　　　　　　　　　　　　　　　　　　　　6 250 000
　　贷：债权投资——成本　　　　　　　　　　　　　　　　　　　　6 250 000

假定甲公司购买的乙公司债券不是分次付息，而是到期一次还本付息，且利息不以复利计算。此时，甲公司所购买乙公司债券的实际利率 r 计算如下。

$$(59+59+59+59+59+1\,250)\times(1+r)^{-5}=1\,000（万元）$$

由此计算得出 $r\approx 9.05\%$。据此，调整表10.1中相关数据后如表10.3所示。

表 10.3　调　整　表　　　　　　　　　　　　　　　　单位：万元

日期	期初摊余成本 （A）	实际利息收入 （B = A×9.05%）	现金流入 （C）	期末摊余成本 （D = A + B − C）
2023 年 12 月 31 日	1 000	90.5	0	1 090.5
2024 年 12 月 31 日	1 090.5	98.69	0	1 189.19
2025 年 12 月 31 日	1 189.19	107.62	0	1 296.81
2026 年 12 月 31 日	1 296.81	117.36	0	1 414.17
2027 年 12 月 31 日	1 414.17	130.83*	1 545	0

*尾数调整 1 250 + 295 − 1 414.17 = 130.83（万元）。

根据表10.3中的数据，甲公司的有关会计处理如下。

（1）2023年1月1日，购入乙公司债券。

借：债权投资——成本　　　　　　　　　　　　　　　　　　12 500 000
　　贷：银行存款　　　　　　　　　　　　　　　　　　　　　10 000 000
　　　　债权投资——利息调整　　　　　　　　　　　　　　　　2 500 000

（2）2023年12月31日，确认乙公司债券实际利息收入。

借：债权投资——应计利息　　　　　　　　　　　　　　　　　590 000
　　　　　　——利息调整　　　　　　　　　　　　　　　　　　315 000
　　贷：投资收益　　　　　　　　　　　　　　　　　　　　　　905 000

（3）2024年12月31日，确认乙公司债券实际利息收入。

借：债权投资——应计利息　　　　　　　　　　　　　　　　　590 000
　　　　　　——利息调整　　　　　　　　　　　　　　　　　　396 900
　　贷：投资收益　　　　　　　　　　　　　　　　　　　　　　986 900

（4）2025年12月31日，确认乙公司债券实际利息收入。

借：债权投资——应计利息　　　　　　　　　　　　　　　　　590 000
　　　　　　——利息调整　　　　　　　　　　　　　　　　　　486 200
　　贷：投资收益　　　　　　　　　　　　　　　　　　　　　1 076 200

（5）2026年12月31日，确认乙公司债券实际利息收入。

借：债权投资——应计利息　　　　　　　　　　　　　　　　　590 000
　　　　　　——利息调整　　　　　　　　　　　　　　　　　　583 600
　　贷：投资收益　　　　　　　　　　　　　　　　　　　　　1 173 600

（6）2027年12月31日，确认乙公司债券实际利息收入、收回债券本金和票面利息。

借：债权投资——应计利息　　　　　　　　　　　　　　590 000
　　　　　　——利息调整　　　　　　　　　　　　　　718 300
　　贷：投资收益　　　　　　　　　　　　　　　　　 1 308 300
借：银行存款　　　　　　　　　　　　　　　　　　　15 450 000
　　贷：债权投资——成本　　　　　　　　　　　　　12 500 000
　　　　　　　——应计利息　　　　　　　　　　　　 2 950 000

3. 以公允价值进行后续计量的金融资产的会计处理

（1）对于以公允价值进行后续计量的金融资产，其公允价值变动形成的利得或损失，除与套期会计有关外，应当按照下列规定处理。

①以公允价值计量且其变动计入当期损益的金融资产的利得或损失，应当计入当期损益。

②按照《企业会计准则第22号——金融工具确认和计量》第十八条分类为以公允价值计量且其变动计入其他综合收益的金融资产所产生的利得或损失，除减值损失或利得和汇兑损益外，均应当计入其他综合收益，直至该金融资产终止确认或被重分类。但是，采用实际利率法计算的该金融资产的利息应当计入当期损益。该类金融资产计入各期损益的金额应当与视同其一直按摊余成本计量而计入各期损益的金额相等。

该类金融资产终止确认时，之前计入其他综合收益的累计利得或损失应当从其他综合收益中转出，计入当期损益。

③对于指定为以公允价值计量且其变动计入其他综合收益的非交易性权益工具投资，除了获得的股利（属于投资成本收回部分的除外）计入当期损益外，其他相关的利得和损失（包括汇兑损益）均应计入其他综合收益，且后续不得转入当期损益。当其终止确认时，之前计入其他综合收益的累计利得或损失应当从其他综合收益中转出，计入留存收益。

（2）企业只有在同时符合下列条件时，才能确认股利收入并计入当期损益。

①企业收取股利的权利已经确立。

②与股利相关的经济利益很可能流入企业。

③股利的金额能够可靠计量。

例10-10　2023年1月1日，甲公司支付价款1 000万元（含交易费用）从上海证券交易所购入乙公司同日发行的五年期公司债券12 500份，债券票面价值总额为1 250万元，票面年利率为4.72%，于年末支付本年度债券利息（即每年利息为59万元），本金在债券到期时一次性偿还。合同约定，该债券的发行方在遇到特定情况时可以将债券赎回，且不需要为提前赎回支付额外款项。甲公司在购买该债券时，预计发行方不会提前赎回。甲公司根据其管理该债券的业务模式和该债券的合同现金流量特征，将该债券分类为以公允价值计量且其变动计入其他综合收益的金融资产。

其他资料如下。

（1）2023年12月31日，乙公司债券的公允价值为1 200万元（不含利息）。

（2）2024年12月31日，乙公司债券的公允价值为1 300万元（不含利息）。

（3）2025年12月31日，乙公司债券的公允价值为1 250万元（不含利息）。

（4）2026年12月31日，乙公司债券的公允价值为1 200万元（不含利息）。

（5）2027年1月20日，通过上海证券交易所出售乙公司债券12 500份，取得价款1 260万元。

假定不考虑所得税、减值等因素，计算该债券的实际利率r。

$$59\times(1+r)^{-1}+59\times(1+r)^{-2}+59\times(1+r)^{-3}+59\times(1+r)^{-4}+(59+1\,250)\times(1+r)^{-5}=1\,000（万元）$$

采用插值法，计算得出$r=10\%$。由此得出甲公司的债务相关信息如表10.4所示。

表10.4 债券相关信息 单位：万元

日期	现金流入（A）	实际利息收入（B=期初$D\times 10\%$）	已收回的本金（C）	期末摊余成本（D=期初$D-C$）	公允价值（E）	公允价值变动额（$F=E-D-$期初G）	公允价值变动累计金额（$G=$期初$G+F$）
2023年1月1日				1 000	1 000	0	0
2023年12月31日	59	100	−41	1 041	1 200	159	159
2024年12月31日	59	104	−45	1 086	1 300	55	214
2025年12月31日	59	109	−50	1 136	1 250	−100	114
2026年12月31日	59	113	−54	1 190	1 200	−104	10

甲公司的有关会计处理如下。

（1）2023年1月1日，购入乙公司债券。

借：其他债权投资——成本　　　　　　　　　　　　　　　　　　　12 500 000
　　　贷：银行存款　　　　　　　　　　　　　　　　　　　　　　　　10 000 000
　　　　　其他债权投资——利息调整　　　　　　　　　　　　　　　　2 500 000

（2）2023年12月31日，确认乙公司债券实际利息收入、公允价值变动，收到债券利息。

借：应收利息　　　　　　　　　　　　　　　　　　　　　　　　　　590 000
　　其他债权投资——利息调整　　　　　　　　　　　　　　　　　　410 000
　　　贷：投资收益　　　　　　　　　　　　　　　　　　　　　　　　1 000 000
借：银行存款　　　　　　　　　　　　　　　　　　　　　　　　　　590 000
　　　贷：应收利息　　　　　　　　　　　　　　　　　　　　　　　　590 000
借：其他债权投资——公允价值变动　　　　　　　　　　　　　　　　1 590 000
　　　贷：其他综合收益——其他债权投资公允价值变动　　　　　　　　1 590 000

（3）2024年12月31日，确认乙公司债券实际利息收入、公允价值变动，收到债券利息。

借：应收利息　　　　　　　　　　　　　　　　　　　　　　　　　　590 000
　　其他债权投资——利息调整　　　　　　　　　　　　　　　　　　450 000
　　　贷：投资收益　　　　　　　　　　　　　　　　　　　　　　　　1 040 000

借：银行存款	590 000	
贷：应收利息		590 000
借：其他债权投资——公允价值变动	550 000	
贷：其他综合收益——其他债权投资公允价值变动		550 000

（4）2025年12月31日，确认乙公司债券实际利息收入、公允价值变动，收到债券利息。

借：应收利息	590 000	
其他债权投资——利息调整	500 000	
贷：投资收益		1 090 000
借：银行存款	590 000	
贷：应收利息		590 000
借：其他综合收益——其他债权投资公允价值变动	1 000 000	
贷：其他权益投资——公允价值变动		1 000 000

（5）2026年12月31日，确认乙公司债券实际利息收入、公允价值变动，收到债券利息。

借：应收利息	590 000	
其他债权投资——利息调整	540 000	
贷：投资收益		1 130 000
借：银行存款	590 000	
贷：应收利息		590 000
借：其他综合收益——其他债权投资公允价值变动	1 040 000	
贷：其他债权投资——公允价值变动		1 040 000

（6）2027年1月20日，确认出售乙公司债券实现的损益。

借：银行存款	12 600 000	
其他综合收益——其他债权投资公允价值变动	100 000	
其他债权投资——利息调整	600 000	
贷：其他债权投资——成本		12 500 000
投资收益		80 000

例10-11 2024年1月1日，甲公司从二级市场购入丙公司债券，支付价款合计1 020 000元（含已到付息期但尚未领取的利息20 000元），另发生交易费用20 000元。该债券面值1 000 000元，剩余期限为两年，票面年利率为4%，每半年付息一次，其合同现金流量特征满足仅为对本金和以未偿付本金金额为基础的利息的支付。甲公司根据其管理该债券的业务模式和该债券的合同现金流量特征，将该债券分类为以公允价值计量且其变动计入当期损益的金融资产。其他资料如下：

（1）2024年1月5日，收到丙公司债券2023年下半年利息20 000元。

（2）2024年6月30日，丙公司债券的公允价值为1 150 000元（不含利息）。

（3）2024年7月5日，收到丙公司债券2026年上半年利息。

(4) 2024年12月31日,丙公司债券的公允价值为1 100 000元(不含利息)。

(5) 2025年1月5日,收到丙公司债券2024年下半年利息。

(6) 2025年6月20日,通过二级市场出售丙公司债券,取得价款1 180 000元(含一季度利息10 000元)。

假定不考虑其他因素,甲公司的会计处理如下。

(1) 2024年1月1日,从二级市场购入丙公司债券。

借:交易性金融资产——成本　　　　　　　　　　　　　　　1 000 000
　　应收利息　　　　　　　　　　　　　　　　　　　　　　　　20 000
　　投资收益　　　　　　　　　　　　　　　　　　　　　　　　200 00
　　贷：银行存款　　　　　　　　　　　　　　　　　　　　　　　1 040 000

(2) 2024年1月5日,收到该债券2023年下半年利息20 000元。

借:银行存款　　　　　　　　　　　　　　　　　　　　　　　　20 000
　　贷：应收利息　　　　　　　　　　　　　　　　　　　　　　　20 000

(3) 2024年6月30日,确认丙公司债券公允价值变动和投资收益。

借:交易性金融资产——公允价值变动　　　　　　　　　　　　150 000
　　贷：公允价值变动损益　　　　　　　　　　　　　　　　　　150 000
借:应收利息　　　　　　　　　　　　　　　　　　　　　　　　20 000
　　贷：投资收益　　　　　　　　　　　　　　　　　　　　　　　20 000

(4) 2024年7月5日,收到丙公司债券2024年上半年利息。

借:银行存款　　　　　　　　　　　　　　　　　　　　　　　　20 000
　　贷：应收利息　　　　　　　　　　　　　　　　　　　　　　　20 000

(5) 2024年12月31日,确认丙公司债券公允价值变动和投资收益。

借:交易性金融资产——公允价值变动　　　　　　　　　　　　50 000
　　贷：公允价值变动损益　　　　　　　　　　　　　　　　　　50 000
借:应收利息　　　　　　　　　　　　　　　　　　　　　　　　20 000
　　贷：投资收益　　　　　　　　　　　　　　　　　　　　　　　20 000

(6) 2025年1月5日,收到丙公司债券2024年下半年利息。

借:银行存款　　　　　　　　　　　　　　　　　　　　　　　　20 000
　　贷：应收利息　　　　　　　　　　　　　　　　　　　　　　　20 000

(7) 2025年6月20日,通过二级市场出售丙公司债券。

借:银行存款　　　　　　　　　　　　　　　　　　　　　　　　1 180 000
　　贷：交易性金融资产——成本　　　　　　　　　　　　　　　1 000 000
　　　　　　　　　　　　——公允价值变动　　　　　　　　　　100 000
　　　　投资收益　　　　　　　　　　　　　　　　　　　　　　80 000

例10-12　2024年5月6日,甲公司支付价款1 016万元(含交易费用1万元和已宣告发放现金股利15万元),购入乙公司发行的股票200万股,占乙公司有表决权股份的0.5%。甲公司将其指定为以公允价值计量且其变动计入其他综合收益的非交易性权益工具投资。

2024 年 5 月 10 日，甲公司收到乙公司发放的现金股利 15 万元。
2024 年 6 月 30 日，该股票市价为每股 5.2 元。
2024 年 12 月 31 日，甲公司仍持有该股票；当日，该股票市价为每股 5 元。
2025 年 5 月 9 日，乙公司宣告发放股利 4 000 万元。
2025 年 5 月 13 日，甲公司收到乙公司发放的现金股利。
2025 年 5 月 20 日，甲公司由于某特殊原因，以每股 4.9 元的价格将股票全部转让。
假定不考虑其他因素，甲公司的会计处理如下。

（1）2024 年 5 月 6 日，购入股票。

借：应收股利　　　　　　　　　　　　　　　　　　　　　　　150 000
　　其他权益工具投资——成本　　　　　　　　　　　　　　10 010 000
　　　贷：银行存款　　　　　　　　　　　　　　　　　　　10 160 000

（2）2024 年 5 月 10 日，收到现金股利。

借：银行存款　　　　　　　　　　　　　　　　　　　　　　　150 000
　　　贷：应收股利　　　　　　　　　　　　　　　　　　　　150 000

（3）2024 年 6 月 30 日，确认股票价格变动。

借：其他权益工具投资——公允价值变动　　　　　　　　　　　390 000
　　　贷：其他综合收益——其他权益工具投资公允价值变动　　390 000

（4）2024 年 12 月 31 日，确认股票价格变动。

借：其他综合收益——其他权益工具投资公允价值变动　　　　　400 000
　　　贷：其他权益工具投资——公允价值变动　　　　　　　　400 000

（5）2025 年 5 月 9 日，确认应收现金股利。

借：应收股利　　　　　　　　　　　　　　　　　　　　　　　200 000
　　　贷：投资收益　　　　　　　　　　　　　　　　　　　　200 000

（6）2025 年 5 月 13 日，收到现金股利。

借：银行存款　　　　　　　　　　　　　　　　　　　　　　　200 000
　　　贷：应收股利　　　　　　　　　　　　　　　　　　　　200 000

（7）2025 年 5 月 20 日，出售股票。

借：盈余公积——法定盈余公积　　　　　　　　　　　　　　　1 000
　　利润分配——未分配利润　　　　　　　　　　　　　　　　9 000
　　　贷：其他综合收益——其他权益工具投资公允价值变动　　10 000
借：银行存款　　　　　　　　　　　　　　　　　　　　　　9 800 000
　　其他权益工具投资——公允价值变动　　　　　　　　　　　10 000
　　盈余公积——法定盈余公积　　　　　　　　　　　　　　　20 000
　　利润分配——未分配利润　　　　　　　　　　　　　　　　180 000
　　　贷：其他权益工具投资——成本　　　　　　　　　　　10 010 000

如果甲公司根据其管理乙公司股票的业务模式和乙公司股票的合同现金流量特征，将乙公司股票分类为以公允价值计量且其变动计入当期损益的金融资产，且 2024 年 12 月 31

日乙公司股票市价为每股 4.8 元，其他资料不变，则甲公司会计处理如下。

（1）2024 年 5 月 6 日，购入股票。

借：应收股利	150 000
交易性金融资产——成本	10 000 000
投资收益	10 000
贷：银行存款	10 160 000

（2）2024 年 5 月 10 日，收到现金股利。

借：银行存款	150 000
贷：应收股利	150 000

（3）2024 年 6 月 30 日，确认股票价格变动。

借：交易性金融资产——公允价值变动	400 000
贷：公允价值变动损益	400 000

（4）2024 年 12 月 31 日，确认股票价格变动。

借：公允价值变动损益	800 000
贷：交易性金融资产——公允价值变动	800 000

注：公允价值变动 = 200 × (4.8 − 5.2) = −80（万元）

（5）2025 年 5 月 9 日，确认应收现金股利。

借：应收股利	200 000
贷：投资收益	200 000

（6）2025 年 5 月 13 日，收到现金股利。

借：银行存款	200 000
贷：应收股利	200 000

（7）2025 年 5 月 20 日，出售股票。

借：银行存款	9 800 000
交易性金融资产——公允价值变动	400 000
贷：交易性金融资产——成本	10 000 000
投资收益	200 000

三、金融负债的后续计量

1. 金融负债后续计量原则

企业应当按照以下原则对金融负债进行后续计量。

（1）以公允价值计量且其变动计入当期损益的金融负债，应当按照公允价值进行后续计量。

（2）金融资产转移不符合终止确认条件或继续涉入被转移金融资产所形成的金融负债。对此类金融负债，企业应当按照《企业会计准则第 23 号——金融资产转移》相关规定进行计量。

（3）不属于指定为以公允价值计量且其变动计入当期损益的金融负债的财务担保合同

或没有指定为以公允价值计量且其变动计入当期损益并将以低于市场利率贷款的贷款承诺，企业作为此类金融负债发行方的，应当在初始确认后按照依据《企业会计准则第22号》第八章所确定的损失准备金额以及初始确认金额扣除依据收入准则相关规定所确定的累计摊销额后的余额孰高进行计量。

（4）上述金融负债以外的金融负债，应当按摊余成本进行后续计量。

2. 金融负债后续计量的会计处理

（1）对于以公允价值进行后续计量的金融负债，其公允价值变动形成利得或损失，除与套期会计有关外，应当计入当期损益。

例10-13 2024年7月1日，甲公司经批准在全国银行间债券市场公开发行10亿元人民币短期融资券，期限为1年，票面年利率5.58%，每张面值为100元，到期一次还本付息。所募集资金主要用于公司购买生产经营所需的原材料及配套件等。公司将该短期融资券指定为以公允价值计量且其变动计入当期损益的金融负债。假定不考虑发行短期融资券相关的交易费用以及企业自身信用风险变动。

2024年12月31日，该短期融资券市场价格每张120元（不含利息）；2025年6月30日，该短期融资券到期兑付完成。

据此，甲公司会计处理如下（金额单位：万元）。

①2024年7月1日，发行短期融资券。

借：银行存款　　　　　　　　　　　　　　　　　　　　　100 000
　　贷：交易性金融负债　　　　　　　　　　　　　　　　　　100 000

②2024年12月31日，年末确认公允价值变动和利息费用。

借：公允价值变动损益　　　　　　　　　　　　　　　　　　20 000
　　贷：交易性金融负债　　　　　　　　　　　　　　　　　　20 000
借：财务费用　　　　　　　　　　　　　　　　　　　　　　2 790
　　贷：应付利息　　　　　　　　　　　　　　　　　　　　　2 790

③2025年6月30日，短期融资券到期。

借：财务费用　　　　　　　　　　　　　　　　　　　　　　2 790
　　贷：应付利息　　　　　　　　　　　　　　　　　　　　　2 790
借：交易性金融负债　　　　　　　　　　　　　　　　　　　120 000
　　应付利息　　　　　　　　　　　　　　　　　　　　　　5 580
　　贷：银行存款　　　　　　　　　　　　　　　　　　　　　105 580
　　　　公允价值变动损益　　　　　　　　　　　　　　　　　20 000

（2）以摊余成本计量且不属于任何套期关系一部分的金融负债所产生的利得或损失，应当在终止确认时计入当期损益或在按照实际利率法摊销时计入相关期间损益。

企业与交易对手方修改或重新议定合同，未导致金融负债终止确认，但导致合同现金流量发生变化的，应当重新计算该金融负债的账面价值，并将相关利得或损失计入当期损益。重新计算的该金融负债的账面价值，应当根据将重新议定或修改的合同现金流量按金融负债的原实际利率折现的现值确定。对于修改或重新议定合同所产生的所有成本或费用，企业应当调整修改后的金融负债账面价值,并在修改后金融负债的剩余期限内进行摊销。

例 10-14 甲公司发行公司债券为建造专用生产线筹集资金。有关资料如下。

①2023 年 12 月 31 日,委托证券公司以 7 755 万元的价格发行三年期分期付息公司债券。该债券面值为 8 000 万元,票面年利率 4.5%,实际年利率 5.64%,每年付息一次,到期后按面值偿还。假定不考虑发行公司债券相关的交易费用。

②生产线建造工程采用出包方式,于 2024 年 1 月 1 日开始动工,发行债券所得款项当日全部支付给建造承包商,2025 年 12 月 31 日所建造生产线达到预定可使用状态。

③假定各年度利息的实际支付日期均为下年度的 1 月 10 日;2027 年 1 月 10 日支付 2026 年度利息,一并偿付面值。

④所有款项均以银行存款支付。

据此,甲公司计算得出该债券在各年末的摊余成本、应付利息金额、当年应予资本化或费用化的利息金额、利息调整的本年摊销和年末余额。有关结果如表 10.5 所示。

表 10.5 债券有关项目的本年摊销和年末余额　　　　单位:万元

时间		2023 年 12 月 31 日	2024 年 12 月 31 日	2025 年 12 月 31 日	2026 年 12 月 31 日
年末摊余成本	面值		8 000	8 000	8 000
	利息调整		−245	−167.62	−85.87
	合计	7 755	7 832.38	7 914.13	
当年应予资本化或费用化的利息金额			437.38	441.75	445.87
年末应付利息金额			360	360	360
"利息调整"本年摊销额			77.38	81.75	85.87

相关会计处理如下。

①2023 年 12 月 31 日,发行债券。

借:银行存款　　　　　　　　　　　　　　　　　　　　77 550 000
　　应付债券——利息调整　　　　　　　　　　　　　　 2 450 000
　　贷:应付债券——面值　　　　　　　　　　　　　　　80 000 000

②2024 年 12 月 31 日,确认和结转利息。

借:在建工程　　　　　　　　　　　　　　　　　　　　 4 373 800
　　贷:应付利息　　　　　　　　　　　　　　　　　　　 3 600 000
　　　　应付债券——利息调整　　　　　　　　　　　　　　 773 800

③2025 年 1 月 10 日,支付利息。

借:应付利息　　　　　　　　　　　　　　　　　　　　 3 600 000
　　贷:银行存款　　　　　　　　　　　　　　　　　　　 3 600 000

④2025 年 12 月 31 日,确认和结转利息。

借:在建工程　　　　　　　　　　　　　　　　　　　　 4 417 500
　　贷:应付利息　　　　　　　　　　　　　　　　　　　 3 600 000
　　　　应付债券——利息调整　　　　　　　　　　　　　　 817 500

⑤2026 年 1 月 10 日，支付利息。

借：应付利息　　　　　　　　　　　　　　　　3 600 000
　　贷：银行存款　　　　　　　　　　　　　　　　　3 600 000

⑥2026 年 12 月 31 日，确认和结转利息。

借：财务费用　　　　　　　　　　　　　　　　4 458 700
　　贷：应付利息　　　　　　　　　　　　　　　　　3 600 000
　　　　应付债券——利息调整　　　　　　　　　　　　858 700

⑦2027 年 1 月 10 日，债券到期兑付。

借：应付利息　　　　　　　　　　　　　　　　3 600 000
　　应付债券——面值　　　　　　　　　　　　80 000 000
　　贷：应付利息　　　　　　　　　　　　　　　　83 600 000

第四节　金融资产和金融负债的终止确认

一、金融资产和金融负债的确认条件

企业成为金融工具合同的一方时，应当确认一项金融资产或金融负债。当企业尚未成为合同一方时，即使企业已有计划在未来交易，不管其发生的可能性有多大，都不是企业的金融资产或金融负债。

二、金融资产终止确认

金融资产终止确认是指企业将之前确认的金融资产从其资产负债表中予以转出。

金融资产满足下列条件之一的，应当终止确认。

（1）收取该金融资产现金流量的合同权利终止。如企业买入一项期权，企业直到期权到期日仍未行权，那么企业在合同权利到期后应当终止确认该期权形成的金融资产。

（2）该金融资产已转移，且该转移满足《企业会计准则第 23 号——金融资产转移》关于金融资产终止确认的规定。

三、金融负债终止确认

金融负债终止确认是指企业将之前确认的金融负债从其资产负债表中予以转出。《企业会计准则第 23 号——金融资产转移》规定，金融负债（或其一部分）的现时义务已经解除的，企业应当终止确认该金融负债（或该部分金融负债）。

出现以下两种情况之一时，金融负债（或其一部分）的现时义务已经解除。

（1）债务人通过履行义务（如偿付债权人）解除了金融负债（或其一部分）的现时义务。债务人通常使用现金、其他金融资产等方式偿债。

（2）债务人通过法定程序（如法院裁定）或债权人（如债务豁免），合法解除了债务人对金融负债（或其一部分）的主要责任。

思考题

1. 简述金融资产和金融负债的确认条件。
2. 简述金融资产的具体分类。
3. 金融资产后续计量的原则是什么?
4. 简述金融负债终止确认的情况。

第十一章 保险合同和金融工具的列报

新保险合同准则下与保险合同相关的列报要求和金融工具准则中有关金融工具的列报要求对保险公司会计信息披露非常重要，在讲述保险公司财务报告之前先分析这两部分的要求。

第一节 保险合同的列报

一、报表中相关项目的列示

（一）资产负债表

在资产负债表中，应该分别列示与保险合同有关的下列项目。
（1）保险合同资产。
（2）保险合同负债。
（3）分出再保险合同资产。
（4）分出再保险合同负债。

保险获取现金流量资产在资产负债表日的账面价值应当计入保险合同组合账面价值，即保险获取现金流量资产与未到期责任负债和已发生赔款负债在保险合同组合层面合并计算的账面价值为借方余额的，在资产负债表中列示为保险合同资产；为贷方余额的，列示为保险合同负债。分保摊回未到期责任资产和分保摊回已发生赔款资产在分出再保险合同组合层面合并计算的账面价值为借方余额的，在资产负债表中列示为分出再保险合同资产；为贷方余额的，列示为分出再保险合同负债。

（二）利润表

在利润表中，应该分别列示与保险合同有关的下列项目。
（1）保险服务收入。
（2）保险服务费用。
（3）分出保费的分摊。
（4）摊回保险服务费用。
（5）承保财务损益。
（6）分出再保险财务损益。

企业不得将分出保费的分摊列示为保险服务收入的减项。

企业应当分别列示签发的保险合同金融变动额和分出的再保险合同的保险合同金融变动额中计入其他综合收益的金额。

二、报表中相关项目的披露

保险公司应当在财务报表附注中披露保险合同准则适用范围内的合同的定性和定量信

息，包括其在财务报表中确认的金额、应用保险合同准则时所作的重大判断及其变更，以及这些合同所产生的风险的性质和程度。企业可以按照合同类型（如主要产品线）、地理区域（如国家或地区）或报告分部等对保险合同的信息披露进行恰当汇总。

（一）未到期责任负债（或分保摊回未到期责任资产）和已发生赔款负债（或分保摊回已发生赔款资产）余额调节表

1. 披露信息要求

企业应当在附注中分别就签发的保险合同和分出的再保险合同，单独披露未到期责任负债（或分保摊回未到期责任资产）和已发生赔款负债（或分保摊回已发生赔款资产）余额调节表，以反映与保险合同账面价值变动有关的下列信息。

（1）保险合同负债和保险合同资产（或分出再保险合同资产和分出再保险合同负债）的期初和期末余额及净额，以及净额调节情况。

（2）未到期责任负债（或分保摊回未到期责任资产）当期变动情况，亏损部分（或亏损摊回部分）应单独披露。

（3）已发生赔款负债（或分保摊回已发生赔款资产）当期变动情况，采用保费分配法的保险合同应分别披露未来现金流量现值和非金融风险调整。

（4）当期保险服务收入。

（5）当期保险服务费用。

（6）当期分出保费的分摊。

（7）当期摊回保险服务费用。

（8）不计入当期损益的投资成分。

（9）与当期服务无关但影响保险合同账面价值的金额，包括当期现金流量、再保险分入人不履约风险变动额、保险合同金融变动额、其他与保险合同账面价值变动有关的金额。当期现金流量应分别披露收到保费（或支付分出保费）、支付保险获取现金流量、支付赔款及其他相关费用（或收到摊回赔款及其他相关费用）。

2. 余额调节表格式

（1）保险合同的未到期责任负债和已发生赔款负债余额调节表。

企业签发的保险合同的未到期责任负债和已发生赔款负债自期初余额至期末余额的调节表示例如表 11.1 所示。

表 11.1 保险合同的未到期责任负债和已发生赔款负债余额调节表

项目	未采用保费分配法计量的合同				采用保费分配法计量的合同				
	未到期责任负债		已发生赔款负债	合计	未到期责任负债		已发生赔款负债		合计
	非亏损部分	亏损部分			非亏损部分	亏损部分	未来现金流量现值的估计	非金融风险调整	
期初保险合同负债（1）									
期初保险合同资产（2）									
期初保险合同净负债/资产（3）=（1）+（2）									

续表

项目	未采用保费分配法计量的合同				采用保费分配法计量的合同				
	未到期责任负债		已发生赔款负债	合计	未到期责任负债		已发生赔款负债		合计
	非亏损部分	亏损部分			非亏损部分	亏损部分	未来现金流量现值的估计	非金融风险调整	
保险服务收入[注1]（4）		/	/			/	/	/	
当期发生赔款及其他费用（保单获取现金流量除外）（5）	/	/			/	/			
保险获取现金流量摊销（6）									
已发生赔款负债相关履约现金流变动（7）	/	/			/	/			
亏损合同的确认及转回（8）	/		/		/		/	/	
其他费用（9）									
保险服务费用（10）=（5）+（6）+（7）+（8）+（9）									
保险服务业绩（11）=（4）±（10）									
保险合同金融变动额（12）									
其他损益变动（13）									
其他综合收益其他变动[注2]（14）									
相关综合收益变动合计（15）=（11）+（12）+（13）+（14）									
投资成分[注3]（16）		/	/			/	/	/	
收到的保费[注3]（17）		/	/			/	/	/	
支付保险获取现金流量（18）									
支付的赔款和其他相关费用（含投资成分）（19）	/	/			/	/			
其他现金流量（20）		/				/			
现金流量合计（21）=（17）+（18）+（19）+（20）		/				/			
其他变动（22）									
期末/年末的保险合同净负债/资产（23）=（3）+（15）+（16）+（21）+（22）									
期末/年末保险合同资产（24）									
期末/年末保险合同负债（25）									

注1：如果企业在当期内存在过渡日采用修正追溯调整法及公允价值法的合同，应将此行分成四行以分别披露过渡日采用修正追溯调整法的合同、过渡日采用公允价值法的合同及其余合同的保险服务收入以及保险服务收入合计金额。

注2：例如，外币报表折算差额。

注3：保费返还可以作为"投资成分"或"收到的保费"的减项。

（2）分出再保险合同的分保摊回未到期责任资产和分保摊回已发生赔款资产余额调节表。

分出的再保险合同的分保摊回未到期责任资产和分保摊回已发生赔款资产自期初余额至期末余额的调节表示例如表 11.2 所示。

表 11.2 分出再保险合同的分保摊回未到期责任资产和分保摊回已发生赔款资产余额调节表

项目	未采用保费分配法计量的合同				采用保费分配法计量的合同				
	分保摊回未到期责任资产		分保摊回已发生赔款资产	合计	分保摊回未到期责任资产		分保摊回已发生赔款资产		合计
	非亏损摊回部分	亏损摊回部分			非亏损摊回部分	亏损摊回部分	未来现金流量现值的估计	非金融风险调整	
期初/年初分出再保险合同资产（1）									
期初/年初分出再保险合同负债（2）									
期初/年初分出再保险合同净资产/负债（3）=（1）+（2）									
分出保费的分摊（4）		/	/			/	/	/	
摊回当期发生赔款及其他相关费用（5）	/				/				
亏损摊回部分的确认及转回（6）	/		/		/		/	/	
分保摊回已发生赔款资产相关履约现金流量变动（7）	/	/			/	/			
再保险分入人不履约风险变动额（8）									
其他摊回费用（9）									
摊回保险服务费用（10）=（5）+（6）+（7）+（8）+（9）									
分出再保险合同保险损益（11）=（4）+（10）									
分出再保险合同的保险合同金融变动额（12）									
其他损益变动（13）									
其他综合收益其他变动*（14）									
相关综合收益变动合计（15）=（11）+（12）+（13）+（14）									
投资成分**（16）		/				/		/	
支付的分出保费**（17）		/	/			/	/	/	
收到的摊回赔款及其他相关费用（含投资成分）（18）	/				/				
其他现金流量（19）									
现金流量合计（20）=（17）+（18）+（19）						/		/	
其他变动（21）									

续表

项目	未采用保费分配法计量的合同			采用保费分配法计量的合同		
期末/年末的分出再保险合同净资产/负债（22）=（3）+（15）+（16）+（20）+（21）						
期末/年末分出再保险合同资产（23）						
期末/年末分出再保险合同负债（24）						

*例如，外币报表折算差额。

**分出保费返还可以作为"投资成分"或"支付的分出保费"的减项。

3. 未采用保费分配法的保险合同须单独披露履约现金流量和合同服务边际余额调节表

对于未采用保费分配法的保险合同，企业还应当在附注中分别就签发的保险合同和分出的再保险合同，单独披露履约现金流量和合同服务边际余额调节表，以反映与保险合同账面价值变动有关的下列信息。

（1）保险合同负债和保险合同资产（或分出再保险合同资产和分出再保险合同负债）的期初和期末余额及净额，以及净额调节情况。

（2）未来现金流量现值当期变动情况。

（3）非金融风险调整当期变动情况。

（4）合同服务边际当期变动情况。

（5）与当期服务相关的变动情况，包括合同服务边际的摊销、非金融风险调整的变动、当期经验调整。

（6）与未来服务相关的变动情况，包括当期初始确认的保险合同影响金额、调整合同服务边际的估计变更、不调整合同服务边际的估计变更。

（7）与过去服务相关的变动情况，包括已发生赔款负债（或分保摊回已发生赔款资产）相关履约现金流量变动。

（8）与当期服务无关但影响保险合同账面价值的金额，包括当期现金流量、再保险分入人不履约风险变动额、保险合同金融变动额、其他与保险合同账面价值变动有关的金额。当期现金流量应分别披露收到保费（或支付分出保费）、支付保险获取现金流量、支付赔款及其他相关费用（或收到摊回赔款及其他相关费用）。

企业签发的保险合同、分出的再保险合同的履约现金流量和合同服务边际自期初余额至期末余额的调节表示例如下。

①保险合同的履约现金流量和合同服务边际余额调节表如表11.3所示。

表11.3 保险合同的履约现金流量和合同服务边际余额调节表

	未采用保费分配法计量的合同			
	未来现金流量现值	非金融风险调整	合同服务边际*	合计
期初/年初的保险合同负债（1）				
期初/年初的保险合同资产（2）				

续表

	未采用保费分配法计量的合同			合计
	未来现金流量现值	非金融风险调整	合同服务边际*	
期初/年初的保险合同净负债/资产（3）=（1）+（2）				
合同服务边际的摊销（4）	/	/		
非金融风险调整变动（5）	/		/	
当期经验调整（6）		/	/	
与当期服务相关的变动（7）=（4）+（5）+（6）				
当期初始确认的保险合同影响（8）				
调整合同服务边际的估计变更（9）				
不调整合同服务边际的估计变更（10）			/	
其他与未来服务相关变动（11）				
与未来服务相关的变动（12）=（8）+（9）+（10）+（11）				
已发生赔款负债相关履约现金流量变动（13）			/	
其他与过去服务相关的变动（14）			/	
与过去服务相关的变动（15）=（13）+（14）			/	
保险服务业绩（16）=（7）+（12）+（15）				
保险合同金融变动额（17）				
其他损益变动（18）				
其他综合收益变动**（19）				
相关综合收益变动估计（20）=（16）+（17）+（18）+（19）				
收到的保费（21）		/	/	
支付的保险获取现金流量（22）		/	/	
支付的赔款及其他相关费用(含投资成分)（23）		/	/	
其他现金流量（24）		/	/	
现金流量合计（25）=（21）+（22）+（23）+（24）		/	/	
其他变动（26）				
期末保险合同净负债/资产（27）=（3）+（20）+（25）+（26）				
期末/年初保险合同资产（28）				
期末/年初保险合同负债（29）				

*根据保险合同准则的规定，如果企业在当期内存在过渡日采用修正追溯调整法及公允价值法的合同，应将此列分成四列以分别披露过渡日采用修正追溯调整法的合同、过渡日采用公允价值法的合同及其余合同的合同服务边际以及合同服务边际合计金额。

**例如，外币报表折算差额。

②分出再保险合同的履约现金流量和合同服务边际余额调节表如表11.4所示。

表 11.4 分出再保险合同的履约现金流量和合同服务边际余额调节表

	未采用保费分配法计量的合同			
	未来现金流量现值	非金融风险调整	合同服务边际*	合计
期初/年初分出再保险合同资产（1）				
期初/年初分出再保险合同负债（2）				
期初/年初保险合同净资产/负债（3）=（1）+（2）				
合同服务边际的摊销（4）	/	/		
非金融风险调整变动（5）	/		/	
当期经验调整（6）		/		
与当期服务相关的变动（7）=（4）+（5）+（6）				
当期初始确认的分出再保险合同影响（8）				
调整合同服务边际的估计变更（9）				
不调整合同服务边际的估计变更（10）			/	
亏损摊回部分的确认及转回（11）				
其他与未来服务相关变动（12）				
与未来服务相关的变动（13）=（8）+（9）+（10）+（11）+（12）				
分保摊回已发生赔款负债相关履约现金流量变动（14）			/	
其他与过去服务相关的变动（15）				
与过去服务相关的变动（16）=（14）+（15）			/	
再保险分入人不履约风险变动额（17）			/	
分出再保险合同的保险损益（18）=（7）+（13）+（16）+（17）				
分出再保险合同的保险合同金融变动额（19）				
其他损益变动（20）				
其他综合收益变动**（21）				
相关综合收益变动估计（22）=（18）+（19）+（20）+（21）				
支付的分出保费（23）		/	/	
收到的摊回赔款及其他相关费用（含投资成分）（24）		/	/	
其他现金流量（25）		/		
现金流量合计（26）=（23）+（24）+（25）				
其他变动（27）				
期末/年末分出再保险合同净资产/负债（28）=（3）+（22）+（26）+（27）				
期末/年末分出再保险合同资产（29）				
期末/年末分出再保险合同负债（30）				

*根据保险合同准则的规定，如果企业在当期内存在过渡日采用修正追溯调整法及公允价值法的合同，应将此列分成四列以分别披露过渡日采用修正追溯调整法的合同、过渡日采用公允价值法的合同及其余合同的合同服务边际以及合同服务边际合计金额。

**例如，外币报表折算差额。

（二）保险获取现金流量资产

企业应当在附注中披露关于保险获取现金流量资产的下列定量信息。

（1）保险获取现金流量资产的期初和期末余额及其调节情况。

（2）保险获取现金流量资产当期的减值损失和转回情况。

（3）期末保险获取现金流量资产预计在未来按适当的时间段终止确认的相关信息。

（三）当期初始确认的保险合同对资产负债表的影响

对于未采用保费分配法的保险合同，企业应当在附注中分别就签发的保险合同和分出的再保险合同，披露当期初始确认的保险合同对资产负债表影响的下列信息。

（1）未来现金流出现值，保险获取现金流量的金额应单独披露。

（2）未来现金流入现值。

（3）非金融风险调整。

（4）合同服务边际。

对于当期初始确认的亏损合同组以及在合同转让或非同一控制下企业合并中取得的保险合同，企业应当分别披露其对资产负债表影响的上述信息。

（四）未采用保费分配法的保险合同的保险服务收入和合同服务边际

对于企业签发的未采用保费分配法的保险合同，应当在附注中披露与本期确认保险服务收入相关的下列定量信息。

（1）与未到期责任负债变动相关的保险服务收入，分别披露期初预计当期发生的保险服务费用、非金融风险调整的变动、合同服务边际的摊销、其他金额（如与当期服务或过去服务相关的保费经验调整）。

（2）保险获取现金流量的摊销。

对于未采用保费分配法的保险合同，企业应当在附注中分别就签发的保险合同和分出的再保险合同，披露期末合同服务边际在剩余期限内按适当的时间段摊销计入利润表的定量信息。

（五）保险合同金融变动额

企业应当披露当期保险合同金融变动额的定量信息及其解释性说明，包括对保险合同金融变动额与相关资产投资回报关系的说明。

（六）具有直接参与分红特征的保险合同

企业应当披露具有直接参与分红特征的保险合同相关的下列信息。

（1）基础项目及其公允价值。

（2）根据保险合同准则规定，将货币时间价值及金融风险的影响金额计入当期保险财务损益或其他综合收益对当期合同服务边际的影响。

对于具有直接参与分红特征的保险合同组，企业选择将保险合同金融变动额分解计入当期保险财务损益和其他综合收益的，根据保险合同准则规定，因是否持有基础项目的情况发生变动导致计入当期保险财务损益的计量方法发生变更的,应当披露变更原因和对财务报表项目的影响金额,以及相关合同组于变更当日的账面价值。

三、与保险合同计量相关的披露

(一)通用要求

企业应当披露与保险合同计量所采用的方法、输入值和假设等相关的下列信息。

(1)保险合同计量所采用的方法以及估计相关输入值的程序。

企业应当披露相关输入值的定量信息,不切实可行的除外。

(2)上述(1)中所述方法和程序的变更及其原因,以及受影响的合同类型。

(3)与保险合同计量有关的下列信息。

①对于不具有直接参与分红特征的保险合同,区分相机抉择与其他因素导致未来现金流量估计变更的方法。

②确定非金融风险调整的计量方法及计量结果所对应的置信水平,以及非金融风险调整变动额根据保险合同准则在利润表中的列示方法。企业采用置信水平法以外方法确定非金融风险调整的,应当披露所采用方法及其结果所对应的置信水平。

③确定折现率的方法,以及用于不随基础项目回报变动的现金流量折现的收益率曲线(或收益率曲线范围)。企业采用多个保险合同组汇总结果对折现率曲线进行披露的,应当采用加权平均(或相对狭窄区间)的方式披露收益率曲线(或收益率曲线范围)。

④确定投资成分的方法。

⑤确定责任单元组成部分及相对权重的方法。

企业选择将保险合同金融变动额分解计入当期保险财务损益和其他综合收益的,应当披露确定保险财务损益金额的方法及其说明。

(二)保费分配法计量的保险合同组

对于采用保费分配法计量的保险合同组,企业应当披露下列信息。

(1)合同组适用保费分配法的判断依据。

(2)未到期责任负债(或分保摊回未到期责任资产)和已发生赔款负债(或分保摊回已发生赔款资产)的计量是否反映货币时间价值及金融风险的影响。

(3)是否在保险获取现金流量发生时将其确认为费用。

四、与风险相关的披露

企业应当披露与保险合同产生的保险风险和金融风险等相关的定性和定量信息。金融风险包括市场风险、信用风险、流动性风险等。对于保险合同产生的各类风险,企业应当按类别披露下列信息。

(1)风险敞口及其形成原因,以及在本期发生的变化。

(2)风险管理的目标、政策和程序,以及计量风险的方法及其在本期发生的变化。

(3)期末风险敞口的汇总数据。该数据应当以向内部关键管理人员提供的相关信息为基础。期末风险敞口不能反映企业本期风险敞口变动情况的，企业应当进一步提供相关信息，包括披露相关事实、期末风险敞口不具代表性的原因，以及能够代表本期风险敞口的进一步信息。

（4）风险集中度信息，包括企业确定风险集中度的说明和参考因素（如保险事项类型、行业特征、地理区域、货币种类等）。

企业应当披露相关监管要求（如最低资本要求、保证利率等）对保险合同准则适用范围内的合同的影响。保险合同分组时，企业未考虑针对不同特征保单持有人设定不同价格或承诺不同利益水平的实际能力受到的法律法规或监管要求限制、将这些合同归入同一合同组的，企业应当披露这一事实。

（一）保险风险和市场风险

企业应当对保险风险和市场风险进行敏感性分析并披露下列信息。

（1）资产负债表日保险风险变量和各类市场风险变量发生合理、可能的变动时，将对企业损益和所有者权益产生的影响。

对于保险风险，敏感性分析应当反映对企业签发的保险合同及其经分出的再保险合同进行风险缓释后的影响。

对于各类市场风险，敏感性分析应当反映保险合同所产生的风险变量与企业持有的金融资产所产生的风险变量之间的关联性。

（2）本期进行敏感性分析所使用的方法和假设，以及在本期发生的变化及其原因。

企业为管理保险合同所产生的风险，采用不同于上述方法进行敏感性分析的，应当披露下列信息。

①用于敏感性分析的方法、选用的主要参数和假设。
②所用方法的目的，以及该方法提供信息的局限性。

企业应当披露索赔进展情况，以反映已发生赔款的实际赔付金额与未经折现的预计赔付金额的比较信息，及其与资产负债表日已发生赔款负债账面价值的调节情况。

索赔进展情况的披露应当从赔付时间和金额在资产负债表日仍存在不确定性的重大赔付最早发生期间开始，但最长披露期限可不超过十年。赔付时间和金额的不确定性在未来一年内将消除的索赔进展信息可以不披露。

例 11-1 某保险集团合并财务报表关于保险风险敏感性分析披露的示例如下（见表 11.5、表 11.6）。

1. 寿险

表 11.5 保险风险敏感性分析 %

假设	假设变化	对税前/税后利润的影响*		对所有者权益的影响		对税前/税后利润的影响*		对所有者权益的影响	
		再保前 2021年	再保后 2021年	再保前 2021年12月31日	再保后 2021年12月31日	再保前 2020年	再保后 2020年	再保前 2020年12月31日	再保后 2020年12月31日
死亡率	+%								

续表

假设	假设变化	对税前/税后利润的影响*		对所有者权益的影响		对税前/税后利润的影响		对所有者权益的影响	
		再保前 2021年	再保后 2021年	再保前 2021年 12月31日	再保后 2021年 12月31日	再保前 2020年	再保后 2020年	再保前 2020年 12月31日	再保后 2020年 12月31日
死亡率	-%								
疾病发生率	+%								
疾病发生率	%								
……	……								
……	……								

*企业可自行选择披露对税前利润或税后利润的影响。

2. 产险

表11.6 保险风险敏感性分析　　　　　　　　　　　　　%

假设	假设变化	对税前/税后利润的影响		对所有者权益的影响		对税前/税后利润的影响		对所有者权益的影响	
		再保前 2021年	再保后 2021年	再保前 2021年 12月31日	再保后 2021年 12月31日	再保前 2020年	再保后 2020年	再保前 2020年 12月31日	再保后 2020年 12月31日
赔付率	+%								
赔付率	%								
……	……								
……	……								

例11-2 某财产保险公司只经营机动车辆险，且其赔付时间和金额于20×9年12月31日仍存在不确定性的重大赔付最早发生在20×0年之前，该公司20×9年12月31日的索赔进展情况披露示例如表11.7所示。

表11.7 索赔进展情况

机动车辆险	事故发生年度										合计
	20×0	20×1	20×2	20×3	20×4	20×5	20×6	20×7	20×8	20×9	
再保前											
未经折现的累计赔付款项总额估计额											
事故年度末											
一年后											
两年后											
三年后											

续表

机动车辆险	事故发生年度										合计
	20×0	20×1	20×2	20×3	20×4	20×5	20×6	20×7	20×8	20×9	
四年后											
五年后											
六年后											
七年后											
八年后											
九年后											
累计已支付的赔款总额											
总负债——事故年度在 20×0 至 20×9 年之间											
总负债——事故年度在 20×0 年之前											
间接理赔费用、非金融风险调整及折现的影响											
……											
已发生赔款负债总额											
再保后											
未经折现的累计赔付款项净额估计额											
事故年度末											
一年后											
两年后											
三年后											
四年后											
五年后											
六年后											
七年后											
八年后											
九年后											
累计已支付的赔款净额											
净负债——事故年度在 20×0 至 20×9 年之间											
净负债——事故年度在 20×0 年之前											
……											
已发生赔款负债净额											
分保摊回已发生赔款资产总额											
已发生赔款负债总额											

（二）信用风险

企业应当披露与保险合同所产生的信用风险相关的下列信息。

（1）签发的保险合同和分出的再保险合同分别于资产负债表日的最大信用风险敞口。

（2）与分出再保险合同资产的信用质量相关的信息。

（三）流动性风险

企业应当披露与保险合同所产生的流动性风险相关的下列信息。

（1）对管理流动性风险的说明。

（2）对资产负债表日保险合同负债和分出再保险合同负债的到期期限分析。

到期期限分析应当基于合同组合，在汇总层面就保险合同负债和分出再保险合同负债进行披露，不要求逐个组合进行披露。所使用的时间段至少应当为资产负债表日后一年以内、一年至两年以内、两年至三年以内、三年至四年以内、四年至五年以内、五年以上。列入各时间段内的金额可以是未来现金流量现值或者未经折现的合同剩余净现金流量。

到期期限分析可以不包括采用保费分配法计量的保险合同负债和分出再保险合同负债中与未到期责任相关的部分。

（3）保单持有人可随时要求偿还的金额。企业应当说明该金额与相关保险合同组合账面价值之间的关联性。

例 11-3 某保险公司对 2021 年 12 月 31 日保险合同负债和分出再保险合同负债的到期期限分析进行披露（假设该公司选择披露的金额是未来现金流量现值）。

本公司保险合同负债和分出再保险合同负债的未来现金流量现值如表 11.8 和表 11.9 所示。

表 11.8 保险合同负债和分出再保险合同负债的未来现金流量现值（2021）

项目	2021 年 12 月 31 日						
	1 年以下	1~2 年	2~3 年	3~4 年	4~5 年	5 年以上	合计
保险合同负债对应的未来现金流量现值							
分出再保险合同负债对应的未来现金流量现值							

表 11.9 保险合同负债和分出再保险合同负债的未来现金流量现值（2020）

项目	2020 年 12 月 31 日						
	1 年以下	1~2 年	2~3 年	3~4 年	4~5 年	5 年以上	合计
保险合同负债对应的未来现金流量现值							
分出再保险合同负债对应的未来现金流量现值							

第二节 金融工具列报

金融工具列报的信息,应当有助于财务报表使用者了解企业所发行金融工具的分类、计量和列报的情况,以及企业所持有的金融资产和承担的金融负债的情况,并就金融工具对企业财务状况和经营成果影响的重要程度、金融工具使企业在报告期间和期末所面临风险的性质和程度,以及企业如何管理这些风险作出合理评价。

一、金融工具对财务状况和经营成果影响的列报

企业在对金融工具各项目进行列报时,应当根据金融工具的特点及相关信息的性质对金融工具进行归类,并充分披露与金融工具相关的信息,使得财务报表附注中的披露与财务报表列示的各项目相互对应。

在确定金融工具的列报类型时,企业至少应当将金融工具准则范围内的金融工具区分为以摊余成本计量和以公允价值计量的类型。

企业应当披露编制财务报表时对金融工具所采用的重要会计政策、计量基础和与理解财务报表相关的其他会计政策等信息,主要包括以下几点。

(1)对于指定为以公允价值计量且其变动计入当期损益的金融资产,企业应当披露下列信息。

①指定的金融资产的性质。

②企业如何满足运用指定的标准。企业应当披露该指定所针对的确认或计量不一致的描述性说明。

(2)对于指定为以公允价值计量且其变动计入当期损益的金融负债,企业应当披露下列信息。

①指定的金融负债的性质。

②初始确认时对上述金融负债做出指定的标准。

③企业如何满足运用指定的标准。对于以消除或显著减少会计错配为目的的指定,企业应当披露该指定所针对的确认或计量不一致的描述性说明。对于以更好地反映组合的管理实质为目的的指定,企业应当披露该指定符合企业正式书面文件载明的风险管理或投资策略的描述性说明。对于整体指定为以公允价值计量且其变动计入当期损益的混合工具,企业应当披露运用指定标准的描述性说明。

(3)如何确定每类金融工具的利得或损失。

二、资产负债表中的列示及相关披露

(1)企业应当在资产负债表或相关附注中列报下列金融资产或金融负债的账面价值。

①以摊余成本计量的金融资产。

②以摊余成本计量的金融负债。

③以公允价值计量且其变动计入其他综合收益的金融资产,并分别反映:以公允价值

计量且其变动计入其他综合收益的金融资产；在初始确认时被指定为以公允价值计量且其变动计入其他综合收益的非交易性权益工具投资。

④以公允价值计量且其变动计入当期损益的金融资产，并分别反映：根据分类为以公允价值计量且其变动计入当期损益的金融资产；根据指定为以公允价值计量且其变动计入当期损益的金融资产；根据在初始确认或后续计量时指定为以公允价值计量且其变动计入当期损益的金融资产。

⑤以公允价值计量且其变动计入当期损益的金融负债，并分别反映：根据分类为以公允价值计量且其变动计入当期损益的金融负债；根据在初始确认时指定为以公允价值计量且其变动计入当期损益的金融负债；根据在初始确认和后续计量时指定为以公允价值计量且其变动计入当期损益的金融负债。

（2）企业将本应按摊余成本或以公允价值计量且其变动计入其他综合收益计量的一项或一组金融资产指定为以公允价值计量且其变动计入当期损益的金融资产的，应当披露下列信息。

①该金融资产在资产负债表日使企业面临的最大信用风险敞口。
②企业通过任何相关信用衍生工具或类似工具使得该最大信用风险敞口降低的金额。
③该金融资产因信用风险变动引起的公允价值本期变动额和累计变动额。
④相关信用衍生工具或类似工具自该金融资产被指定以来的公允价值本期变动额和累计变动额。

信用风险，是指金融工具的一方不履行义务，造成另一方发生财务损失的风险。

金融资产在资产负债表日的最大信用风险敞口，通常是金融工具账面余额减去减值损失准备后的金额（已减去根据金融工具准则规定已抵销的金额）。

（3）企业将一项金融负债指定为以公允价值计量且其变动计入当期损益的金融负债，且企业自身信用风险变动引起的该金融负债公允价值的变动金额计入其他综合收益的，应当披露下列信息。

①该金融负债因自身信用风险变动引起的公允价值本期变动额和累计变动额。
②该金融负债的账面价值与按合同约定到期应支付债权人金额之间的差额。
③该金融负债的累计利得或损失本期从其他综合收益转入留存收益的金额和原因。

（4）企业将一项金融负债指定为以公允价值计量且其变动计入当期损益的金融负债，且该金融负债（包括企业自身信用风险变动的影响）的全部利得或损失计入当期损益的，应当披露下列信息。

①该金融负债因自身信用风险变动引起的公允价值本期变动额和累计变动额。
②该金融负债的账面价值与按合同约定到期应支付债权人金额之间的差额。

（5）企业应当披露用于确定金融资产因信用风险变动引起的公允价值变动额的估值方法，以及用于金融负债因自身信用风险变动引起的公允价值变动额的估值方法，并说明选用该方法的原因。如果企业认为披露的信息未能如实反映相关金融工具公允价值变动中由信用风险引起的部分，则应当披露企业得出此结论的原因及其他需要考虑的因素。

企业应当披露其用于确定金融负债自身信用风险变动引起的公允价值的变动计入其他

综合收益是否会造成或扩大损益中的会计错配的方法。企业根据将金融负债因企业自身信用风险变动引起的公允价值变动计入当期损益的,企业应当披露该金融负债与预期能够抵消其自身信用风险变动引起的公允价值变动的金融工具之间的经济关系。

(6)企业将非交易性权益工具投资指定为以公允价值计量且其变动计入其他综合收益的,应当披露下列信息。

①企业每一项指定为以公允价值计量且其变动计入其他综合收益的权益工具投资。

②企业做出该指定的原因。

③企业每一项指定为以公允价值计量且其变动计入其他综合收益的权益工具投资的期末公允价值。

④本期确认的股利收入,其中对本期终止确认的权益工具投资相关的股利收入和资产负债表日仍持有的权益工具投资相关的股利收入应当分别单独披露。

⑤该权益工具投资的累计利得和损失本期从其他综合收益转入留存收益的金额及其原因。

(7)企业本期终止确认了指定为以公允价值计量且其变动计入其他综合收益的非交易性权益工具投资的,应当披露下列信息。

①企业处置该权益工具投资的原因。

②该权益工具投资在终止确认时的公允价值。

③该权益工具投资在终止确认时的累计利得或损失。

(8)企业在当期或以前报告期间将金融资产进行重分类的,对于每一项重分类,应当披露重分类日、对业务模式变更的具体说明及其对财务报表影响的定性描述,以及该金融资产重分类前后的金额。

企业自上一年度报告日起将以公允价值计量且其变动计入其他综合收益的金融资产重分类为以摊余成本计量的金融资产的,或者将以公允价值计量且其变动计入当期损益的金融资产重分类为其他类别的,应当披露下列信息。

①该金融资产在资产负债表日的公允价值。

②如果未被重分类,该金融资产原来应在当期损益或其他综合收益中确认的公允价值利得或损失。

企业将以公允价值计量且其变动计入当期损益的金融资产重分类为其他类别的,自重分类日起到终止确认的每一个报告期间内,都应当披露该金融资产在重分类日确定的实际利率和当期已确认的利息收入。

(9)对于所有可执行的总互抵协议或类似协议下的已确认金融工具,以及符合金融工具准则抵销条件的已确认金融工具,企业应当在报告期末以表格形式(除非企业有更恰当的披露形式)分别按金融资产和金融负债披露下列定量信息。

①已确认金融资产和金融负债的总额。

②按金融工具准则规定抵销的金额。

③在资产负债表中列示的净额。

④可执行的总互抵协议或类似协议确定的,未包含在本条(2)中的金额,包括:不满

足金融工具准则抵销条件的已确认金融工具的金额;与财务担保物(包括现金担保)相关的金额,以在资产负债表中列示的净额扣除本条(4)①后的余额为限。

⑤资产负债表中列示的净额扣除本条④后的余额。

企业应当披露本条④所述协议中抵销权的条款及其性质等信息,以及不同计量基础的金融工具适用本条时产生的计量差异。

上述信息未在财务报表同一附注中披露的,企业应当提供不同附注之间的交叉索引。

(10)分类为权益工具的可回售工具,企业应当披露下列信息。

①可回售工具的汇总定量信息。

②对于按持有方要求承担的回购或赎回义务,企业的管理目标、政策和程序及其变化。

③回购或赎回可回售工具的预期现金流出金额以及确定方法。

(11)企业将特殊金融工具在金融负债和权益工具之间重分类的,应当分别披露重分类前后的公允价值或账面价值,以及重分类的时间和原因。

(12)企业应当披露作为负债或或有负债担保物的金融资产的账面价值,以及与该项担保有关的条款和条件。企业(转出方)向金融资产转入方提供了非现金担保物(如债务工具或权益工具投资等),转入方按照合同或惯例有权出售该担保物或将其再作为担保物的,企业应当将该非现金担保物在财务报表中单独列报。

(13)企业取得担保物(担保物为金融资产或非金融资产),在担保物所有人未违约时可将该担保物出售或再抵押的,应当披露该担保物的公允价值、企业已出售或再抵押担保物的公允价值,以及承担的返还义务和使用担保物的条款和条件。

(14)对于分类为以公允价值计量且其变动计入其他综合收益的金融资产,企业应当在财务报表附注中披露其确认的损失准备,但不应在资产负债表中将损失准备作为金融资产账面金额的扣减项目单独列示。

(15)对于企业发行的包含金融负债成分和权益工具成分的复合金融工具,嵌入了价值相互关联的多项衍生工具(如可赎回的可转换债务工具)的,应当披露相关特征。

(16)对于除基于正常信用条款的短期贸易应付款项之外的金融负债,企业应当披露下列信息。

①本期发生违约的金融负债的本金、利息、偿债基金、赎回条款的详细情况。

②发生违约的金融负债的期末账面价值。

③在财务报告批准对外报出前,就违约事项已采取的补救措施、对债务条款的重新议定等情况。

企业本期发生其他违反合同的情况,且债权人有权在发生违约或其他违反合同情况时要求企业提前偿还的,企业应当按上述要求披露。如果在期末前违约或其他违反合同情况已得到补救或已重新议定债务条款,则无须披露。

三、利润表相关信息的披露

企业应当披露与金融工具有关的下列收入、费用、利得或损失。

(1)以公允价值计量且其变动计入当期损益的金融资产和金融负债所产生的利得或损

失。其中，指定为以公允价值计量且其变动计入当期损益的金融资产和金融负债，以及分类为以公允价值计量且其变动计入当期损益的金融资产和分类为以公允价值计量且其变动计入当期损益的金融负债的净利得或净损失，应当分别披露。

（2）对于指定为以公允价值计量且其变动计入当期损益的金融负债，企业应当分别披露本期在其他综合收益中确认的和在当期损益中确认的利得或损失。

（3）分类为以公允价值计量且其变动计入其他综合收益的金融资产，企业应当分别披露当期在其他综合收益中确认的以及当期终止确认时从其他综合收益转入当期损益的利得或损失。

（4）指定为以公允价值计量且其变动计入其他综合收益的非交易性权益工具投资，企业应当分别披露在其他综合收益中确认的利得和损失以及在当期损益中确认的股利收入。

（5）除以公允价值计量且其变动计入当期损益的金融资产或金融负债外、按实际利率法计算的金融资产或金融负债产生的利息收入或利息费用总额，以及在确定实际利率时未予包括并直接计入当期损益的手续费收入或支出。

（6）企业通过信托和其他托情活动代他人持行资产或进行投资而形成的，直接计入当期损益的手续费收入或支出。

四、公允价值相关信息的披露

（1）企业应当披露每一类金融资产和金融负债的公允价值，并与账面价值进行比较。对于在资产负债表中相互抵销的金融资产和金融负债，其公允价值应当以抵销后的金额披露。

（2）金融资产或金融负债初始确认的公允价值与交易价格存在差异时，如果其公允价值并非基于相同资产或负债在活跃市场中的报价确定的，也非基于仅使用可观察市场数据的估值技术确定的，企业在初始确认金融资产或金融负债时不应确认利得或损失。在此情况下，企业应当按金融资产或金融负债的类型披露下列信息。

①企业在损益中确认交易价格与初始确认的公允价值之间差额时所采用的会计政策，以反映市场参与者对资产或负债进行定价时所考虑的因素（包括时间因素）的变动。

②该项差异期初和期末尚未在损益中确认的总额和本期变动额的调节表。

③企业如何认定交易价格并非公允价值的最佳证据，以及确定公允价值的证据。

（3）企业可以不披露下列金融资产或金融负债的公允价值信息。

①账面价值与公允价值差异很小的金融资产或金融负债（如短期应收账款或应付账款）。

②包含相机分红特征且其公允价值无法可靠计量的合同。

③租赁负债。

（4）对于包含相机分红特征且其公允价值无法可靠计量的合同，企业应当披露下列信息。

①对金融工具的描述及其账面价值，以及因公允价值无法可靠计量而未披露其公允价值的事实和说明。

②金融工具的相关市场信息。

③企业是否有意图处置以及如何处置这些金融工具。

④之前公允价值无法可靠计量的金融工具终止确认的,应当披露终止确认的事实,终止确认时该金融工具的账面价值和所确认的利得或损失金额。

五、金融工具风险信息披露

(一)定性和定量信息

企业应当披露与各类金融工具风险相关的定性和定量信息,以便财务报表使用者评估报告期末金融工具产生的风险的性质和程度,更好地评价企业所面临的风险敞口。相关风险包括信用风险、流动性风险、市场风险等。

1. 定性信息

对金融工具产生的各类风险,企业应当披露下列定性信息。

(1)风险敞口及其形成原因,以及在本期发生的变化。

(2)风险管理目标、政策和程序以及计量风险的方法及其在本期发生的变化。

2. 定量信息

对金融工具产生的各类风险,企业应当按类别披露下列定量信息。期末风险敞口的汇总数据。该数据应当以向内部关键管理人员提供的相关信息为基础。企业运用多种方法管理风险的,披露的信息应当以最相关和可靠的方法为基础。

除上述所要求的基于向关键管理人员提供的信息外,还应披露有关信用风险、流动风险和市场风险的信息。

企业还应当披露期末风险集中度信息,包括管理层确定风险集中度的说明和参考因素(包括交易对方、地理区域、货币种类、市场类型等),以及各风险集中度相关的风险敞口金额。

上述期末定量信息不能代表企业本期风险敞口情况的,应当进一步提供相关信息。

(二)信用风险披露

(1)为使财务报表使用者了解信用风险对未来现金流量的金额、时间和不确定性的影响,企业应当披露与信用风险有关的下列信息。

①企业信用风险管理实务的相关信息及其与预期信用损失的确认和计量的关系,包括计量金融工具预期信用损失的方法、假设和信息。

②有助于财务报表使用者评价在财务报表中确认的预期信用损失金额的定量和定性信息,包括预期信用损失金额的变动及其原因。

③企业的信用风险敞口,包括重大信用风险集中度。

④其他有助于财务报表使用者了解信用风险对未来现金流量金额、时间和不确定性的影响的信息。

(2)信用风险信息已经在其他报告(例如管理层讨论与分析)中予以披露并与财务报告交叉索引,且财务报告和其他报告可以同时同条件获得的,则信用风险信息无须重复列报。企业应当根据自身实际情况,合理确定相关披露的详细程度、汇总或分解水平以及是否须对所披露的定量信息作补充说明。

（3）企业应当披露与信用风险管理实务有关的下列信息。

①企业评估信用风险自初始确认后是否已显著增加的方法，并披露下列信息。

在资产负债表日只具有较低的信用风险的金融工具及其确定依据（包括适用该情况的金融工具类别）。逾期超过30日，而信用风险自初始确认后未被认定为显著增加的金融资产及其确定依据。

②企业对违约的界定及其原因。

③以组合为基础评估预期信用风险的金融工具的组合方法。

④确定金融资产已发生信用减值的依据。

⑤企业直接减记金融工具的政策，包括没有合理预期金融资产可以收回的迹象和已经直接减记但仍受执行活动影响的金融资产相关政策的信息。

⑥根据金融工具准则规定评估合同现金流量修改后金融资产的信用风险的，企业应当披露其信用风险的评估方法以及下列信息。

对于损失准备相当于整个存续期预期信用损失的金融资产，在发生合同现金流修改时，评估信用风险是否已下降，从而企业可以按照相当于该金融资产未来十二个月内预期信用损失的金额确认计量其损失准备。

对于符合的金融资产，企业应当披露其如何监控后续该金融资产的信用风险是否显著增加，从而按照相当于整个存续期预期信用损失的金额重新计量损失准备。

（4）企业应当披露有关金融工具减值所采用的输入值、假设和估值技术等相关信息，具体包括以下几点。

①用于确定下列各事项或数据的输入值、假设和估计技术：未来十二个月内预期信用损失和整个存续期的预期信用损失的计量；金融工具的信用风险自初始确认后是否已显著增加；金融资产是否已发生信用减值。

②确定预期信用损失时如何考虑前瞻性信息，包括宏观经济信息的使用。

③报告期估计技术或重大假设的变更及其原因。

（5）企业应当以表格形式按金融工具的类别编制损失准备期初余额与期末余额的调节表，分别说明下列项目的变动情况。

①按相当于未来十二个月预期信用损失的金额计量的损失准备。

②按相当于整个存续期预期信用损失的金额计量的下列各项的损失准备：自初始确认后信用风险已显著增加但并未发生信用减值的金融工具；对于资产负债表日已发生信用减值但并非购买或源生的已发生信用减值的金融资产；根据金融工具准则规定计量减值损失准备的应收账款、合同资产和租赁应收款。

③购买或源生的已发生信用减值的金融资产的变动。除调节表外，企业还应当披露本期初始确认的该类金融资产在初始确认时未折现的预期信用损失总额。

（6）为有助于财务报表使用者了解企业按照金融工具准则规定披露的损失准备变动信息，企业应当对本期发生损失准备变动的金融工具账面余额显著变动情况作出说明。这些说明信息应当包括定性和定量信息，并应当对按照规定披露损失准备的各项目分别单独披露，具体可包括下列情况下发生损失准备变动的金融工具账面余额显著变动信息。

①本期因购买或源生的金融工具所导致的变动。

②未导致终止确认的金融资产的合同现金流量修改所导致的变动。

③本期终止确认的金融工具（包括直接减记的金融工具）所导致的变动。

对于当期已直接减记但仍受执行活动影响的金融资产，还应当披露尚未结算的合同金额。

④因按照相当于未来十二个月预期信用损失或整个存续期内预期信用损失金额计量损失准备而导致的金融工具账面余额变动信息。

（7）为有助于财务报表使用者了解未导致终止确认的金融资产合同现金流量修改的性质和影响，及其对预期信用损失计量的影响，企业应当披露下列信息。

①企业在本期修改了金融资产合同现金流量，且修改前损失准备是按相当于整个存续期预期信用损失金额计量的，应当披露修改或重新议定合同前的摊余成本及修改合同现金流量的净利得或净损失。

②对于之前按照相当于整个存续期内预期信用损失的金额计量了损失准备的金融资产，而当期按照相当于未来十二个月内预期信用损失的金额计量该金融资产的损失准备的，应当披露该金融资产在资产负债表日的账面余额。

（8）为有助于财务报表使用者了解担保物或其他信用增级对源自预期信用损失的金额的影响，企业应当按照金融工具的类别披露下列信息。

①在不考虑可利用的担保物或其他信用增级的情况下，企业在资产负债表日的最大信用风险敞口。

②作为抵押持有的担保物和其他信用增级的描述，包括：所持有担保物的性质和质量的描述；本期由于信用恶化或企业担保政策变更，担保物或信用增级的质量发生显著变化的说明；由于存在担保物而未确认损失准备的金融工具的信息。

③企业在资产负债表日持有的担保物和其他信用增级为已发生信用减值的金融资产作抵押的定量信息（例如对担保物和其他信用增级降低信用风险程度的量化信息）。

（9）为有助于财务报表使用者评估企业的信用风险敞口并了解其重大信用风险集中度，企业应当按照信用风险等级披露相关金融资产的账面余额，以及贷款承诺和财务担保合同的信用风险敞口。这些信息应当按照下列各类金融工具分别披露。

①按相当于未来十二个月预期信用损失的金额计量损失准备的金融工具。

②按相当于整个存续期预期信用损失的金额计量损失准备的金融工具：自初始确认后信用风险已显著增加的金融工具（但并非已发生信用减值的金融资产）；在资产负债表日已发生信用减值但并非所购买或源生的已发生信用减值的金融资产；根据金融工具准则规定计量减值损失准备的应收账款、合同资产或者租赁应收款。

③购买或源生的已发生信用减值的金融资产。

信用风险等级是指基于金融工具发生违约的风险对信用风险划分的等级。

（10）对于属于金融工具准则范围，但不适用金融工具减值规定的各类金融工具，企业应当披露与每类金融工具信用风险有关的下列信息。

①在不考虑可利用的担保物或其他信用增级的情况下，企业在资产负债表日的最大信用风险敞口。金融工具的账面价值能代表最大信用风险敞口的，不再要求披露此项信息。

②企业应当披露可利用担保物或其他信用增级的信息及其对最大信用风险敞口的财务影响。

（11）企业本期通过取得担保物或其他信用增级所确认的金融资产或非金融资产，应当披露下列信息。

①所确认资产的性质和账面价值。

②对于不易变现的资产，应当披露处置或拟将其用于日常经营的政策等。

（三）流动性风险披露

（1）企业应当披露金融负债按剩余到期期限进行的到期期限分析，以及管理这些金融负债流动性风险的方法。

①对于非衍生金融负债（包括财务担保合同），到期期限分析应当基于合同剩余到期期限。对于包含嵌入衍生工具的混合金融工具，应当将其整体视为非衍生金融负债进行披露。

②对于衍生金融负债，如果合同到期期限是理解现金流量时间分布的关键因素，到期期限分析应当基于合同剩余到期期限。

当企业将所持有的金融资产作为流动性风险管理的一部分，且披露金融资产的到期期限分析使财务报表使用者能够恰当地评估企业流动性风险的性质和范围时，企业应当披露金融资产的到期期限分析。

流动性风险是指企业在履行以交付现金或其他金融资产的方式结算的义务时发生资金短缺的风险。

（2）企业在披露到期期限分析时，应当运用职业判断确定适当的时间段。列入各时间段内应当是未经折现的合同现金流量。

企业可以但不限于按时间段进行到期期限分析。

①一个月以内（含一个月，下同）。

②一个月至三个月以内。

③三个月至一年以内。

④一年至五年以内。

⑤五年以上。

（3）债权人可以选择收回债权时间的，债务人应当将相应的金融负债列入债权人可以要求收回债权的最早时间段内。

债务人应付债务金额不固定的，应当根据资产负债表日的情况确定到期期限分析所披露的金额。如分期付款的，债务人应当把每期将支付的款项列入相应的最早时间段内。

财务担保合同形成的金融负债，担保人应当将最大担保金额列入相关方可以要求支付的最早时间段内。

（4）企业应当披露流动性风险敞口汇总定量信息的确定方法。此类汇总定量信息中的现金（或另一项金融资产）流出符合下列条件之一的，应当说明相关事实，并提供有助于评价该风险程度的额外定量信息。

①该现金的流出可能显著早于汇总定量信息中所列示的时间。

②该现金的流出可能与汇总定量信息中所列示的金额存在重大差异。

如果以上信息已包括在金融工具准则规定的到期期限分析中，则无须披露上述额外定量信息。

（四）市场风险披露

金融工具的市场风险是指金融工具的公允价值或未来现金流量因市场价格变动而发生波动的风险，包括汇率风险、利率风险和其他价格风险。

汇率风险是指金融工具的公允价值或未来现金流量因外汇汇率变动而发生波动的风险。汇率风险可源于以记账本位币之外的外币进行计价的金融工具。

利率风险是指金融工具的公允价值或未来现金流量因市场利率变动而发生波动的风险。利率风险可源于已确认的计息金融工具和未确认的金融工具（如某些贷款承诺）。

其他价格风险是指金融工具的公允价值或未来现金流量因汇率风险和利率风险以外的市场价格变动而发生波动的风险，无论这些变动是由于与单项金融工具或其发行方有关的因素而引起的，还是由于与市场内交易的所有类似金融工具有关的因素而引起的。其他价格风险可源于商品价格或权益工具价格等的变化。

（1）在对市场风险进行敏感性分析时，应当以整个企业为基础，披露下列信息。

①资产负债表日所面临的各类市场风险的敏感性分析。该项披露应当反映资产负债表日相关风险变量发生合理、可能的变动时，将对企业损益和所有者权益产生的影响。对具有重大汇率风险敞口的每一种货币，应当分币种进行敏感性分析。

②本期敏感性分析所使用的方法和假设，以及本期发生的变化和原因。

（2）企业采用风险价值法或类似方法进行敏感性分析能够反映金融风险变量之间（如利率和汇率之间等）的关联性，且企业已采用该种方法管理金融风险的，应当披露下列信息。

①用于该种敏感性分析的方法、选用的主要参数和假设。

②所用方法的目的，以及该方法提供的信息在反映相关资产和负债公允价值方面的局限性。

（3）对敏感性分析的披露不能反映金融工具市场风险的（例如期末的风险敞口不能反映当期的风险状况），企业应当披露这一事实及其原因。

1. 资产负债表和利润表中保险合同列报的项目包括哪些？
2. 简述未到期责任负债和已发生赔款负债应披露会计信息的要求。
3. 企业应当披露哪些与各类金融工具风险相关的定性和定量信息？

第十二章 保险公司财务报告

第一节 财务报告概述

财务报告,又称财务会计报告是指企业对外提供的反映企业某一特定日期的财务状况和某一会计期间的经营成果、现金流量等会计信息的文件。

财务报告是企业财务会计确认与计量的最终结果体现,是向投资者等财务报告使用者提供决策有用信息的媒介和渠道,是投资者、债权人等使用者与企业管理层之间沟通信息的桥梁和纽带。

财务报告包括财务报表和其他应当在财务报告中披露的相关信息和资料。财务报表是财务报告的核心内容。

一、财务报表概述

财务报表是会计要素确认、计量的结果和综合性描述,会计准则中对会计要素确认、计量过程中所采用的各项会计政策被企业实际应用后将有助于企业可持续发展,反映企业管理层受托责任的履行情况。财务报表的构成和分类如图12.1所示。

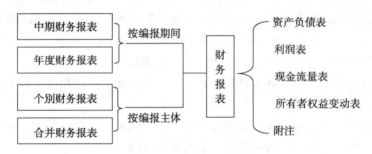

图12.1 财务报表的构成和分类

(一)财务报表的构成

财务报表由报表本身及其附注两部分构成。一套完整的财务报表至少应当包括资产负债表、利润表、现金流量表、所有者权益(或股东权益,下同)变动表以及附注。

(1)资产负债表是反映企业在某一特定日期的财务状况的会计报表。企业编制资产负债表的目的是通过如实反映企业的资产、负债和所有者权益金额及其结构情况。资产负债表有助于使用者评价企业资产的质量以及短期偿债能力、长期偿债能力、利润分配能力等。

(2)利润表是反映企业在一定会计期间的经营成果和综合收益的会计报表。企业编制利润表的目的是通过如实反映企业实现的收入、发生的费用,应当计入当期利润的利得和损失,以及其他综合收益、综合收益等金额及其结构情况。利润表有利于使用者分析评价企业的盈利能力及利润的构成与质量。

(3) 现金流量表是反映企业在一定会计期间的现金和现金等价物流入和流出的会计报表。企业编制现金流量表的目的是通过如实反映企业各项活动的现金流入和现金流出,从而让使用者评价企业生产经营过程,特别是经营活动中所形成的现金流量和资金周转情况。

(4) 所有者权益变动表是反映构成企业所有者权益的各组成部分当期增减变动情况的报表。所有者权益变动表应当全面反映一定时期所有者权益变动的情况,不仅包括所有者权益总量的增减变动,还包括所有者权益增减变动的重要结构性信息,特别是要反映直接计入所有者权益的利得和损失,让使用者准确理解所有者权益增减变动的根源。

(5) 附注是对在财务报表中列示项目所作的进一步说明,以及对未能在这些报表中列示项目的说明等。附注由若干附表和对有关项目的文字性说明组成,企业编制附注的目的是通过对报表本身作补充说明,以更加全面、系统地反映企业财务状况、经营成果和现金流量。

(二) 财务报表的分类

财务报表可以按照不同的标准进行分类。

(1) 按财务报表编报期间的不同,可以分为中期财务报表和年度财务报表。

中期财务报表是以短于一个完整会计年度的报告期间为基础编制的财务报表,包括月报、季报和半年报等。中期财务报表至少应当包括资产负债表、利润表、现金流量表和附注,其中,中期资产负债表、利润表和现金流量表应当是完整报表,其格式和内容应当与年度财务报表相一致。与年度财务报表相比,中期财务报表中的附注披露可适当简略。

(2) 按财务报表编报主体的不同,可以分为个别财务报表和合并财务报表。

个别财务报表是由企业在自身会计核算基础上对账簿记录进行加工而编制的财务报表,它主要用以反映企业自身的财务状况、经营成果和现金流量情况。合并财务报表是以母公司和子公司组成的企业集团为会计主体,根据母公司和所属子公司的财务报表,由母公司编制的综合反映企业集团财务状况、经营成果及现金流量的财务报表。

二、财务报表列报的基本要求

(一) 依据各项会计准则确认和计量的结果编制财务报表

企业应当根据实际发生的交易和事项,遵循基本准则、各项具体会计准则及解释的规定进行确认和计量,并在此基础上编制财务报表。企业不应以在附注中披露代替对交易和事项的确认和计量,即企业采用的不恰当的会计政策,不得通过在附注中披露等其他形式予以更正,企业应当对交易和事项进行正确的确认和计量。

(二) 列报基础

持续经营是会计的基本前提,是会计确认、计量及编制财务报表的基础。在编制财务报表的过程中,企业管理层应当全面评估企业的持续经营能力。企业管理层在对企业持续经营能力进行评估时,应当利用其所有可获得的信息,评估涵盖的期间应包括企业自报告期末起至少十二个月，评估需要考虑的因素包括宏观政策风险、市场经营风险、企业目前或长期的盈利能力、偿债能力、财务弹性以及企业管理层改变经营政策的意向等。评价结果表明对持续经营能力产生重大怀疑的，企业应当在附注中披露导致对持续经营能力产生重大怀疑的影响因素。

（三）权责发生制

除现金流量表按照收付实现制编制外，企业应当按照权责发生制编制其他财务报表。

（四）列报的一致性

可比性是会计信息质量的一项重要质量要求，目的是使同一企业不同期间和同一期间不同企业的财务报表相互可比。可比性要求财务报表项目的列报应当在各个会计期间保持一致，不得随意变更，这一要求不仅针对财务报表中的项目名称，还包括财务报表项目的分类、排列顺序等方面。

当会计准则要求改变，或者企业经营业务的性质发生重大变化或重大的购买或处置事项等对企业经营影响较大的交易或事项发生后，变更财务报表项目的列报能够提供更可靠、更相关的会计信息时，财务报表项目的列报是可以改变的，此时企业应当按照准则规定提供编制的比较信息。

（五）重要性和项目列报

财务报表是通过对大量的交易或事项进行处理后编制的，这些交易或事项按其性质或功能汇总归类列入财务报表中的相关项目。项目在财务报表中是单独列报还是合并列报，应当依据重要性原则来判断。如果某项目单个看不具有重要性，则可将其与其他项目合并列报；如具有重要性，则应当单独列报。具体而言，应当遵循以下原则。

（1）性质或功能不同的项目，一般应当在财务报表中单独列报。如损余物资和固定资产在性质上和功能上都有本质差别，必须分别在资产负债表上单独列报。

（2）性质或功能类似的项目，一般可以合并列报。

（3）项目单独列报的原则不仅适用于报表，还适用于附注。某些项目的重要程度不足以在资产负债表、利润表、现金流量表或所有者权益变动表中单独列示，但是可能对附注而言却具有重要性，在这种情况下应当在附注中单独披露。

（4）无论是财务报表列报准则规定的单独列报项目，还是其他具体会计准则规定单独列报的项目，企业都应当予以单独列报。

重要性是判断项目是否单独列报的重要标准。企业在进行重要性判断时，应当根据所处环境，从项目的性质和金额大小两个方面予以判断：一方面，应当考虑该项目的性质是否属于企业日常活动、是否显著影响企业的财务状况、经营成果和现金流量等因素；另一方面，判断项目金额大小的重要性，应当通过单项金额占资产总额、负债总额、所有者权益总额、营业收入总额、营业成本总额、净利润、综合收益总额等直接相关或所属报表单列项目金额的比重加以确定。此外，对于同一项目而言，其重要性的判断标准一经确定，不得随意变更。

（六）财务报表项目金额间的相互抵销

财务报表项目应当以总额列报，资产和负债、收入和费用、直接计入当期利润的利得项目和损失项目的金额不能相互抵销，即不得以净额列报。如果相互抵销，所提供的信息就不完整，信息的可比性大为降低，难以在同一企业不同期间以及同一期间不同企业的财务报表之间实现相互可比，报表使用者难以据以作出判断。如企业欠客户的应付款不得与其他客户欠本企业的应收款相抵销，如果相互抵销就掩盖了交易的实质。再如收入和费用反映了企业投入和产出之间的关系，是企业经营成果的两个方面，为了更好地反映经济交易的实质、考核企业经营管理水平以及预测企业未来现金流量，收入和费用不得相互抵销。

（七）比较信息的列报

企业在列报当期财务报表时，至少应当提供所有列报项目上一可比会计期间的比较数据，以及与理解当期财务报表相关的说明。其目的是向报表使用者提供对比数据，提高信息在会计期间的可比性，以反映企业财务状况、经营成果和现金流量的发展趋势，提高报表使用者的判断与决策能力。列报比较信息的这一要求既适用于四张报表，也适用于附注。

企业列报所有列报项目上一可比会计期间的比较数据，至少包括两套报表及其相关附注；当企业追溯应用会计政策或追溯重述，或者重新分类财务报表项目时，企业应当在一套完整的财务报表中列报最早可比期间期初的财务报表，即应当至少列报三份资产负债表、两份其他各报表及其相关附注。其中，列报的三份资产负债表分别指当期期末的资产负债表、上一期期末（即当期期初）的资产负债表，以及最早可比期间的期初资产负债表。

在财务报表项目的列报确需发生变更的情况下，企业应当对上期比较数据按照当期的列报要求进行调整，并在附注中披露调整的原因和性质，以及调整的各项目金额，通常应当列报两期各报表和相关附注。但是，在某些情况下，对上期比较数据进行调整是不切实可行的，则企业应当在附注中披露不能调整的原因，以及假设金额重新分类可能进行的调整的性质。

（八）财务报表表首部分的列报要求

财务报表通常与其他信息（如企业年度报告等）一起公布，按照企业会计准则编制的财务报表应当与一起公布的同一文件中的其他信息相区分。财务报表一般分为表首、正表两部分。企业应当在表首部分概括地说明下列基本信息。

（1）编报企业的名称，如企业名称在所属当期发生变更的，还应明确标明。

（2）对资产负债表而言，须披露资产负债表日；对利润表、现金流量表、所有者权益变动表而言，须披露报表涵盖的会计期间。

（3）货币名称和单位，按照我国企业会计准则的规定，企业应当以人民币作为记账本位币列报，并标明金额单位，如人民币元、人民币万元等。

（4）财务报表是合并财务报表的，应当予以标明。

（九）报告期间

企业至少应当编制年度财务报表。根据《中华人民共和国会计法》的规定，会计年度自公历1月1日起至12月31日止。编制年度财务报表涵盖的期间短于一年的情况下，如企业在年度中间（如3月1日）开始设立等，企业应当披露年度财务报表的实际涵盖期间及其短于一年的原因，并应当说明由此引起的财务报表项目与比较数据不具可比性这一事实。

第二节　现行实务下保险公司财务报表

一、资产负债表

（一）资产负债表的内容

资产负债表是反映企业在某一特定日期的财务状况的会计报表，是对企业在某一特定日期的资产、负债和所有者权益的结构性表述。

资产负债表包含资产、负债以及所有者权益三大部分，企业根据三者之间的勾稽关系，按照一定的分类标准和顺序，将一定日期的资产、负债和所有者权益各项目予以适当排列形成资产负债表，从而反映企业资产、负债及所有者权益的总体规模和结构。资产负债表首要作用为提供企业利益相关者有关企业财务状况方面的信息，例如通过某一日期资产的总额及其结构表明企业拥有或控制的资源及其分布情况、通过某一日期负债总额及其结构表明企业未来需要用多少资产或劳务清偿债务及清偿时间以及通过反映所有者权益来判断资本保值、增值的情况以及对负债的保障程度。另外利用资产负债表会计信息计算相关指标进行财务分析，有助于会计报表使用者作出经济决策。

（二）资产负债表的结构

在我国，资产负债表采用账户式结构。报表分为左右两方，左方列示资产各项目，反映全部资产的分布及存在形态；右方列示负债和所有者权益各项目，反映全部负债和所有者权益的内容及构成情况。资产负债表左右双方平衡，资产总计等于负债和所有者权益总计，即"资产＝负债＋所有者权益"。此外，为了使使用者通过比较不同时点资产负债表的数据，掌握企业财务状况的变动情况及发展趋势，企业需要提供比较资产负债表。资产负债表还就各项目再分为"期末余额"和"上年年末余额"两栏分别填列。

在科目列示上，资产负债表中的资产、负债及所有者权益应当分类分项反映，其中资产与负债项目按流动性大小列示，所有者权益则按实收资本、资本公积、盈余公积、未分配利润等项目列示。

（三）资产负债表的格式

保险公司由于在经营内容上不同于一般的工商企业，其资产、负债、所有者权益的构成项目也不同于一般的工商企业，具有特殊性。现行实务下，我国保险公司的报表格式是基于2018年财政部颁发的通知（财会〔2018〕36号），另外，2022年财政部又颁布了新准则下的保险公司会计报表（财会〔2022〕37号）。本节介绍的是现行实务中即2018年的财务报表，下一节介绍新准则下的财务报表即2022年的财务报表。保险公司资产负债表格式如表12.1所示。

表 12.1　资产负债表

会保 01 表

编制单位：　　　　　　　　　　　　　　　____年__月__日　　　　　　　　　　　　单位：元

资　　产	期末余额	年初余额	负债和所有者权益（或股东权益）	期末余额	年初余额
资　产：			负　债：		
货币资金			短期借款		
拆出资金			拆入资金		
交易性金融资产			交易性金融负债		
衍生金融资产			衍生金融负债		
买入返售金融资产			卖出回购金融资产款		
应收利息			预收保费		
应收保费			应付手续费及佣金		
应收代位追偿款			应付分保账款		
应收分保账款			应付职工薪酬		
应收分保未到期责任准备金			应交税费		
应收分保未决赔款准备金			应付赔付款		
应收分保寿险责任准备金			应付保单红利		
应收分保长期健康险责任准备金			保户储金及投资款		
保户质押贷款			未到期责任准备金		
定期存款			未决赔款准备金		
可供出售金融资产			寿险责任准备金		
持有至到期投资			长期健康险责任准备金		
长期股权投资			长期借款		
存出资本保证金			应付债券		
投资性房地产			独立账户负债		
固定资产			递延所得税负债		
无形资产			其他负债		
独立账户资产			负债合计		
递延所得税资产			所有者权益（或股东权益）：		
其他资产			实收资本（或股本）		
			资本公积		
			减：库存股		
			盈余公积		
			一般风险准备		
			未分配利润		
			所有者权益（或股东权益）合计		
资产总计			负债和所有者权益（或股东权益）总计		

第十二章　保险公司财务报告

(四)资产负债表的填报方法

1. 年初余额栏的填列方法

资产负债表中"年初余额"栏内各项数字,应根据上年年末资产负债表"期末余额"栏内所列数字填列。如果本年度资产负债表规定的各个项目的名称和内容同上年度不相一致,应对上年年末资产负债表各项目的名称和数字按照本年度的规定进行调整,填入本表"年初余额"栏内。

2. 期末余额栏的填列方法

资产负债表"期末余额"栏内关系数字,一般应根据资产、负债、所有者权益科目的期末余额填列。各项目的内容和填列方法如下。

1)资产类项目的填列说明

(1)"货币资金"项目,反映公司期末持有的现金、银行存款中的活期存款部分和其他货币资金总额。本项目根据"库存现金""银行存款——活期存款"明细科目的期末余额借方合计数填列。

(2)"拆出资金"项目,反映公司拆借给境内、境外其他金融机构的款项。本项目根据"拆出资金"科目的期末余额填列。

(3)"交易性金融资产"项目,反映公司持有的以公允价值计量且其变动计入当期损益的为交易目的所持有的债券投资、股票投资、基金投资、权证投资等金融资产。本项目根据"交易性金融资产"科目的期末余额填列。

(4)"衍生金融资产"项目,反映公司衍生金融工具业务中的衍生金融工具的公允价值及其变动形成的衍生资产。本项目根据"衍生工具""套期工具""被套期项目"科目的期末借方余额填列。

(5)"买入返售金融资产"项目,反映公司按返售协议的约定先买入再按固定价格返售给卖出方的票据、证券、贷款等金融资产所融出的资产。本项目根据"买入返售金融资产"科目的期末余额填列。

(6)"应收利息"项目,反映公司交易性金融资产、持有至到期投资、可供出售金融资产、发放贷款、拆出资金、买入返售金融资产等应收取的利息。本项目根据"应收利息"科目的期末余额减去"坏账准备——应收利息"明细科目的期末余额填列。

(7)"应收保费"项目,反映公司原保险合同约定应向投保人收取但尚未收到的保险费。本项目根据"应收保费"科目的期末余额减去"坏账准备——应收保费"明细科目的期末余额填列。

(8)"应收代位追偿款"项目,反映公司按照原保险合同约定承担赔付保险金责任后确认的代位追偿款。本项目根据"应收代位追偿款"科目的期末余额减去"坏账准备——应收代位追偿款"明细科目的期末余额填列。

(9)"应收分保账款"项目,反映公司从事再保险业务应收取的款项。本项目应根据"应收分保账款"科目的期末余额减去"坏账准备——应收分保账款"明细科目的期末余额填列。

（10）"应收分保未到期责任准备金"项目，反映再保险分出人从事再保险业务确认的应收分保未到期责任准备金。本项目根据"应收分保合同准备金——应收分保未到期责任准备金"明细科目的期末余额减去"坏账准备——应收分保未到期责任准备金"明细科目的期末余额填列。

（11）"应收分保未决赔款准备金"项目，反映再保险分出人从事再保险业务应向再保险接受人摊回的未决赔款准备金。本项目根据"应收分保合同准备金——应收分保未决赔款准备金"明细科目的期末余额减去"坏账准备——应收分保未决赔款准备金"明细科目的期末余额填列。

（12）"应收分保寿险责任准备金"项目，反映再保险分出人从事再保险业务应向再保险接受人摊回的寿险责任准备金。本项目根据"应收分保合同准备金——应收分保寿险责任准备金"明细科目的期末余额减去"坏账准备——应收分保寿险责任准备金"明细科目的期末余额填列。

（13）"应收分保长期健康险责任准备金"项目，反映再保险分出人从事再保险业务应向再保险接受人摊回的长期健康险责任准备金。本项目根据"应收分保合同准备金——应收分保长期健康险责任准备金"明细科目的期末余额减去"坏账准备——应收分保长期健康险责任准备金"明细科目的期末余额填列。

（14）"保户质押贷款"项目，反映公司按规定向保户提供的贷款。本项目根据"保户质押贷款"科目的期末余额减去"贷款损失准备"科目余额后的净额填列。

（15）"定期存款"项目，反映公司银行存款中三个月以上定期存款部分。本项目根据"银行存款——定期存款"明细科目的期末余额填列。

（16）"可供出售金融资产"项目，反映公司持有的供出售金融资产的公允价值。本项目根据"可供出售金融资产"科目的期末余额填列。

（17）"持有至到期投资"项目，反映公司已表明有意且有能力持有至到期日的定期债券投资的摊余成本。本项目根据"持有至到期投资"科目的期末余额，减去"持有至到期投资减值准备"科目期末余额后的金额填列。

（18）"长期股权投资"项目，反映企业持有的对子公司、联营企业和合营企业的长期股权投资。本项目根据"长期股权投资"科目的期末余额，减去"长期股权投资减值准备"科目期末余额后的金额填列。

（19）"存出资本保证金"项目，反映公司按规定比例缴存的资本保证金。本项目根据"存出资本保证金"科目的期末余额填列。

（20）"投资性房地产"项目，反映公司为赚取租金或资本增值，或两者兼有而持有的房地产的成本。本项目根据"投资性房地产"科目的期末余额，减去"投资性房地产累计折旧（摊销）"和"投资性房地产减值准备"科目期末余额后的金额填列。

（21）"固定资产"项目，反映公司各种固定资产原价减去累计折旧和累计减值准备后的净额再加上固定资产清理的价值。本项目根据"固定资产"科目的期末余额，减去"累计折旧"和"固定资产减值准备"科目期末余额后的金额，以及"固定资产清理"科目期末余额的合计数填列。

（22）"无形资产"项目，反映公司持有的无形资产，包括专利权、非专利技术、商标权、著作权、土地使用权等。本项目根据"无形资产"科目的期末余额减去"累计摊销"和"无形资产减值准备"科目的期末余额后的金额填列。

（23）"独立账户资产"项目，反映公司对分拆核算的投资连结产品不属于风险保障部分确认的独立账户资产价值。本项目根据"独立账户资产"科目的期末余额填列。

（24）"递延所得税资产"项目，反映公司确认的可抵扣暂时性差异产生的递延所得税资产。本项目根据"递延所得税资产"科目的期末余额填列。

（25）"其他资产"项目，反映公司"应收股利""预付赔付款""存出保证金""存出准备金""其他应收款""低值易耗品""在建工程""长期待摊费用""抵债资产""损余物资""垫缴保费""预付分出保费""代付赔付款""托收票据""应收票据"等项目的内容。本项目根据"应收股利""预付赔付款""存出保证金""存出准备金""其他应收款""低值易耗品""在建工程""长期待摊费用""抵债资产""损余物资""垫缴保费""预付分出保费""代付赔付款""托收票据""应收票据"等科目的期末余额，减去"坏账准备"科目中有关应收款计提的坏账准备期末余额，以及"在建工程减值准备""抵债资产跌价准备""损余物资跌价准备""低值易耗品跌价准备"期末余额后的金额填列。

2）负债类项目的填列说明

（1）"短期借款"项目，反映公司向银行或其他金融机构等借入的期限在一年以下（含一年）的各种借款。本项目根据"短期借款"科目的期末余额填列。

（2）"拆入资金"项目，反映公司从境内、境外金融机构拆入的款项。本项目根据"拆入资金"科目的期末余额填列。

（3）"交易性金融负债"项目，反映公司持有的以公允价值计量且其变动计入当期损益的金融负债和直接指定为以公允价值计量且其变动计入当期损益的金融负债。本项目根据"交易性金融负债"科目的期末余额填列。

（4）"衍生金融负债"项目，反映公司衍生金融工具业务中的衍生金融工具的公允价值及其变动形成的衍生负债。本项目根据"衍生工具""套期工具""被套期项目"科目的期末贷方余额填列。

（5）"卖出回购金融资产款"项目，反映公司按回购协议先卖出再按固定价格买入票据、证券、贷款等金融资产所融入的资金。本项目根据"卖出回购金融资产款"科目的期末余额填列。

（6）"预收保费"项目，反映公司收到未满足保费收入确认条件的保险费。本项目根据"预收保费"科目的期末余额填列。如"预收保费"科目所属明细科目期末有借方余额的，应在资产负债表"应收保费"项目内填列。

（7）"应付手续费及佣金"项目，反映公司应支付但尚未支付的应付手续费及佣金。本项目根据"应付手续费及佣金"科目的期末余额填列。

（8）"应付分保账款"项目，反映公司从事再保险业务应付未付的款项。本项目根据"应付分保账款"科目的期末余额填列。

（9）"应付职工薪酬"项目，反映公司根据有关规定应付给职工的工资、职工福利、社会保险费、住房公积金、工会经费、职工教育经费、短期带薪缺勤、短期利润分享计划、非货币性福利、离职福利、辞退福利等各种薪酬。外商投资公司按规定从净利润中提取的职工奖励及福利基金，也在本项目列示。本项目根据"应付职工薪酬"科目的期末余额填列。

（10）"应交税费"项目，反映公司按照税法规定计算应交纳的各种税费，包括增值税、所得税、土地增值税、城市维护建设税、房产税、土地使用税、车船使用税、教育费附加等。公司代扣代交的个人所得税和个人增值税及附加等，也通过本项目列示。公司所交纳的税金不需要预计应交数的，如印花税等，不在本项目列示。本项目根据"应交税费"科目的期末贷方余额填列。该科目期末如为借方余额，以"-"号表示。

（11）"应付赔付款"项目，反映公司应付但未付给保户的赔付款。本项目根据"应付赔付款"科目的期末余额填列。

（12）"应付保单红利"项目，反映公司按原保险合同约定应付但未付给投保人的红利。本项目根据"应付保单红利"科目的期末余额填列。

（13）"保户储金及投资款"项目，反映公司以储金本金增值作为保费收入的保险业务收到保户缴存的储金以及投资型保险业务的投资本金。本项目根据"保户储金"科目及"保户投资款"科目的期末余额填列。

（14）"未到期责任准备金"项目，反映公司提取的非寿险原保险合同未到期责任准备金。本项目根据"未到期责任准备金"科目的期末余额填列。

（15）"未决赔款准备金"项目，反映公司提取的原保险合同未决赔款准备金。本项目根据"保险责任准备金——未决赔款准备金"明细科目的期末余额填列。

（16）"寿险责任准备金"项目，反映公司提取的原保险合同寿险责任准备金。本项目根据"保险责任准备金——寿险责任准备金"明细科目的期末余额填列。

（17）"长期健康险责任准备金"项目，反映公司提取的原保险合同长期健康险责任准备金。本项目根据"保险责任准备金——长期健康险责任准备金"明细科目的期末余额填列。

（18）"保费准备金"项目，反映公司农业保险业务提取的保费准备金。本项目根据"保费准备金"科目的期末余额填列。

（19）"长期借款"项目，反映公司向银行或其他金融机构借入的期限在一年以上（不含一年）的各项借款。本项目根据"长期借款"科目的期末余额填列。

（20）"应付债券"项目，反映公司为筹集长期资金而发行的债券本金和利息。本项目根据"应付债券"科目的期末余额填列。

（21）"独立账户负债"项目，反映公司对分拆核算的投资连结产品不属于风险保障部分确认的独立账户资产负债。本项目根据"独立账户负债"科目的期末余额填列。

（22）"递延所得税负债"项目，反映公司确认的应纳税暂时性差异产生的所得税负债。本项目根据"递延所得税负债"科目的期末余额填列。

（23）"其他负债"项目，反映公司"应付股利""应付利息""其他应付款""预收赔付款""存入保证金""暂收保费""应付保费""代理业务负债""未确认融资费用""预计负债""长期应付款""一年内到期的长期负债"等项目的内容。本项目根据"应付股利""应付利息""其他应付款""预收赔付款""存入保证金""暂收保费""应付保费""代理业务负债""未确认融资费用""预计负债""长期应付款"等科目的期末余额减去将于一年内(含一年)到期偿还后的余额填列。

3)所有者权益项目的填列说明

(1)"实收资本(或股本)"项目,反映公司各投资者实际投入的资本(或股本)总额。本项目根据"实收资本(或股本)"科目的期末余额填列。

(2)"其他权益工具"项目,反映公司发行的除普通股以外分类为权益工具的金融工具的账面价值。本项目根据"其他权益工具"科目的期末余额填列。

(3)"资本公积"项目,反映公司收到投资者出资额超出其在注册资本或股本中所占的份额以及直接计入所有者权益的利得或损失。本项目应根据"资本公积"科目的期末余额填列。

(4)"其他综合收益"项目,反映公司根据企业会计准则规定未在损益中确认的各项利得和损失,包括可供出售金融资产公允价值的变动,可供出售外币非货币性项目的汇兑差额,权益法下被投资单位其他所有者权益变动形成的利得和损失,存货或自用房地产转换为采用公允价值模式计量的投资性房地产形成的利得和损失,金融资产的重分类形成的利得和损失,现金流量套期工具产生的利得和损失中属于有效套期部分,外币财务报表折算差额。本项目应根据"其他综合收益"科目的期末余额填列。

(5)"盈余公积"项目,反映公司从净利润提取的盈余公积。本项目根据"盈余公积"科目的期末余额填列。

(6)"一般风险准备"项目,反映公司从净利润提取的一般风险准备金。本项目根据"一般风险准备"科目的期末余额填列。

(7)"大灾风险利润准备"项目,反映公司从净利润提取的大灾风险利润准备金。本项目根据"大灾风险利润准备"科目的期末余额填列。

(8)"未分配利润"项目,反映公司尚未分配的利润。本项目根据"本年利润"和"利润分配"科目的期末余额分析填列,未弥补亏损在本项目中以"-"号表示。

(9)"库存股"项目,反映公司收购的尚未转让或注销的本公司股份金额。本项目根据"库存股"科目的期末余额填列。

二、利润表

(一)利润表的内容

利润表,又称损益表,是反映企业在一定会计期间的经营成果的报表。它是在会计凭证、会计账簿等会计资料的基础上进一步确认企业一定会计期间经营成果的结构性表述,综合反映企业利润的实现过程和利润的来源及构成情况,是对企业一定会计期间经营业绩的系统总结。

利润表的主要作用是有助于使用者分析判断企业净利润的质量及其风险,评价企业经营管理效率,有助于使用者预测企业净利润的持续性,从而作出正确的决策。利润表可以反映企业在一定会计期间的收入实现情况,如实现的营业收入、取得的投资收益、发生的公允价值变动损益及营业外收入等对利润的贡献大小；可以反映企业一定会计期间的费用耗费情况，如发生的营业成本、税金及附加、业务及管理费用、财务费用、营业外支出等对利润的影响程度；可以反映企业一定会计期间的净利润实现情况，分析判断企业受托责任的履行情况，进而还可以反映企业资本的保值增值情况，为企业管理者解脱受托责任提供依据。将利润表资料及信息与资产负债表资料及信息相结合进行综合计算分析，如将费用成本与资产总额的平均余额进行比较，可以反映保险公司运用其资源的能力和效率，便于分析判断企业资金周转情况及盈利能力和水平，进而判断企业未来的盈利增长和发展趋势，作出相应经济决策。

（二）利润表的结构

利润表主要由表首、表体两部分组成。表首部分应列明报表名称、编制单位名称、编制日期、报表编号和计量单位；表体部分是利润表的主体，列示了形成经营成果的各个项目和计算过程。利润表表体部分的基本结构主要根据"收入－费用＝利润"平衡公式，按照各具体项目的性质和功能作为分类标准，依次将某一会计期间的收入、费用和利润的具体项目予以适当的排列编制而成。利润表项目的性质是指各具体项目的经济性质，如营业利润是指企业一定会计期间通过日常营业活动所实现的利润额。利润总额则是指营业利润和非经常性损益净额（即损失和利得）的总和。净利润是指利润总额减去所得税费用的净额。利润表项目的功能是指各具体项目在创造和实现利润的经营业务活动过程中的功能与作用，如利润表中对于费用列报通常按照功能进行分类，包括从事经营业务发生的成本、业务及管理费用等。

利润表的表体结构有单步式和多步式两种。单步式利润表是将当期所有的收入列在一起，所有的费用列在一起，然后将两者相减得出当期净损益。我国企业的利润表采用多步式格式，即通过对当期的收入、费用、支出项目按性质加以归类，按利润形成的主要环节列示一些中间性利润指标，分步计算当期净损益，以便财务报表使用者理解企业经营成果的不同来源。

为了使财务报表使用者通过比较不同期间利润的实现情况，判断企业经常成果的未来发展趋势，企业需要提供比较利润表。为此，利润表金额栏由"本期金额"和"上期金额"两栏分别填列。

（三）利润表的格式

利润表具体格式如表12.2所示。

（四）利润表的填报方法

1. 上期金额栏的填列方法

利润表中"上期金额"栏内各项数字，应根据上年该期利润表"本期金额"栏内所列数字填列。如果上年该期利润表规定的各个项目名称和内容同本期不相一致，应对上年该期利润表规定的各个项目名称和数字按本期的规定进行调整，填入利润表"上期金额"栏内。

表 12.2 利 润 表

会保 02 表

编制单位：　　　　　　　　　　　　　____年__月　　　　　　　　　　单位：元

项　目	本期金额	上期金额
一、营业收入		
已赚保费		
保险业务收入		
其中：分保费收入		
减：分出保费		
提取未到期责任准备金		
投资收益（损失以"-"号填列）		
其中：对联营企业和合营企业的投资收益		
公允价值变动收益（损失以"-"号填列）		
汇兑收益（损失以"-"号填列）		
其他业务收入		
二、营业支出		
退保金		
赔付支出		
减：摊回赔付支出		
提取保险责任准备金		
减：摊回保险责任准备金		
保单红利支出		
分保费用		
营业税金及附加		
手续费及佣金支出		
业务及管理费		
减：摊回分保费用		
其他业务成本		
资产减值损失		
三、营业利润（亏损以"-"号填列）		
加：营业外收入		
减：营业外支出		
四、利润总额（亏损总额以"-"号填列）		
减：所得税费用		
五、净利润（净亏损以"-"号填列）		
六、每股收益		
（一）基本每股收益		
（二）稀释每股收益		

2. 本期金额栏的填列方法

利润表中"本期金额"栏内各项数字反映各项目的本期实际发生数，一般应根据损益类科目的发生额分析填列。各项目的内容和填列方法如下。

（1）"已赚保费"项目，反映公司本期可以用于当期赔付支出的保费收入。本项目根据"保险业务收入"，减去"分出保费"和"提取未到期责任准备金"项目金额后的金额填列。

（2）"保险业务收入"项目，反映公司保险人因原保险合同和再保险合同实现的保费收入和分保费收入。本项目应根据"保费收入"科目发生额分析填列。

（3）"分出保费"项目，反映再保险分出人向再保险接受人分出的保费。本项目根据"分出保费"科目发生额分析填列。

（4）"提取未到期责任准备金"项目，反映公司提取的非寿险原保险合同未到期责任准备金和再保险合同分保未到期责任准备金。本项目应根据"提取未到期责任准备金"科目发生额分析填列。

（5）"投资收益"项目，反映公司以各种方式对外投资所取得的收益或损失，包括公司根据投资性房地产准则确认的采用公允价值计量模式计量的投资性房地产的租金收入和处置损益，处置交易性金融资产、交易性金融负债、可供出售金融资产实现的损益，以及持有至到期投资和买入返售金融资产在持有期间取得的投资收益和处置损益。定期存款的利息收入也在此列报。本项目应根据"投资收益"科目和"利息收入——定期存款"发生额分析填列。如为投资损失，本项目以"-"号填列。

（6）"公允价值变动收益"项目，反映公司在初始确认时划分为以公允价值计量且其变动应当计入当期损益的金融资产或金融负债（包括交易性金融资产或负债和直接指定以公允价值计量且其变动应当计入当期损益的金融资产或金融负债），以及采用公允价值计量模式计量的投资性房地产、衍生工具和套期业务中公允价值变动形成的应计入当期损益的利得或损失。本项目应根据"公允价值变动损益"科目的发生额分析填列，如为净损失，本项目以"-"号填列。

（7）"汇兑收益"项目，反映公司外币货币性项目因汇率变动而形成的收益或损失。本项目应根据"汇兑收益"科目发生额分析填列。如为汇兑损失，本项目以"-"号填列。

（8）"资产处置损益"项目，反映公司固定资产、无形资产等因出售、转让等原因产生的处置利得或损失。本项目应根据"资产处置损益"科目发生额分析填列。如为资产处置损失，本项目以"-"号填列。

（9）"其他业务收入"项目，反映公司确认的与经常性活动相关的其他活动收入和利息收入。第三方管理的收入也在此列报。定期存款的利息收入不在此列报。本项目应根据"利息收入""其他业务收入"等科目发生额分析填列。

（10）"退保金"项目，反映寿险原保险合同提前解除时按照约定应当退还给投保人的保单现金价值。本项目应根据"退保金"科目发生额分析填列。

（11）"赔付支出"项目，反映公司支付的原保险合同和再保险合同赔付款项。本项目应根据"赔付支出"科目发生额分析填列。

（12）"摊回赔付支出"项目，反映再保险分出人向再保险接受人摊回的赔付成本。本项目应根据"摊回赔付支出"科目发生额分析填列。

（13）"提取保险责任准备金"项目，反映公司提取的原保险合同保险责任准备金，包括提取的未决赔款准备金、寿险责任准备金、长期健康险责任准备金。本项目应根据"提取保险责任准备金"科目发生额分析填列。

（14）"摊回保险责任准备金"项目，反映公司从事再保险业务应向再保险接受人摊回的保险责任准备金，包括未决赔款准备金、寿险责任准备金、长期健康险责任准备金。本项目应根据"摊回保险责任准备金"科目发生额分析填列。

（15）"提取保费准备金"项目，反映公司农业保险业务按规定提取的保费准备金。本项目应根据"提取保费准备金"科目发生额分析填列。

（16）"保单红利支出"项目，反映公司按原保险合同约定支付给投保人的红利。本项目应根据"保单红利支出"科目发生额分析填列。

（17）"分保费用"项目，反映再保险接受人向再保险分出人支付的分保费用。本项目应根据"分保费用"科目发生额分析填列。

（18）"税金及附加"项目，反映公司经营活动发生的城市维护建设税和教育费附加等相关税费。本项目应根据"税金及附加"科目发生额分析填列。

（19）"手续费及佣金支出"项目，反映公司发生的与经营活动相关的各项手续费、佣金等支出。本项目应根据"手续费及佣金支出"科目发生额分析填列。

（20）"业务及管理费"项目，反映公司在业务经营及管理过程中所发生的各项费用，包括提取的保险保障基金。本项目应根据"业务及管理费"科目发生额分析填列。

（21）"摊回分保费用"项目，反映再保险分出人向再保险接受人摊回的分保费用。本项目应根据"摊回分保费用"科目发生额分析填列。

（22）"其他业务成本"项目，反映公司确认的与经常性活动相关的其他活动支出和利息支出。本项目应根据"利息支出""其他业务成本"等科目发生额分析填列。

（23）"资产减值损失"项目，反映公司计提各项资产减值准备所形成的损失。本项目应根据"资产减值损失"科目发生额分析填列。

（24）"营业外收入"项目，反映公司发生的与其经营活动无直接关系的各项净收入。本项目应根据"营业外收入"科目发生额分析填列。

（25）"营业外支出"项目，反映公司发生的与其经营活动无直接关系的各项净支出。本项目应根据"营业外支出"科目发生额分析填列。

（26）"所得税费用"项目，反映公司应从当期利润总额中扣除的所得税费用。本项目应根据"所得税费用"科目发生额分析填列。

（27）"其他综合收益的税后净额"项目，反映公司根据企业会计准则规定未在损益中确认的各项利得和损失扣除所得税影响后的净额。本项目应根据"其他综合收益""所得税费用"科目发生额分析填列。

（28）"以后不能重分类进损益的其他综合收益"项目，反映公司重新计量设定受益计划净负债或净资产的变动、权益法下在被投资单位不能重分类进损益的其他综合收益中享有的份额等。本项目应根据"其他综合收益""所得税费用"科目相关明细科目发生额分析填列。

（29）"以后将重分类进损益的其他综合收益"项目，反映公司权益法下在被投资单位以后将重分类进损益的其他综合收益中享有的份额、可供出售金融资产公允价值变动损益、持有至到期投资重分类为可供出售金融资产损益、现金流量套期损益的有效部分、外币财务报表折算差额等。本项目应根据"其他综合收益""所得税费用"科目相关明细科目发生额分析填列。

（30）"基本/稀释每股收益"项目，适用于普通股或潜在普通股已公开交易的公司，以及正处于公开发行普通股或潜在普通股过程中的公司。

三、现金流量表

（一）现金流量表的内容

现金流量表是反映保险公司一定会计期间内现金和现金等价物的流入和流出的会计报表。

从编制原则上看，现金流量表按照收付实现制原则编制，将权责发生制下的盈利信息调整为收付实现制下的现金流量信息，便于信息使用者了解企业净利润的质量。从内容上看，现金流量表被划分为经营活动、投资活动和筹资活动三个部分，每类活动又分为各具体项目，这些项目从不同角度反映企业业务活动的现金流入与流出，弥补了资产负债表和利润表提供信息的不足。通过现金流量表，报表使用者能够了解现金流量的影响因素，评价企业的支付能力、偿债能力和周转能力，预测企业未来现金流量，为其决策提供有力依据。

对于保险公司来说，保险公司经营过程中的各项业务都会影响现金的流入和流出，按照经营业务发生的性质，通常把现金流量分为三类：经营活动产生的现金流量、投资活动产生的现金流量和筹资活动产生的现金流量。其中经营活动是指保险公司的投资活动和筹资活动以外的所有交易和事项，对于保险公司而言主要包括原保险业务和再保险业务；投资活动是指保险公司长期资产的购建和不包括在现金等价物范围内的投资、贷款及其处置活动，包括实物资产的投资，也包括金融资产的投资；筹资活动是指导致保险公司的资本及债务规模和构成发生变化的活动，例如吸收投资、发行股票、分配股利、发行债券、偿还债务等。

（二）现金流量表的结构

在现金流量表中，现金及现金等价物被视为一个整体，企业现金形式的转换不会产生现金的流入和流出。例如，企业从银行提取现金，是企业现金存放形式的转换，并未流出企业，不构成现金流量。同样，现金与现金等价物之间的转换也不属于现金流量，例如，企业用现金购买一个月到期的国库券。根据企业业务活动的性质和现金流量的来源，从现金流量表在结构上可将企业一定期间产生的现金流量分为三类：经营活动产生的现金流量、投资活动产生的现金流量和筹资活动产生的现金流量。

（三）现金流量表的格式

现金流量表的格式如表12.3所示。

表 12.3　现金流量表

编制单位：　　　　　　　　　　　　　　　　　年　月　　　　　　　　　　　　　　　　　单位：元

项　目	本期金额	上期金额
一、经营活动产生的现金流量		
收到原保险合同保费取得的现金		
收到再保险业务现金净额		
保户储金及投资款净增加额		
收到其他与经营活动有关的现金		
经营活动现金流入小计		
支付原保险合同赔付款项的现金		
支付手续费及佣金的现金		
支付保单红利的现金		
支付给职工及为职工支付的现金		
支付的各项税费		
支付其他与经营活动有关的现金		
经营活动现金流出小计		
经营活动产生的现金流量净额		
二、投资活动产生的现金流量		
收回投资收到的现金		
取得投资收益收到的现金		
收到其他与投资活动有关的现金		
投资活动现金流入小计		
投资支付的现金		
质押贷款净增加额		
购建固定资产、无形资产和其他长期资产支付的现金		
支付其他与投资活动有关的现金		
投资活动现金流出小计		
投资活动产生的现金流量净额		
三、筹资活动产生的现金流量		
吸收投资收到的现金		
发行债券收到的现金		
收到其他与筹资活动有关的现金		
筹资活动现金流入小计		
偿还债务支付的现金		
分配股利、利润或偿付利息支付的现金		
支付其他与筹资活动有关的现金		
筹资活动现金流出小计		
筹资活动产生的现金流量净额		
四、汇率变动对现金及现金等价物的影响		
五、现金及现金等价物净增加额		
加：期初现金及现金等价物余额		
六、期末现金及现金等价物余额		

现金流量表补充资料（见表 12.4）包括三部分。

（1）将净利润调节为经营活动现金流量（按间接法编制的经营活动现金流量）。

（2）不涉及现金收支的重大投资和筹资活动。

（3）现金及现金等价物净变动情况。

表 12.4　现金流量表补充资料　　　　　　　　　　　　　单位：元

补充资料	本期金额	上期金额
1. 将净利润调节为经营活动现金流量		
净利润		
加：资产减值准备		
提取未到期责任准备金		
提取保险责任准备金		
提取保费准备金		
固定资产折旧		
无形资产摊销		
长期待摊费用摊销		
处置固定资产、无形资产和其他长期资产的损失（收益以"–"号填列）		
固定资产报废损失（收益以"–"号填列）		
公允价值变动损失（收益以"–"号填列）		
利息支出（收入以"–"号填列）		
投资损失（收益以"–"号填列）		
递延所得税资产减少（增加以"–"号填列）		
递延所得税负债增加（减少以"–"号填列）		
存货的减少（增加"–"号填列）		
经营性应收项目的减少（增加以"–"号填列）		
经营性应付项目的增加（减少"–"号填列）		
其他		
经营活动产生的现金流量净额		
2. 不涉及现金收支的重大投资和筹资活动		
债务转资本		
一年内到期的可转换公司债券		
融资租入固定资产		
3. 现金及现金等价物净变动情况		
现金的期末余额		
减：现金的期初余额		
加：现金等价物的期末余额		
减：现金等价物的期初余额		
现金及现金等价物净增加额		

(四)现金流量表的编制方法

现金流量表的编制方法有两种:直接法和间接法。两者的区别在于经营活动现金净流量计算不同。

1. 直接法

直接法是指直接用经营活动现金流入减去经营活动现金流出来计算经营活动现金净流量。采用直接法报告经营活动的现金流量时,有关现金流入与流出的信息可从会计记录中直接获得。

现金流量表"本期金额"栏反映各项目的本期实际发生数,"上期金额"栏填列各项目上年全年同期累计实际发生数。

1)经营活动产生的现金流量

(1)"收到原保险合同保费取得的现金"项目,反映公司原保险合同实际收取的现金保费,包括本期收到的现金保费收入、本期收到的前期应收保费和本期预收的保费,扣除本期发生退保费支付的现金。本项目可以根据"库存现金""银行存款""应收保费""预收保费""保费收入"等科目的记录分析填列。

(2)"收到再保险业务现金净额"项目,反映公司再保险业务实际收到的现金净额,包括本期收到的现金分保费收入、本期收到的前期分保业务往来和本期预收的分保赔款,以及摊回的分保赔付款和费用、以现金支付的分出保费、以现金支付的分保赔款和费用等。本项目可以根据"库存现金""银行存款""应收分保账款""应付分保账款""预收赔付款""保费收入""摊回赔付支出""摊回分保费用""分出保费""赔付支出""分保费用""预付分出保费""预付赔付款"等科目的记录分析填列。

(3)"保户储金及投资款净增加额"项目,反映公司以储金本金增值作为保费收入的保险业务以及投资型保险业务现金净增加额。本项目可以根据"库存现金""银行存款""保户储金""保户投资款"等科目的期末余额和期初余额记录分析填列。

(4)"收到其他与经营活动有关的现金"项目,反映公司除了上述各项目外,收到的其他与经营活动有关的现金,如其他业务收入、捐赠的现金收入、罚款收入、存入保证金等。本项目可以根据"库存现金""银行存款""其他业务收入""营业外收入""其他应付款""存入保证金"等科目的记录分析填列。

(5)"支付原保险合同赔付款项的现金"项目,反映公司以现金支付和预付给被保险人的赔付款及退保金。本项目根据"库存现金""银行存款""赔付支出""退保金""预付赔付款"等科目的记录分析填列。

(6)"支付手续费及佣金的现金"项目,反映公司以现金支付给保险代理人和营销人员的手续费及佣金。本项目可以根据"库存现金""银行存款""应付手续费及佣金""手续费及佣金支出"等科目的记录分析填列。

(7)"支付保单红利的现金"项目,反映公司按合同约定以现金支付的保单红利。本项目可以根据"库存现金""银行存款""应付保单红利""保单红利支出"等科目的记录分析填列。

(8)"支付给职工以及为职工支付的现金"项目,反映公司实际支付给职工,以及为职工支付的现金,包括本期实际支付给职工的工资、奖金、各种津贴和补贴等,以及为职工支付的其他费用。公司代扣代缴的职工个人的所得税也在本项目反映。本项目不包括支付给离退休人员的各项费用及支付给在建工程人员的工资及其他费用。公司支付给离退休人员的各项费用(包括支付的统筹退休金以及未参加统筹的退休人员的费用),在"支付的其他与经营活动有关的现金"项目中反映;支付给在建工程人员的工资及其他费用,在"购建固定资产、无形资产和其他长期资产所支付的现金"项目反映。本项目可以根据"应付职工薪酬""库存现金""银行存款""业务及管理费"等记录分析填列。

(9)"支付的各项税费"项目,反映公司按规定支付的各种税费,包括公司本期发生并支付的税费,以及本期支付以前各期发生的税费和本期预交的税费,包括所得税、增值税、印花税、房产税、土地使用税、车船使用税、城市维护建设税、教育费附加等,但不包括计入固定资产价值的实际支付的耕地占用税。本项目可以根据"应交税费""库存现金""银行存款""所得税费用""营业税金及附加""业务及管理费"等记录分析填列。

(10)"支付其他与经营活动有关的现金"项目,反映公司除上述各项目外所支付的其他与经营活动有关的现金流出,如经营租赁支付的租金、罚款支出、支付的差旅费和业务招待费等业务及管理费现金支出、其他业务支出、捐赠的现金支出、购买低值易耗品支出、存出资本保证金等。若其他与经营活动有关的现金流出金额较大,应单列项目反映。本项目可以根据"库存现金""银行存款""其他应收款""业务及管理费""其他业务成本""营业外支出""低值易耗品""存出资本保证金"等有关科目的记录分析填列。

2)投资活动产生的现金流量

(1)"收回投资所收到的现金"项目,反映公司出售、转让或到期收回除现金等价物以外的对其他企业的权益工具、债务工具和合营中的权益等投资而收到的现金。收回债务工具实现的投资收益、处置子公司及其他营业单位收到的现金净额不包括在本项目内。本项目可根据"交易性金融资产""可供出售的金融资产""持有至到期投资""长期股权投资""库存现金""银行存款"等记录分析填列。

(2)"取得投资收益收到的现金"项目,反映公司除现金等价物以外的对其他企业的权益工具、债务工具和合营中的权益投资分回的现金股利和利息等,不包括股票股利。本项目可以根据"库存现金""银行存款""投资收益"等科目的记录分析填列。

(3)"收到其他与投资活动有关的现金"项目,反映公司除了上述各项目以外,所收到的其他与投资活动有关的现金流入。比如,处置固定资产、无形资产和其他长期资产收回的现金净额;返售证券所收到的现金;处置子公司及其他营业单位收到的现金净额;收到购买股票和债券时支付的已宣告但尚未领取的现金股利或已到付息期但尚未领取的债券利息。若其他与投资活动有关的现金流入金额较大,应单列项目反映。本项目可根据"固定资产清理""长期股权投资""买入返售金融资产""应收股利""应收利息""银行存款""库存现金"等科目的记录分析填列。

(4)"投资支付的现金"项目,反映公司除现金等价物以外的对其他企业的权益工具、债务工具和合营中的权益投资所支付的现金,以及支付的佣金、手续费等交易费用,但取得子公司及其他营业单位支付的现金净额除外。本项目可以根据"交易性金融资产""长期股权投资""可供出售的金融资产""持有至到期投资""库存现金""银行存款"等记录分析填列。

（5）"质押贷款净增加额"项目，反映公司按规定从事保单质押贷款业务的现金净增加额。本项目可以根据"库存现金""银行存款""保户质押贷款"科目的期末余额和期初余额记录分析填列。

（6）"购置固定资产、无形资产和其他长期资产支付的现金"项目，反映公司本期购买、建造固定资产、取得无形资产和其他长期资产所实际支付的现金，以及用现金支付的应由在建工程和无形资产负担的职工薪酬，不包括为购建固定资产而发生的借款利息资本化的部分，以及融资租入固定资产支付的租赁费。公司支付的借款利息和融资租入固定资产支付的租赁费，在筹资活动产生的现金流量中反映。本项目可以根据"固定资产""在建工程""无形资产""库存现金""银行存款"等科目的记录分析填列。

（7）"支付其他与投资活动有关的现金"项目，反映除上述各项目外所支付的其他与投资活动有关的现金流出，如取得子公司及其他营业单位支付的现金净额；买入返售证券所支付的现金；拆出资金净额；公司购买股票时实际支付的价款中包含的已宣告而尚未领取的现金股利，购买债券时支付的价款中包含的已到期尚未领取的债券利息等。如某项其他与投资活动有关的现金流出金额较大，应单列项目反映。本项目可以根据"长期股权投资""买入返售金融资产""拆出资金""应收股利""应收利息""银行存款""库存现金"等科目的记录分析填列。

3）筹资活动产生的现金流量

（1）"吸收投资收到的现金"项目，反映公司以发行股票等方式筹集资金实际收到的款项，减去直接支付的佣金、手续费、宣传费、咨询费、印刷费等发行费用后的净额。本项目可以根据"实收资本（或股本）""库存现金""银行存款"等科目的记录分析填列。

（2）"发行债券收到的现金"项目，反映公司以发行债券方式筹集资金实际收到的款项，减去直接支付的佣金、手续费、宣传费、咨询费、印刷费等发行费用后的净额。本项目可以根据"应付债券""库存现金""银行存款"等科目的记录分析填列。

（3）"收到其他与筹资活动有关的现金"项目，反映公司除上述各项目外所收到的其他与筹资活动有关的现金流入，如取得借款、卖出回购证券、拆入资金净额、接受现金捐赠等。若某项其他与筹资活动有关的现金流入金额较大，应单列项目反映。本项目可以根据"库存现金""银行存款""短期借款""长期借款""卖出回购金融资产款""拆入资金""营业外收入"等有关科目的记录分析填列。

（4）"偿还债务支付的现金"项目，反映公司偿还债务本金所支付的现金，包括偿还借款本金、偿还债券本金等。公司支付的借款利息和债券利息在"分配股利、利润或偿付利息支付的现金"项目反映，不包括在本项目内。本项目可以根据"短期借款""长期借款""应付债券""库存现金""银行存款"等科目的记录分析填列。

（5）"分配股利、利润或偿付利息支付的现金"项目，反映公司实际支付的现金股利、支付给其他投资单位的利润以及用现金支付的借款利息、债券利息等。本项目可以根据"应付股利""应付利息""利息支出""库存现金""银行存款"等科目的记录分析填列。

（6）"支付其他与筹资活动有关的现金"，反映公司除上述各项目外所支付的其他与筹资活动有关的现金流出，如回购证券、捐赠现金支出、融资租入固定资产支付的租赁费等。若某项其他与筹资活动有关的现金流出金额较大，应单列项目反映。本项目可以根据"库存现金""银行存款""卖出回购金融资产款""营业外支出""长期应付款"有关记录分析填列。

4）"汇率变动对现金及现金等价物的影响"项目的内容和填列方法

该项目反映公司外币现金流量以及境外子公司的现金流量折算为人民币时，所采用的现金流量发生日的即期汇率或按照系统合理方法确定的、与现金流量发生日即期汇率近似汇率折算的人民币金额与"现金及现金等价物净增加额"中的外币现金净增加额按期末汇率折算的人民币金额之间的差额。

在编制现金流量表时，可逐笔计算外汇业务所发生的汇率变动对现金的影响，也可不必逐笔计算，而采用简化的计算方法，即通过现金流量表补充资料中的"现金及现金等价物净增加额"与正表中的"经营活动产生的现金流量净额""投资活动产生的现金净额""筹资活动产生的现金净额"三项之和比较，其差额即为"汇率变动对现金的影响"项目的金额。

2. 间接法

采用间接法计算经营活动现金净流量时，是以本期净利润为起点，再调整不影响现金变动的有关项目，并据此计算公司本期经营活动产生的现金净流量。

将保险公司净利润调整为经营活动现金净流量，应注意以下三个方面的原理。

（1）公司的净利润是按照权责发生制的原则确定的，其中有些收入、费用项目并没有实际发生现金的流入和流出，也就是说，计入本期的收入和费用，不一定就是本期的现金流入和流出，本期的现金流入和流出也不一定是计入本期的收入和费用。将净利润调整为经营活动现金净流量，就是要把按照权责发生制原则计算出来的净利润转化为按照收付实现制原则计算的现金净流量。

（2）公司的净利润是按照本期发生的全部损益项目确定的，它不仅包括经营活动的损益项目，还包括经营活动以外的投资活动和筹资活动的损益项目中将净利润调整为经营活动现金净流量，就是要把非经营活动即投资活动和筹资活动的损益项目对净利润的影响因素加以剔除。

（3）公司的净利润中不包括影响经营活动的现金净流量的非现金流动资产和非现金流动负债项目，而非现金流动资产的减少和流动负债的增加会使经营活动现金净流量增加，非现金流动资产的增加和流动负债的减少会使经营活动现金净流量减少。将净利润调整为经营活动现金净流量，就是要把属于经营活动的非现金流动资产和流动负债项目对经营活动现金净流量影响因素重新加以考虑。

按照以上原理，将保险公司净利润调整为经营活动现金净流量，其计算公式为

经营活动的现金净流量 = 本期净利润 + 不减少现金的费用 − 不增加现金的收入
　　　　　　　　　　 − 不属于经营活动的损益（收益 − 损失）+ 属于经营活动的
　　　　　　　　　　 非现金流动资产的减少和流动负债的增加 − 属于经营活动的
　　　　　　　　　　 非现金流动资产的增加和流动负债的减少

第十二章　保险公司财务报告

具体调整方法如下。

（1）"将净利润调节为经营活动现金流量"项目。

①"资产减值准备"项目，反映公司本期实际各项资产减值准备，包括坏账准备、低值易耗品跌价准备、损余物资跌价准备、长期股权投资减值准备、持有至到期投资减值准备、投资性房地产减值准备、固定资产减值准备、在建工程减值准备、无形资产减值准备、抵债资产减值准备、商誉减值准备等。本项目可以根据"资产减值损失"科目的记录分析填列。

②"提取未到期责任准备金"项目，反映公司本期提取的未到期责任准备金。本项目可以根据"提取未到期责任准备金"科目的记录分析填列。

③"提取保险责任准备金"项目，反映公司本期提取的保险责任准备金。本项目可以根据"提取保险责任准备金"科目的记录分析填列。

④"提取保费准备金"项目，反映公司本期提取的保费准备金。本项目可以根据"提取保费准备金"科目的记录分析填列。

⑤"固定资产折旧"项目，反映公司本期累计计提的固定资产折旧。本项目可根据"累计折旧"等科目贷方发生额分析填列。

⑥"无形资产摊销"项目，反映公司本期累计摊入成本费用的无形资产价值。本项目可以根据"累计摊销"科目的贷方发生额分析填列。

⑦"长期待摊费用摊销"项目，反映公司本期累计摊入成本费用的长期待摊费用。本项目可以根据"长期待摊费用"贷方发生额分析填列。

⑧"处置固定资产、无形资产和其他长期资产的损失"项目，反映公司本期处置固定资产、无形资产和其他长期资产发生的净损失（或净收益）。如为净收益以"-"号填列。本项目可以根据"营业外支出""营业外收入"等科目所属有关明细科目的记录分析填列。

⑨"固定资产报废损失"项目，反映公司本期发生的固定资产盘亏净损失。如为净收益以"-"号填列。本项目可根据"营业外支出""营业外收入"所属的有关明细科目的记录分析填列。

⑩"公允价值变动损失"项目，反映公司持有的交易性金融资产、交易性金融负债、采用公允价值模式计量的投资性房地产等公允价值变动形成的净损失。如为净收益以"-"号填列。本项目可根据"公允价值变动损益"科目所属的有关明细科目的记录分析填列。

⑪"利息支出"项目，反映公司本期实际发生的属于投资活动或筹资活动的利息支出净额。本项目可以根据"利息支出"本期借方发生额和"利息收入"本期贷方发生额分析填列；如为净收入，以"-"号填列。

⑫"投资损失"项目，反映公司对外投资实际发生的投资损失减去收益后的净损失。本项目可以根据利润表"投资收益"的数字填列；如为投资收益，以"-"号填列。

⑬"递延所得税资产减少"项目，反映公司资产负债表"递延所得税资产"项目的期初、期末余额的差额。本项目可以根据"递延所得税资产"科目发生额分析填列。如为增加，以"-"号填列。

⑭"递延所得税负债增加"项目，反映公司资产负债表"递延所得税负债"项目的期

初、期末余额的差额。本项目可以根据"递延所得税负债"科目发生额分析填列；如为减少，以"–"号填列。

⑮"存货的减少"项目，反映公司资产负债表"低值易耗品""损余物资""抵债资产"等存货期初、期末余额的差额；期末数大于期初数的差额，以"–"号填列。

⑯"经营性应收项目的减少"项目，反映公司本期经营性应收项目（包括应收保费、应收利息、预付赔付款、应收代位追偿款、应收分保账款、应收分保合同准备金、其他应收款、存出保证金等经营性应收项目中与经营活动有关的部分）的期初、期末余额的差额；期末数大于期初数的差额，以"–"号填列。

⑰"经营性应付项目的增加"项目，反映公司本期经营性应付项目（包括应付手续费及佣金、应付赔付款、预收保费、应付职工薪酬、应交税费、应付保单红利、其他应付款、存入保证金等经营性应付项目中与经营活动有关的部分）的期初、期末余额的差额；期末数小于期初数的差额，以"–"号填列。

（2）"不涉及现金收支的重大投资和筹资活动"项目。

补充资料中"不涉及现金收支的重大投资和筹资活动"，反映公司一定会计期间内影响资产或负债但不形成该期现金收支的所有重大投资和筹资活动的信息。这些投资和筹资活动是公司的重大理财活动，虽然不涉及现金收支，但对以后各期的现金流量会产生重大影响。不涉及现金收支的重大投资和筹资活动项目主要有以下几项。

①"债务转为资本"项目，反映公司本期转为资本的债务金额。

②"一年内到期的可转换公司债券"项目，反映公司本期一年内到期的可转换公司债券的本息。

③"融资租入固定资产"项目，反映公司本期融资租入固定资产的最低租赁付款额扣除应分期计入利息费用的未确认融资费用后的净额。

（3）"现金及现金等价物净变动情况"项目。

其中，"现金及现金等价物净增加额"一项反映一定会计期间现金及现金等价物的期末余额减去期初余额后的净增加额（或净减少额），是对现金流量表正表中"现金及现金等价物"项目的补充说明。该项目的金额应与正表中最后一项"现金及现金等价物净增加额"项目核对相符。

从信息揭示的角度看，直接法的优点是能够具体地显示经营活动各项现金流入和现金流出的内容，直观反映经营性现金收支的主要构成，了解经营性现金收入的具体来源和现金支出的具体用途，有利于预测未来的经营活动的现金流量，并能揭示公司从经营活动中产生足够的现金来偿付其债务的能力，进行再投资的能力和支付股利的能力，因而更能体现现金流量表的目的。但直接法下不能披露经营活动现金流量与本期净利润的差异和原因，即没有揭示以收付实现制为基础重新计算的经营活动现金净收益的过程，这就不便于报表使用者分析经营成果对现金流量的影响。采用间接法，虽然没有直接表述经营活动现金流动的全貌，但它可以反映净利润和经营活动现金净流量的差异，并将现金流量表与资产负债表联系起来，这就便于会计信息利用者评价公司的收益质量，寻求与其决策更为相关的信息。从报表编制的角度看，采用直接法，填列现金流量表项目一般需要查阅许多账户记录,这会使得编报过程相当复杂,有时会影响其准确性和及时性。一般适合于现金收支种类简单、现金流动渠道易于划分的情况。相对而言,采用间接法将净利润调节为经营活动的现金净流量时,调整项目较少,数据资料大多可从相关账簿记录中取得,编报过程简便省力,可以有效地实现权责发生制向收付实现制的转换。

四、所有者权益变动表

(一)所有者权益变动表的基本原理

所有者权益变动表是指反映构成所有者权益各组成部分当期增减变动情况的报表。它是对资产负债表的补充及对所有者权益增减变动情况的进一步说明。

所有者权益变动表的作用主要有两个方面。一是所有者权益变动表可以为财务报表使用者提供所有者权益总量增减变动的信息,也能为其提供所有者权益增减变动的结构性信息,特别是能够让财务报表使用者理解所有者权益增减变动的根源;二是所有者权益增减变动表将综合收益和所有者(或股东)的资本交易导致的所有者权益的变动分项列示,有利于分清致使所有者权益增减变动的缘由与责任,对于考察、评价企业一定时期所有者权益的保全状况、正确评价管理当局受托责任的履行情况等具有重要的作用。

(二)所有者权益变动表的内容

在所有者权益变动表上,企业至少应当单独列示反映这些信息的项目:综合收益总额;会计政策变更和差错更正的累积影响金额;所有者投入资本和向所有者分配利润等;提取的盈余公积;实收资本、其他权益工具、资本公积、其他综合收益、专项储备、盈余公积、未分配利润的期初和期末余额及其调节情况。所有者权益变动表的主要项目内容(见表12.5)及其功能如下。

1. "上年年末余额"项目

"上年年末余额"项目反映企业上年资产负债表中实收资本(或股本)、其他权益工具、资本公积、库存股、其他综合收益、专项储备、盈余公积、未分配利润的年末余额。

2. "会计政策变更" "前期差错更正"项目

"会计政策变更" "前期差错更正"项目分别反映企业采用追溯调整法处理的会计政策变更的累积影响金额和采用追溯重述法处理的会计差错更正的累积影响金额。追溯调整法是指对某项交易或事项变更会计政策,视同该项交易或事项初次发生时采用变更后的会计政策,并以此对财务报表相关项目进行调整的方法。追溯重述法是指在发现前期差错时,视同该项前期差错从未发生过,从而对财务报表相关项目进行更正的方法。前期差错通常包括计算错误、应用会计政策错误、疏忽或曲解事实及舞弊产生的影响,以及固定资产盘盈等。

3. "本年增减变动金额"项目

"本年增减变动金额"项目反映所有者权益各项目本年增减变动的金额,具体内容如下。

(1) "综合收益总额"项目,反映净利润和其他综合收益扣除所得税影响后的净额相加后的合计金额。

（2）"所有者投入和减少资本"项目，反映企业当年所有者投入的资本和减少的资本。本项目内容包括：①"所有者投入的普通股"项目，反映企业接受投资者投入形成的实收资本（或股本）和资本溢价或股本溢价；②"其他权益工具持有者投入资本"项目，反映企业发行的除普通股以外分类为权益工具的金融工具持有者投入资本的金额；③"股份支付计入所有者权益的金额"项目，反映企业处于等待期中的权益结算的股份支付当年计入资本公积的金额。

（3）"利润分配"项目，反映企业当年的利润分配金额。

（4）"所有者权益内部结转"项目，反映企业构成所有者权益的组成部分之间当年的增减变动情况。本项目内容包括：①"资本公积转增资本（或股本）"项目，反映企业当年以资本公积转增资本或股本的金额；②"盈余公积转增资本（或股本）"项目，反映企业当年以盈余公积转增资本或股本的金额；③"盈余公积弥补亏损"项目，反映企业当年以盈余公积弥补亏损的金额；④"设定受益计划变动额结转留存收益"项目，反映企业因重新计量设定受益计划净负债或净资产所产生的变动计入其他综合收益，结转至留存收益的金额；⑤"其他综合收益结转留存收益"项目，主要反映企业指定为以公允价值计量且其变动计入其他综合收益的非交易性权益工具投资终止确认时，之前计入其他综合收益的累计利得或损失从其他综合收益中转入留存收益的金额；企业指定为以公允价值计量且其变动计入当期损益的金融负债终止确认时，之前由企业自身信用风险变动引起而计入其他综合收益的累计利得或损失从其他综合收益中转入留存收益的金额等。

（三）所有者权益变动表的结构

所有者权益变动表结构为纵横交叉的矩阵式结构。

1. 纵向结构

纵向结构按所有者权益增减变动时间及内容分为"上年年末余额""本年年初余额""本年增减变动金额"和"本年年末余额"四栏。

上年年末余额 + 会计政策变更、前期差错更正及其他变动 = 本年年初余额

本年年初余额 + 本年增减变动金额 = 本年年末余额

其中，本年增减变动金额按照所有者权益增减变动的交易或事项列示，即

本年增减变动金额 = 综合收益总额 ± 所有者投入和减少资本 ± 利润分配 ± 所有者权益内部结转

2. 横向结构

横向结构采用比较式结构，分为"本年金额"和"上年金额"两栏，每栏的具体结构按照所有者权益构成内容逐项列示，即

实收资本（或股本）+ 其他权益工具 + 资本公积 – 库存股 + 其他综合收益 + 未分配利润 = 所有者权益合计

纵横填列结果归结到本年年末所有者权益合计数，保持所有者权益变动表的表内填列数额的平衡。

所有者权益变动表以矩阵式结构列报，一方面，列示导致所有者权益变动的交易或事项，即所有者权益变动的来源，对一定时期所有者权益的变动情况进行全面反映；另一方

表 12.5 所有者权益变动表

编制单位：保险公司　　　　　　　　　　　　　　　年度　　　　　　　　　　　　　　　单位：元

	本年金额										上年金额									
	实收资本（股本）	其他权益工具			资本公积	减：库存股	其他综合收益	盈余公积	一般风险准备	未分配利润	所有者权益合计	实收资本（股本）	其他权益工具			资本公积	减：库存股	其他综合收益	盈余公积	一般风险准备	未分配利润	所有者权益合计
		优先股	永续债	其他									优先股	永续债	其他							
一、上年末余额																						
加：会计政策变更																						
前期差错更正																						
其他																						
二、本年年初余额																						
三、本年增减变动金额（减少以"-"号填列）																						
（一）综合收益总额																						
（二）所有者投入和减少资本																						
1. 所有者投入的普通股																						
2. 其他权益工具持有者投入资本																						
3. 股份支付计入所有者权益的金额																						
4. 其他																						
（三）提取盈余公积																						
1. 利润分配																						
1. 提取盈余公积																						

续表

	本年金额									上年金额								
	实收资本（股本）	其他权益工具			资本公积	减：库存股	其他综合收益	盈余公积	一般风险准备	未分配利润	所有者权益合计	实收资本（股本）	其他权益工具			资本公积	减：库存股	其他综合收益	盈余公积	一般风险准备	未分配利润	所有者权益合计
		优先股	永续债	其他									优先股	永续债	其他							
2. 提取一般风险准备																						
3. 提取利润准备																						
4. 对所有者（或股东）的分配																						
5. 其他																						
（四）所有者权益内部结转																						
1. 资本公积转增资本（或股本）																						
2. 盈余公积转增资本（或股本）																						
3. 盈余公积弥补亏损																						
4. 设定受益计划变动额结转留存收益																						
5. 其他																						
四、本年年末余额																						

面，按照实收资本、其他权益工具、资本公积、库存股、其他综合收益、盈余公积、未分配利润等所有者权益各组成部分及其总额列示交易或事项对所有者权益各部分的影响。此外，所有者权益变动表采用逐项的本年金额和上年金额比较式结构，能够清楚地表明构成所有者权益的各组成部分当期的增减变动情况以及与上期的增减变动情况的对照和比较。

（四）编制方法

所有者权益变动表的填列方法是根据上年度所有者权益变动表和本年已编制的资产负债表、利润表及相关会计政策、前期差错更正和会计科目记录等资料基础上分析计算填列。项目具体填列方法如下。

所有者权益变动表中的"本年金额"栏内各项数字一般应根据"实收资本（或股本）""其他权益工具""资本公积""其他综合收益""盈余公积""一般风险准备""利润分配""库存股""以前年度损益调整"科目的发生额分析填列。

1）上年年末余额

"上年年末余额"项目，反映公司上年资产负债表中"实收资本（或股本）""其他权益工具""资本公积""其他综合收益""盈余公积""一般风险准备""大灾风险利润准备""未分配利润"的年末余额。其数据可以从上年资产负债表中取得，也可以通过上年度所有者权益变动表获得。

2）会计政策变更和前期差错更正

"会计政策变更"和"前期差错更正"项目，分别反映公司采用追溯调整法处理的会计政策变更的累积影响金额和采用追溯重述法处理的会计差错更正的累积影响金额，并对应列在"未分配利润"栏。

其数据可以从分析"以前年度损益调整"和"利润分配"账簿获得。

3）本年增减变动金额

"本年增减变动金额"项目，分别反映如下内容。

（1）综合收益总额。"综合收益总额"项目，反映公司当年实现的综合收益总额，并对应列在"其他综合收益""未分配利润"栏。其数据可以从利润表获得。

（2）所有者权益投入和减少资本。"所有者权益投入和减少资本"项目，反映公司当年所有者投入的资本和减少的资本。它包括以下内容。

①"所有者投入资本（或股本）"项目，反映公司接受投资者投入形成的资本（或股本）、资本溢价（或股本溢价），并对应列在"实收资本（或股本）"和"资本公积"栏。其数据可以从分析"实收资本（或股本）"和"资本公积"账簿获得。

②"其他权益工具持有者投入资本"，反映公司发行的除普通股以外分类为权益工具的金融工具的账面价值，并对应列在"其他权益工具"。其数据可以从分析"其他权益工具"账簿获得。

③"股份支付计入所有者权益的金额"项目，反映公司处于等待期中的权益结算的股份支付当年计入资本公积的金额，并对应列在"资本公积"栏。其数据可以从分析"资本公积"账簿获得。

（3）利润分配。"利润分配"项目，反映公司按照规定提取的盈余公积、一般风险准备和当年对股东分配的股利金额。它包括以下内容。

①"提取盈余公积"项目，反映公司按照规定提取的盈余公积，并对应列在"未分配利润"和"盈余公积"栏。其数据可以从分析"利润分配"账簿获得。

②"提取一般风险准备"项目，反映公司按照规定提取的一般风险准备，并对应列在"未分配利润"和"一般风险准备"栏。其数据可以从分析"利润分配"账簿获得。

③"提取利润准备"项目，反映公司按照规定提取的大灾风险利润准备，并对应列在"未分配利润"和"大灾风险利润准备"栏。其数据可以从分析"利润分配"账簿获得。

④"对所有者（或股东）的分配"项目，反映公司对股东分配的股利金额，并对应列在"未分配利润"栏。其数据可以从分析"利润分配"账簿获得。

（4）所有者权益内部结转。"所有者权益内部结转"项目，反映不影响当年所有者权益总额的所有者权益各组成部分之间当年的增减变动。它包括以下内容。

①"资本公积转增资本（或股本）"项目，反映公司以资本公积转增资本（或股本）的金额，并对应列在"实收资本（或股本）"和"资本公积"栏。其数据可以从分析"实收资本（或股本）"和"资本公积"账簿获得。

②"盈余公积转增资本（或股本）"项目，反映公司以盈余公积转增资本（或股本）的金额，并对应列在"实收资本（或股本）"和"盈余公积"栏。其数据可以从分析"实收资本（或股本）"和"盈余公积"账簿获得。

③"盈余公积弥补亏损"项目，反映公司以盈余公积弥补亏损的金额，并对应列在"未分配利润"和"盈余公积"栏。其数据可以从分析"利润分配"和"盈余公积"账簿获得。

④"一般风险准备弥补亏损"项目，反映公司以一般风险准备弥补亏损的金额，并对应列在"未分配利润"和"一般风险准备"栏。其数据可以从分析"利润分配"和"一般风险准备"账簿获得。

五、附注

（一）附注及作用

附注是对资产负债表、利润表、现金流量表和所有者权益变动表等报表中列示项目的文字描述或明细资料，以及对未能在这些报表中列示项目的说明等。其目的是在不影响报表清晰性的前提下，披露那些报表本身不能说明或不能详细说明的信息，对会计报表起补充、说明和解释的作用。

附注的主要作用有三方面。

（1）附注的编制和披露，是对资产负债表、利润表、现金流量表和所有者权益变动表列示项目含义的补充说明，以帮助财务报表使用者更准确地把握其含义。例如，通过阅读附注中披露的固定资产折旧政策的说明，使用者可以掌握报告企业与其他企业在固定资产折旧政策上的异同，以便进行更准确的比较。

（2）附注提供了对资产负价表、利润表、现金流量表和所有者权益变动表中未列示项目的详细或明细说明。

（3）通过附注与资产负债表、利润表、现金流量表和所有者权益变动表列示项目的相互参照关系，以及对未能在财务报表中列示项目的说明，可以使财务报表使用者全面了解企业的财务状况、经营成果和现金流量以及所有者权益的情况。

（二）附注的主要内容

附注是财务报表的重要组成部分。根据企业会计准则的规定，企业应当按照如下顺序编制披露附注的主要内容。

1. 企业简介和主要财务指标

（1）企业名称、注册地、组织形式和总部地址。
（2）企业的业务性质和主要经营活动。
（3）母公司以及集团最终母公司的名称。
（4）财务报告的批准报出者和财务报告的批准报出日。
（5）营业期限有限的企业，还应当披露有关营业期限的信息。
（6）截至报告期末公司近三年的主要会计数据和财务指标。

2. 财务报表的编制基础

财务报表的编制基础是指持续经营基础或是非持续经营基础。企业一般是在持续经营基础上编制财务报表，清算、破产属于非持续经营基础。

3. 遵循企业会计准则的声明

企业应当声明编制的财务报表符合企业会计准则的要求，真实、完整地反映了企业的财务状况、经营成果和现金流量等有关信息，以此明确企业编制财务报表所依据的制度基础。

4. 重要会计政策和会计估计

企业应当披露采用的重要会计政策和会计估计，不重要的会计政策和会计估计可以不披露。在披露重要会计政策和会计估计时，企业应当披露重要会计政策的确定依据和财务报表项目的计量基础，以及会计估计中所采用的关键假设和不确定因素。

会计政策的确定依据，主要是指企业在运用会计政策过程中所作的对报表中确认的项目金额最具影响的判断，有助于财务报表使用者理解企业选择和运用会计政策的背景，增强财务报表的可理解性。财务报表项目的计量基础是指企业计量该项目采用的是历史成本、重置成本、可变现净值、现值还是公允价值，这直接影响财务报表使用者对财务报表的理解和分析。

在确定财务报表中确认的资产和负债的账面价值过程中，企业需要对不确定的未来事项在资产负债表日对这些资产和负债的影响加以估计，如企业预计固定资产未来现金流量采用的折现率和假设。这类假设的变动对这些资产和负债项目金额的确定影响很大，有可能会在下一个会计年度内作出重大调整，因此，强调这一披露要求，有助于增强财务报表的可理解性。

5. 会计政策和会计估计变更以及差错更正的说明

企业应当按照会计政策、会计估计变更和差错更正会计准则的规定，披露会计政策和会计估计变更以及差错更正的有关情况。

6. 报表重要项目的说明

企业对报表重要项目的说明，应当按照资产负债表、利润表、现金流量表、所有者权益变动表及其项目列示的顺序，采用文字和数字描述相结合的方式进行披露。报表重要项目的明细金额合计应当与报表项目金额相衔接，主要包括这些重要项目：应收款项、存货、长期股权投资、投资性房地产、固定资产、无形资产、职工薪酬、应交税费、短期借款和长期借款、应付债券、长期应付款、营业收入、公允价值变动收益、投资收益、资产减值损失、营业外收入、营业外支出、所得税费用、其他综合收益、政府补助、借款费用。

除此之外，还包括或有和承诺事项、资产负债表日后非调整事项、关联方关系及其交易等需要说明的事项，有助于财务报表使用者评价企业管理资本的目标、政策及程序的信息等。

（三）保险公司报表附注项目

保险公司应当按照规定披露附注信息，主要包括下列内容。

1. 企业的基本情况

（1）企业注册地、组织形式和总部地址。

（2）企业的业务性质和主要经营活动。

（3）母公司以及集团最终母公司的名称。

（4）财务报告的批准报出者和财务报告批准报出日。

2. 财务报表的编制基础

3. 遵循企业会计准则的声明

企业应当声明编制的财务报表符合企业会计准则的要求，真实、完整地反映了企业的财务状况、经营成果和现金流量等有关信息。

4. 重要会计政策和会计估计

企业应当披露采用的重要会计政策和会计估计，不重要的会计政策和会计估计可以不披露。在披露重要会计政策和会计估计时，应当披露重要会计政策的确定依据和财务报表项目的计量基础，以及会计估计中所采用的关键假设和不确定因素。

5. 会计政策和会计估计变更以及差错更正的说明

企业应当按照《企业会计准则第 28 号——会计政策、会计估计变更和差错更正》及其应用指南的规定，披露会计政策和会计估计变更以及差错更正的有关情况。

6. 报表重要项目的说明

（1）应收保费账龄结构的披露格式如表 12.6 所示。

表 12.6　应收保费账龄结构表

账　龄	期末账面余额	年初账面余额
三个月以内（含三个月）		
三个月至一年（含一年）		
一年以上		
合　计		

（2）应收代位追偿款。

①应收代位追偿款账龄结构的披露格式如表12.7所示。

表12.7　应收代位追偿款账龄结构表

账　龄	期末账面余额	年初账面余额
一个月以内（含一个月）		
一个月至三个月（含三个月）		
三个月至一年（含一年）		
一年以上		
合　计		

②金额重大代位追偿款产生的原因和未确认的理由。

（3）定期存款的披露格式如表12.8所示。

表12.8　定期存款结构余额表

到期期限	期末账面余额	年初账面余额
一个月至三个月（含三个月）		
三个月至一年（含一年）		
一年至二年（含二年）		
二年至三年（含三年）		
三年至四年（含四年）		
四年至五年（含五年）		
五年以上		
合　计		

债券投资到期期限结构，比照上述格式披露。

（4）其他资产的披露格式如表12.9所示。

表12.9　其他资产余额表

项　目	期末账面价值	年初账面价值
应收股利		
损余物资		
…		
其他		
合　计		

注：损余物资产生的原因、所处置损余物资的账面价值、实现的损益，应同时予以披露。

（5）保户储金（或保户投资款）的披露格式如表12.10所示。

表 12.10　保户储金结构表

到期期限	期末账面余额	年初账面余额
一年以内（含一年）		
一年至三年（含三年）		
三年至五年（含五年）		
五年以上		
合　计		

（6）保险合同准备金。

①保险合同准备金增减变动情况的披露格式如表 12.11 所示。

表 12.11　保险合同准备金增减变动情况表

项　目	年初账面余额	本期增加额	本期减少额				期末账面余额
			赔付款项	提前解除	其他	合计	
未到期责任准备金 　原保险合同 　再保险合同							
未决赔款准备金 　原保险合同 　再保险合同							
寿险责任准备金 　原保险合同 　再保险合同							
长期健康险责任准备金 　原保险合同 　再保险合同							
合　计							

②保险合同准备金未到期期限的披露格式如表 12.12 所示。

表 12.12　保险合同准备金未到期期限结构表

项　目	期末账面余额		年初账面余额	
	一年以下（含一年）	一年以上	一年以下（含一年）	一年以上
未到期责任准备金 　原保险合同 　再保险合同				
未决赔款准备金 　原保险合同 　再保险合同				
寿险责任准备金 　原保险合同 　再保险合同				

续表

项目	期末账面余额		年初账面余额	
	一年以下（含一年）	一年以上	一年以下（含一年）	一年以上
长期健康险责任准备金 　原保险合同 　再保险合同				
合　计				

③原保险合同未决赔款准备金的披露格式如表12.13所示。

表12.13　原保险合同未决赔款准备金余额表

未决赔款准备金	期末账面余额	年初账面余额
已发生已报案未决赔款准备金		
已发生未报案未决赔款准备金		
理赔费用准备金		
合　计		

（7）其他负债的披露格式如表12.14所示。

表12.14　其他负债账面余额表

项　目	期末账面余额	年初账面余额
应付利息		
…		
合　计		

（8）企业应当分别原保险合同和再保险合同披露提取未到期责任准备金的本期发生额和上期发生额。

（9）赔付支出。

①赔付支出按保险合同列示的披露格式如表12.15所示。

表12.15　赔付支出发生额表（按保险合同）

项　目	本期发生额	上期发生额
原保险合同		
再保险合同		
合　计		

②赔付支出按内容列示的披露格式如表12.16所示。

表 12.16　赔付支出发生额表（按内容）

项　目	本期发生额	上期发生额
赔款支出		
满期给付		
年金给付		
死伤医疗给付		
…		
合　计		

（10）提取保险责任准备金。

①提取保险责任准备金按保险合同列示的披露格式如表 12.17 所示。

表 12.17　提取保险责任准备金发生额表（按保险合同列示）

项　目	本期发生额	上期发生额
提取未决赔款准备金　原保险合同　再保险合同		
提取寿险责任准备金　原保险合同　再保险合同		
提取长期健康险责任准备金　原保险合同　再保险合同		
合　计		

②提取原保险合同未决赔款准备金按构成内容列示的披露格式如表 12.18 所示。

表 12.18　提取原保险合同未决赔款准备金发生额表（按构成内容列示）

提取未决赔款准备金	本期发生额	上期发生额
已发生已报案未决赔款准备金		
已发生未报案未决赔款准备金		
理赔费用准备金		
合　计		

（11）摊回保险责任准备金的披露格式如表 12.19 所示。

表 12.19　摊回保险责任准备金表

项　目	本期发生额	上期发生额
摊回未决赔款准备金		
摊回寿险责任准备金		
摊回长期健康险责任准备金		
合　计		

（12）分部报告。

①主要报告形式是业务分部的披露格式如表 12.20 所示。

表 12.20 主要报告形式（业务分部）

项 目	××业务		××业务		…	其他		抵销		合计	
	本期	上期	本期	上期		本期	上期	本期	上期	本期	上期
一、营业收入											
二、营业费用											
三、营业利润（亏损）											
四、资产总额											
五、负债总额											
六、补充信息											
1. 折旧和摊销费用											
2. 资本性支出											
3. 折旧和摊销以外的非现金费用											

注：主要报告形式是地区分部的，比照业务分部格式进行披露。

②在主要报告形式的基础上，对于次要报告形式，企业还应披露对外交易收入、分部资产总额。

（13）投资连结产品。

①投资连结产品基本情况，包括名称、设立时间、账户特征、投资组合规定、投资风险等。

②独立账户单位数及每一独立账户单位净资产。

③独立账户的投资组合情况。

④风险保费、独立账户管理费计提情况。

⑤投资连结产品采用的主要会计政策。

⑥独立账户资产的估值原则。

（14）除以上项目以外的其他项目，应当比照商业银行进行披露。

7. 或有事项

按照《企业会计准则第 13 号——或有事项》第十四条和第十五条的相关规定进行披露。

8. 资产负债表日后事项

（1）每项重要的资产负债表日后非调整事项的性质、内容，及其对财务状况和经营成果的影响。无法做出估计的，应当说明原因。

（2）资产负债表日后，企业利润分配方案中拟分配的以及经审议批准宣告发放的股利或利润。

9. 关联方关系及其交易

（1）本企业的母公司有关信息披露格式如表 12.21 所示。

表 12.21　母公司有关信息

母公司名称	注册地	业务性质	注册资本

母公司不是本企业最终控制方的，说明最终控制方名称。

母公司和最终控制方均不对外提供财务报表的，说明母公司之上与其最相近的对外提供财务报表的母公司名称。

（2）母公司对本企业的持股比例和表决权比例。

（3）本企业的子公司有关信息披露格式如表 12.22 所示。

表 12.22　子公司有关信息

子公司名称	注册地	业务性质	注册资本	本企业合计持股比例	本企业合计享有的表决权比例
1.					
…					

（4）本企业的合营企业有关信息披露格式如表 12.23 所示。

表 12.23　合营企业有关信息

被投资单位名称	注册地	业务性质	注册资本	本企业持股比例	本企业在被投资单位表决权比例	期末资产总额	期末负债总额	本期营业收入总额	本期净利润
1.									
…									

注：有联营企业的，比照合营企业进行披露。

（5）本企业与关联方发生交易的，分别说明各关联方关系的性质、交易类型及交易要素。交易要素至少应当包括：

①交易的金额；

②未结算项目的金额、条款和条件，以及有关提供或取得担保的信息；

③未结算应收项目的坏账准备金额；

④定价政策。

10. 风险管理

1）保险风险

（1）风险管理目标和减轻风险的政策。

①管理资产负债的技术，包括保持偿付能力的方法等。

②选择和接受可承保保险风险的政策，包括确定可接受风险的范围和水平等。

③评估和监控保险风险的方法，包括内部风险计量模型、敏感性分析等。

④限制和转移保险风险的方法，包括共同保险、再保险等。

（2）保险风险类型。

①保险风险的内容。

第十二章　保险公司财务报告

②减轻保险风险的因素及程度,包括再保险等。
④可能引起现金流量发生变动的因素。
(3)保险风险集中度。
①保险风险集中的险种。
②保险风险集中的地域。
(4)不考虑分出业务的索赔进展信息的披露格式如表12.24所示。

表12.24　不考虑分出业务的索赔进展信息表

项　　目	前四年	前三年	前二年	前一年	本年	合计
本年末累计赔付款项估计额						
一年后累计赔付款项估计额						
二年后累计赔付款项估计额						
三年后累计赔付款项估计额						
四年后累计赔付款项估计额						
累计赔付款项估计额						
累计支付的赔付款项						
以前期间调整额						
尚未支付的赔付款项						

扣除分出业务后的索赔进展信息,比照上述不考虑分出业务的索赔进展信息的格式进行披露。

(5)与保险合同有关的重大假设。
①重大假设,包括死亡率、发病率、退保率、投资收益率等。
②对假设具有重大影响的数据的来源。
③假设变动的影响及敏感性分析。
④影响假设不确定性的事项和程度。
⑤不同假设之间的关系。
⑥描述过去经验和当前情况。
⑦假设与可观察到的市场价格或其他公开信息的符合程度。
2)除保险风险以外的其他风险,应当比照商业银行进行披露

第三节　新准则下保险公司财务报表

为进一步规范保险公司财务报表列报,提升会计信息质量,根据《企业会计准则第25号——保险合同》(财会〔2020〕20号,简称新保险准则)的新变化以及企业会计准则实施情况,财政部在《企业会计准则——应用指南》(财会〔2006〕18号)和《财政部关于修订印发2018年度金融企业财务报表格式的通知》(财会〔2018〕36号)的基础上,对保险公司财务报表格式进行了修订,要求执行新保险准则的保险公司应当按照企业会计准则和通知要求编制财务报表。

一、资产负债表

（一）报表格式

资产负债表格式如表 12.25 所示。

表 12.25　资产负债表

编制单位：　　　　　　　　　　____年__月__日　　　　　　　　　　单位：元

资　　产	期末余额	年初余额	负债和所有者权益（或股东权益）	期末余额	年初余额
资　产：			负　债：		
货币资金			短期借款		
拆出资金			拆入资金		
衍生金融资产			交易性金融负债		
应收款项			衍生金融负债		
合同资产			卖出回购金融资产款		
买入返售金融资产			预收保费		
持有待售资产			应付职工薪酬		
金融投资：			应交税费		
交易性金融资产			应付款项		
债权投资			合同负债		
其他债权投资			持有待售负债		
其他权益工具投资			预计负债		
保险合同资产			长期借款		
分出再保险合同资产			应付债券		
长期股权投资			其中：优先股		
存出资本保证金			永续债		
投资性房地产			保险合同负债		
固定资产			分出再保险合同负债		
在建工程			租赁负债		
使用权资产			递延所得税负债		
无形资产			其他负债		
递延所得税资产			负债合计		
其他资产			所有者权益（或股东权益）：		
			实收资本（或股本）		
			其他权益工具		
			其中：优先股		
			永续债		
			资本公积		
			减：库存股		
			其他综合收益		
			盈余公积		
			一般风险准备		
			未分配利润		
			所有者权益（或股东权益）合计		
资产总计			负债和所有者权益（或股东权益）总计		

(二)修订、新增项目的说明

本节主要对报表中修订和新增项目进行说明,与原来相同项目的列报方法参见本章第二节。

(1)保险公司因签发或者分出不适用《企业会计准则第 25 号——保险合同》(财会〔2020〕20 号,以下简称新保险准则)的保单形成的金融资产或金融负债,应根据《企业会计准则第 22 号——金融工具确认和计量》(财会〔2017〕7 号)等相关准则的规定,反映在"衍生金融资产""应收款项""交易性金融资产""债权投资""其他债权投资""其他权益工具投资""交易性金融负债""衍生金融负债""应付款项""应付债券"等项目中。

(2)"保险合同资产"项目,反映保险合同组合层面的保险获取现金流量资产、未到期责任负债和已发生赔款负债合计的账面借方余额。"保险获取现金流量资产""未到期责任负债"和"已发生赔款负债"科目在保险合同组合层面的期末余额合计数为借方的,应在此项目填列。

(3)"分出再保险合同资产"项目,反映分出再保险合同组合层面的分保摊回未到期责任资产与分保摊回已发生赔款资产合计的账面借方余额。"分保摊回未到期责任资产"和"分保摊回已发生赔款资产"科目在分出再保险合同组合层面的期末余额合计数为借方的,应在此项目填列。

(4)"预收保费"项目,反映资产负债表日保险公司收到的尚未确定与哪组已确认的保险合同履约直接相关的保费,或尚未确认的保险合同的保费。该项目应根据"预收保费"科目的期末贷方余额填列。

(5)"保险合同负债"项目,反映保险合同组合层面的保险获取现金流量资产、未到期责任负债和已发生赔款负债合计的账面贷方余额。"保险获取现金流量资产""未到期责任负债"和"已发生赔款负债"科目在保险合同组合层面的期末余额合计数为贷方的,应在此项目填列。

(6)"分出再保险合同负债"项目,反映分出再保险合同组合层面的分保摊回未到期责任资产与分保摊回已发生赔款资产合计的账面贷方余额。"分保摊回未到期责任资产"和"分保摊回已发生赔款资产"科目在分出再保险合同组合层面的期末余额合计数为贷方的,应在此项目填列。

二、利润表

(一)利润表格式

利润表具体格式如表 12.26 所示。

(二)修订、新增项目的说明

(1)"保险服务收入"项目,反映保险公司按照新保险准则相关规定确认的保险服务收入,企业不得将分出保费的分摊列示为保险服务收入的减项。该项目应根据"保险服务收入"科目的发生额填列。

表 12.26　利　润　表

会保 02 表

编制单位：　　　　　　　　　　　___年__月　　　　　　　　　　　　单位：元

项　　目	本期金额	上期金额
一、营业收入		
保险服务收入		
利息收入		
投资收益（损失以"–"号填列）		
其中：对联营企业和合营企业的投资收益		
以摊余成本计量的金融资产终止确认产生的收益		
净敞口套期收益（损失以"–"号填列）		
其他收益（损失以"–"号填列）		
公允价值变动收益（损失以"–"号填列）		
汇兑收益（损失以"–"号填列）		
其他业务收入		
资产处置收益（损失以"–"号填列）		
二、营业总支出		
保险服务费用		
分出保费的分摊		
减：摊回保险服务费用		
承保财物损失		
减：分出再保险财务收益		
利息支出		
手续费及佣金支出		
税金及附加		
业务及管理费		
信用减值损失		
其他资产减值损失		
其他业务成本		
三、营业利润（亏损以"–"号填列）		
加：营业外收入		
减：营业外支出		
四、利润总额（亏损总额以"–"号填列）		
减：所得税费用		
五、净利润（净亏损以"–"号填列）		
（一）持续经营净利润		
（二）终止经营净利润		
六、其他综合收益的税后净额		
（一）不能重分类进损益的其他综合收益		
1.重新计量设定受益计划变动额		

续表

项 目	本期金额	上期金额
2. 权益法下不能转损益的其他综合收益		
3. 其他权益工具投资公允价值变动		
4. 企业自身信用风险公允价值变动		
5. 不能转损益的保险合同金融变动		
…		
七、综合收益总额		
八、每股收益		
（一）基本每股收益		
（二）稀释每股收益		

（2）"保险服务费用"项目，反映保险公司按照新保险准则相关规定确认的保险合同赔付和费用、亏损保险合同损益等。该项目应根据"保险合同赔付和费用"和"亏损保险合同损益"科目的发生额合计数填列。

（3）"分出保费的分摊"和"摊回保险服务费用"项目，分别反映保险公司按照新保险准则相关规定确认的分出保费的分摊和摊回保险服务费用。该项目应分别根据"分出保费的分摊"和"摊回保险服务费用"科目的发生额填列。

（4）"承保财务损失"和"分出再保险财务收益"项目，分别反映保险公司按照新保险准则相关规定确认的签发的保险合同所产生的承保财务损失和分出再保险合同所产生的分出再保险财务收益。该项目应分别根据"承保财务损益"和"分出再保险财务损益"科目的发生额填列。

（5）"手续费及佣金支出""税金及附加""业务及管理费""其他业务成本"项目，反映保险公司确认的与保险合同履约不直接相关的手续费及佣金支出、税金及附加、业务及管理费和其他业务成本。该项目应分别根据"手续费及佣金支出""税金及附加""业务及管理费""其他业务成本"科目的发生额填列。

（6）"不能转损益的保险合同金融变动"项目，反映保险公司采用浮动收费法计量保险公司持有基础项目的、具有直接参与分红特征的保险合同组，并选择将保险合同金融变动额分解计入保险财务损益和其他综合收益时，与基础项目不能重分类进损益的其他综合收益对应的、计入其他综合收益的保险合同金融变动额。该项目应根据"其他综合收益"科目的明细发生额填列。

（7）"可转损益的保险合同金融变动"项目，反映保险公司在签发的保险合同组合层面选择将保险合同金融变动额分解计入保险财务损益和其他综合收益时，除已在"不能转损益的保险合同金融变动"项目中列示以外的、计入其他综合收益的保险合同金融变动额。该项目应根据"其他综合收益"科目的明细发生额填列。

（8）"可转损益的分出再保险合同金融变动"项目，反映保险公司在分出再保险合同组合层面选择将保险合同金融变动额分解计入分出再保险财务损益和其他综合收益时，计入其他综合收益的保险合同金融变动额。该项目应根据"其他综合收益"科目的明细发生额填列。

三、现金流量表

（一）现金流量表格式

现金流量表格式如表 12.27 所示。

表 12.27　现金流量表

编制单位：　　　　　　　　　　　___年__月　　　　　　　　　　单位：元

项　目	本期金额	上期金额
一、经营活动产生的现金流量		
销售商品、提供劳务收到的现金		
向其他金融机构拆入资金净增加额		
收到签发保险合同保费收取的现金		
收到分入再保险合同的现金净额		
收到其他与经营活动有关的现金		
经营活动现金流入小计		
支付签发保险合同赔款的现金		
支付分出再保险合同的现金净额		
保单质押贷款净增加额		
拆出资金净增加额		
支付手续费及佣金的现金		
支付给职工及为职工支付的现金		
支付的各项税费		
支付其他与经营活动有关的现金		
经营活动现金流出小计		
经营活动产生的现金流量净额		
二、投资活动产生的现金流量		
收回投资收到的现金		
取得投资收益和利息收入收到的现金		
处置固定资产、无形资产和其他长期资产收回的现金净额		
收到其他与投资活动有关的现金		
投资活动现金流入小计		
投资支付的现金		
返售业务资金净增加额		
购建固定资产、无形资产和其他长期资产支付的现金		
支付其他与投资活动有关的现金		
投资活动现金流出小计		
投资活动产生的现金流量净额		
三、筹资活动产生的现金流量		
吸收投资收到的现金		
取得借款收到的现金		
发行债券收到的现金		
回购业务资金净增加额		
收到其他与筹资活动有关的现金		

续表

项　目	本期金额	上期金额
筹资活动现金流入小计		
偿还债务支付的现金		
分配股利、利润或偿付利息支付的现金		
支付其他与筹资活动有关的现金		
筹资活动现金流出小计		
筹资活动产生的现金流量净额		
四、汇率变动对现金及现金等价物的影响		
五、现金及现金等价物净增加额		
加：期初现金及现金等价物余额		
六、期末现金及现金等价物余额		

（二）修订、新增项目的说明

（1）"收到签发保险合同保费取得的现金"项目，反映保险公司因签发适用新保险准则的合同（分入再保险合同除外）收到的保费（含投资成分和预收保费，下同）现金流量。若企业在按照新保险准则第八十六条规定对保险合同负债（或保险合同资产）账面价值变动的披露中未将保费返还与投资成分合并披露，则保费返还对应的现金流出应列示在本项目中。

（2）"收到分入再保险合同的现金净额"项目，反映保险公司因签发适用新保险准则的分入再保险合同从分出人收到的分入保费减去向分出人支付的赔款和费用（含投资成分，下同）等后的净额。

（3）"支付签发保险合同赔款的现金"项目，反映保险公司因签发适用新保险准则的合同（分入再保险合同除外）从已发生赔款负债金额中向保单持有人支付的现金流量，例如，向保单持有人支付的赔款（含投资成分）、保单红利、满期给付等。若企业在按照新保险准则第八十六条规定对保险合同负债（或保险合同资产）账面价值变动的披露中将保费返还与投资成分合并披露，则保费返还对应的现金流出应列示在本项目中。

（4）"支付分出再保险合同的现金净额"项目，反映保险公司因分出适用新保险准则的再保险合同向分入人支付的分出保费减去从分入人收到的摊回赔款和费用等后的净额。

（5）"保单质押贷款净增加额"项目，反映保险公司因签发适用新保险准则的保险合同产生的保单质押贷款所支付与收到的经营活动净现金流量。

（6）保险公司因签发或者分出不适用新保险准则的保单而从保持有人或分入人收到和向保单持有人或分入人付的现金流量净额，列示在"收到其他与经营活动有关的现金"或"支付其他与经营活动有关的现金"项目。

四、所有者权益变动表

（一）所有者权益变动表格式

所有者权益变动表如表 12.28 所示。

表12.28 所有者权益变动表

编制单位:保险公司　　　　　　　　年度　　　　　　　　单位:元

项目	本年金额									上年金额								
	实收资本(股本)	其他权益工具			资本公积	减:库存股	其他综合收益	盈余公积	一般风险准备	未分配利润	所有者权益合计	实收资本(股本)	其他权益工具			资本公积	减:库存股	其他综合收益	盈余公积	一般风险准备	未分配利润	所有者权益合计
		优先股	永续债	其他									优先股	永续债	其他							
一、上年年末余额																						
加:会计政策变更																						
前期差错更正																						
其他																						
二、本年年初余额																						
三、本年增减变动额(减少以"-"号填列)																						
(一)综合收益总额																						
(二)所有者投入和减少资本																						
1. 所有者投入的普通股																						
2. 其他权益工具持有者投入资本																						
3. 股份支付计入所有者权益的金额																						
4. 其他																						
(三)利润分配																						
1. 提取盈余公积																						

续表

	本年金额									上年金额								
	实收资本（股本）	其他权益工具			资本公积	减：库存股	其他综合收益	盈余公积	一般风险准备	未分配利润	所有者权益合计	实收资本（股本）	其他权益工具			资本公积	减：库存股	其他综合收益	盈余公积	一般风险准备	未分配利润	所有者权益合计
		优先股	永续债	其他									优先股	永续债	其他							
2. 提取一般风险准备																						
3. 对所有者（或股东）的分配																						
4. 其他																						
（四）所有者权益内部结转																						
1. 资本公积转增资本（或股本）																						
2. 盈余公积转增资本（或股本）																						
3. 盈余公积弥补亏损																						
4. 设定受益计划变动额结转留存收益																						
5. 其他综合收益结转留存收益																						
6. 其他																						
四、本年年末余额																						

(二)修订、新增项目的说明

(1)"权益工具"项目,反映企业发行的除普通股以外分类为权益工具的金融工具。企业应根据实际情况在该项目下设"优先股""永续债"和"其他"三个项目,分别反映企业发行的分类为权益工具的优先股和永续债等项目。

(2)"其他权益工具持有者投入资本"项目,反映企业发行的除普通股股东以外分类为权益工具的金融工具的持有者投入资本的金额。

(3)"对所有者(或股东)的分配"项目,反映企业对普通股股东以及企业发行的除普通股以外分类为权益工具的金融工具持有者的股利分配。

(4)"其他综合收益结转留存收益"项目,主要反映以下两点。

①企业指定为以公允价值计量且其变动计入其他综合收益的非交易性权益工具投资终止确认时,之前计入其他综合收益的累计利得或损失从其他综合收益中转入留存收益的金额。

②企业指定为以公允价值计量且其变动计入当期损益的金融负债终止确认时,之前由企业自身信用风险变动引起而计入其他综合收益的累计利得或损失从其他综合收益中转入留存收益的金额等。

思考题

1. 财务报告由哪些部分组成?
2. 报表附注的作用是什么?
3. 简述新保险合同准则和现行准则下利润表的差异。

教师服务

感谢您选用清华大学出版社的教材！为了更好地服务教学，我们为授课教师提供本书的教学辅助资源，以及本学科重点教材信息。请您扫码获取。

➤ 教辅获取

本书教辅资源，授课教师扫码获取

➤ 样书赠送

会计学类重点教材，教师扫码获取样书

 清华大学出版社

E-mail: tupfuwu@163.com　　　　网址: https://www.tup.com.cn/
电话: 010-83470332 / 83470142　传真: 8610-83470107
地址: 北京市海淀区双清路学研大厦 B 座 509　邮编: 100084